AF568396

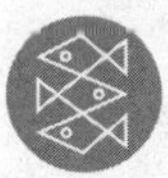

Fischer TaschenBibliothek

Moor, ein verwüstetes Kaff im Schatten des Hochgebirges. Zwischen Ruinen, Geröll und Eis begegnen sich drei Menschen: Bering, der »Schreier von Moor«, Ambras, der »Hundekönig« und Lily, die »Brasilianerin« – drei in ihrer Zeit Gefangene, die versuchen, aus dem Labyrinth einer mörderischen Nachkriegswelt zu fliehen.

»›Morbus Kitahara‹ zieht den Leser völlig in den Bann der größten Katastrophe dieses Jahrhunderts.«

Volker Hage, DER SPIEGEL

Christoph Ransmayr hat die entlegensten Gegenden der Erde bereist und lebt heute in Wien. Er verfasste die weltweit übersetzten und mit internationalen Auszeichnungen geehrten Romane »Die Schrecken des Eises und der Finsternis«, »Die letzte Welt«, »Morbus Kitahara«, »Der fliegende Berg«, »Cox oder Der Lauf der Zeit« sowie den »Atlas eines ängstlichen Mannes« und zuletzt »Der Fallmeister. Eine kurze Geschichte vom Töten«. Daneben erscheinen Spielformen des Erzählens, »Damen & Herren unter Wasser«, »Der Wolfsjäger«, »Arznei gegen die Sterblichkeit« und andere. In seinen Reden und Vorträgen bezieht Christoph Ransmayr immer wieder Stellung gegen Barbarei und Unmenschlichkeit. Zu seinem Werk erschien der Band »Bericht am Feuer«.

Weitere Informationen finden Sie auf www.fischerverlage.de

Christoph Ransmayr

MORBUS KITAHARA

Roman

FISCHER TaschenBibliothek

Aus Verantwortung für die Umwelt hat sich der S. Fischer Verlag zu einer nachhaltigen Buchproduktion verpflichtet. Der bewusste Umgang mit unseren Ressourcen, der Schutz unseres Klimas und der Natur gehören zu unseren obersten Unternehmenszielen.

Gemeinsam mit unseren Partnern und Lieferanten setzen wir uns für eine klimaneutrale Buchproduktion ein, die den Erwerb von Klimazertifikaten zur Kompensation des CO_2-Ausstoßes einschließt.

Weitere Informationen finden Sie unter: www.klimaneutralerverlag.de

Erschienen bei FISCHER Taschenbuch
Frankfurt am Main, September 2021

Umschlaggestaltung: RGD Plus Repro-Grafik-Design, Langen
Umschlagabbildung: Karl Blossfeldt ›Eisenhutsproß‹
Satz: Fotosatz Amann, Memmingen
Druck und Bindung: CPI books GmbH, Leck
Printed in Germany
ISBN 978-3-596-52264-4

Für Fred Rotblatt
und in Erinnerung an meinen Vater
Karl Richard Ransmayr

Inhalt

1 Ein Feuer im Ozean

Zwei Tote lagen schwarz im Januar Brasiliens. Ein Feuer, das seit Tagen durch die Wildnis einer Insel sprang und verkohlte Schneisen hinterließ, hatte die Leichen von einem Gewirr blühender Lianen befreit und ihnen auch die Kleider von ihren Wunden gebrannt: Es waren zwei Männer im Schatten eines Felsüberhanges. Sie lagen wenige Meter voneinander entfernt in menschenunmöglicher Verrenkung zwischen Farnstrünken. Ein rotes Seil, das die beiden miteinander verband, verschmorte in der Glut.

Das Feuer loderte über die Toten hinweg, löschte ihre Augen und Gesichtszüge, entfernte sich prasselnd, kehrte im Sog der eigenen Hitze noch einmal wieder und tanzte auf den zerfallenden Gestalten, bis ein Wolkenbruch die Flammen in die eisengraue Asche gestürzter Quaresmeirabäume zurücktrieb und schließlich alle Glut in das feuchte Herz der Stämme zwang. Dort erlosch der Brand.

So blieb ein dritter Leichnam von der Einäscherung verschont. Weitab von den Überresten der Männer lag eine Frau unter Luftwurzeln und schaukelnden Trieben. Ihr schmaler Körper war von

Schnabelhieben zerhackt, ein Fraß schöner Vögel, war zernagt, ein Labyrinth der Käfer, Larven und Fliegen, die diese große Nahrung umkrochen, umschwirrten, umkämpften: ein Flor aus seidig glänzenden Flügeln und Panzern; ein Fest.

Der Pilot eines Vermessungsflugzeuges, das in diesen Tagen über der Bahia de São Marcos dröhnende Schleifen zog und vor aufziehenden Sturmwolken immer wieder nach dem Cabo do Bom Jesus abdrehte, sah auf jener felsigen, kaum zehn Seemeilen vor der Atlantikküste umbrandeten Insel die Bänder des Buschfeuers dahin und dorthin verlaufen, einen rauchenden, verrückten Weg durch die Wildnis. Der Landvermesser überflog die Verwüstung zweimal und schloß dann einen von atmosphärischem Rauschen gestörten Funkspruch mit jenem Eintrag, der auf seiner Karte unter dem Namen der Insel stand: *Deserto.* Unbewohnt.

2 Der Schreier von Moor

Bering war ein Kind des Kriegs und kannte nur den Frieden. Wann immer die Rede von der Stunde seiner Geburt war, sollte er daran erinnert werden, daß er seinen ersten Schrei in der einzigen Bombennacht von Moor getan hatte. Es war eine regnerische Aprilnacht kurz vor der Unterzeichnung jenes Waffenstillstandes, der in den Schulstunden der Nachkriegszeit nur noch *Der Friede von Oranienburg* hieß.

Ein Bombergeschwader zog damals nach der adriatischen Küste ab und warf den Rest seiner Feuerlast über dem See von Moor in die Finsternis. Berings Mutter, eine Schwangere mit geschwollenen Beinen, trug eben einen Sack Pferdefleisch vom Anwesen eines Schwarzschlachters. Das weiche, kaum ausgeblutete Fleisch lag schwer in ihren Armen und zwang sie zu einer Erinnerung an den Bauch ihres Mannes – als sie über den Platanen am Seeufer eine ungeheure Faust aus Feuer zum Himmel steigen sah, und noch eine … und ließ den Sack auf dem Feldweg zurück und begann wie von Sinnen auf das lodernde Dorf zuzulaufen.

Die Hitze des größten Brandes, den sie je gesehen

hatte, versengte ihr schon Augenbrauen und Haare, als aus einem schwarzen Haus plötzlich zwei Arme nach ihr griffen und sie in die Tiefe eines Kellers zerrten. Dort weinte sie, bis ihr ein Krampf den Atem nahm.

Zwischen schimmeligen Fässern brachte sie dann ihren zweiten Sohn um Wochen zu früh in eine Welt, die in das Zeitalter der Vulkane zurückzufallen schien: In den Nächten flackerte das Land unter einem roten Himmel. Am Tag verfinsterten Phosphorwolken die Sonne, und in Schuttwüsten machten die Bewohner von Höhlen Jagd auf Tauben, Eidechsen und Ratten. Aschenregen fiel. Und Berings Vater, der Schmied von Moor, war fern.

Noch Jahre später sollte dieser Vater, taub für die Schrecken der Geburtsnacht seines Sohnes, seine Familie mit der Beschreibung jener Leiden ängstigen, die er, *er* in diesem Krieg ertragen hatte. So trocknete Bering jedesmal die Kehle aus, und seine Augen brannten, wenn er wieder und wieder hörte, sein Vater habe als Soldat solchen Durst gelitten, daß er am zwölften Tag einer Schlacht sein eigenes Blut trank. Es war in der libyschen Wüste. Es war am Paß von Halfayah. Dort hatte die Druckwelle einer Panzergranate den Vater ins Geröll geworfen. Und als ihm in der Glut dieser Wüste plötzlich ein rotes, seltsam kühles Rinnsal über das Gesicht lief, schob der Vater den Unterkiefer vor wie ein Affe, schürzte die

Lippen und begann zu schlürfen, verstört und voll Ekel zuerst, dann aber mit wachsender Gier: Diese Quelle würde ihn retten. Er kehrte mit einer breiten Narbe auf der Stirn aus der Wüste zurück.

Berings Mutter betete viel. Auch als der Krieg mit seinen Toten von Jahr zu Jahr tiefer in die Erde sank und schließlich unter Rübenfeldern und Lupinen verschwand, hörte sie in Sommergewittern noch immer das Donnern der Artillerie. Und in manchen Nächten erschien ihr die Heilige Maria wie damals und flüsterte ihr Prophezeiungen und Nachrichten aus dem Paradies zu. Wenn Berings Mutter nach dem Erlöschen Mariens ans Fenster trat, um das Fieber der Erscheinung zu lindern, sah sie das lichtlose Ufer des Sees und ein hügeliges Brachland, das in schwarzen Wogen auf noch schwärzere Bergketten zurollte.

Berings Brüder waren beide verloren; tot der eine, der jüngere, ertrunken im See von Moor, als er im eisigen Wasser einer Bucht nach *Zähnen* tauchte, nach der versenkten, von Rotalgen und Süßwassermuscheln überwachsenen Munition einer versprengten Armee, nach kupfernen Projektilen, die er mit Steinen von den Patronenhülsen geklopft, durchbohrt und wie Fangzähne an einer Schnur um den Hals getragen hatte. Verloren auch der andere, der ältere, ein Auswanderer irgendwo in den Wäldern des Staates New York. Die letzte, Jahre zurückliegende Nachricht von ihm, eine Ansichtskarte, zeigte den Hudson River, dessen graue Flut immer auch die Trauer über den Ertrunkenen wieder wachrief.

Wenn Berings Mutter am Todestag ihres ertrunkenen Sohnes ein Gebinde blauer Anemonen und in Holznäpfe eingegossene Wachslichter im See aussetzte, dann trieb stets auch ein Licht für die Polin Celina davon, die ihr in der Bombennacht beigestanden war.

Celina, eine aus Podolien verschleppte Zwangsarbeiterin, hatte sich damals in den Erdkeller eines brennenden Weingutes geflüchtet und Berings Mutter mit in die Sicherheit gezerrt. Sie hatte der schreienden, von plötzlichen Wehen überfallenen Schmiedin zwischen Eichenfässern ein Lager aus Säcken und feuchter Pappe bereitet und dann das Neugeborene mit einem Schürzenband und ihren Zähnen abgenabelt und mit Wein gewaschen.

Während aus der Oberwelt allein das Krachen und die Erschütterungen der Einschläge in die von Unschlittkerzen kaum erhellte Tiefe drangen, hielt die Polin Mutter und Kind in ihren Armen, betete laut zur Schwarzen Madonna von Tschenstochau und trank dazu mehr und mehr schlecht vergorenen Wein, bis sie zwischen Stoßgebeten und Litaneien Gericht zu halten begann über die vergangenen Jahre:

Der Feuersturm dieser Nacht sei die Strafe der

Madonna, daß Moor seine Männer in den Krieg geworfen und in schrecklichen Armeen nach Szonowice, ja bis an das Schwarze Meer und nach Ägypten habe ziehen lassen, Vergeltung dafür, daß ihr Bräutigam Jerzy an den Ufern des Bug als Lanzenreiter gegen Panzer stürmen mußte und dann von den Laufketten … seine schönen Hände … sein schönes Gesicht …

Fürstin des Himmels!

Strafe für das verglühte Warschau und für den Steinmetz Bugaj, der mit seiner ganzen Familie und Nachbarschaft auf den Holzplatz der Köhlerei von Szonowice getrieben wurde; ihr eigenes Grab mußten sie dort schaufeln,

Madonna, Trösterin der Betrübten!

Rache für die entehrte Schwägerin Krystyna,

Du Zuflucht der Sünder!

und für den Kürschner Silberschatz aus Ozenna … Zwei Jahre hatte sich der Unglückliche in einer Kalkgrube versteckt gehalten, bis man ihn verriet und fand und in Treblinka für alle Ewigkeit in den Kalk warf,

Königin der Barmherzigkeit!

Sühne! für die Asche auf der polnischen Erde und für die zerstampften Wiesen Podoliens …

So klagte und weinte die Polin Celina noch, als es in der Oberwelt längst totenstill geworden und Berings Mutter vor Erschöpfung eingeschlafen war.

Die Männer von Moor, flüsterte Celina in die winzigen Fäuste des Säuglings, die sie wieder und wieder an ihren Mund drückte und küßte, die Männer von Moor hätten sich gegen die ganze Welt erhoben – und diese Welt werde nun in ihrer Wut wie das Jüngste Gericht mit allen Lebenden und Toten über die Felder heranstürmen, Engel mit Flammenschwertern, Kalmücken aus den Steppen Rußlands, Horden friedloser Seelen, die ohne den Trost der Kirche aus ihren sterblichen Hüllen geschlagen worden waren, Gespenster …! Und polnische Ulanen, rasend auf ihren Pferden, und von Patronengurten und Bajonetten klirrende Juden aus dem Heiligen Land und alle, die nichts mehr zu verlieren und keinen anderen Glauben zu gewinnen hatten als den an die Rache, *Amen.*

Die Zwangsarbeiterin Celina Kobro aus Szonowice in Podolien war schließlich das erste Opfer in Moor, das vier Tage später unter den Kugeln eines siegreichen, über das Dorf hereinbrechenden Bataillons starb. Es war ein Mißverständnis. Ein schreckhafter Infanterist verwechselte die vermummte Gestalt der Polin, die ein Pferd durch die Dunkelheit führte, mit einem Heckenschützen, einem flüchtenden Feind, schrie zweimal vergeblich in einer unverständlichen Sprache *Halt* und *Alarm* – und schoß.

Schon der erste Feuerstoß traf Celina in Brust und Hals und verwundete das Pferd. Celina hatte dem

Ackergaul die Nüstern zugebunden und seine Hufe mit Putzlappen umwickelt, um das herrenlose Tier in aller Stille aus dem überrannten Dorf ins Versteck einer Fichtenschonung zu führen und so vor der Beschlagnahme oder Schlachtung zu retten; der Gaul war ihre Beute. Er sprang lahmend in die Nacht davon, während Celina auf moosigen Steinen lag und die näherkommenden Sturmschritte des Infanteristen nur noch als den fernen, seltsam feierlichen Lärm ihres Todes wahrnahm: ein Blätterrauschen, ein Brechen von Zweigen, ein tiefes, abgrundtiefes Atmen – und endlich jenen unterdrückten Schrei, einen Fluch des Schützen, nach dem jedes Geräusch erstarb und für immer an die Stille zurückfiel.

Celina wurde am nächsten Morgen unter den verkohlten Akazien der Bahnstation neben einem Mineur aus dem Moorer Steinbruch begraben, einem kriegsgefangenen Georgier, der wenige Stunden nach dem Einmarsch der Sieger an seinem Hunger gestorben war.

Schon in den ersten Wochen nach ihrem Tod schienen nicht nur Celinas Prophezeiungen aus Berings Geburtsnacht, sondern noch ihre geheimsten Racheträume aus den Jahren ihrer Verschleppung wahr zu werden:

In Moor wurden Bürger aus ihren Häusern gejagt. Die Höfe von geschlagenen Parteigängern des Kriegs brannten. In Moor mußten ehemals gefürchtete Aufseher aus dem Steinbruch jede Demütigung schweigend ertragen; zwei von ihnen pendelten am siebenten Tag nach der Befreiung, es war ein kalter Freitag, an Drahtseilen im Wind.

In Moor wurden Hühner und magere Schweine als bewegliche Ziele über den *Platz der Helden* und rußige Felder gejagt und zur Übung der Scharfschützen getötet und das Aas den Hunden überlassen – im hungernden Moor … und alle plötzlich verjährten Ehrenzeichen, Orden und Heldenbüsten sanken, in Fahnen und abgestreifte Uniformen gewickelt, zum Grund von Jauchegruben hinab oder verschwanden auf Dachböden, in Kellerverstecken, auch im Feuer und in hastig geschaufelten Erdlöchern. In Moor herrschten die Sieger. Und was immer an Klagen über diese Herrschaft in der Kommandantur vorgetragen wurde – die Antworten und Bescheide der Besatzungsarmee waren zumeist nur eine böse Erinnerung an die Grausamkeit jenes Heeres, in dem Moors Männer gedient und gehorcht hatten.

Es waren zwar nicht die Reiter des Jüngsten Gerichts, die auf lehmverkrusteten Packpferden durch das Dorf zogen, und aus Panzerluken und von den offenen Verdecks der Truppentransporter starrten nicht die Racheengel und Gespenster aus Celinas Prophezeiung herab – in der zur Kommandantur verwandelten Gemeindestube bezog aber, als erster einer Reihe fremder Befehlshaber, ein Oberst aus

Krasnojarsk Quartier, ein flachsblonder Sibirer mit wäßrigen Augen, der die Getöteten seiner eigenen Familie nicht vergessen konnte, unter schweren Träumen stöhnte und auf alles, was sich während der scheinbar regellos verhängten Ausgangssperren in Moors Gassen und Gärten bewegte, schießen ließ.

Der Krieg war vorüber. Aber das von allen Schlachtfeldern so weit entfernte Moor sollte allein im ersten Jahr des Friedens mehr Soldaten sehen als in den eintönigen Jahrhunderten seiner bisherigen Geschichte. Dabei schien es manchmal, als würden in dem von Gebirgen umschlossenen Moorer Hügelland nicht bloß die Aufmarschpläne der Strategen vollzogen, sondern als müßte ein ebenso monströses wie verworrenes Manöver die gesammelte Macht der Welt ausgerechnet an diesem entlegenen Ort vorführen: Auf den zerwühlten Feldern und Weinrieden Moors, auf leeren Güterwegen und jeden Schritt verschlingenden, morastigen Wiesen überlagerten und durchkreuzten sich in diesem ersten Jahr die Besatzungszonen sechs verschiedener Armeen.

An der Kartenwand der Kommandantur erschien das Moorer Hügelland nur noch als ein Schnittmusterbogen der Kapitulation. Immer neue Verhandlungen zwischen rivalisierenden Siegern bestimmten und verzerrten die Demarkationslinien, verfügten Täler und Straßenzüge aus der Gnade des einen in die Willkür des nächsten Generals, teilten Kraterlandschaften, versetzten Berge … Und schon die Konferenz des nächsten Monats beschloß wieder alles anders und neu. Einmal geriet Moor für zwei Wochen in ein plötzlich aufklaffendes Niemandsland zwischen den Armeen, wurde geräumt – und wieder besetzt. Auch das Beringsche Gehöft blieb von flüchtigen Grenzen eingeschnürt und war doch niemals mehr als eine armselige Beute, die rußige Schmiede, der leere Stall, eine Schafweide, Brachland.

Waren es in den ersten beiden Wochen des Waffenstillstandes allein die Sibirer des Krasnojarsker Obersten gewesen, die Moor in ihrer Gewalt hatten, so marschierte nach ihrem Abzug eine marokkanische Batterie unter französischem Befehl in das Dorf. Es wurde Mai, aber das Jahr blieb kalt. Die Marokkaner schächteten zwei in den Ruinen des Moorer Sägewerks versteckte Milchkühe, entrollten Gebetsteppiche auf dem Pflaster vor der Kommandantur, und zum ungläubigen Entsetzen von Berings Mutter schlug kein Blitz aus dem Blau des Himmels, als ein *Afrikaner* die Madonna der Friedhofskapelle von ihrer vergoldeten Holzwolke schoß.

Die Batterie blieb bis in den Sommer. Dann rückte ein Regiment schottischer Highlanders nach, gälische Scharfschützen, die mindestens einmal die Woche den Jahrestag einer anderen unvergessenen Schlacht mit Flaggenparaden, Dudelsackmusik und schwarzem Bier feierten – und schließlich, die wenigen bestellten Felder waren schon abgeerntet und lagen nun wieder so dunkel und kahl wie alles Land im Frost, löste eine amerikanische Kompanie die Highlanders ab, und das Regime eines Majors aus Oklahoma begann.

Major Elliot war ein eigensinniger Mann. Er ließ an die Eingangstür der Kommandantur einen Garderobenspiegel schrauben und fragte jeden Bittsteller oder Beschwerdeführer aus den besetzten Gebieten, wen oder was er vor seinem Eintreten in diesem Spiegel gesehen hätte. War er wütend oder schlecht gelaunt, wiederholte er eine Abfolge immergleicher, bohrender Fragen so lange, bis der Bittsteller endlich beschrieb, was der Kommandant hören wollte – einen Schweinsschädel, Borsten und Klauen einer Sau.

Mit Major Elliot sollten aber nicht nur seltsame Strafen über Moor kommen, Demütigungen, die von den Besiegten schließlich als unbegreifliche Verrücktheiten hingenommen wurden, sondern auch eine spürbare Erleichterung: An die Stelle der wilden und regellosen Rache befreiter Zwangsarbeiter oder durchziehender Truppen trat nun das Standrecht einer siegreichen Armee. Im ersten Friedenswinter verging kaum ein Tag, an dem nicht wenigstens eine neue Vorschrift gegen das drohende Chaos erlassen wurde, Gesetze gegen Plünderer, Saboteure oder Kohlendiebe. Ein dürrer, von Baseball und deutschen Dichtern des neunzehnten Jahrhunderts begeisterter Sergeant übersetzte Paragraph um Paragraph der neuen Strafbestimmungen in eine seltsame Kanzleisprache und schlug sein Werk dann an das Schwarze Brett der Kommandantur.

Während das Dorf seiner Geburt mit jedem Tag armseliger wurde, lag Bering in zerschnittene Fahnen gewickelt in einem Wäschekorb, der von einem Deckenbalken pendelte, lag und schrie, ein magerer, von der Krätze geplagter Säugling, lag in seiner nach Milch und Speichel riechenden Hilflosigkeit – und wuchs. Sollte Moor zugrunde gehen, der Sohn des in der Wüste verschollenen Schmieds wurde mit jedem Tag zäher. Er schrie und wurde gestillt, schrie und wurde getragen, schrie und wurde von der Schmiedin, die viele Nächte am Pendel seines Korbes durchwachte und dabei die Madonna um die Heimkehr ihres Mannes anflehte, geküßt und auf den Armen gewiegt. Als ob ihn jeder Kontakt mit der Erde in Schrecken versetzte, ertrug der Säugling keinen festen Ort und tobte mit offenen Augen, wenn seine Mutter ihn erschöpft aus dem Korb und zu sich ins Bett nahm. Wie sehr sie ihn auch zu besänftigen versuchte und auf ihn einsprach, er schrie.

Es war dunkel in Berings erstem Jahr. Die beiden Fenster seiner Kammer blieben bis tief in den Frieden von Oranienburg vernagelt: Wenigstens dieser Raum, der einzige im Haus des Schmieds, der nach der Bombennacht von Moor ohne Mauerrisse und

Brandspuren war, sollte vor Plünderern und schwirrenden Eisensplittern sicher sein. In den Feldern lagen immer noch Minen. So schaukelte, schwebte, segelte Bering durch seine Dunkelheit dahin und hörte aus der Tiefe unter sich manchmal die brüchigen Stimmen dreier Legehennen, die in der Bombennacht aus dem brennenden Stall der Schmiede gerettet und schließlich mit aller wertvollen Habe in die unversehrte Kammer geschlossen worden waren.

Das Kollern und Scharren dieser Hühner in ihrem Drahtkäfig war in Berings Dunkelheit stets lauter als das Getöse der ausgesperrten Welt. Selbst das Dröhnen der auf den Wiesen manövrierenden Panzer drang durch die Bohlen der Vernagelung nur dumpf und wie aus großer Ferne an die Schaukel des Säuglings. Bering, ein Fliegender unter gefangenen Vögeln, schien die Hühner zu lieben – und hielt manchmal sogar in seinem verzweifelten Schreien inne, wenn eines der Tiere plötzlich ruckend und blinzelnd seine Stimme erhob.

Wenn seine Mutter von Gehöft zu Gehöft und manchmal tagelang über die Dörfer ging, um Schrauben, Hufnägel und schließlich selbst das im Keller versteckte Schweißgerät der Schmiede gegen Brot, Fleisch oder ein Glas schimmeliger Marmelade einzutauschen, hielt Berings Bruder Wache, ein eifersüchtiger, jähzorniger Halbwüchsiger, der das schreiende Bündel haßte. Ratlos vor Wut zerriß der Bruder

Insekten, Nachtfalter und Schaben, die er aus der Wandtäfelung scheuchte, zupfte Fadenbeinchen, eines nach dem anderen, aus den Panzern von Käfern, warf die Verstümmelten den Hühnern unter dem Korb des Säuglings zum Fraß vor und versetzte das Geflügel nach solchen Fütterungen mit einer Kerzenflamme in Panik. Reglos lauschte Bering dann den Stimmen der Angst.

Noch Jahre später bedurfte es bloß eines Hahnenschreis, um in ihm rätselhafte Empfindungen wachzurufen. Oft war es ein melancholischer, ohnmächtiger Zorn, der keinen bestimmten Gegenstand hatte und ihn doch mehr als jeder tierische oder menschliche Laut mit dem Ort seiner Herkunft verband.

Berings Mutter glaubte an ein Zeichen des Himmels und trug den Hühnerkäfig entsetzt aus der Kammer, als der Säugling an einem verschneiten Morgen im Februar nach einer Stunde der Ruhe und des gebannten Zuhörens wieder zu schreien begann – und seine Stimme dem Krächzen eines Huhnes glich: Der Schreier kollerte wie eine Legehenne! Der Schreier ruderte mit den Armen, streckte verkrampfte weiße Fingerchen wie Krallen aus seinem Korb. Und hob er nicht auch ruckend den Kopf?

Der Schreier wollte ein Vogel sein.

3 Ein Bahnhof am See

In jenem dürren Herbst, in dem der Schmied von Moor aus Afrika und der Kriegsgefangenschaft heimkehrte, konnte Bering etwa drei Dutzend Wörter aussprechen, schrie aber mit größerer Begeisterung mehrere Vogelstimmen erkennbar nach, war ein Huhn, war eine Türkentaube, war ein Kauz. Man schrieb das zweite Jahr des Friedens.

Die auf eine Feldpostkarte gekritzelte Nachricht von der bevorstehenden Ankunft des Vaters hatte die Schmiede verwandelt: Die Mauerrisse waren von einem Flüchtling aus Mähren für einen Laib Brot verputzt und gekalkt worden – und endlich standen auch die vernagelten Fenster von Berings Kammer wieder offen. Der Lärm der Welt drang nun ungemildert auf ihn ein. Er schrie vor Schmerz. Das Gehör, sagte der Mährer, während er mit einem kalktriefenden Besen Brandspuren übertünchte, das Kind habe zu empfindliche Ohren. Das Kind höre zu fein.

Bering schrie untröstlich wie je – und es war tatsächlich, als ob er sich in die eigene Stimme flüchtete, wie zum Schutz in seine Stimme … tatsächlich, als ob ihm das eigene Schreien erträglicher und weniger schrill und schneidend wäre als das Getöse der Welt vor den offenen Fenstern. Aber schon lange bevor er seinen ersten Schritt in diese Welt getan hatte, schien der Schreier gefühlt zu haben, daß einem Feinhörigen die Stimme eines Vogels eine weitaus bessere Zuflucht bot als das rohe Gebrüll eines Menschen: Zwischen den Tiefen und Höhen des tierischen Gesangs lag alle Geborgenheit und Ruhe, nach der man sich in einem geborstenen Haus sehnen konnte.

Als der mährische Flüchtling die Schmiede verließ, kalkweiße, kaum getrocknete Räume, blieben darin ein Geruch von fauligem Wasser – und ein besänftigtes Kind zurück. Berings Mutter war dem Rat des Mährers gefolgt, hatte ihm für zwei Gläser Schnaps Wachspfropfen abgekauft, von denen er behauptete, sie seien aus den Tränen der Kerzen von Meteora geformt, den heilkräftigen Kerzen der Felsenklöster von Meteora! – und betäubte nun ihrem Sohn damit die Ohren, wann immer er schrie.

Der Schmied von Moor kam mit einem von der Ruhr verseuchten Transport am Tag des Erntedankfestes. In den Ruinen des Bahnhofs am See erwartete eine drängende Menschenmenge die Freigelassenen. Auf den Bahndämmen herrschte eine böse Unruhe. Gerüchte aus der großen Umgebung des Sees behaupteten, daß dieser Transport der letzte Zug bleiben sollte, der Moor vor der Stillegung der Eisenbahnlinie erreichen würde.

Es war ein wolkenverhangener Tag, auf dem Land lag der erste Rauhreif, und die Kälte stank nach dem verbrannten Stroh der Felder. In der Oktoberstille war das näherkommende Stampfen der Dampfmaschine schon lange zu hören, als über den Pappeln am Karpfenteich endlich die ersehnte Rauchfahne erschien und auf den See zukroch.

Bering, ein mageres, kaum achtzehn Monate altes Kind an der Hand seiner Mutter, war tief in der Menge, unsichtbar zwischen Beinen, Mänteln – und Schultern, die sich über ihm zusammenschlossen und wieder voneinander lösten, und hörte das Keuchen der Maschine doch vor allen anderen und lauschte gebannt. Was sich da näherte, war ein rätselhafter, nie gehörter Atem.

Der Zug, der schließlich im Schrittempo in das zerbombte Gemäuer des Bahnhofs einfuhr, bestand aus geschlossenen Viehwaggons und glich auf den ersten Blick jenen Elendszügen, die in den Kriegsjahren mit Zwangsarbeitern und gefangenen *Feinden* vollgepfercht zumeist im Morgengrauen in den Steinbruch von Moor gerollt waren: das gleiche Stöhnen aus dem Inneren der Waggons, als dieser Zug auf das Abstellgleis am Ufer geschoben wurde und dort am Prellbock mit einem metallischen Krachen zum Stillstand kam. Der gleiche Gestank, als die Schiebetüren endlich offenstanden. Nur hatten diesmal keine uniformierten, schwerbewaffneten Aufseher und keine brüllende Feldpolizei an den Bahndämmen Stellung bezogen, sondern nur einige gelangweilte Infanteristen aus der Kompanie Major Elliots, die das Schauspiel der Ankunft ohne Einsatzbefehl verfolgten.

Mit dem Stillstand des Zugs kam, fuhr plötzlich Leben in die Menge. Hunderte von ihrem jahrelangen Warten erlöste Menschen umdrängten diesen Zug, als wäre er ein ungeheures, endlich zur Strecke gebrachtes Tier. Aus ihrem Gemurmel wurde ein lautes Stimmengewirr, ein Geschrei. Die meisten von ihnen waren nicht weniger zerlumpt und abgezehrt als die Freigelassenen, die nun ohne Gepäck aus den Waggons taumelten und ihre Hände gegen das Licht schützend vor die Augen hoben. Ein Dikkicht aus Armen wogte ihnen entgegen, ein Einerlei aus Gesichtern, in der Blendung kaum zu erkennen. Zerrupfte Blumen und Fotos, Bilder von Verschollenen, wurden ihnen wie Trümpfe in einem Kartenspiel gegen den Tod entgegengestreckt, Namen und Bitten zugerufen, Beschwörungen:

Hast du den hier gesehen, meinen Mann!
Meinen Bruder gesehen, kennst du den
Ist er bei euch
Er muß bei euch sein
Ihr kommt doch aus Afrika

… ein Geschiebe und Drängen, bis diejenigen, die sich schon gefunden haben, sich stammelnd liebkosen oder wortlos halten, endlich die ersten gemeinsamen Schritte aus dem Krieg tun – und gleich wieder um sich schlagen, um unter den ersten in der Ankunftshalle zu sein, die ohne Dach ist. Dort soll es Brot geben.

Unter dem offenen Himmel dieser Halle steht Major Elliot mit hangenden Armen neben dem Sekretär von Moor, dahinter eine Blechmusikkapelle ohne Uniformen, die auf ein Zeichen des Sekretärs die Melodie eines langsamen, alten Liedes spielt und erst dann einen Marsch. Der Kapelle ist anzuhören, daß viele ihrer Bläser fehlen. Nur eine einzige Klarinette. Und kein Flügelhorn.

Dann wird es still. Wer dort unter zwei Fahnen eine Rede hält, ist vom Bahnsteig schon nicht mehr zu erkennen. Zwei Lautsprecher an hölzernen Stangen tragen die Worte weit über Geleise und Köpfe hinweg auf den See.

Willkommen … Heimat in Trümmern … Zukunft … und Mut fassen!

Wer hat jetzt noch Ohren für Worte. Bering fühlt nur den Schmerz von sich überlagernden schrillen Tönen aus den Lautsprechern, die er für den Klang einer einzigen häßlichen Stimme hält.

Nach dem Verstummen des Redners noch einmal Musik, das dünne Singen einer Zither und dahinter ein Akkordeon, wie es in den Wirtsstuben der Vorkriegszeit zu hören war; dann eine Sängerin, die zweimal absetzen muß, weil sie schluchzt oder niest, es ist nicht zu erkennen.

Musiker, Sänger, Redner und selbst Major Elliot werden schließlich von der Menge geschluckt. Die Willkommensfeier ist zu Ende. Jetzt erst wird an die Armseligen aus den Waggons Brot und Milchpulver verteilt, eine Wochenration; der Sekretär führt Listen und unterzeichnet Formulare. Einige der Beschenkten können sich nicht mehr auf den Beinen halten, krümmen sich, sinken in die Knie. Endlich darf jeder gehen, wohin er will, zum erstenmal seit Jahren wieder, wohin er will. Aber wohin?

Wie verloren im Tumult steht die Schmiedin, an der einen Hand Bering, an der anderen den Bruder, der zornig ist wie immer, aber aus Furcht vor den Drohungen der Mutter stillhält. Auch von Bering kommt kein Laut. Der Atem der Maschine braust ihm noch in den Ohren.

Die Schmiedin hat kein Foto hochgehalten. Die Schmiedin ist mit ihren Söhnen in der Menge dahin und dorthin geschoben, gedrängt worden, und jede Richtung war ihr recht. Sie hat ja gewußt, hat um alles in der Welt glauben wollen, daß sie diesmal nicht vergeblich zwischen den schwarzen Mauern des Moorer Bahnhofes warten wird. Sie hat Blumen mitgebracht, Berings Bruder hält sie in seiner Faust.

Es sind Zyklamen von der Uferböschung am Wasserwehr.

An beiden Händen die Söhne, kann sich die Schmiedin nicht durch die Menge kämpfen wie die anderen. Sie und er sind niemals aufeinander zugelaufen, sondern stets zögernd und oft mit Scham und verlegen aufeinander zu. Dann hat der Krieg die Sanddünen Nordafrikas zwischen ihnen angeweht und ein ganzes Meer zwischen ihnen gestaut. Sie kennen sich ja kaum.

Aber wie früher muß die Schmiedin auch diesmal auf ihn warten. Tief in der Menge muß sie warten und sich auf die Zehenspitzen stellen und Ausschau halten, bis ihre Augen im kalten Seewind schmerzen und Tränen über ihr Gesicht laufen.

Sie weiß nicht, daß sie weint, sie hört nicht, daß sie den Namen des Schmieds aufsagt, wieder und wieder, einen Spruch, eine Formel. Bering ist an ihrer Seite wie betäubt von der ersten Menschenmenge seines Lebens und von dem rasenden Puls, den er an jener Hand spürt, die ihn hält.

Nach der Verteilung des Brots war der Kampf um die Heimkehrer leichter, ja heiter geworden, kleine, verschlungene Gruppen lösten sich aus dem Gewühl, schon wurde gelacht, Pferdefuhrwerke fuhren an, auch ein Lastwagen. Elliots Soldaten entwanden einem grölenden Kutscher eine verbotene Fahne und zerrissen sie, stießen den Mann in ihren Jeep. Kaum jemand kümmerte sich darum. Nur der lehmverkrustete, zottige Hund des Verhafteten umsprang kläffend das Fahrzeug, schnappte nach den Feinden seines Herrn und ließ erst ab, als ihm einer der Soldaten den Kolben seines Sturmgewehrs auf den Schädel schlug.

Unermeßlich,

unermeßlich die Zeit, die vergehen muß, bis die Schultern und die Köpfe im Himmel über Bering verfliegen und die Menge lichter wird. Als ob der keuchende, nun zur Ruhe gekommene Atem Raum geschaffen hätte, wird Bering an der Hand der Mutter plötzlich fortgezogen und sein Bruder mit ihm.

Jetzt endlich kann auch die Schmiedin vorwärts, dorthin, wo noch viele Gestalten grau in grau zusammenstehen und sich nicht vermischt haben mit den Wartenden. Zweimal glaubt sie das verlorene Gesicht schon entdeckt zu haben, das vertraute, das sich dann zweimal in ein fremdes verwandelt, bis nach einer Ewigkeit, keine drei Meter von ihr entfernt, der Schmied vor ihr steht. Jetzt nimmt ihr der eigene Herzschlag alle Kraft, und sie spürt, daß sie schon auf die Vergeblichkeit gefaßt war.

Der Schmied ist ein dünner Mann, der so plötzlich stehengeblieben ist, daß ihm ein Nachkommender in den Rücken fällt. Er hält dem Anprall stand und schaut sie an. Einen Bart hat er. Schwarze Flecken hat er im Gesicht. Sie hat ihn so und doch ganz anders in

Erinnerung. Die Narbe auf der Stirn kennt sie aus einem Feldpostbrief. Aber jetzt erst erschrickt sie darüber. Was war das für ein Krieg, in dem er so lange verschollen war und aus dem er nun so zurückkehrt? Sie weiß es schon nicht mehr. Die halbe Welt ist mit Moor zugrundegegangen, das weiß sie, und auch, daß mit der Polin Celina und den vier Kühen des Hofes die halbe Menschheit in der Erde und im Feuer verschwunden ist, Heilige Maria! Aber er ist der einzige von allen Verschwundenen, der sie jemals in den Armen gehalten hat. Und er ist zurückgekommen.

Die Söhne fürchten sich. Der Bruder will sich an den da nicht mehr erinnern, und Bering hat ihn noch nie gesehen. Die Söhne klammern sich an die Hände der Mutter, die nun keinen Arm frei hat wie die anderen, die Glücklichen in der Ruine des Bahnhofs.

So starren sie sich an, die Söhne den furchtbaren Fremden, der Fremde die Mutter, der Fremde den Bruder, der Fremde Bering. Jeder ist still. Und dann macht der Fremde jenen Schritt, der Bering den Mund aufreißt zu einem Schrei des Entsetzens. Der dünne Mann zeigt auf ihn, ist mit zwei langsamen Schritten bei ihm, greift nach ihm mit beiden Händen, hebt ihn aus der Nähe der Mutter, hebt ihn zu sich hoch.

Bering spürt, daß in diesem Mann der Atem sein

muß, den er aus der Ferne gehört hat. Und jetzt hat er die Narbe auf der Stirn des Schmieds vor sich, die Wunde, die den da wohl so keuchend und dünn gemacht hat, und schreit in der Augenhöhe des Vaters um Hilfe, schreit Worte, die der Mutter in seinem Rücken sagen sollen, was an dem da schrecklich ist, schreit

Blutet!

schreit

Stinkt!

und windet sich in den Armen des dünnen Mannes und weiß, daß ihm kein Wort helfen wird. Die Mutter ist nur ein Schatten tief hinter ihm. Drei Atemzüge, vier schwebt er so und fühlt plötzlich ein Zerren, das sein Geschrei zerreißt und ein Hämmern, das ihm die Fetzen seiner Stimme hoch in den Kopf schlägt, und hört aus seinem eigenen Mund endlich wieder die andere, die schützende Stimme, die ihn durch die Dunkelheit seines ersten Jahres trug: Und beginnt in den Armen des Vaters zu gackern!, rasend zu gackern, ein panisches Huhn, das mit den Armen, den Flügeln schlägt, ein zu Tode geängstigter Vogel, den der dünne Mann endlich nicht mehr zu halten vermag. Flatternd stürzt er der Erde entgegen.

4 Das Steinerne Meer

Drei Wochen nach der Heimkehr des Schmieds stand der *Freiheitszug* immer noch vor dem Prellbock. Durch die offenen Schiebetüren der Viehwaggons wehte ein Gestank nach Urin und Scheiße, und im fauligen Stroh gurrten Tauben; sie wurden von Flüchtlingen, die entlang des Bahndamms lagerten, mit Steinschleudern und Netzen gejagt. In den tiefen Spurrinnen der Straße zum See blinkte in diesen Tagen das erste Eis, Hausierer schlugen an Fensterläden und Türen, aber selbst hinter dem herabgelassenen Rollbalken des Moorer Kolonialwarenladens pendelten nur dürre Lavendelsträuße in der Zugluft – und Major Elliot bewilligte ein Bittgesuch des Schmieds und überließ dem Freigelassenen bis auf weiteres ein Schweißgerät aus den Beständen der Armee.

Den ersten Blitzen und dem Feuerschein aus der wiedereröffneten Schmiede folgten ohrenbetäubende Hammerschläge auf Wagendeichseln, Stallgitter und Windfahnen, auch ein rotglühender, eiserner Eichenzweig, die erste Bestellung eines neugegründeten Veteranenvereins, wand sich auf dem Amboß. Der Schmied führte Selbstgespräche, jammerte im Schlaf, begann aber im Lärm seiner Arbeit manchmal unvermittelt zu singen, Strophen von Soldatenliedern und Lalala, während Bering immer noch an seinem Sturz aus den Armen des Vaters litt. Ein Turban aus Lazarettbandagen ließ sein Gesicht winzig und erst recht als das eines Vogels erscheinen.

Der Schmied nahm an diesem fleckigen Kopfverband seines Sohnes aber nur Erinnerungen an seine Zeit in der Wüste wahr und erzählte Geschichten von Wanderdünen, die aufgeriebene Konvois unter sich begruben, beschwor am Küchentisch wehende Felder aus Sandfontänen, die sich als die Vorboten eines Sturms in einer einzigen Sekunde erhoben und gleich wieder hinlegten und dabei klangen, als fielen Nadeln gegen eine Erde aus Glas … Und er beschrieb Oasen, in denen eine Karawane Zuflucht fand, bevor die trübe Sonne in den Sandwolken erlosch.

Aber wie sehr er sich auch bemühte, seiner Familie die Wüste zu erklären, und dabei die Grimassen eines Dromedars oder das Lachen von Hyänen nachzuahmen versuchte – Bering blieb über den dünnen Mann im Bett seiner Mutter so entsetzt, daß er wochenlang weder ein Wort sprach noch einen Vogellaut über die Lippen brachte.

Der Zug, mit dem der dünne Mann gekommen war, neun Waggons und eine Tenderlokomotive, stand wie ein aus dem Streckennetz geratener, von allen Behörden und Kommandanturen vergessener

Irrläufer Woche um Woche in den Ruinen des Bahnhofs von Moor und sollte seine Endstation schließlich nie mehr verlassen:

Es war an einem wolkenlosen Frosttag, als eine Kolonne amerikanischer Pioniere aus dem Tiefland anrückte und mit der Demontage der Geleise begann. Wie zum Zeichen einer besonderen Strafe fielen die ersten Hammerschläge auf ein Stellwerk, das unter den Zwangsarbeitern des Steinbruchs als *Das Kreuz von Moor* berüchtigt gewesen war. Dieses Kreuz – eine zwischen Taubnesseln, Pfefferminze und Brombeergestrüpp verborgene Weiche – hatte in den Kriegsjahren alle an das Moorer Ufer rollenden Züge in weiße und in blinde geteilt:

Weiße Züge hatten auch im Krieg die gleichen Passagiere wie im Frieden an den See gebracht – Kurgäste mit pfeifendem Atem, fette Gichtpatienten, Fischmarktfahrer an jedem Dienstag und Pendler aus dem Tiefland. Mit der Dauer ferner Schlachten waren dazu mehr und mehr Fronturlauber gekommen und schwerverwundete Offiziere, die unter den Sonnenschirmen des Grand Hotels die letzten Tage ihres Lebens in gestreiften Liegestühlen verbrachten. Vor weißen Zügen war die Weiche stets nach rechts geschlagen, was weiß war, rollte ein sanftes Gefälle hinab zur Endstation Bahnhof Moor.

Blinde Züge erreichten diesen Bahnhof nie. Blind, das bedeutete: ohne Fenster, bedeutete: ein Zug ohne

Beschilderung und Hinweis auf Herkunft und Ziel. Blind, das waren die geschlossenen Güter- und Viehwaggons der Gefangenenzüge. Allein auf den Plattformen, in den Bremserhäuschen und manchmal auf den rußigen Dächern waren Menschen zu sehen, Aufseher, Soldaten. Vor solchen Zügen klirrte die Weiche nach links. Dann rollten auch sie abwärts, an ein staubbedecktes Ufer, das undeutlich in der Ferne lag. An das Ufer des Steinbruchs.

Aus dem Gestänge des zerschossenen Wachturms am Stellwerk war ein schöner Blick auf den See. Noch Jahrzehnte später und als ein Gefangener Brasiliens sollte Bering die Erinnerung an diesen Blick für das Bild seiner Herkunft halten: Ein grüner Fjord schien dort in der Tiefe zu liegen, ein von Lichtreflexen sprühender Meeresarm. Oder war es ein Strom, der sich im Verlauf von Äonen in den Felsengrund gegraben hatte und nun besänftigt durch die Schluchten seiner eigenen Beharrlichkeit kroch? Zwischen bewaldeten Abhängen und kahlen Lehnen wand sich dieser See tief ins Gebirge, bis er in einer schroffen, weglosen Einöde an die Felsen schlug.

Über die Weite des Wasserspiegels hinweg betrachtet, erschienen bei klarem Wetter die Terrassen des Steinbruchs nur als helle, ungeheure Stufen, die aus den Wolken ans Ufer hinabführten. Und hoch oben, irgendwo über dem Scheitel dieser Riesentreppe aus Granit, hoch über den Staubwolken der

Sprengungen, den eingesunkenen Dächern des Barackenlagers am Schotterwerk und den Spuren aller Qualen, die am Blinden Ufer des Sees erlitten worden waren, begann die Wildnis:

Mächtiger als alles, was aus Moorer Sicht von der Welt zu sehen war, erhob sich über dem Steinbruch das Gebirge. Jeder Geröllstrom, der aus den Eisregionen herabfloß und sich im Dunst verlor, jede Kluft und von Dohlen umschwärmte Öffnung einer Schlucht führte tiefer in ein Gesteinslabyrinth, in dem sich alles Licht in aschgraue Schatten und blaue Schatten und Schatten in den vielen Farben der anorganischen Natur verwandelte. Auf der Kartenwand der Kommandantur war der über Gipfelzeichen und mäandrierende Höhenlinien hingeschriebene Name des Gebirges rot umrandet: *Das Steinerne Meer.* Verboten, unwegsam und an seinen Pässen vermint, lag dieses Meer zwischen den Besatzungszonen, ein kahles, unter Gletschern begrabenes Niemandsland.

Wenn die Regenschauer eines atlantischen Tiefs den Blick über den See trübten, waren die Berge mit ihren bis tief in den Sommer überdauernden Schneefeldern manchmal von einer Unwetterfront kaum zu unterscheiden. An solchen Tagen zerrann das Steinerne Meer zu einer konturlosen Barriere aus Felsen, Wolken und Eis – und unauslöschlich in Berings Erinnerung stand an diese Barriere geschrieben:

HIER LIEGEN
ELFTAUSENDNEUNHUNDERTDREIUNDSIEBZIG TOTE
ERSCHLAGEN
VON DEN EINGEBORENEN DIESES LANDES
WILLKOMMEN IN MOOR

Über fünf aufgelassene Abbaustufen des Granitbruchs, über fünf unregelmäßige, monströse Zeilen, hatte Major Elliot diese Inschrift von zwangsverpflichteten Steinmetzen und Maurern hinsetzen, errichten! lassen: Jeden Buchstaben groß wie einen Menschen. Jeden Buchstaben als freistehende, gemauerte Skulptur aus den Trümmern des Barackenlagers am Schotterwerk, aus den Fundamenten der Wachtürme und den Stahlbetonsplittern eines gesprengten Bunkers … So hatte Elliot nicht nur eine aufgegebene Halde des Steinbruchs am See, sondern das ganze Gebirge in ein Denkmal verwandelt.

Natürlich versuchten sich die Bewohner von Moor, Leys und Haag und des ganzen Ufers gegen die Schrift im Steinbruch zu wehren – mit Protestbriefen, Unschuldsbeteuerungen, auch einem dünnen Demonstrationszug über die Seepromenade – und selbst mit Sabotage: Zweimal brachen die Arbeitsgerüste um die Lettern unter angesägten Stangen, und auch die unerträgliche, über eine Länge von fast vierzig Metern hingesetzte Zahl der Toten wurde in einer Nacht wieder unleserlich geschlagen.

Aber Elliot war der Kommandant. Und Elliot war zornig und stark genug, seine Drohung wahr zu machen und für jeden weiteren Sabotageakt Felswände, Hügel oder Häuserzeilen mit neuen und schlimmeren Anklagen beschriften zu lassen. Und so standen die gemauerten Lettern im Steinbruch schließlich groß, roh, weiß gekalkt, weithin sichtbar, standen in Reih und Glied wie Moors verschollene Soldaten, standen wie die Kolonnen der Zwangsarbeiter beim Zählappell, wie die Sieger unter den gehißten Flaggen ihres Triumphes. Und welche Schreckenszahl auch immer sie überlieferten, unbezweifelbar blieb, daß im Geröll und in der von Fichten- und Kiefernwurzeln durchwachsenen Erde am Fuß der Schrift die Toten des Barackenlagers am Schotterwerk lagen.

Elftausendneunhundertdreiundsiebzig: Die beschlagnahmten Sterbebücher des Lagers, endlose Namenslisten in einer Handschrift, die einem Ornament aus Messerklingen glich, hielt Elliot im Tresor der Kommandantur unter Verschluß und ließ sie daraus in der Zeit seines Regimes nur jeweils an den Jahrestagen des Friedensschlusses von Oranienburg hervorholen, das erste Mal aber in jenen Tagen, in denen die Buchstaben im Steinbruch errichtet wurden. Von Militärpolizei bewacht, lagen die Sterbebücher damals eine ganze Woche lang aufgeschlagen in einer Glasvitrine am Dampfersteg zur Schau, und an den Peitschenlampen der Uferpromenade knallten schwarze Fahnen im Wind.

Als am letzten Tag dieser Ausstellung die Pionierkolonne anrückte, das Kreuz von Moor zerschlug und den Bahndamm in einen leeren, nutzlosen Wall zurückzuverwandeln begann, verschloß Berings Mutter ihrem feinhörigen Sohn die Ohren mit Wachs: Der Klang von Ketten und aus ihrer Verankerung gerissenen Schienensträngen hallte weit über das Kaff und sein Ufer hinaus.

Von diesem Geklirr und dem Läuten der Hammerschläge alarmiert, versammelten sich innerhalb einer Stunde Hunderte Menschen am Bahndamm. Und es kamen immer mehr. Bis in so entlegene Dörfer wie Leys oder Haag waren die Rauchsäulen der Scheiterhaufen zu sehen, in denen die geteerten Holzschwellen von Moors wichtigster Verbindung ins Tiefland und zur Welt verbrannten.

Die empörte Menge drohte den Soldaten mit Fäusten und schrie ihnen Fragen zu, Verwünschungen. Jetzt, so kurz vor dem Winter, erfüllten sich die schlimmsten Gerüchte von der Stillegung der Eisenbahnlinie. Stillegung! Moor auf eine Schlammstraße zurückgeworfen! Moor abgeschnitten von der Welt.

Ungerührt rissen die Pioniere Schienenstrang um Schienenstrang aus dem Damm und wuchteten den Schrott auf Waggons, die dann ein Stück weiter vom

See fortgezogen wurden. So kroch ein Lastenzug ins Tiefland, der seine Geleise mit sich nahm.

Moors Empörung und Ratlosigkeit schienen den Trupp bloß zu erheitern: Trotz der Kälte streiften einige Soldaten ihre Uniformjacken und Hemden ab wie zu einer sommerlichen Schwerarbeit und stellten so ihre Tätowierungen zur Schau: tintenblaue Adlerköpfe und Vogelschwingen auf Oberarmen und Schultern, blaue Nixen, blaue Totenschädel und gekreuzte Flammenschwerter.

Einer der Tätowierten antwortete auf das Geschrei und Geschimpfe der Menge, indem er zwei Brecheisen zu einer Schere übereinanderschlug und dann in dem schmäler und schmäler werdenden Raum zwischen seinem Trupp und den Uferbewohnern – zu tanzen begann. Er stampfte im Kreis, verfiel in einen jammernden Gesang und tat in einer grotesken Pantomime, als durchschnitten ihm Scherenklingen den Hals. Den Blick unverwandt auf die Zuschauer gerichtet, steigerte er seinen Jammergesang zu einem rhythmischen Geschrei, in dem die Moorer ihre eigene Sprache gebrochen wiedererkannten: *Rübeab-Rübeab-Rübeab!*

Be-be-ab, Be-be-ab, begannen drei, vier Kameraden des Tänzers zu skandieren und schlugen mit ihren Spitzhacken, Schaufeln und Hämmern den Takt.

Plötzlich flog ein Stein durch die Luft. Und noch einer. Und in der nächsten Sekunde ließ die Wut über diese tätowierten Nackten einen Hagel aus Dammschotter aufschwirren und auf die Soldaten niederprasseln. Aber noch im Augenblick, in dem die ersten Steine aufschlugen, feuerte ein wachhabender Sergeant Warnschüsse aus seiner Maschinenpistole über die Köpfe hinweg.

In der jähen Stille, die dem Nachhall dieser Garbe folgte, waren nur noch die Schritte des Kommandanten zu hören: Major Elliot war von der Plattform eines Waggons gesprungen, hatte den Sergeant zur Seite gestoßen, trat nun zwischen die verstummte Menge und die zum Gegenangriff bereiten Tätowierten und begann zu brüllen. Schrie – und schrie etwas von einem Anfang, von einem ersten Schritt … und wieder und wieder ein seltsam klingendes Wort. Es war ein nie gehörter Name: Stellamour.

5 Stellamour oder der Friede von Oranienburg

Bering war sieben, als er seine Vogelstimmen verlor. Es geschah während eines staubigen Schauspiels, das Major Elliot *Stellamour's Party* nannte und viermal jährlich im Steinbruch abhalten ließ: Zwischen Granitblöcken und in den Ruinen des Barackenlagers am Schotterwerk sollte Moor lernen, was die Hitze eines Hochsommertages oder der Frost eines Januarmorgens für einen Gefangenen bedeutet, der die Jahreszeiten unter freiem Himmel ertragen muß.

Es war an einem Augusttag, an einem Tag wie in der Wüste, als Berings Vater im Verlauf einer solchen Party unter einer zentnerschweren Traglast zu Fall kam und dann auf dem Rücken lag und vergeblich versuchte, wieder auf die Beine zu kommen.

Der Anblick seines strampelnden Vaters brachte den Siebenjährigen so sehr zum Lachen, daß er sich schließlich wie in einem hysterischen Spiel neben diesem großen Käfer am Rand eines Grundwassertümpels wand und kreischte und um sich schlug, bis ihm ein Wachsoldat mit einem Apfel den Mund stopfte.

Wann immer der Sohn des Schmieds nach diesem Lachkrampf Zuflucht in Hühnerställen oder im Schatten auffliegender Vogelschwärme suchte, pfiff, gurrte und krächzte er nur noch wie ein Mensch, der ein Huhn, eine Drossel oder eine Taube bloß nachzuahmen versucht – und war doch nie wieder die Vogelstimme selbst. Was ihm aber auch nach diesem Verlust blieb, war die Fähigkeit, noch die seltensten Vögel und Irrgäste der Seeregion an einem einzigen Schrei zu erkennen: Alpensegler, Eisvogel, Elfenbeinmöwe und Kornweihe, Seidenreiher, Singschwan, Trauerbachstelze, Wellenläufer, Zwergammer … – mit ihren Namen füllte Bering in seinen Schuljahren die leergebliebenen Spalten eines ausgedienten Auftragsbuchs der Schmiede.

Stellamours Bildnis, das Porträt eines lächelnden, kahlen Mannes, prangte damals in allen Größen an Plakatwänden, Hoftoren und manchmal auch als haushohes Wandgemälde an der Feuermauer einer ausgebrannten Fabrik oder Kaserne:

Der Richter und Gelehrte Lyndon Porter Stellamour im Lehnstuhl vor einer Bücherwand in heiteren Farben …

Stellamour im weißen Smoking zwischen den Säulen des Capitols in Washington …

und Stellamour im Buschhemd und mit beiden Armen aus dem Strahlenkranz der amerikanischen Freiheitsstatue winkend …

Stella-
Stella-
Stellamour
Hoher Richter Stellamour
Aus Poughkeepsie im blühenden Empire State
Empire State New York …

wurde damals als Refrain einer seltsamen Hymne – halb Schlager, halb Kinderlied – bei Flaggenparaden und Festversammlungen von gemischten Chören gesungen. In ungeheizten, zugigen Schulzimmern mühsam buchstabiert, dann mit Kreide auf Schiefertafeln gekratzt und schließlich mit Füllhaltern auf holziges Papier mehr graviert als geschrieben, war Stellamours Name längst unauslöschlich im Gedächtnis einer neuen Generation bewahrt. Selbst über den Toreinfahrten wiederaufgebauter Wassermühlen und neugegründeter Rübenkompanien wehten Transparente mit aufgenähten Sprüchen des Richters:

Auf unseren Feldern wächst die Zukunft

Aber auch:

Du sollst nicht töten

Seit den Tagen, in denen Major Elliots Pioniere die Bahnlinie ins Tiefland zerschlagen hatten und Moor aus den Fahrplänen verschwunden war, hatten die Bewohner der Besatzungszonen in einem langen Prozeß der Demontage und Verwüstung allmählich begriffen, begreifen müssen, daß Lyndon Porter Stellamour nicht bloß irgendein neuer Name aus dem Heer und Regime der Sieger war, sondern der einzige und wahre Name der Vergeltung.

Moor erinnerte sich noch gut und selbst nach all den Jahren noch immer nicht ohne Empörung an den Tag, an dem Elliot die Uferdörfer zum erstenmal in geschlossenen Kolonnen in den Steinbruch befohlen hatte: Nicht allein diese verfluchte Schrift, deren Wortlaut längst die Runde um den See gemacht hatte, sollte an diesem Tag enthüllt werden, sondern vor allem – so hieß es zumindest auf den Flugblättern und Plakaten dieser ersten Party – Stellamours Friedensplan. (Es hieß auch, daß Anwesenheitslisten geführt würden und jedem, der diesem Fest ohne triftigen Grund fernbliebe, die Strafen der Militärgerichtsbarkeit drohten.)

Also kroch zur befohlenen Stunde eine vielgliedrige, ebenso haßerfüllte wie eingeschüchterte Prozession auf den Steinbruch zu: Angeführt von Sekretären, die von der Armee an die Stelle der alten, in Erziehungslagern verschwundenen Bürgermeister und Gemeinderäte gesetzt worden waren, wanderten die Bewohner des Seeufers über den toten Bahndamm, holperten mit Pferdefuhrwerken und Ochsengespannen über die schmale Schotterstraße am Fuß des Damms oder ruderten in Zillen und brüchigen Kähnen über den See. Es war eine murmelnde, gedemütigte Gesellschaft, in der die Mutigsten gerade noch hinter vorgehaltener Hand zu flüstern wagten, der Kommandant sei nun endgültig verrückt geworden.

Kein Zweifel, so herrschte nur ein Verrückter: Die schwarzen Mauern des Barackenlagers am Schotterwerk, die zerrissenen Stacheldrahtspiralen und rostigen Panzersperren waren wie zu einem Gartenfest geschmückt. Von Förderbändern und geknickten Rohrleitungen pendelten Lampions, bemooste Granitblöcke trugen Gebinde aus Metallblumen und Eichenlaubkränze, die der Schmied in den Tagen davor aus einer Rolle Walzblech hatte schneiden müssen, und von einem aus dem Grundwasser ragenden Kranarm hingen Girlanden.

»Krepieren soll er«, sagte der Schmied, während er sein Boot an der Mole des Steinbruchs festmachte, und spuckte ins Wasser.

»Behüte uns vor ihm«, hauchte Berings Mutter und küßte ein Medaillon der Schwarzen Madonna.

Wo immer Elliot an diesem Tag in seinem Jeep oder am Bug eines Patrouillenbootes erschien, wurden ihm böse Zeichen in den Rücken gemacht. Aber als die Dämmerung die Lampions zum Leuchten brachte und auf den fünf beschrifteten Stufen des Steinbruchs mannshohe Fackeln entzündet wurden, standen die Dörfer doch in langen, schweigenden Reihen und starrten auf die verhüllte Schrift, starrten auf grellbunte Stoffbahnen in den Farben des Kriegs:

Zusammengenäht aus Hunderten Tüchern und Fetzen, Uniformhemden, rußigen Tarnplanen und Moors alten Fahnen, blähten sich diese Bahnen im Wind und sprangen und rollten wie Brecher über die gemauerten Lettern hinweg.

Hier liegen elftausendneunhundertdreiundsiebzig Tote. Für Bering, der in dieser Stunde unter den Leuten von Moor stand und jeden Akt der Enthüllung begeistert verfolgte und nichts wußte vom Sinn der Schrift, sahen die rollenden Stoffbahnen aus, als irrten darunter Menschen umher und suchten mit erhobenen Armen einen Weg ins Freie, einen Weg zurück in die Welt.

Aber dann war es doch nur der Kommandant, der vor die Verhüllung und in den Lichtkegel eines Scheinwerfers trat und wortlos ein Zeichen gab. Jetzt sanken die Tücher in den nassen Sand und in die Pfützen und schlugen dort noch eine Zeitlang nach, bis sie vollgesogen endlich still lagen.

Die Kolonnen schwiegen. Es waren mehr als dreitausend Versammelte, aber zu hören waren nur der See, die Windstöße, das Prasseln der Fackeln. Weiß gekalkt, weithin sichtbar, ungeheuer, schwebte die Schrift über den Köpfen und warf taumelnde, wirre Schatten in den Kessel des Steinbruchs.

Der Kommandant schlenderte vor den gemauerten Buchstaben des willkommen auf und ab, vom L über das K zum O und M und wieder zurück, und der Lichtkegel folgte ihm. Plötzlich wandte er sich den Kolonnen zu, schwenkte einige trichterförmig zusammengerollte Papierblätter in seiner Faust, als wollte er Fliegen verscheuchen, und schrie: »Zurück! Zurück mit euch! Zurück in die Steinzeit!«

Verständnislos, müde vom langen Weg und vom langen Stehen, starrten die Kolonnen zu der gestikulierenden Gestalt empor und begriffen nicht, daß, was ihnen mit Elliots Stimme aus einem Dutzend an Ästen und Masten festgebundenen Lautsprechern entgegenplärrte, Stellamours Botschaft war.

Jetzt strich Elliot seine Blätter glatt, die sich, kaum losgelassen, immer wieder einrollten, hob sie endlich dicht vor seine Augen und begann, die Paragraphen eines *Friedensplanes* mit einer solchen Geschwindigkeit abzulesen, daß die Kolonnen nur Satzfetzen, Fremdworte – vor allem aber die Beschimpfungen und Kommentare verstanden, mit denen Elliot seinen förmlichen Ton immer wieder unterbrach:

Gesindel! … Feldarbeit … Heuschober statt Bunker … knackte und rauschte es aus den Lautsprechern … *keine Fabriken mehr, keine Turbinen und*

Eisenbahnen, keine Stahlwerke ... Armeen von Hirten und Bauern ... Erziehung und Verwandlungen: aus Kriegstreibern Sautreiber und Spargelstecher! Und Jaucheträger aus den Generälen ... zurück auf die Felder! ... und Hafer und Gerste zwischen den Ruinen der Industrie ... Krautköpfe, Misthaufen ... und auf den Trassen eurer Autobahn dampfen die Kuhfladen und wachsen im nächsten Frühjahr Kartoffeln ...!

Elliot brach seine Rede nach einer dem *Paragraph* 22 folgenden Suada ebenso plötzlich und wütend ab, wie er sie begonnen hatte, zerknüllte die Blätter des Friedensplanes und warf sie dem Nächststehenden, es war seine Ordonnanz, vor die Füße.

An diesem Abend beschlossen weder Blechmusik noch Hymnen die Versammlung. Die Kolonnen mußten in der Stille stehen und stehen, bis auch die letzte Fackel niedergebrannt war und die gekalkte Schrift fahl in die Dunkelheit ragte. Erst dann entließ der Kommandant die Dörfer hinaus in die Nacht.

In der folgenden Woche wurde das Kraftwerk am Fluß stillgelegt; die Turbinen, auch die Transformatoren des Umspannwerks, rollten gemäß Paragraph 9 des Friedensplanes auf russischen Armeelastwagen davon. Aber die schwerbewaffneten Posten der Demontage versahen diesmal leichten Dienst: Aus Moor kam kein Protest.

Wer keinen Dieselgenerator im Schuppen oder Keller seines Hofes betrieb, der zündete an den

Abenden wieder Petroleumlampen und Kerzen an. Die Straßen und Gassen wurden finster zur Nacht. Nur auf dem Appellplatz und um das Schwarze Brett der Kommandantur flackerten unruhige Glühbirnenkränze.

Eines Morgens stapften zwei Soldaten durch den Schnee und den Hügel zur Schmiede hinauf und forderten in Stellamours Namen das Schweißgerät zurück. Nicht einmal Berings Mutter erfuhr, womit der Schmied die beiden bestach, damit sie schließlich mit einem Stück Schrott wieder abzogen und das Gerät in einem Kellerversteck des Hauses zurückließen.

Der Schmied hockte in diesen Tagen oft vor seinem verstockten, vogelnärrischen Sohn und sprach ihm die Namen von Werkzeugen vor, wurde aber neben seiner Rosenkranz um Rosenkranz betenden Frau immer einsilbiger und fand längst auch im Gasthaus am Dampfersteg keine Freunde mehr.

Unaufhaltsam glitt Moor durch die Jahre zurück. Die Schaufenster des Kolonialwarenladens und der Parfümerie erloschen. Um den See wurde es still: Motoren, die nicht beschlagnahmt und davongeschafft worden waren, verstaubten. Treibstoff war so kostbar wie Zimt und Orangen.

Allein im Umkreis von privaten Offiziersquartieren und Kasernen, in der warmen Nähe der Armee, war immer Licht genug, spielten in den Samstagnächten Bands und Jukeboxes an allen Tagen und herrschte an nichts Mangel. Und doch war schon im Lauf eines einzigen Jahres zu sehen, daß die rückwärts gleitende Zeit selbst in diesen Reservaten einer entschwindenden Gegenwart Spuren hinterließ: Die Mannschaftsstärken nahmen ab. Zug um Zug wurde ins Tiefland kommandiert. Zurück blieben kalte Häuser und Soldaten, die ihre Wachsamkeit verloren: Sie duldeten einen armseligen Schleichhandel, der einen armseligen Schwarzmarkt belieferte; sie sahen manchmal über gefälschte Stempel auf Pässen und Passierscheinen hinweg und sahen teilnahmslos zu, als die ersten Auswanderer die Kaffs verließen. Aber was auch geschah, stets lächelte Stellamours Antlitz von den Wänden der Amtszimmer, von Litfaßsäulen und Plakaten herab, das Bildnis des kahlen und gerechten Mannes.

Major Elliot allerdings blieb unerbittlich. Die Lettern der Großen Schrift mußten nach jeder Schneeschmelze frisch gekalkt werden, und immer noch viermal im Jahr, jeweils im Oktober, im Januar, im April und im August, wurden die Uferdörfer zu *Stellamour's Party* in den Steinbruch befohlen und standen in langen Reihen zwischen Grundwassertümpeln und turmhohen Wänden aus grünem Granit. Anstatt den Dingen ihren Lauf und die Schrekken der Kriegsjahre allmählich blaß und undeutlich werden zu lassen, erfand Elliot für diese Parties immer neue Rituale der Erinnerung. Dabei schien der Kommandant auch selbst jener Vergangenheit verfallen zu sein, an die er immer und immer wieder zu rühren befahl.

Während seiner Sprechstunden saß Elliot wie ein Buchhalter des Feuers zwischen Stapeln versengter oder angekohlter Aktenordner und Kanzleibücher, und nicht nur jeder Bittsteller oder Beschwerdeführer, sondern mittlerweile ganz Moor wußte, daß dies die aus der Glut geretteten und beschlagnahmten Aufzeichnungen der Zwangsarbeit waren, Namenslisten, Zahlenkolonnen, Kubaturen, Strafregister, schwärzliches Papier, das nichts anderes enthielt als die Geschichte des Barackenlagers am Schotterwerk.

Im Januar jenes Jahres, in dem Bering seine Vogelstimmen verlieren sollte, entdeckte Elliot unter diesen Akten eine Mappe mit Fotografien. Es waren vom Löschwasser gefleckte Momentaufnahmen der Tortur des Lagerlebens, Häftlinge in gestreiften Drillichanzügen, Häftlinge im Steinbruch, Häftlinge strammstehend vor ihren Baracken ... Und über diesem Album erfand Elliot eine Pflicht, die ihn weit über die Grenzen seines Kommandobereichs hinaus unvergeßlich machte:

Er begann, die Bilder als Vorlagen für gespenstische Massenszenen zu nehmen, die er im Verlauf einer Party von den Bewohnern des Seeufers nachstellen – und von einem Regimentsfotografen festhalten ließ. Die Bilder mußten sich gleichen. Gemäß den Häftlingsklassen, die Elliot in den geretteten Akten verbucht fand, bestand er dabei auch auf einer wirklichkeitsgetreuen Kostümierung und befahl den Statisten aus Moor, sich als Juden, als Kriegsgefangene, Zigeuner, Kommunisten oder Rassenschänder zu verkleiden.

Kostümiert als die Opfer jener geschlagenen Herrschaft, für die Moors Männer in den Untergang gezogen waren, mußten die Uferbewohner schon zur nächsten Party in gestreiften Drillichanzügen mit aufgenähten Nationalitätsabzeichen, Erkennungswinkeln und Davidsternen vor imaginären Entlausungsstationen Schlange stehen, mußten als polnische Fremdarbeiter oder ungarische Juden vor einem ungeheuren Granitblock mit Hämmern, Keilen und Brechstangen posieren – und mußten vor den Grundmauern der zerstörten Baracken zu ebensolchen Zählappellen antreten, wie Elliot sie in seinem Album abgebildet sah.

Aber Elliot war nicht grausam. Er bestand nicht darauf, daß seine Statisten wie die Gestalten auf einem der stockfleckigen Fotos halbnackt im Schnee standen, sondern bot für die Dauer der Pose sogar Decken und ausgediente Militärmäntel an; Kinder und Alte durften während des Arrangements in Zelte. Allein die Stunden des Appells, die ungeheuerliche, eisige, unerträgliche Zeit, die über dem Plärren von Kommandos, von Nummern und Namen verstrich, diese Ewigkeit, blieb auch jetzt keinem der Angetretenen erspart. Über der Nachstellung dieser Szenen vergingen die Parties im Januar und im April.

Zum *Sommerfest*, am Tag, an dem Berings Vater schließlich wie ein Käfer auf dem Rücken lag und strampelte, befahl der Kommandant die Erinnerung an ein Bild, das an seinem unteren, weiß gezackten Rand auch einen mit Bleistift geschriebenen Titel trug: Die Stiege.

Auf dem Foto waren Hunderte und Aberhunderte gekrümmter Rücken zu sehen, ein langer Zug von Häftlingen, auf jedem Rücken eine hölzerne Trage, auf jeder Trage ein großer, zum Quader gehauener Stein.

Die Häftlinge schleppten ihre Last in Marschordnung eine breite, in den Fels geschlagene Treppe hinauf, die von der Sohle des Steinbruchs über vier Abbauebenen bis zu seinem im Nebel verschwindenden Rand emporführte. Diese Stiege, die den Krieg, die Befreiung und Zerstörung des Lagers und auch die ersten Jahre des Friedens unbeschadet überstanden hatte, war so steil und unregelmäßig, daß sie auch ohne Last nur mit Mühe zu überwinden war.

Moor kannte diese Treppe gut. Denn obwohl es in den ersten Verhören unter Elliots Kommando zu den am heftigsten geleugneten Tatsachen gehörte, wußte mittlerweile doch jeder am See, daß die meisten der Toten im Massengrab am Fuß der Großen Schrift auf dieser Treppe gestorben waren: erschlagen von der eigenen Last, gestorben an Erschöpfung, an den Schlägen, Tritten und unter den Schüssen der Aufseher. Wehe, wer auf dieser Treppe gestürzt und auch nur einen Herzschlag lang liegengeblieben war.

Aber Elliot war nicht grausam. Elliot verlangte auch diesmal nur den äußeren Schein und zwang keinen seiner Statisten, einen der echten, zentnerschweren Steinquader, die wie Denkmäler ausgestandener Todesqualen immer noch am Fuß der Treppe verstreut lagen, auf sein Traggestell zu wuchten. Elliot wollte nur, daß sich die Bilder glichen, und bestand nicht auf dem unerträglichen Gewicht der Wirklichkeit.

Wer immer es wollte, durfte also mit dem Einverständnis des Kommandanten Attrappen tragen, aus Pappmaché, Karton oder zusammengekleisterten Lumpen bloß nachgebildete Steine, ja, Elliot duldete auch noch leichteres und federleichtes Material! – zu Steinen gefaltetes Zeitungspapier, steingraue Kissen …

Nur die Stiege war so steil, so breit und lang wie auf dem Bild. Und die Hitze war groß.

Es waren der Schmied von Moor und noch zwei andere, die an diesem Sommertag zu stolz oder zu verstockt blieben, um Erleichterungen anzunehmen und ihre Last bloß vorzutäuschen.

Als Elliot das Kommando zum Anfangen gab,

wälzte der Schmied einen der großen Steinquader auf seine Trage, band ihn fest, nahm das Gewicht auf den Rücken, stand taumelnd auf und stieg mit der Kolonne wohl dreißig oder mehr Stufen empor. Und wurde dann doch langsamer und langsamer, bis das entsetzliche Gewicht ihn nach hinten zog, ihn auf die Fersen zwang und in den leeren Raum, den die Nachsteigenden schon umgingen, stürzen ließ.

In einer Rolle rückwärts und dann sich überschlagend und drehend stürzte er die Stiege hinab und lag endlich auf dem Rücken und kam nicht wieder hoch, während die Kolonne weiter und weiter stieg, ohne sich nach ihm umzusehen – und Bering sich aus der Schar der von allen Lasten befreiten Greise und Kinder löste und auf den komischen Vater zulief und noch im Dahinspringen, begeistert über dieses nie gesehene Spiel, vor Vergnügen zu kreischen begann.

6 Zwei Schüsse

Als sein jüngerer Bruder im See ertrank, war Bering zwölf … und war neunzehn, als auch der ältere aus seinem Leben verschwand, um mit einem Paß der Armee im Hamburger Hafen und dann in den Wäldern Nordamerikas nach einem besseren Leben zu suchen … Im gleichen Jahr verletzte ein von der Drehbank hochschnellender Schwarm aus Eisenfeilspänen die Augen seines Vaters so sehr, daß der Schmied von diesem Tag an die Welt nur noch wie durch ein winziges, von Eisblumen überwachsenes Fenster sah.

Durch das Verschwinden der Brüder zum einzigen Sohn und Erben befördert, übernahm Bering nach diesem Unglück die Werkstatt aus den Händen des tappenden Vaters, beruhigte in den Nächten seine von mehr und mehr Erscheinungen, schließlich von verklärten Heerscharen heimgesuchte Mutter und erfüllte neben diesen Pflichten nun widerwillig auch die eines Schmiedes von Moor.

Denn auf den verwahrlosten Höfen, vom Unkraut verfilzten Äckern und sauren Wiesen brauchte man die Dienste eines Grobschmieds, der gesprungene

Pflüge schweißen und Mähbalken schärfen konnte, und keinen am Fliegen und aller Technik leidenschaftlich interessierten Mechaniker wie Bering, der sich auf das Ventilspiel seltener Motoren verstand und aus Gerten, Draht, Gummi und zerschnittenen Blusen flatternde Vogelschwingen erschuf.

Und so schweißte Bering nun aus dem Schrott ausgebrannter Jeeps Geräte zur Erleichterung der Rübenernte, konstruierte leichtlaufende Windräder aus Leinen und Blech – und aus einer über Monate zusammengetragenen Eisen- und Buntmetallsammlung auch einen Generator, der, wenn der Schwarzmarkt genügend Treibstoff in Kanister und Eimer pumpte, die Schmiede für einen Abend in ein strahlendes Licht tauchte.

War die Arbeit in der Schmiede getan, hatte der Erbe auf einem schmalen Acker Kraut und Kartoffeln zu ziehen, einen Stall Hühner zu halten, im Sommer eine magere Fuhre Heu in die Scheune zu bringen und ein Pferd und zwei oder drei Schweine zu füttern.

Wenn die Stürme im März und April manchmal rote Staubwolken über die morastigen Felder trieben, feinen Sand, von dem es in Moor hieß, er käme mit den Südwinden aus den Wüsten Nordafrikas, begann Berings Vater wieder an der Narbe auf seiner Stirn zu leiden, spürte überall Sand und verfluchte sein Schicksal und auch Berings Verschlossenheit:

Eine Frau!, endlich eine Frau müsse ins Haus, unbedingt eine Frau, und sei es eine aus den Puffs der Armee, und sei es nur, damit sie den auf allen Fensterbrettern und Böden knirschenden Flugsand endlich vom Hof tilge und mit ihm die Schmerzen der Erinnerung.

Aber selbst wenn er nicht klagte, Vorwürfe leierte oder seine Flüche durchs Haus schrie, schien Berings Vater die Jahre seines Ausgedinges darauf verwenden zu wollen, jeden Handgriff des Erben mit der unnachsichtigen, genauen Beobachtungsgabe eines Ausgeschiedenen zu verfolgen. So schlug er auf seinen Kontrollgängen durch den verwilderten Obstgarten mit seinem Stock gegen schlecht gestutzte Bäume, hämmerte stundenlang gegen das Gestänge eines klappernden Windrads oder saß in der dämmrigen, vom Hausschwamm zersetzten Stube und führte mit der großen Schrift eines Sehbehinderten in einem Schulheft Buch über die Mißgriffe und Nachlässigkeiten seines Nachfolgers:

Am Donnerstag ein toter Mauersegler im Brunnen und der Hund nicht an der Kette. Am Freitag ein Handschuh in der Esse verglüht und schon wieder Flugsand im Flur. In der Nacht eine ungeölte Windfahne. Sturm. Kann nicht schlafen. Undsofort.

Von ihrem Marienwahn und einer unstillbaren Paradiessehnsucht geschlagen, kümmerte sich Berings Mutter längst nicht mehr um diese Welt. Sie hatte im Auftrag der Madonna ihren gotteslästerlich fluchenden Mann aus der gemeinsamen Schlafkammer verbannt und betrat auch alle anderen Räume des Hauses erst, wenn er daraus verschwunden war. Mit Bering sprach sie nur flüsternd, nahm ihre fleischlosen Mahlzeiten allein in der Küche zu sich und hielt jeden Funken, der aus der Aschenlade des Herdes sprang, für ein Zeichen des Himmels.

Fast täglich sah sie nun die aus ihren Schußwunden blutende Polin Celina über dem Löschwasserteich schweben, ihren Schutzengel, der ihr Ratschläge und Botschaften der Madonna überbrachte und den sie mit Blumenkränzen, ins Wasser geworfenen Heiligenbildchen und anderen Opfergaben zu bewegen suchte, ihrem einsamen Sohn doch eine Frau zu finden.

Bering haßte sein Erbe. Wie belagert von verrottenden Jeeps, Lafetten und ausgeschlachteten Panzerfahrzeugen, die von abziehenden Truppen zurückgelassen und von ihm auf den Schmiedhügel geschleppt worden waren, hockte sein Hof über den Dächern von Moor. Die Fenster der Werkstatt waren zerschlagen oder blind und die Sterne des Glasbruchs mit Wachspapier verklebt. Dort, wo auch das Papier über diesen Sternen zerrissen war oder fehlte, griffen schon die Zweige eines verwilderten Gartens in das Dunkel der Schmiede. Selbst unter den Obstbäumen dieses Gartens, hochstämmigen Birn- und

Walnußbäumen, kauerten Maschinen, von Gestrüpp und wildem Wein überwuchert, ausgedient, vom Rost gebräunt, manche schon tief eingesunken in den weichen Grund; hier ein moosbewachsener Spähwagen ohne Reifen und Lenkrad, dort ein Heuwender, die ausgeschlachteten Karosserien zweier Limousinen – und wie das Herz eines Sauriers ein auf schwere Holzböcke gewuchteter Motorblock ohne Kolben und Ventile, schwarz, ölverschmiert und so riesig, daß er unmöglich jemals zu einem der Fahrzeuge unter den Bäumen gehört haben konnte.

Obwohl der junge Schmied längst keine Verwendung mehr fand für die vom Rost festgebackenen Schrauben, Kardanwellen und Kotflügel dieses Eisenfriedhofs, schleifte er mit seinem Pferd immer noch ein Wrack, noch ein Stück zerfressenes Metall auf den Hügel, so, als ob er den Belagerungsring aus Schrott enger und enger um den verhaßten Hof ziehen wollte. Der Schmiedhügel wurde so unwirtlich und wüst wie der Rest der von dort oben überschaubaren Welt.

Aber der in seinen Pflichten gegen Eltern, Schmiede und Hof gefangene Bering hätte sein Erbe vielleicht niemals preisgegeben und verlassen, wenn ihn nicht eine Horde von Schlägern wenige Tage nach seinem dreiundzwanzigsten Geburtstag dazu getrieben hätte, das eigene Haus mit Blut zu besudeln und damit unbewohnbar zu machen. Es war eine windstille, milde Aprilnacht, in der Bering, der Schmied von Moor, einen Fremden erschoß.

Tot? War dieser betrunkene Schläger, der aus der Finsternis auf ihn zugesprungen war, tatsächlich an jenen Schußwunden verblutet, die der Schmied seither in so vielen Nächten und Tagträumen und immer wieder aufplatzen sah: zwei kochende Augen in einer schwarzen, ledergepanzerten Brust, Wundmale, die einen metallischen Mann in eine weiche, unendlich weiche, knochenlose Gestalt verwandelten, die aber nicht in sich zusammensank, sondern im Bruchteil einer Sekunde aufwuchs! und dann aus einer plumpen Drehung die Treppe hinab und den nachstürmenden Kumpanen in die Arme stürzte.

Tot? Habe ich ihn umgebracht, ich? War sein Verfolger, von dem schon Minuten nach den Schüssen und am nächsten Morgen und an allen Tagen danach nichts mehr zu sehen war als die schwärzliche Blutspur einer Flucht, Tropfen und Schlieren, die sich auf dem Schotterweg zur Schmiede verloren …, war dieser Säufer, war diese Drecksau wirklich und unwiderruflich tot?

Sooft sich Bering seine Frage mit immer neuen Schimpfworten für den namenlosen Feind jener Nacht auch stellte, am Ende zwang ihn die Erinnerung doch immer zur Wiederholung: Ich habe ihn umgebracht, ich habe ihn erschossen, ich.

Der Fremde, ein kahlrasierter, mit Kette und Stahlrohr bewaffneter *Städter*, einer von sechs oder sieben, hatte ihn damals vor dem Denkmal des Friedensbringers Stellamour blutig geschlagen, hatte ihn über den von wildem Hafer überwucherten Appellplatz und den Schotterweg hinauf und bis zur Schmiede und über den Hof gejagt, ihn!, den schüchternen Schmied, der seinen Verfolgern nichts entgegenzusetzen hatte als eine Handvoll Hufnägel, die er im Laufen aus einer offenen Schachtel griff und über die Schulter zurückschleuderte.

Schlägerbanden wie in jener Aprilnacht kamen immer wieder aus den Ruinen aufgegebener Städte, auch aus labyrinthischen Höhlenverstecken im Gebirge in wehrlose Kaffs wie Moor und seine Nachbardörfer. Seit die Armee sich aus den Einöden der Seeregion ins Tiefland zurückgezogen und diese verlorenen Winkel sich selbst überlassen hatte, war hier jede entschlossene, auch nur mit Schlagwaffen gerüstete Horde unbesiegbar.

Wenn sich nicht ein paar Rübenbauern und Granitbrecher zusammentaten, um eine Ortseinfahrt mit Äxten und Steinschleudern zu verteidigen, trat den Banden niemand in den Weg. Militärpatrouillen schützten längst nur noch die Verbindungslinien zwischen den Kommandanturen des Tieflands und waren für Hilferufe aus den Kaffs gewöhnlich taub.

Gelegentliche Strafexpeditionen, die von irgendeinem mitleidigen General an den See oder in ein Hochtal befohlen wurden, schreckten die Horden nicht ab: weithin sichtbare Soldatenkolonnen, die zwei, drei Einsatztage lang über die Dörfer zogen, ihre Zelte im Windschatten verwüsteter Gehöfte errichteten und manchmal Tote im Schutt begruben ... Sie verhörten die Opfer eines Überfalls, schrieben Protokolle, nahmen zum Zeichen ihrer Entschlossenheit da und dort ein längst geräumtes Waldstück oder eine Schlucht unter Feuer – und zogen wieder ab.

Die wenigen einheimischen Vertrauensleute der Armee waren gerade einflußreich genug, um ihre Privilegien zu nützen, waren aber nach den Bestimmungen des Stellamourplans allesamt ohne Schußwaffen und zu schwach, um das ihnen anvertraute Niemandsland vor den Überfällen zu schützen.

Die Banden tauchten überall auf und überall unter, zerschlugen, was sich ihnen in den Weg stellte, erhoben Schutzgelder und machten selbst vor den Buß- und Sühnegesellschaften nicht halt, die damals in langen Prozessionen über die ehemaligen Schlachtfelder und zu den Massengräbern der zerstörten Lager zogen, um dort Mahnmale und Geisterhäuser zu errichten.

Obwohl Dutzende Gesetze der Militärjustiz diese Büßer schützten, wurden sie von den Schlägern über die Felder gejagt, wurden ihre Fahnen und Transparente in Brand gesteckt und die mitgetragenen Bildnisse des Friedensbringers Stellamour zerfetzt und ins Feuer geworfen.

Eskortiert von zwei Motorradfahrern war die Horde auch in dieser Nacht wie aus dem Nichts mit dem erbeuteten Lieferwagen irgendeiner Agrarkompanie nach Moor gekommen, die Ladefläche voller Steine und petroleumgefüllter Glasflaschen. Der Wagen dröhnte die Uferpromenade entlang und durch die Gassen und verlangsamte seine Fahrt manchmal zum Schrittempo: Dann hagelte es Brandbomben gegen Fenster und Hoftore. Die Ledergepanzerten standen schwankend an den Bordwänden des Gefährts und warfen unter Gejohle und ununterbrochenem Gehupe brennende Flaschen gegen Moor. Das widerspenstige Kaff sollte endlich begreifen, daß gegen dieses Übel nur der Feuergroschen half, Schutzgeld.

Schließlich erreichten sie den Appellplatz, sprangen ab, stürmten in das Haus des Sekretärs von Moor, zerrten den jammernden Mann ins Freie, übergossen ihn mit Petroleum, drohten, ihn anzustecken, und trieben ihn so zum alten Dampfersteg. Dort banden sie ihn an den Anker eines abgewrackten Ausflugsschiffs und schleiften Eisen und Mann über die Planken ans Wasser, er schrie schon um sein Leben, ließen dann aber plötzlich von ihm ab wie von einem langweilig gewordenen Spiel, ließen ihr schluchzendes Opfer auf dem Steg zurück.

Aus den zertrümmerten Stallfenstern des Sekretariats flatterten in dieser Stunde Hühner in die Finsternis, und ein von Kettenschlägen tödlich verletzter Hofhund kroch jaulend über den Platz.

Erst Monate später sollte Bering bewußt werden, daß er schon nach dem ersten Schlag, der ihn im gleichen Augenblick am Kopf traf, in dem er sich über diesen Hund beugte, nur noch an eine Rettung gedacht hatte – an die blauschwarze, in einem toten Kamin der Schmiede versteckte Armeepistole seines Vaters. Der Alte hatte die Waffe im Jahr der Hofübergabe von einem Deserteur im Tausch gegen Dörräpfel, Kleider und Rauchfleisch gefordert und dann den kostbaren und allen Zivilisten bei Todesstrafe verbotenen Besitz mit Öltuch umwickelt und in den Rauchfang gehängt.

Daß Bering das Geheimnis seines Vaters in all diesen Jahren nicht nur gekannt, sondern die Pistole regelmäßig aus ihrem Leinenbeutel geholt, zerlegt! und wieder zusammengesetzt hatte und mit ihrer wundervollen Mechanik ebenso vertraut war wie mit den unvergleichlich gröberen Werkzeugen der Schmiede, sollte der Vater allerdings erst in dieser Aprilnacht erfahren. Poliert und geladen pendelte die Waffe im Kamin.

Obwohl sein Fluchtweg vom Appellplatz hinauf

zur Schmiede Hunderte Meter lang, von Schlaglöchern übersät und dunkel war, erinnerte sich Bering später an diese Strecke wie an einen einzigen Sprung aus der Wehrlosigkeit in die Allmacht eines Bewaffneten:

Das Gestrüpp des Appellplatzes fliegt unter ihm dahin, über die Fallen der Schlaglöcher setzt er so sicher wie ein flüchtendes Tier hinweg. Aber er stürzt nicht auf die Schmiede, nicht auf ein Versteck, einen Bau zu, sondern allein auf die Waffe.

Als Bering den Hof, das Stiegenhaus, die Treppe zum Dachboden erreicht, hört er auf den Bohlen schon das Trampeln seines Verfolgers, das Keuchen, die schweren Schuhe der Kumpane. Weiter! Die Treppe hinauf! Und endlich, nach Luft ringend, nach Luft schreiend, Lichtbögen tanzen ihm vor den Augen, hat er die eiserne Kamintür erreicht, schlägt den Riegel zurück, schnappt nach dem Pendel des Leinensacks. Dann fällt ein Öltuch in die Finsternis.

Jetzt hält er die Pistole in der Hand. Wie seltsam leicht, federleicht sie in diesem Augenblick ist. Bei seinen geheimen Spielen mit ihrer Mechanik war sie ihm stets schwer wie ein Hammer in der Faust gelegen.

Vier Schritte, drei Schritte vor ihm, ganz dicht bei ihm wird der Verfolger im Licht seiner eigenen Sturmlampe endlich sichtbar: Der lacht. Der hat seinen Fang erreicht und weiß die Übermacht der Kumpane in seinem Rücken und schreit triumphierend in das Fauchen seiner Kette – als seine Stimme plötzlich in einem ungeheuren Krachen untergeht.

Der erste Schuß schlägt Bering den Arm hoch, als hätte ihn die Kette, sie klirrt in die Nacht davon, tatsächlich getroffen. Das Krachen reißt an seinem Trommelfell, dringt ihm tief in den Kopf und schmerzt, wie noch kein Laut geschmerzt hat. Der Blitz des Mündungsfeuers erlischt, ist schon vor einer Ewigkeit erloschen, und immer noch sieht er das nachleuchtende Gesicht seines Feindes, den aufgerissenen Mund, eine sprachlose Verwunderung.

Als dieses Gesicht blaß wird und auch zu erlöschen droht, will er es nicht ins Dunkel fortlassen – und drückt zum zweitenmal ab. Erst jetzt fällt der Waffe ihr altes Gewicht zu. Sein Arm sinkt nach unten. Zitternd steht er in der Nacht.

Seltsam, daß er jetzt nur einen Satz denken kann, immer wieder und nur diesen einen Satz, in den er sich rasend einzuspinnen beginnt, den er flüstert, hervorstößt, in die Tiefe hinabschreit, in der irgend etwas davonpoltert, irgend etwas davonspringt, irgend etwas verschwindet … Während also das Leben um ihn herum einfach weiter und weiter fortschreitet und hier ein raschelndes, dort ein polterndes Geräusch macht und anderswo wiederum fast lautlos dahinhuscht, schreit er nur blöde vor sich hin:

So ist das, so ist das also, so ist das … Er kann gar nicht damit aufhören.

Irgendwann sieht er die Mutter mit einer rußenden Stallaterne die Treppe heraufsteigen, hört er den Vater, der ihn anfaßt und auf ihn einbrüllt. Er versteht nicht, was er gefragt wird. Dann zerspringt etwas in ihm und zerfließt, er kann sein Wasser nicht mehr halten, es rinnt ihm heiß die Beine hinab, es rinnen ihm Tränen über das Gesicht, und sein Hemd ist naß vom Schweiß; alles Wasser rinnt und tropft aus ihm heraus und verdampft in einer nach kaltem Pech riechenden Luft, die eisig geworden ist. Aber er steht fieberheiß an den Kamin gelehnt. Er spricht. Er will Wasser.

Er läßt sich in die Küche hinabführen, beginnt, auf Fragen zu antworten, und weiß nicht, was er sagt. Er trinkt und erbricht Wasser. Er trinkt und trinkt, und immer wieder schießt das Wasser aus ihm heraus, bevor er schlucken kann.

Als der Morgen graut, hocken die Alten und ihr Erbe zum erstenmal seit Jahren wieder gemeinsam in der Küche. Dem Vater ist der Kopf auf die Schulter gesunken, das Kinn nach unten geklappt; ein langsamer Speichelfaden fließt vom Mundwinkel auf seine Brust und reißt, wenn er in unregelmäßigen Abständen zu schnarchen beginnt. Die Mutter hat sich den Rosenkranz um die Hände geflochten und schläft mit nur halb geschlossenen Lidern. Der Ofen ist kalt. Bering hockt am Fenster, starrt in seinen Eisengarten hinaus und spürt die Schläge seines Blutes so stechend, als sei es in seinem Herzen und seinen Adern kristallisiert und zu Sand, feinem, glasigem Sand geworden.

7 Das Schiff in den Dörfern

In der Nacht war Schnee gefallen. Schnee auf die blühenden Bäume, Schnee auf die schon hoch stehenden Disteln, auf die eingedrückten Dächer der Limousinen, und Schnee wie zur Tarnung auf allen Schrott, der die Schmiede umgab. Schnee im Mai. Niemand in Moor konnte sich erinnern, daß es in den dreiundzwanzig Jahren seit dem Ende des Kriegs so kurz vor dem Sommer noch geschneit hatte.

Selbst über die Drehbank am Fenster der Werkstatt hatten die Böen einer nordatlantischen Kaltfront kleine Schneewellen getrieben; eine Feile ragte aus einer dieser Wächten, auch die Klaue eines Schraubstocks. Dabei hatte dieses Jahr mild begonnen wie lange keines mehr: Goldregensträucher, die zehn Tage vor dem Fest der Vierzig Märtyrer blühten!

An diesem Tag im Mai hätte aber selbst ein Eisgewitter die festliche Aufregung in den Dörfern an der Straße nach Moor und zum See kaum zu stören vermocht. In Pappel- und Kastanienalleen und entlang schlammiger Ortsdurchfahrten warteten seit dem frühen Morgen Bauern und Landarbeiter in Sonntagskleidung, manchmal auch zu Empfangskomitees und Chören formierte Belegschaften von Zuckerrübenkompanien oder Steinmühlen mit Blumensträußen und Papierfähnchen auf *Die Überführung.*

Triumphbögen aus Fichtenreisig prangten über Schotterstraßen, deren Schlaglöcher mit Kies, Rindenstücken und Sägespänen notdürftig trockengelegt worden waren. Nur Kranke und Gebrechliche blieben an diesem Schneemorgen in den Häusern zurück. Wer gehen konnte, hatte sich erwartungsvoll aufgestellt, die Ungeduldigsten noch vor Sonnenaufgang, um keinen Augenblick jener großen Prozession zu versäumen, die sich schon seit Monaten angekündigt hatte: In Moor waren eine Straßenkehre erweitert und festgemauert, am Wasserwehr eine Brücke, dann ein Talübergang verstärkt worden, und eine fliegende Baupatrouille hatte schließlich alles, was der geplanten Route im Weg lag oder bloß zu liegen schien, abgetragen, umgesägt, weggeschlagen.

Wo keine Bäume oder von Brennesseln überwucherten Kriegsruinen die Sicht verstellten, waren die roten Lichtblitze der Prozession bereits aus großer Ferne zu sehen. Angeführt von einer Militärstreife mit rotierenden Blendlichtern, näherte sich der Transport wie einer jener Schwerlastzüge, die das Land in den ersten Jahren des Friedens von Oranienburg mit Turbinensätzen, stählernen Walzen und den Maschinenparks ganzer Fabriken beladen zu

Hunderten verlassen hatten; im Staub solcher Kolonnen war das Land fahl geworden.

Eingehüllt in eine Wolke aus Dieselqualm kroch der Streife diesmal aber nur ein einziger Sattelschlepper nach, eine von Tarnfarben gefleckte Zugmaschine, deren Motor offensichtlich zu schwach war; im Bergland und schließlich selbst auf den flacheren Anstiegen der Hügel bei Moor mußte dieser Schlepper immer wieder von vorgespannten Ackergäulen oder zehn, zwölf Ochsenpaaren im Joch verstärkt werden.

So brachte er seine Last mühsam und oft nur im Trott der Zugtiere fort: Mit Ketten und Stahltrossen festgezurrt, eine große Verheißung und zugleich undeutliche Erinnerung an Sommernachmittage vor dem Krieg, in denen der Dampfersteg von Moor unter dem Gewicht heiterer Ausflugsgesellschaften in den Grund zu sinken drohte und sich im Park des Grand Hotels am See Kurgäste um den Konzertpavillon drängten … lag auf dem Tieflader des Schleppers ein Schiff – ein Dampfer mit Schaufelrädern und schwarz gebändertem Schlot! Parfümiert vom stechenden Aroma frischer Farbe und dem Teer der Kalfaterung, unter der Wasserlinie immer noch mit Muschelkränzen besetzt, die vom Salz der Adria zerfressenen Ränder der Bullaugen weiß überpinselt, eine Reling aus Mahagoni, von den Händen ungezählter Passagiere poliert … Uralt in seinem Glanz, schaukelte er dem Süßwasser des Moorer Sees entgegen.

In den wartenden Dörfern hieß es, dieser Dampfer sei das Geschenk einer Werft in Istrien, ein Zeichen der Versöhnung und der Freundschaft im dritten Jahrzehnt der Besatzung. Es hieß, ein ehemaliger Zwangsarbeiter aus dem Steinbruch, ein Ingenieur, der aus dem Barackenlager am Schotterwerk geflohen war, sei in seiner adriatischen Heimat nach dem Krieg zum Senior dieser Werft aufgestiegen und habe das Schiff aus den Docks von Pula geschickt. Als späten Dank, hieß es, an jene Bauern am See, die den Geflohenen damals vor den Suchtrupps und Bluthunden aus dem Steinbruch versteckt hätten. Es hieß …

Der Sekretär von Moor, ein pensionierter Mineur, der seit seiner Mißhandlung während des letzten Überfalls nur noch mit Krücken gehen konnte, wußte es freilich besser. Er hatte an diesem Morgen zwar nicht nur seinen Amtssitz, sondern selbst die Ahornbäume am Rande des Appellplatzes in den Farben der Siegermächte beflaggen lassen, behielt aber ebenso wie die anderen Mittelsmänner und Vertrauensleute der Armee für sich, daß dieses Schiff kein Geschenk und kein Zeichen der Versöhnung zwischen ehemaligen Feinden, sondern bloß Schrott war, ausgemusterter, dem Meer entzogener Schrott der adriatischen Küstenschiffahrt … Und auch die

Bauern am See, zumindest die alten im Ausgedinge, wußten es besser, wußten jeder für sich, daß keiner von ihnen jemals einen Lagerflüchtling versteckt gehalten hatte, und erinnerten sich wohl, daß die Angst vor der Feldpolizei und den Doggen aus dem Steinbruch *seinerzeit* stets größer gewesen war als das Mitleid.

Aber wer wollte schon das größte Fest seit dem Ende des Kriegs mit solchen Erinnerungen stören? In der Begeisterung über diesen von der Adria über die Alpen geschleppten Dampfer hatten Zweifel keinen Platz. Die an der Donau gelegenen Werften der Binnenschiffahrt waren entweder längst demontiert und verladen oder nach ihrer Zerstörung nicht wieder aufgebaut worden. Keine Werft des Tieflandes wäre in der Lage gewesen, ein Schiff dieser Größe an den See von Moor zu liefern.

Die *Schlafende Griechin*, ein Raddampfer, der auf den Ansichtskarten aus der Zeit vor dem Krieg als das Wahrzeichen der Seeregion geprangt hatte, war in der Moorer Bombennacht im Hagel der Einschläge und einem Wald aufrauschender Wasserfontänen in Flammen aufgegangen und lag seither von Algen und Tang umweht in der grünen Tiefe vor dem Anlegesteg, gut sichtbar bei ruhigem Wasser und Windstille.

So unbeirrbar wie lange Zeit erfolglos hatte der Sekretär von Moor immer wieder um ein neues

Schiff angesucht. Die Durchschläge weitergeleiteter Bittschriften und ablehnende Bescheide füllten zwei Ordner seines verlorenen Postens. Dabei hatte sich schließlich auch das Material zur Lösung der Schiffsfrage in allernächster Nähe gefunden, an jenem Ort, der Moors Geschichte beschwerte wie kein anderer: im Steinbruch am See.

Eine adriatische Versicherungsgesellschaft, die ihren Stammsitz in Triest zu seiner ursprünglichen Pracht erneuern wollte, hatte nach der Herkunft der zerschlagenen Steinverkleidung ihrer Residenz suchen lassen – und war auf Berings Heimat gestoßen. Solcher Granit, dunkelgrünes Urgestein, wurde nur in zwei Brüchen der Erde abgebaut. Der erste und größere lag an der Atlantikküste Brasiliens, der zweite am See von Moor.

Am Ende einer langen Korrespondenz und umständlicher Verhandlungen hatte das Oberkommando der Region eine Lieferung grünen Granits an die Adria bewilligt – und von dort schaukelte nun dieser Dampfer als das Kernstück des ausgehandelten Gegenwerts nach Moor zurück.

Daß dieses Schiff nicht nur über die Alpenpässe, sondern durch die schwieriger zu überwindenden Barrieren der Handelsbeschränkungen, schließlich durch Stacheldrahtverhaue und unter den schwarzen Augen von Gewehrläufen an den See geschleppt wurde, war eine weitaus größere Sensation als die bloße Tatsache eines Dampfers im Gebirge. Schien doch plötzlich die Hoffnung wieder berechtigt, daß die große Freiheit der Mittelmeerküsten, auch der blühende Reichtum des Südens – und selbst Amerika! – vielleicht doch näher waren, als die Verwahrlosung um Moor, als Ruinen, tote Geleise und leere, stillgelegte Fabriken es vermuten ließen.

Die wartenden Dörfer träumten.

Sie träumten im Geschepper ihrer Blechmusik von der Eleganz Italiens, von Palästen und Palmenpromenaden, von den unerschöpflichen Warenhäusern Amerikas und einer fernen Welt ohne Mangel, in der nach dem Krieg alles immer nur größer und alles immer nur schöner als zuvor geworden war. Es gab an diesem Schneemorgen wohl keine Hoffnung der letzten Jahre, die in den Gesprächen der Wartenden nicht in allen Farben beschworen worden wäre und die Zukunft in einer Glorie von Freiheit und Luxus erscheinen ließ.

Dieser Dampfer, der nun hinter einem ausrangierten Armeeschlepper, hinter Gäulen und Ochsen im Joch so quälend langsam auf Moor zukroch, war gegen neun Fuhren Steine eingetauscht worden und doch unendlich viel mehr wert … Gewiß, es war kein besonders großes Schiff, nur ein überholter Ausflugsdampfer, der auch in seinen besten Tagen nicht mehr als dreihundert Passagiere aus dem Hafen von Rijeka zu den Felseninseln der Kvarner Bucht getragen hatte. Es war auch kein besonders schönes Schiff und nicht zu vergleichen mit dem überlieferten Messingglanz der *Schlafenden Griechin*, zu der auch jetzt noch, an den Jahrestagen ihres Untergangs, Taucher in einem Wettkampf hinabglitten, um an dem verschlammten Wrack Blumenbuketts und Wimpel anzubringen. Wer von diesen Tauchern mit einem Fetzen verrotteten Schmucks aus dem Vorjahr als erster wieder nach oben schoß, hatte als Preis immerhin eine Reise nach Wien oder noch ferneren und exotischeren Besatzungszonen, nach Hamburg, Dresden oder Nürnberg, zu erwarten.

In den langen Mangeljahren, in denen die ausgebrannte Schlafende Griechin nun schon in der Tiefe lag, hatte der See nie etwas Besseres getragen als die Schnellboote eines Armeemanövers oder die Holzzillen der Fischer, die ihren Fang tagsüber in Lehmöfen räucherten und die Uferwiesen mit ihren Netzen verhängten. Aus den Fenstern des Grand Hotels am See wuchsen Windhafer und Gras, und das eingestürzte Dach des Konzertpavillons bedeckte ein Chaos aus zerbrochenen Stühlen und Sonnenschirmen, deren Bespannung längst verfault war.

Nein, es war kein besonders imposantes Schiff, aber doch das größte, das die Nachkriegsgeneration der Dörfer je gesehen hatte, kannte sie den Glanz der Welt doch zumeist nur aus fremdsprachigen Zeitschriften, die auf dem Schwarzmarkt begehrter waren als Zitrusfrüchte und Kaffee.

Es war – ein herrliches Schiff. Ungeheuer und geheimnisvoll, ein Ozeanriese!, dessen kostbare Fracht allein in der Hoffnung bestand, daß nun endlich wieder alles werden könnte, wie es vor dem Krieg gewesen war.

8 Der Hundekönig

In der verschneiten Stille war das Geräusch des Anpralls bis hinauf zur Schmiede zu hören. Bering hatte mit seinem Pferd, einem langmähnigen Kaltblüter, das tonnenschwere Zahnrad einer Steinmühle vor die Werkstatt geschleift und nahm dem Tier eben das Zuggeschirr ab, als dieses Geräusch vom Seeufer aufstieg, sich an den Mauern des Hofes brach und erstarb. Nur das Splittern von Glas hielt einen Atemzug länger an, ein weithin klirrender Scherbenregen.

Erschreckt warf das Roß den Kopf hoch und versetzte seinem Herrn dadurch einen so unerwarteten Stoß, daß er das Gleichgewicht verlor und über das Zahnrad in den vom wäßrigen Schnee verdünnten Morast des Hofes fiel. Ohne ein Wort des Zorns über dieses Mißgeschick, durchnäßt, lehmverschmiert, in der einen Hand immer noch Kandare und Stirnriemen des Gauls, die andere gegen eine schmerzende Stelle an seiner Seite gepreßt, humpelte der Schmied vor das Tor.

Die Uferstraße lag verlassen in der Tiefe; zerpflügt vom Transport des Schiffes und zertrampelt von den Spalieren der Schaulustigen, war sie nur ein dunkler

Grenzstreifen zwischen dem winterlichen Land und dem Bleigrau des Sees. Die Straße führte durch die nach Stellamour benannte Kastanienallee, deren Blütenstände sich zu Fäusten aus Schnee geballt hatten, durchschnitt eine raschelnde, schilfbestandene Halbinsel, bog dann in einer jähen Kurve zur Bucht des verfallenen Hotels Bellevue ab – und war dort plötzlich von einer funkelnden Barriere versperrt: Vor der mit Reisig und Girlanden geschmückten Abzweigung zum Strand des Bellevue, wo am Nachmittag Stapellauf und Schiffstaufe stattfinden sollten, stand das Wrack einer Limousine. Die Motorhaube zu einer bizarren Plastik verformt, eine Stoßstange vom Chassis gerissen und hochgebogen wie ein verchromtes Notsignal … eine Schlammspur im Schnee schrieb den Weg dieser Verwandlung in einer einzigen, elegant geschwungenen Linie nach: Der Wagen war von einer übermächtigen Fliehkraft aus der Bellevuekurve getragen worden, war am Wasser gegen die zur Befestigung des Ufers eben erst errichtete Steinmauer und von dort auf die Straße zurück geprallt. Zwei davongesegelte Radkappen blinkten unversehrt im Schnee.

Selbst aus seiner Entfernung hatte Bering das Wrack auf den ersten Blick erkannt. Es war der Wagen des Kommandanten; ein blauweißer Studebaker, ein Straßenkreuzer, wie man ihn sonst nur in den stockfleckigen, von den Soldaten im Abfall der

Kasernen zurückgelassenen Zeitschriften abgebildet sah, ein Achtzylinder mit Weißwandreifen, Zweitonlackierung, hochpolierten Zierleisten – und Scheinwerfern, die eine ganze Häuserzeile aus der Nacht fingern konnten!

Schon als Halbwüchsiger war Bering diesem Wunder mit einer Horde von anderen Begeisterten nachgerannt, wenn Elliot im Schrittempo über die Dörfer fuhr und dabei manchmal Bitterschokolade und Lakritze aus dem Fenster warf. In Berings Gedächtnis hatten diese Inspektionsfahrten tiefere Spuren hinterlassen als auf den Schlammwegen Moors: Unaufhaltsam wie ein Panzer war der Straßenkreuzer damals in die tiefen Schlaglöcher und in jede Senke des Landes hinabgetaucht und daraus schöner als zuvor wieder emporgeschaukelt.

Obwohl der Major nach einer großen Abschiedszeremonie im Steinbruch samt seiner Einheit schon vor Jahren ins Tiefland abgerückt war, erschien der Studebaker in unberechenbaren Abständen immer noch wie ein verirrtes, geisterhaftes Herrschaftssymbol auf den Feldwegen. Denn Elliot hatte das beeindruckendste Zeichen seiner Macht am Tag seines Abschieds dem einzigen Bewohner von Moor geschenkt, zu dem er in allen Jahren der Besatzung Vertrauen gefaßt hatte.

Dieser Mann, in den Kaffs als Günstling der Armee ebenso beneidet wie gehaßt, hatte dem Kommandanten aber nicht allein dieses kostbare Geschenk, sondern alles zu verdanken, was den Haß gegen ihn schürte – seine geradezu aristokratische Stellung als Verwalter des Granitsteinbruchs, ein beschlagnahmtes Haus und darin ein Funkgerät!, auch eine beschränkte, aber doch unerhörte Reisefreiheit – und schließlich sogar seinen Namen. Denn in seiner letzten Rede hatte der scheidende Kommandant seinen Günstling mit beinahe zärtlichem Spott *meinen Hundekönig* genannt. Und mittlerweile wußten am See nur noch wenige, daß der Hundekönig mit seinem wahren Namen Ambras hieß.

Ambras war ein über jeden Zweifel erhabener Mann. Als befreiter ehemaliger Zwangsarbeiter trug er an seinem linken Unterarm eine daumenbreite Narbe. Es war der Abdruck jener glühenden Feile, mit der er die Schmach einer dort eintätowierten Häftlingsnummer nach seiner Befreiung für immer gelöscht hatte. Seine Tage verbrachte er auf den Abbauterrassen oder in der staubigen Verwalterbaracke des Steinbruchs – und die Nächte in einem Villa Flora genannten Landhaus, das auf einer Anhöhe inmitten eines verwilderten Parks allmählich verfiel. Er war der einzige Bewohner dieses zweigeschossigen Fachwerkbaus mit Holzveranden, Erkern, Wandelgängen und Salons – und begnügte sich doch mit nur einem, dem See zugewandten Zimmer, dem ehemaligen Musiksalon: Hier schlief er auf einem mit paradiesischen Gartenszenen bestickten Sofa, hier diente ihm ein mit grünem Filz bespannter Spieltisch als Eß- und Arbeitstisch zugleich, hier verzehrte er seine kalten Abendmahlzeiten und warf seine Kleider zur Nacht über einen geschlossenen Flügel. Alle anderen Räume des Hauses, das mit Tüchern verhängte Mobiliar, die schimmeligen Tapeten und zerfetzten Brokatvorhänge, die Gipsfaune und auch die geplünderte Bibliothek überließ er einem Dutzend halbwilder Hunde.

Jahrelang war die Villa Flora ein menschenleerer Ort gewesen. Ihr Besitzer, ein Hotelier namens Goldfarb, der das Bellevue und ein angeschlossenes Kurbad in der altmodischen Art eines Sanatoriums und stets am Rande des Ruins geführt hatte, war in einer Novembernacht während des Kriegs mit seiner Frau und seiner taubstummen Tochter von den Beamten einer geheimen Staatspolizei in einen Wagen ohne Kennzeichen gestoßen und an einen unbekannten Ort verschleppt worden. In Moor hieß es damals: in ein Lager nach Polen, aber auch: ach was Lager, ach was Polen, in den nächstbesten Wald.

Die Köchin, eine Zimmermannstochter aus einem Hochtal bei Leys, erinnerte sich nach dem Krieg in einem von Major Elliots Verhören, daß die Herrschaften im Salon kniend und in großer Verwirrung Winterkleider eingepackt und wieder ausgepackt und dann aus dem Überseekoffer doch nichts als eine Giraffe aus Plüsch und wollene Kindersachen in zwei Taschen umgepackt hätten, weil die Beamten nur kleines Gepäck duldeten – und erinnerte sich besonders, daß einer dieser Beamten, es war der ohne Mantel, im Arbeitszimmer des gnädigen Herrn Zigaretten geraucht hätte, im Arbeitszimmer des Herrn Goldfarb!, in dem bis zu dieser Stunde noch niemals geraucht worden war.

Von den Herrschaften jedenfalls kam weder eine Nachricht aus Polen noch irgendeine andere Lagerpost, und sie kamen auch nicht wieder, nicht im Krieg und nicht im Frieden von Oranienburg.

Das Bellevue wurde damals ebenso wie das Grand Hotel zum Erholungsheim oder Sterbehaus für verwundete Frontoffiziere und die Villa Flora zum Sommersitz irgendeines Parteifunktionärs, bis russische Infanteristen Moor überrannten und den Funktionär mit einem Kopfschuß vor dem Spiegel des Ankleidezimmers fanden; er hielt seine Pistole so totenstarr in der Faust, daß sie ihm nicht entfiel, als die Infanteristen den Leichnam in den blutverkrusteten Teppich einschlugen und ihn samt einem Eichenlaubkranz und einer verchromten Büste aus dem Fenster warfen.

Aber auch die Sieger nahmen nur kurz in der Villa Quartier. Nach einer Reihe von militärisch geordneten Besetzungen und Räumungen übernachteten hier gelegentlich Flüchtlinge aus den zerbombten

Städten, dann Vertriebene aus Mähren und Bessarabien und schließlich Landstreicher – bis Major Elliot das verwüstete Haus endlich schloß und verfügte, es sei dem verschollenen Hotelier bis zur Klärung seines Lebens oder Todes zu bewahren.

Elliot ließ damals den Schmied von Moor das aufgebrochene Portal mit Ketten und Schlössern verhängen, ließ zerschlagene Fenster vernageln und den Park mit Stacheldraht umzäunen. Dann ließ er auf dem Anwesen zwei Hunde frei, große irische Hirtenhunde, die ihm von einem alliierten Highlanders-Regiment als Maskottchen zurückgelassen worden waren. Die Rüden fraßen, was ihnen von den Militärpatrouillen über den Drahtverhau zugeworfen wurde, sprangen jeden Eindringling an und schnappten selbst nach den Karpfen im Seerosenteich des Parks. Wenn der Donner der Sprengungen manchmal aus dem Steinbruch über den See in ihr Reich herüberrollte, standen sie mit gestreckten Vorderläufen, aufrecht, bestialisch, an den Brüstungen der Holzveranden und heulten nach dem gegenüberliegenden Blinden Ufer. Die Villa Flora wurde unbetretbar.

In den Kaffs nannte man die Zeiten damals Hundejahre: Fleisch und Seife und alle Dinge des täglichen Bedarfs waren und blieben knapp, denn Stellamours Friedensplan forderte noch von der armseligsten Kommune die Eigenversorgung. Wessen Acker oder

Garten Früchte trug, der hatte auch zu essen und vielleicht genug, um auf dem Schwarzmarkt ein Huhn gegen Zigaretten und Kartoffelschnaps gegen Batterien zu tauschen. So war in diesen Jahren nicht nur in den Ruinenstädten, sondern auch auf vielen Höfen schon das Maul eines Hundes ein Freßmaul zuviel:

Die Köter wurden davongejagt, ausgesetzt oder suchten hungrig das Weite und schlossen sich in Wäldern und Hochtälern zu bissigen Rudeln zusammen, die selbst das Rotwild anfielen und da und dort auch die Knochen von verscharrten Kriegstoten wieder ans Licht zerrten. Trieb der Hunger sie aus der Wildnis bis in die Nähe der Kaserne, ließ Elliot von seinen Soldaten Jagd auf sie machen und Dutzende abschießen, ließ aber nicht zu, daß sich die entwaffneten Landbewohner mit Prügelfallen, Schlingen und Tritteisen selbst halfen. Denn wie alle Jagd war auch die Hundejagd allein Sache der Armee. Und die Armee duldete, daß einige von den verwilderten Kötern ihren Weg durch die Drahtverhaue der Villa Flora fanden und sich in diesem Asyl den irischen Bestien unterwarfen oder unter ihren Fängen verendeten. So wuchs im Park der Villa allmählich ein unbezwingbares Rudel heran, das durch den Stacheldraht manchmal in die Kaffs vorstieß und sich wieder zurückzog, bis in einem regnerischen Sommer ein neuer Herr im Hundehaus Einzug hielt.

In den ersten Augusttagen dieses Sommers, neun Jahre nach seiner Befreiung aus dem Barackenlager am Schotterwerk, kehrte der als Häftling Nr. 4273 zur Arbeit im Steinbruch geprügelte Fotograf Ambras an den See von Moor zurück. Ein mittelloser Spezialist für Landschaften und Porträts, ohne Kamera, ohne Atelier und Dunkelkammer, folgte Ambras damals einem Aufruf der Armee, die für den wiedereröffneten Moorer Granitbruch einen Verwalter suchte.

Niemand erkannte den Ankömmling. Selbst einem ehemaligen Mitgefangenen wäre es wohl schwergefallen, in diesem Fremden jene zum Skelett abgemagerte Elendsgestalt wiederzuerkennen, die am Tag der Befreiung entlang des zerrissenen elektrischen Zauns zur Wäschereibaracke gewankt war. Zu erschöpft, um in einer Schlange auf eine gereinigte Jacke oder das Hemd eines Toten zu warten oder auch nur seine Zebrakleider abzustreifen, hatte sich Ambras damals unter freiem Himmel in das erste Bad seit Monaten gelegt, in die dampfende Lauge einer Abflußrinne, und aus dem seichten Wasser zu den Schneewolken emporgestarrt. Er sah, wie der Himmel über die Terrassen des Steinbruchs ins Gebirge kroch; er hörte ferne Stimmen, Befehle, Schreie, hörte ferne Motoren und den Wind in den Kiefern und im Gestänge eines Wachturms und wollte nur liegenbleiben, liegen in dieser Wärme, die ihn endlich und so milchig und träge umfloß – als ihn zwei Totengräber, es waren Moorer Bürger, die von einer Panzerbesatzung zu dieser Arbeit gezwungen worden waren, an Armen und Beinen faßten und auf ihren Leichenkarren warfen.

Ich lebe noch, hatte Ambras in den Schneehimmel geflüstert und in seinem Rücken etwas Rundes, Hartes und in seinem Nacken Haare gespürt, kalte Borsten, ich lebe noch, und hatte den Blick nicht vom Gebirge und nicht von den Wolken gewandt.

Noch neun Jahre später vermochte der Gerettete in seinem ersten Gespräch mit Major Elliot die Wäscherei, das Krematorium, die Bunker, Tunnels und Baracken des Lagers am Schotterwerk auf einem Bogen Kanzleipapier maßstabgetreu wiederzugeben. Sein Opferpaß lag während dieses Bewerbungsgesprächs geöffnet und schwarz von Stempeln und Eintragungen neben einem Schnapsglas auf Elliots Schreibtisch. Und obwohl Ambras alle Fragen nach seinen Lagerjahren scheinbar gleichmütig beantwortete, hielt er doch manchmal unvermutet inne, griff nach dem Glas und drehte es minutenlang in seinen Händen, bevor er trank.

Am Nachmittag sah man den Kommandanten und den Fremden am Dampfersteg, redend, gestikulierend, und hörte Elliot sogar lachen. Oder lachte bloß sein Begleiter? Die beiden warteten auf die Fähre ans Blinde Ufer, setzten dann mit diesem staubbedeckten Ponton zum Steinbruch über und kamen erst in der Dämmerung wieder zurück, hockten im Ruderhaus des Fährmanns, sprachen noch immer.

In der folgenden Woche stand unter dem Namen des neuen Steinbruchverwalters auf Flugblättern und auch auf dem Schwarzen Brett der Kommandantur die Warnung, daß jede Auflehnung gegen diesen Verwalter mit der gleichen Härte bestraft würde wie ein Angriff auf Elliot selbst. So wurde Ambras' Name schon zur Drohung, noch bevor er im Steinbruch seine ersten Anweisungen gab.

Fürchten lernte Moor den Ankömmling allerdings erst an jenem Abend, an dem er das Rudel der Villa Flora bezwang.

»Die Villa …? Das Hundehaus?«

Natürlich hatte Elliot ungläubig nachgefragt, als Ambras ausgerechnet dort Quartier beziehen wollte und weder ein angebotenes Zimmer im Gasthaus am Dampfersteg noch irgendeinen der leerstehenden Auswandererhöfe Moors annahm. Aber *wer* das Anwesen des verschollenen Hoteliers vor Plünderern schützte, war dem Kommandanten schließlich egal. Also willigte er ein.

Noch am selben Tag, zur Stunde der abendlichen Fütterung, stand Ambras vor dem verketteten Portal der Villa. In der einen Hand hielt er einen blutigen Leinensack voller Knochen und Fleischabfälle aus der Kaserne, in der anderen ein knüppeldickes Eisenrohr. Das Rudel erwartete ihn schon.

Villa Flora. Wie oft hatte er dieses Haus in seinen Lagerjahren als verschwindend kleines, helles Zeichen am jenseitigen Ufer gesehen. An manchen Abenden hatte dieses Zeichen im Schein einer tiefstehenden Sonne plötzlich zu leuchten begonnen; dann spiegelten unsichtbare Fenster, die in der Zugluft schlugen oder schon zur Nacht geschlossen wurden, das Abbild der Sonne als rasende Folge von Lichtblitzen über den See.

Jedesmal, wenn ihn diese Lichter aus dem *Jenseits* blendeten, war Ambras irgendwo zwischen den Baracken, auf der Lagerstraße und selbst unter dem Wachturm am Mahlwerk einen Atemzug lang taub und blind gegen das Inferno seiner Gegenwart geworden und hatte sich noch Stunden und Tage nach dem Erlöschen der Signale Gesichter – und immer neue Gesichter von jenen Unbekannten gemacht, die dort drüben das Glück eines Lebens in Freiheit verpraßten.

In der Ewigkeit seiner Lagerjahre wurden ihm diese Lichtspuren schließlich zum einzigen Indiz dafür, daß der Steinbruch von Moor doch nicht alles war und daß jenseits des elektrischen Zauns immer noch eine andere Welt existieren mußte – auch wenn sie ihn und seinesgleichen längst vergessen zu haben schien.

Atemlos vom steilen Fußweg, der vom verfallenen Bootshaus zur Villa hinaufführt, setzt er jetzt seinen Fleischsack ab. Die Hunde haben schon angeschlagen, als er noch tief im Gestrüpp des Abhangs verborgen war. Wütend springen sie nun am rostigen Gitterwerk des Portals hoch, an schmiedeeisernen Ranken, Blättern und Trauben. In hohen Bögen, Stück für Stück, wirft er ihnen Knochen und Innereien über dieses metallene Dickicht zu.

Die Meute stürzt sich auf den Fraß mit einer Gier, die er aus dem Lager kennt. Die Hungrigen vergessen den Feind am Portal und sind nur noch Feinde füreinander. So kann er das Vorhangschloß öffnen. Die Kette fällt ins Laub, das der Wind von Jahren an die Gitterstäbe geweht hat.

Zwölf, dreizehn, vierzehn … Hunde zählt er laut und beginnt nach dem letzten wieder von vorn und spricht jede Zahl besänftigend und eindringlich aus und läßt keinen der Gezählten aus den Augen, spricht immer weiter, Zahlen, Kosenamen, flüstert Befehle aus der Sprache der Dressur, auch wirres Zeug, unablässig weiter, während er mit seinem Gewicht gegen das Portal drückt, bis der erste Flügel mit einem tiefen Stöhnen endlich nachgibt und sich so weit öffnen läßt, daß er eintreten kann.

Die irischen Rüden haben ihren Anteil am Fraß an die Einfassung des Seerosenteichs gezerrt und halten jetzt in ihrem Reißen und Schlingen inne und heben die schweren Schädel gegen das offene Portal. Reglos starren sie ihn an, beginnen wohl zu knurren, ziehen wohl die Lefzen hoch und entblößen die Reißzähne, stehen aber wie versteinert am Teich, als könnten sie nicht fassen, daß einer wagen kann, was Ambras in diesen Augenblicken wagt: Redend, flüsternd kommt er auf sie zu.

Und dann ist es auch keiner von den irischen Rüden, sondern ein graubraun gefleckter, narbenübersäter Jagdhund, der wie auf ein unhörbares Kommando plötzlich von einer Schweinsklaue abläßt und den Eindringling ohne einen Warnlaut anspringt.

Aber Ambras braucht im Umgang mit Feinden schon lange keine Warnungen mehr. Er schlägt dem Angreifer das Eisenrohr mit einer solchen Wucht über Augen und Schnauze, daß der Hund aus seinem Sprung auf den Kiesweg zurückstürzt. Dort hustet, dort bellt er Blut, bis er die zertrümmerten Kiefer nicht wieder schließen kann und sein Schädel an die Steine sinkt.

Während der bissigste unter ihnen stirbt, haben die Hunde nur noch für seinen Bezwinger Augen und Ohren. Jetzt frißt keiner mehr. Der Erschlagene liegt mit offenem Maul im Kies, und Ambras geht weiter auf das Haus zu und hat schon begonnen, wieder auf das Rudel einzusprechen, besänftigend und eindringlich wie zuvor – als sich in der

Ferne des Seerosenteichs einer der irischen Rüden aus seiner Erstarrung löst, es ist der größere von beiden.

Wie langsam, beinahe zögernd er sich in Bewegung setzt. Aber dann, allmählich schneller und schneller und rasend werdend, schließlich in ungeheuren Sprüngen, fliegt er auf den Eindringling zu.

Dann trifft auch ihn das Eisenrohr, fährt ihm wie eine Lanze in den aufgerissenen Rachen, feilt an seinen Reißzähnen und stopft ihm Fetzen seines Gaumens tief in den Hals.

Der Rüde kann Ambras die Waffe mit einer knirschenden Bewegung seines Kopfes noch entwinden, kann die Lanze aus sich herauswürgen und kann dem neuen Herrn der Villa Flora die Zähne in den Arm schlagen, obwohl er an der eigenen Wunde schon zu ersticken beginnt. Aber wer jetzt am Leben bleiben will, muß töten. Und zum Töten reicht seine Kraft nicht mehr.

Und so ist es Ambras, der sich mit einem Wut- oder Schmerzensschrei, der einem Bellen ähnlicher ist als der menschlichen Stimme, auf den Hund wirft und ihm das Maul mit beiden Händen zudrückt und spürt, wie der Körper unter ihm zu einem einzigen, unbändigen Muskel wird. Er umklammert den Tobenden mit beiden Beinen, krallt sich fest, darf diesen Schädel, darf dieses Maul nie wieder freigeben. So wälzen sich Hund und Mann vom Kiesweg in die Dornen. Erst dort kommt Ambras wie ein Reiter auf dem Feind zu sitzen:

Als ob er dem Tier nun seine Zähne in den Hals schlagen wollte, beugt er sich vor und bringt seine Augen dicht an die Augen des Hundes, seinen Mund dicht an das Maul. Dann aber reißt er den Hundeschädel in der Klammer seiner Arme nach hinten, zwingt diesen Schädel mit aller Kraft zurück, immer tiefer, bis er eintaucht in die gesträubten Nackenhaare und die Bestie sich endlich in ein Opfer verwandelt. Mit einem weithin hörbaren Laut bricht das Genick. Und dann spürt Ambras für einen Atemzug tatsächlich ein Pferdchen unter sich, ein warmes, haariges Fohlen, das unter seinem Reiter erschlafft.

In Moor fanden sich später immer wieder Augenzeugen, die behaupteten, sie hätten diesen Kampf aus irgendeinem Versteck, einer Scheune am Stacheldraht, einem Schafstall, selbst einer Erdhöhle, mitangesehen. In ebenso dramatischen wie variantenreichen Erzählungen beschrieben sie etwa, wie der Hundekönig noch eine Weile auf dem Kadaver gehockt sei, bevor er sich erhob und auf sein Haus, seine Residenz, zutaumelte. Manche Zeugen berichteten auch von einem dritten Angriff der Hunde, andere ließen den Eroberer unbehelligt die Freitreppe zur Veranda hinaufstolpern und beschworen, daß die Köter dabei dem Hundekönig mit hängenden Köpfen aus dem Weg geschlichen seien.

Tatsache blieb, daß alle diese Zeugen nur die Aussagen eines Seefischers überlieferten und abwandelten, der damals in der Bucht des Bellevue Blindbrassen gefangen hatte, augenlose, seltsam süß schmeckende Fische, die an dieser tiefsten Stelle des Sees über den Grund strichen.

Der Fischer war über dem Warten auf ein Schellen seiner Schwimmer eingenickt und dann vom Gekläff der Hunde erwacht. Durch sein Fernglas sah er, wie ein Mann, den er an seiner Bomberjacke als den Steinbruchverwalter zu erkennen glaubte, das Portal der Villa aufstieß. Und sah dann den Angriff. Den Kampf. Und obwohl dieser Anblick durch die Linsen des Feldstechers manchmal an Schärfe verlor und im Takt seines Pulsschlags zitterte, sah der Fischer doch genug, um am Abend desselben Tages im Wirtshaus am Dampfersteg Bericht zu erstatten.

Daß es neben den vielen Nacherzählern dieses Berichtes tatsächlich einen zweiten Zeugen des Kampfes gab, wußte aber weder der Fischer, noch sollte es Moor jemals erfahren: Bering, damals ein Neunjähriger, den die verfallende Villa immer wieder magisch anzog, hatte an diesem Tag in Sichtweite des Portals nach wilden Orchideen gesucht, als plötzlich Ambras aus dem Gebüsch brach. Von den Rebstökken einer brachliegenden Riede gedeckt, hatte Bering dann nicht nur verfolgt, wie Ambras mit seinen Feinden verfuhr, sondern auch seltsame Kosenamen und Befehle gehört, die der Eroberer im weiteren Voranschreiten dem verstörten Rudel zurief. Auch, daß sich das bezwungene Rudel nach allem, was geschehen war, wieder dem Fraß zuwandte, hatte der Zeuge frierend vor Angst mit angesehen.

Und dann begrub Ambras seine Feinde: Er warf die Hundekadaver in eine von Holunder überwachsene Senke und bedeckte sie mit Schutt und Abfall, den er aus der Villa in den Garten schleppte.

Lange wagte Bering nicht, sein Versteck zu verlassen. Erst die Furcht vor der hereinbrechenden Nacht trieb ihn schließlich aus der Deckung. Er lief wie um sein Leben. Aber das Haus hinter ihm blieb still. Nur ein einziges, vom Flackern einer Kerze oder einer Fackel unruhiges Fenster leuchtete ihm nach. Das Rudel war unsichtbar und gab keinen Laut.

In den folgenden Jahren sollte Bering dem Hundekönig nie wieder so nahe kommen wie in diesen Stunden der Eroberung: Ambras schaukelte längst im Straßenkreuzer des Kommandanten über die Dörfer, ein Schatten am Volant; Ambras stand an der Reling des Pontons und ließ sich jeden Morgen zum Steinbruch übersetzen, hockte umgeben von seinen Hunden unter den Mammutföhren der Villa Flora oder verfolgte unter dem Sonnensegel einer Tribüne die Zeremonien der Büßergesellschaften ... Für Bering blieb der Steinbruchverwalter in allen diesen Jahren eine ferne Gestalt, die nur in den Flüchen des

Vaters oder im bösen Gerede von Moor allgegenwärtig erschien.

Allein in Berings Erinnerung an die Unterwerfung der Hunde nahm dieser Mann Gesichtszüge an, aber es wurden mehr und mehr die Züge eines biblischen Helden, wie er in den frommen Kalendern der Schmiedin zu sehen war: ein unbesiegbarer König, der einen Löwen mit seinen bloßen Händen erschlug und seine Feinde, Philister mit goldenen Helmen, in die Wüste jagte und in den Tod.

Es war das Bild dieses biblischen Kriegers, das noch der dreiundzwanzigjährige Bering vor Augen hatte, als er am Morgen der Schiffstaufe vor das Hoftor trat und das Wrack in der Bellevuekurve erkannte. Der Hundekönig in seinem Streitwagen. Der Hundekönig nach der Schlacht. Der König in seinem zerschlagenen Wagen.

Die vielen Schaulustigen, die an diesem kalten Schneemorgen im Mai zur Bucht des Bellevue zogen, um dort den Stapellauf der Schlafenden Griechin zu feiern, fanden auf ihrem Weg das Wrack des Studebaker wie eine zusätzliche Attraktion des Festes. Ein Autounfall in einem Land der Pferdewagen, Karren und Fußgänger! Ein Jahrmarktereignis. Umwölkt von den Hauchfahnen seiner Flüche stand der Steinbruchverwalter neben dem Wrack, trat manchmal gegen die im Morast eingesunkenen Räder, aber fragte niemanden um Hilfe. So standen die Uferbewohner in einiger Entfernung und begutachteten sein Mißgeschick, schadenfroh die einen, überlegen die anderen, die dem Verwalter Fragen nach dem Hergang und nutzlose Ratschläge zuriefen. Aber weil man für einen Günstling der Armee nur dann etwas tat, wenn er es ausdrücklich befahl, blieb Ambras bei seinem Wrack allein.

Er bog das zerrissene Blech eines Kotflügels vom Vorderrad und hatte zwei-, dreimal vergeblich versucht, den Motor wieder in Gang zu setzen, als Bering auf dem Schmiedhügel der Anziehungskraft dieser wunderbaren Maschine dort unten am Ufer erlag und seinem Pferd das Zuggeschirr wieder anlegte. Lehmverschmiert von seinem Sturz und unter Schmerzen bestieg er das ungesattelte Pferd und trieb es über den Schneehang an den See hinab.

Der Hundekönig schlug eben die restlichen Scherben aus dem Rahmen eines Wagenfensters, als der Schatten des Reiters auf ihn fiel. Bering beugte sich aus der Höhe des dampfenden Tieres wie zu einem Knecht hinab. Es war das erste Mal, daß er Ambras ins Gesicht sah:

»Ich kann Euch helfen.« In der kalten Luft klang seine Stimme dünn und brüchig. Er mußte schlukken.

»Helfen?« fragt der Hundekönig und richtet sich auf und starrt ihn an, und Bering meint plötzlich, der Steinbruchverwalter und erste Gerichtsherr von

Moor starrc nur auf seine Hand, in der er eine Pistole gehalten hat. Nur auf die Hand, mit der er ein verschwundenes Opfer getötet hat.

»Helfen? Mit dem Gaul da?« fragt Ambras. Seine Jacke ist zerrissen; ein Ärmel naß vom Blut.

»Mit dem Gaul da, meinem Pferd …, meinem Pferd und mit meinem Werkzeug. Ich bringe den Wagen wieder auf die Straße, den Wagen wieder in Gang.«

»Du?«

»Ja, ich«, sagt Bering und weiß nicht, wie man mit einem König spricht und steigt auch nicht ab.

»Bist du Schrotthändler oder Schwarzkünstler?«

»Nein, ich …« sagt Bering ratlos. Und plötzlich fliegt ihm von weither ein Wort zu, das er noch nie gehört, aber in den Kalendern der Schmiedin schon gelesen hat, und verbessert sich:

»Nein, *Exzellenz*, ich bin der Schmied.«

9 Die Grosse Reparatur

Der Hundekönig und der Schmied von Moor fehlten an diesem Tag bei Schiffstaufe, Stapellauf und Fest. Sie sahen nicht, wie die letzten Stützbalken vom Rumpf geschlagen wurden, und nicht, wie das Schiff ins Wasser rauschte und dabei glitzernde Schneefahnen verlor. Der Bug tauchte so tief in den See, daß eine Sturzwelle über das Deck sprang und zwei Rettungsringe und einigen Blumenschmuck von der Reling riß. Mit bedrohlicher Schlagseite neigte sich der Dampfer zuerst gegen das Gebirge und sein Blindes Ufer, dann gegen die Landungsbrücke, die schwarz von Menschen war – und kam so allmählich wie eine grob angestoßene Wiege zur Ruhe; lag endlich still in den Wellen vor der Ruine des Hotels Bellevue.

Jetzt erst warf der Sekretär von Moor eine Weinflasche gegen den Bug. In der Verwirrung über das so plötzlich ins Wasser rauschende Schiff hätte er sie beinah vergessen – das Handzeichen! Sie hatten nicht auf sein Handzeichen gewartet. Also schrie er dem Koloß seinen neuen Namen mit jener Verspätung zu, mit der nun auch die Blechkapelle auf der vertäuten Fähre ihr Geschepper zu spielen und die

Festgesellschaft am Ufer ihr Bravo zu schreien begann. Es war der vertraute, versunkene Name, der jetzt vom Grund des Sees endlich wieder aufstieg – und im Lärm der Begeisterung gleich wieder unterging.

»Ich taufe dich …« schrie der Sekretär und schrie vergeblich gegen das Getöse an und mußte husten und begann noch einmal und *sang* seine Formel schließlich mit einer kraftlosen, papierenen Stimme, die schon keiner mehr hörte: »Ich taufe dich auf den Namen *Die Schlafende Griechin*!«

Der von Bänken, Aufbauten und Decks abgefallene Schnee trieb als flüchtige Erinnerung an Eisschollen in der Bucht und wurde im Nachhall des Jubels zu moosgrünem Wasser. Und während an der Landungsbrücke ein Chor angestimmt, Reden gehalten, Flaggen gehißt und aus Mangel an Feuerwerkskörpern Signalraketen gezündet wurden, setzte ein böiger, warmer Wind ein, raspelte in der Bucht schwarzblaue Schatten auf, fraß den Schnee von Sumpfwiesen und Hängen und enthüllte einen großen Morast.

Bering und Ambras sahen in diesen Stunden wohl die Feuerbälle der Raketen, hörten aber von Chören und Blechmusik nur, was die Böen davon abrissen und ihnen als verzerrte, unkenntliche Klänge über das Schilf zutrugen. Der Hundekönig und der Schmied waren nicht unter den Passagieren, die über das Fallreep an Bord drängten, und ein nervöser Zeremonienmeister fragte an der Landungsbrücke und an Deck vergeblich nach einem fehlenden Ehrengast. Mit großer Gesellschaft an Bord lief die Schlafende Griechin schließlich ohne Ambras zu ihrer ersten Panoramafahrt aus.

Berings Abwesenheit fiel nicht auf; er war nicht geladen. Aber daß der Steinbruchverwalter und Gerichtsherr von Moor dem größten Fest seit dem Ende des Kriegs fernblieb, brachte am Ufer wie an Bord Gerüchte in Umlauf: Der Hundekönig liege nach einem Unfall verstümmelt, leicht verletzt, schwer verletzt im Moorer Lazarett, liege im Sterben, sei eben abgekratzt, ein Hund weniger, kein Schaden …

Was? Tot? Der und tot? Niemals. Solche wie der überlebten noch den Weltuntergang, kratzten sich ein paar Tage nach einem Unglück schlimmstenfalls den Wundschorf aus dem Gesicht und seien dann so eisern und unnahbar wie zuvor.

»Der? Der hockt gewiß irgendwo in den Felsen mit seinem Fernglas und liest von den Lippen und merkt sich jeden, der über ihn spricht …«

Ambras Stuhl an der vom Wind zerzausten Tafel auf dem Oberdeck der Schlafenden Griechin blieb leer. Keiner von den Festgästen wagte, diesen Platz einzunehmen. So wurden die Speisen Gang für Gang aufgetragen, erkalteten auf den für ihn bestimmten Tellern und wurden unberührt wieder vom Tisch genommen: Rübensuppe, Graupen und Käseaugen, Bauchfleisch, Kutteln, in Essig gelegte Blindbrassen, geräucherte Schweinsrüssel in Aspik und selbst die gedämpften, mit gehackten Walnüssen gefüllten kalifornischen Pfirsiche aus einem aufgelassenen Depot der Armee …, alles dampfte und roch und erkaltete auf dem Platz des Hundekönigs, wurde der Gier vorenthalten und verschwand unter den langen Blicken der Tischgesellschaft wieder in den Töpfen und Kesseln unter Deck.

Hungrig und verbissen mühten sich die beiden Abwesenden in diesen Stunden, das Wrack des Studebaker auf den Schmiedhügel zu schleppen. Bering bereute seinen Ritt ans Ufer längst. Der Hundekönig hatte seine Hilfe ohne Dank angenommen – und nun riß er sich unter den wütenden Kommandos dieser Exzellenz die Handflächen an einem faserigen Zugseil wund. Und stemmte sich wie ein Zwangsarbeiter seinem eigenen Haus entgegen. Und wagte nicht zu protestieren, als Ambras ihm die Kutscherpeitsche aus dem Stiefelschaft zog und damit auf das Pferd, auf sein Pferd!, einzuschlagen begann.

Der Stute schneiten Schaumflocken von den Nüstern. Nach jedem Peitschenhieb warf sie sich ins Zuggeschirr, daß ein Sirren wie von einer Bogensehne zu hören war. Aber kein Aufbäumen und keine Schläge halfen. Nichts half: Vor dem zerfurchten Anstieg dicht unter dem Tor der Schmiede mußte selbst

Ambras einsehen, daß zwei Männer und ein Pferd das Wrack nicht über eine solche Steigung zu zerren vermochten.

»Genug. Spann aus.«

Bering löste die schweißnasse Stute aus dem Geschirr, riß einige Büschel dürren Windhafers vom Rain und begann ihr damit die Flanken trockenzureiben.

»Laß das.«

Das Pferd wartete noch einige Augenblicke vergeblich auf die Zärtlichkeiten seines Herrn und trottete dann mit hängendem Kopf zum Hoftor hinauf. Der Schmied durfte ihm nicht folgen.

»Du kommst mit mir.«

Stumm, jeder eingeschlossen in eine andere Wut, wanderten die beiden schließlich doch noch der Bucht des Bellevue entgegen. Dort würde der Hundekönig einen Jeep oder wenigstens ein Ochsengespann fordern, das der Schmied führen sollte.

»Du kannst doch ein Gespann führen? – Und einen Jeep? Kannst du fahren auch?«

Der Schmied konnte alles. Wer aus dem von der Armee hinterlassenen Schrott Maschinen und Motoren ausgeschlachtet oder wieder zum Laufen gebracht hatte, dem waren Schützenpanzer und Jeeps ebenso vertraut wie die Jukeboxes und durchgebrannten Toaster aus den verlassenen Kasernen.

Auf halbem Weg zum Fest, über den Kronen einiger Mammutföhren war schon das eingestürzte Pagodendach des Bellevue zu sehen, kamen ihnen gleich sechs der vom Schiffstransport befreiten Zugtiere entgegen. Der Stallbursche einer Büßergemeinschaft, die auf einer Hochalm des Steinernen Meeres ein klösterliches Leben führte, hatte sich an der Landungsbrücke immer wieder um das bittere, dunkle Freibier angestellt und war dann von einem ebenfalls betrunkenen Großknecht nach Hause befohlen worden. In ein jammerndes Selbstgespräch vertieft, torkelte er nun hinter dem Ochsengespann her. Bering kannte ihn. Der Schwachsinnige. Der hatte ihm in der Vorwoche einen Korb voller Messer zum Schleifen gebracht und so lange selig grunzend in den Feuerregen einer Schweißarbeit gestarrt, daß er am Ende die Welt vor Blendungsbildern nicht mehr sah. Mit einem nassen Tuch über den Augen war er dann eine Stunde oder länger auf der Drehbank neben der Esse gelegen.

Der Idiot begann vor Schreck zu schluchzen, als Ambras ihn von weitem anschrie. Er glaubte an einen Überfall; erst im Februar hatte ihn eine der Banden schwer geprügelt und dann halbnackt durch Schneewehen bis in einen Bach gejagt. Er hob schon einen Stein auf und sah sich nach anderen Waffen und Fluchtwegen um, als er den Herrn in der Ferne doch noch erkannte und hell genug war, sich dessen Befehlen nicht zu widersetzen.

Sechs Ochsen vor dem Straßenkreuzer, ein betrunkener Stallbursche als Gespannführer und Bering und Ambras einmal hinter dem Wrack, dann wieder nebenher stolpernd, immer bemüht, den schlitternden Wagen in der Spur zu halten: Wie die Karikatur jener großen Schiffsprozession, die am Morgen über die Dörfer gekrochen war, rückten der Hundekönig und sein Gefolge schließlich gegen die Schmiede vor – und wurden, endlich oben am Tor, von Berings Vater mit wüsten Beschimpfungen empfangen. Der Alte hielt diesen Zug für einen weiteren Transport nutzlosen Schrotts, warf Erdklumpen nach dem Gespann und drohte mit den Fäusten, bis ihn eine der Gestalten, die er nur als Schemen wahrnahm, mit der Stimme des Steinbruchverwalters anbrüllte und ihm befahl, das Maul zu halten und zu verschwinden. Er schwieg auf der Stelle und zog sich ins schwarze Innere der Schmiede zurück.

Mit einem Geschick, das von seinem Rausch völlig unbeeinträchtigt schien, führte der Stallbursche das Gespann in den Hof, wendete dort und setzte das Wrack nach Berings Anweisungen so in die wettergeschützte Einfahrt, daß die zerbrochenen Scheinwerfer des Wagens über Moor hinweg auf den See starrten. Dann empfing er von Ambras für seine Hilfe einige Dörrpflaumen aus der Jackentasche und zwei Münzen. Er wollte dem Herrn dafür die Hand küssen und verbeugte sich zum Abschied so tief, daß ihm die Mütze vom Kopf fiel.

In den Tagen nach dem Fest sah Moor den Studebaker ohne Motorhaube und Kühlergrill, schließlich sogar ohne Räder auf einer Bühne aus rohen Stämmen in der Einfahrt der Schmiede. Die Torflügel standen offen. Aus dem Hof klirrte der Lärm einer großen Reparatur.

Noch als Wrack war dieser Wagen eine Drohung. Bisher hatten selbst die Schlägerbanden einen Bogen um Häuser und Gehöfte gemacht, vor denen der Studebaker stand. Denn auch wenn man das Gefährt scheinbar verlassen irgendwo zwischen den Rieden oder vor der erloschenen Feuerstelle in irgendeinem Talschluß fand, erhob sich bei der leisesten Annäherung eine aschgraue Dogge auf dem Rücksitz; knurrend und mit entblößten Fängen sprang sie gegen die Fenster, bis sich das Glas mit ihrem Atem beschlug und hinter den trüben, von Pfoten- und Schnauzenspuren verschmierten Scheiben nur noch ein Maul und Reißzähne zu sehen waren. In der Hofeinfahrt aber war von der Bestie keine Spur. Ungestraft machte sich der Schmied an dem Wagen zu schaffen.

Die Welt von Moor schien seit dem Stapellauf verändert: Um die An- und Ablegemanöver der Schlafenden Griechin nicht zu stören, durften die Sühnegesellschaften den Dampfersteg nun nicht länger als Plattform für ihre umständlichen Rituale benützen, in deren Verlauf mit Namen und Jahreszahlen bekritzelte brennende Papierschiffe ausgesetzt wurden.

Noch im Monat vor dem Stapellauf hatte der Wind ein solches Totenschiffchen wieder ans Ufer zurückgetrieben und den Schilfgürtel in Brand gesetzt.

Mit besonderer Genugtuung aber bemerkte Moor, daß der Hundekönig wenn schon nicht verletzt, tot oder verschwunden, nun doch immerhin ohne seine Karosse war. Von zwei, manchmal drei Kläffern aus seinem Rudel begleitet, wanderte er jeden Morgen über einen Höhenweg von der Villa Flora bis auf den Schmiedhügel, sah dort nach dem Wrack, nach Berings mechanischen Plänen und den Fortschritten der Reparatur, ging dann zum Dampfersteg hinab und bestieg die Fähre zum Steinbruch. Er war jetzt ihr einziger Passagier. Denn seit dem Stapellauf stampfte nicht allein dieser staubige Ponton zweimal am Tag über den See, sondern zog als neues Wahrzeichen von Moor auch die Schlafende Griechin bis ans Blinde Ufer – weiß und verlockend unter einer Rauchfahne, an deren langgezogener oder gefiederter oder zerrissenener Form die Kaffs das kommende Wetter abzulesen lernten. Wenn das Gellen der Schiffssirene die Ufer entlangstrich und dann hoch aus dem Steinernen Meer zurückschlug, flatterten vor der Moorer Promenade Schwärme von Bleßhühnern und Möwen auf, beschrieben unruhige Bögen über dem See und segelten dann erleichtert und mit schrillem Gelächter wieder ins Schilf zurück.

Granitbrecher, Mineure und Steinmetze – wer

immer am Blinden Ufer zu arbeiten oder dort bloß an einer der Stellamour-Parties teilzunehmen hatte, der setzte jetzt mit dem Ausflugsdampfer über und kam mit diesem Dampfer auch wieder zurück. Die *Griechin* verband Ufer und Kaffs bei jedem Wetter verläßlicher und schneller miteinander, als der gewundene und so oft vermurte Strandweg es je vermocht hätte, und vernähte mit ihren Routen die Abgründe des Sees. Jener zerschossene, von Algenſahnen umwehte Dampfer gleichen Namens aber, der immer noch vor den Piloten des alten Stegs in der Tiefe lag, schien mit jeder neuen Fahrt unsichtbarer zu werden, so, als ob Schaufelräder, Schraube und Ruderblatt seiner Nachfolgerin nicht bloß den Sand und Schlick des Grundes aufwirbelten und die Sicht trübten, sondern das Vergessen selbst.

Die Welt war verändert. Der eiserne Garten, der Berings Gehöft umfing und schon zu überwuchern begann, trug endlich Früchte. Denn seit der Studebaker in der Hofeinfahrt stand, diente dieses von Holunder und Brennesseln durchwachsene Schrottarsenal nicht mehr als bloßes Ersatzteillager für verwahrloste Landmaschinen, deren plumpe Mechanik einem Liebhaber der Vögel geradezu lächerlich erscheinen mußte – jetzt, endlich, wurde der Eisengarten zum Labor für die Erschaffung eines Kunstwerks.

Der Schmied durchsuchte den Schrott wie ein Besessener nach allem, was ihm als Bauteil für seine

Vision brauchbar schien, zerrte auch wieder ans Licht, was längst unter Gestrüpp und Moospolstern versunken war, befreite alles Rohmaterial von Flechten und Rost und legte das Alteisen ins Ölbad.

Wenn seine Hände in der teerigen Brühe verschwanden und auch die Werkstücke nur noch zu spüren, aber nicht mehr zu sehen waren, starrte er manchmal minutenlang auf die Stummel seiner Unterarme, und dann war ihm, als hätten diese verschwundenen Hände niemals eine Pistole gehalten. Sein unsichtbarer Zeigefinger glitt der Führung eines Gewindes nach, bis er eine Scharte ertastete – und dann schreckte er aus seinen Tagträumen hoch und spürte doch plötzlich den Schlag des Rückstoßes wieder und hörte den Nachhall der Schüsse jener Nacht als schmerzhaftes Klingen tief in seinem Kopf. Allein die Arbeit am Wagen des Hundekönigs übertönte dieses Klingen und ließ ihn manchmal sogar vergessen, daß irgendwo dort draußen, irgendwo zwischen den Felsen, im Schilf oder in einem der alten, labyrinthischen Bunkersysteme des Steinernen Meeres, ein Toter lag, sein Opfer.

Ambras stellte keine Fragen. Der einzige Bewohner von Moor, der seit dem Abzug Major Elliots alle Vollmachten besaß, um einen Waffenbesitzer und Todesschützen gefangenzusetzen, nach dem Standrecht zu verurteilen oder an die Armee auszuliefern, kümmerte sich nicht um Berings Taten und nicht um seine Träume. Ambras stapfte jeden Morgen zur Schmiede hinauf und trank dort im Stehen zwei Tassen Zichorienkaffee, den Bering in einer Kanne über der Esse aufkochen ließ. Dann umschritt er das Wrack in der Einfahrt und hörte den Erklärungen des Schmieds zu oder stand breitbeinig im Hof und betrachtete Konstruktionszeichnungen, die Bering mit einem Feuerhaken in den Morast und in den Staub schrieb.

So verwirrend Ambras diese Zeichnungen manchmal auch erschienen, eines erkannte er darin doch auf den ersten Blick: Der Studebaker, Major Elliots Hinterlassenschaft, war in seiner alten Pracht nicht mehr zu retten. Aber dieser Schmied wußte aus jeder Delle und aus jedem Riß im Blech eine neue Form zu gewinnen. Dieser Schmied war einfallsreicher und vor allem beharrlicher als die Armeemechaniker, die den Wagen in den vergangenen Jahren ohne besonderen Eifer repariert oder gewartet hatten. (Und hätte sie nicht ein von Major Elliot unterzeichneter Befehl zu diesen Diensten gezwungen, wäre der Studebaker gewiß längst auf einem der Schrottplätze hinter den Kasernen gestanden.)

Den Eigentumsbrief und Elliots ölfleckigen Befehl stets griffbereit im Handschuhfach, hatte Ambras die Fahrt ins Tiefland bisher zwei- und dreimal jährlich auf sich genommen: Kilometer um Kilometer auf Schotterpisten, über rissige Brücken und Talübergänge, stundenlange Wartezeiten vor Kontrollposten und Zonengrenzen, dann das tagelange Herumlungern vor den Werkstätten in irgendeinem Kasernenhof, Nächte im Mannschaftsquartier oder im Schlafsack zwischen ausgemusterten Panzern und Spähwagen – und das alles nur, um bei irgendeinem gelangweilten Sergeant die von Elliot garantierten Wartungsdienste einzufordern … Und nach all dem stellte sich plötzlich heraus, daß sich dieser Schmied von Moor mit einer rätselhaften Geschicklichkeit auf Motoren verstand! Schon nach seinem zweiten Besuch in der Schmiede war Ambras mit dem Fortschritt der Reparatur so zufrieden, daß er zwei Büchsen Corned Beef und eine Dose Erdnußbutter zurückließ, Delikatessen, die selbst Berings Vater versöhnlicher stimmten und sein Gefluche für einen Tag unterbrachen.

Natürlich paßte nichts so, wie es sich im Eisengarten fand, nichts so, wie es war, auf das Wrack. Natürlich mußte der Schmied die verbogenen, zerrissenen und eingedrückten Teile der Karosserie ebenso zurechthämmern, biegen oder schweißen wie das Alteisen aus seinem Garten, mußte Bruchstücke auf dem Amboß und mit dem Schneidbrenner einander ähnlich machen und daraus etwas Neues zusammenfügen. Aber wozu hatte er jahrelang Schrott gesammelt, wozu im Funkenregen gestanden und den stechenden Klang der eigenen Hammerschläge ertragen, wenn nicht als Vorbereitung für diese Arbeit, die größte mechanische Aufgabe seines bisherigen Lebens? »Gut. Einverstanden. Mach wie du willst …« hatte Ambras bisher auf jeden seiner Vorschläge geantwortet und auf technische Erklärungen erst gar nicht mehr gehört. »Ist gut. Fahren soll das Ding wieder, nicht mehr, verstehst du? Fahren.«

Daß einer so über ein Auto reden konnte. Daß einer nicht verstand, daß es in der Hand eines Mechanikers lag, ob ein Fahrzeug eine bloße Maschine blieb oder zum Katapult wurde, das selbst einen Invaliden in die dahinschießende Welt menschenunmöglicher Geschwindigkeiten zu schleudern vermochte …, in eine Welt, in der von Klatschmohn durchwachsene Felder zu rot gebänderten Strömen wurden, Hügel zu Wanderdünen, die Gassen von Moor zu rauschenden Mauern und der Horizont zu einer vibrierenden Grenze, die einem Fahrer entgegen- und unter ihm hinwegflog.

Bering war zu viele Stunden auf Moors Schotterwegen dahingegangen und hatte zu viele Lasten auf Ochsenkarren und Pferdefuhrwerken fortgeschafft, um in einem Automobil nicht vor allem die große Erleichterung zu sehen – und in der Geschwindigkeit eine Ahnung vom Leben der Vögel. Aber woran hatte er sich bislang schon versuchen dürfen? An kriechenden Zugmaschinen, an den Motoren von Kreissägen, Strohpressen – und in Ausnahmefällen an einem liegengebliebenen Jeep oder Transporter, dessen Fahrer ihn zur Belohnung für seine Hilfe dann ein, zwei berauschende Runden drehen ließ. An den Überresten und Motoren jener zwei Limousinen, die unter den Birnbäumen seines Gartens verrotteten, hatte er die Geheimnisse der Mechanik bloß studiert wie ein Archäologe die Seilzüge einer vergessenen Zeit; solche Wracks waren nur noch auszuschlachten und durch keine Kunst mehr in Bewegung zu versetzen gewesen.

Aber jetzt dieser Studebaker. Ein Straßenkreuzer!, in dessen Motor schon nach dem ersten Tag der Reparatur nicht nur das Stakkato aller mechanischen Beweglichkeit wieder zu pochen begann, sondern der Takt des Reisens selbst – Klopfzeichen aus einer Welt, die seit dem Stapellauf der Schlafenden Griechin auch für Moor wieder erreichbar schien.

»Gut. Einverstanden. Mach wie du willst …«

Bering machte von der Freiheit, die Ambras ihm ließ, mit einer Zielstrebigkeit Gebrauch, als hätte er in der langen Zeit des Wartens auf diese Chance jeden Handgriff geprobt. Er zerschnitt und schweißte Heckflossen und zog sie in die Länge, bis sie aussahen wie Schwanzfedern! Er nahm Vergasertöpfe, die in den Regalen seines Schrottarsenals jahrelang bereitgelegen hatten, und schloß sie an je ein Zylinderpaar des Studebaker in einem monströs erweiterten Motorraum. Er bohrte Zylinder auf und schliff ihre Köpfe, begradigte und verkürzte die Krümmung von Ansaugrohren und polierte ihre rauhen Innenflächen und erhöhte so die Durchströmungsgeschwindigkeit des Treibstoffgemisches – erhöhte alle Geschwindigkeit und Kraft des Straßenkreuzers und machte sich schließlich daran, auch die Wagenschläge mit Hammer und Schneidbrenner zu bearbeiten, bis sie die Form der eng anliegenden Schwingen eines Vogels im Sturzflug annahmen und die lange, nun spitz zulaufende Motorhaube einem Krähenschnabel glich. Als Muster des Kühlergrills schmiedete er zwei zum Fangschlag geöffnete Krallen.

So bizarr diese Verwandlung auch war, so oft sie im Wirtshaus am Dampfersteg oder an Bord der Schlafenden Griechin während der Überfahrten zum Steinbruch täglich neu besprochen wurde – den Hundekönig schienen weder Schnabel noch Krallen zu stören.

Eine Krähe? Ein Gefährt wie aus der Geisterbahn? – Als einer der Mineure es eines Morgens wagte, ihn auf die seltsame Blecharbeit des Schmieds anzusprechen und dabei auch die respektlosen Vergleiche aus der Schankstube erwähnte, lachte Ambras nur zerstreut. Krähe, Dohle oder Huhn, ihm war jeder Vogel recht. Denn in jenem Funkenregen, in dem dieser junge Schmied aus dem Wrack ein neues Fahrzeug herausschlug, nahm auch Major

Elliots Hinterlassenschaft eine neue Gestalt an: Aus einer schrottreifen, an die Werkstätten der Armee gebundenen Limousine wurde nun endlich sein Wagen, aus einem übernommenen, rollenden Zeichen von Elliots Macht das unverwechselbare Omen seines Willens – und das hochpolierte Schwarzgrau der neuen Lackierung zum Spiegel seiner Stärke.

Als an einem frühen Morgen in der siebenten Woche der Großen Reparatur eine Kolonne von Mähern das erste Futtergras auf den Hängen unterhalb der Schmiede schnitt, hielt einer von ihnen plötzlich inne und zeigte mit einem Schrei der Verwunderung nach oben: Lautlos, das Bild der Sonne als ein Chaos blendender Lichtreflexe auf Windschutzscheibe, Chrom und Lack, rollte dort oben *Die Krähe* aus der Einfahrt.

Noch bevor der letzte Mäher seinen Blick von den umsinkenden Halmen zu der gleißenden Erscheinung emporhob, sprang der Motor mit einem Geräusch an, das einem Brüllen ähnlicher war als jeder Maschinenlärm, den die Kolonne bis zu dieser Stunde gehört hatte. Der Wagen rollte eine Baumlänge hangabwärts und hielt dann in einer rasch verwehenden Wolke aus Auspuffgasen und Staub. Das Brüllen sank zu einem gleichmäßigen Donnern herab, das nun auch in den Fenstern von Moor mehr und mehr Gesichter erscheinen ließ. Alle starrten sie zur Schmiede hinauf.

Wie aus einem ersten Schreck wieder zu sich gekommen, sprangen dort aus dem leeren Schwarz der Einfahrt vier kläffende Hunde. Gemächlich, die stählernen Halsketten seiner Meute wie eine Geißel in der rechten Hand schwenkend, folgte ihnen ihr Herr. Die Hunde umkreisten den Wagen und schnappten nach den frisch geschwärzten Reifen, bis Ambras sie einholte, einen der hinteren Wagenschläge öffnete und sie in den Fond springen ließ.

Jetzt erst ließ der Fahrer, ließ Bering das Steuer los, wollte aussteigen und dem Herrn Platz machen. Aber Ambras blockierte mit seiner Kettenhand die spaltbreit geöffnete Tür, faßte ihn mit der anderen Hand an der Schulter und drückte ihn auf die Polsterbank zurück: »Platz!«

Von den Blicken seiner Hunde verfolgt und wie an eine unsichtbare Leine genommen, umschritt Ambras das funkelnde Gefährt einmal, zweimal, riß dann den Wagenschlag auf, ließ sich auf den Sitz des Beifahrers fallen, zog den Schlag mit der gewohnten Kraft zu, daß er, leichtgängig wie er nun war, mit einem Krachen ins Schloß fiel, und klopfte dem Schmied auf den Arm: »Los.«

»Ich? … fahren? Jetzt? Wohin?« Bering wäre noch gerne einmal ausgestiegen, um wenigstens den Lederschurz abzulegen und dem Vater Bescheid zu sagen; auch brodelte in der Werkstatt eine Kanne Zichorienkaffee über der Glut.

Aber wie immer, wenn er den Schmied mit einer seiner plötzlichen Anweisungen überraschte, duldete der Hundekönig keinen Aufschub: »Los. Irgendwohin … Nach Hause. Zur Villa. Fahr zur Villa Flora.«

10 Lily

Lilys geheimster Besitz bestand aus fünf Gewehren, zwölf Panzerfäusten, dreiundsechzig Handgranaten und mehr als neuntausend Schuß Munition – alles in Holzwolle, Karton und Öltuch gepackt und verwahrt in schwarzgestrichenen Kisten, die so schwer waren, daß sie selbst die kleinste davon nur schleifen, aber nicht tragen konnte.

Lilys kostbarster Besitz wog dagegen nicht mehr als ein Apfel; es war ein Beutelchen aus Rehleder, das sie auf einem ihrer Streifzüge ins Tiefland aus dem Schutt eines zerstörten Kinos gezogen und im Verlauf von Jahren mit jenen trüben Smaragden gefüllt hatte, die sie in den Klüften und Hochkaren des Steinernen Meeres suchte und fand.

Lily kannte aber nicht nur in den Fels gesprengte, vergessene Waffenlager aus dem Krieg und Gletscherbäche, in deren Kehrwasser Smaragde zwischen Bachkieseln dahinrollten, sondern sie war mit allen Wegen ins Gebirge vertraut, auch mit den verbotenen durch die Minenfelder jenseits der Baumgrenze, und sie konnte die steilsten Geröllhalden selbst bei Dunkelheit hinabspringen, ohne zu stolpern.

Ihre Behendigkeit in der Wildnis schützte sie besser vor den Überfällen und der Roheit der Banden als jedes ihrer Gewehre, von denen sie nur selten eines zerlegt und verborgen unter einem Kammgarnmantel bei sich trug. Noch am Tag der Schiffstaufe war sie auf der Flucht vor zwei Kundschaftern irgendeiner durchziehenden Horde so hoch in die Felsen gestiegen, daß sie nach ihrem Entkommen den Rückweg ans Seeufer abkürzen mußte, um den Stapellauf der Schlafenden Griechin nicht zu versäumen. Ohne Seil und Haken kletterte sie damals eine vereiste, überhängende Nordwand hinab. Niemand vermochte ihr auf solchen Routen zu folgen.

Lily war die einzige und letzte Bewohnerin des Wetterturms auf den Uferwiesen des ausgebrannten Strandbades von Moor. In diesem Rundbau mit Kuppeldach und eisernen Windfahnen, der die Ruinen ehemaliger Wandelhallen, Sonnenterrassen und Quellwasserpavillons überragte, fühlte sie sich geborgen wie in keinem anderen Haus am See. Früher einmal hatten in den Nischen an der Außenmauer des Turms übergroße Thermometer, Hygrometer und Barometer den Kurgästen die Temperatur, die Feuchtigkeit und den Druck der heilkräftigen Seeluft angezeigt, während ein verchromter Wasserstandsanzeiger das sanfte Steigen und Sinken des Seespiegels als nadelspitzes Diagramm auf eine Rolle Endlospapier kritzelte. Aber die ehemals verglasten Nischen klafften längst ebenso leer und verrußt wie die Fensterhöhlen des alten Strandmeisterhauses unter den Linden am Ufer.

Von einem Rudel schwanzwedelnder Hunde bedrängt, war Lily gerade dabei, die Zügel ihres Maultiers am Arm eines steinernen Fauns vor der Freitreppe der Villa Flora festzubinden, als die *Krähe* mit einer knallenden Fehlzündung von der Seeuferstraße in die Auffahrt zur Villa einbog. Lily tätschelte das Maultier beruhigend am Hals, zog einen letzten Streifen Dörrfleisch aus der Satteltasche, zerschnitt ihn und warf ihn den Hunden vor, die nun, hin- und hergerissen zwischen diesem Fraß und dem langsam näherrollenden Gefährt, zu winseln begannen.

Der Wagen glitt zwischen den Mammutbäumen der Auffahrt dahin, verschwand hinter turmhohen Stämmen, erschien aufblitzend wieder – und war von der kläffenden Meute umringt, als er vor der Freitreppe zum Stehen kam. Lily klatschte in die Hände und lachte: Das also war der Schrottvogel, das Monstrum, das man ihr während der vergangenen Tage auf Bauernhöfen, vor Straßensperren und an jeder Station ihres Rückwegs vom Tiefland herauf an den See beschrieben hatte.

Wild vor Freude sprangen die Hunde an den Metallflügeln und Heckflossen hoch, als Ambras den

Wagenschlag öffnete und die Dogge, zwei Labradorhunde und einen schwarzen Neufundländer aus dem Fond ins Rudel entließ, bevor er selber ausstieg: »Endstation, Schmied. Stell ab.«

Bering stellte den Motor ab, hielt dann aber das Lenkrad umklammert und hatte keine Augen für die abblätternde Pracht der Villa Flora. Er starrte durch den Tanz der Hunde auf die lachende Frau. In seinem Leben hatte er noch keiner Fremden länger als einen Herzschlag in die Augen gesehen. Und er senkte auch jetzt den Blick in der gleichen Sekunde, in der Lily ihn ansah.

Ambras Hände flatterten über der stürmischen Meute, strichen über Schnauzen und Köpfe und stießen lehmige Pfoten zurück, während er um den Wagen herum auf Lily zuging: »Besuch vom Strand! Was für eine Überraschung. Wartest du schon lange?«

»Lange genug, um den Proviant für eine Woche an deine Bestien zu verfüttern.«

»Sie werden zum Dank von dir träumen … Ich war Mittwoch und Freitag an deinem Turm. Warst du auf Reisen?«

»Ich war draußen.«

»Draußen? Und?«

»Vor der Hängebrücke am Wasserfall steht eine neue Straßensperre; vier Lederleute mit Steinschleudern, Stahlruten und einem Feldtelefon.«

»Und sie haben dich ziehen lassen?«

»Mich? Heiße ich Ambras? Ich bin über den Paß gegangen.«

»Mit dem Maultier?«

»Wer hätte mir sonst das Zeug geschleppt?«

»Hast du viel getauscht?«

»Viel Ramsch.«

»Wie lange warst du draußen?«

»Acht Tage.«

»Und was macht Elliot?«

»Er ist weg.«

»Weg? Was heißt weg?«

»Unser Major hat sich versetzen lassen. Er ist zurück nach Amerika … Schon vor sechs Wochen. Er hat in der Kaserne was für dich hinterlegt. Ich habs mitgebracht.« Lily zog das Maultier, das den Kopf widerspenstig in den Nacken warf, am Halfter zu sich heran und nahm aus einer am Sattelknauf baumelnden Ledertasche ein schmales Bündel; es war in blaues Packpapier eingeschlagen und mit einer Hundekette umwunden. »Elliots Sergeant meinte, die Kette hättest du wahrscheinlich bei deinem letzten Besuch vergessen.« Lily warf Ambras das Bündel so abrupt zu, daß es zwischen die Hunde fiel.

Ambras schien seltsam verwirrt. Schwerfällig bückte er sich nach dem Bündel, das die Hundeschnauzen unwiderstehlich anzog: »Vergessen? Ich habe noch in keiner Kaserne etwas vergessen.« Als er das Bündel aus dem Rudel emporhob, erwuchs unter seinen Händen eine Pyramide aus Hundeschnauzen. Erst als er die Kette löste, zu Boden klirren ließ und das Papier aufzureißen begann, besänftigte sich die Neugier der Hunde.

Im ersten Riß des blauen Papiers leuchtete ein noch tieferes Blau. Und auf diesem blauen Grund erschienen weiße Sterne. Dann segelte das Papier über die Hundeköpfe hinweg, und Ambras hielt das zusammengefaltete Banner der Vereinigten Staaten von Amerika in den Händen.

»Das kann nicht alles sein«, sagte Lily, »dafür war das Ding zu schwer.«

Ambras wog das Tuch prüfend in seinen Händen und schüttelte es wie ein Kissen, bis es auseinanderfiel und sich entrollte und im Wind zu schlagen begann und ein zweites Mal etwas zwischen die Hunde fiel und mit einem metallischen Klang auf die Steine schlug. Von diesem harten Laut erschreckt, wich das Rudel für einen Augenblick zurück und sparte einen runden Raum aus, in dessen Mitte nun ein ungenießbares Ding schimmerte. Ambras starrte zwischen seinen ausgestreckten Armen auf Major Elliots Abschiedsgeschenk hinab. Vor seinen Füßen lag eine Pistole.

»Doktrin Stellamour, Paragraph drei«, sagte Lily und äffte dabei jene Stimme nach, die gelegentlich aus dem Radio des Moorer Sekretariats und durch eine Batterie von Lautsprechern verstärkt über den Appellplatz hallte: »Der private Besitz von Feuerwaffen wird standrechtlich verfolgt und mit dem Tode bestraft …«

Ambras raffte das Banner zusammen, warf es über die Schulter, eine Toga, und ergänzte Lilys Sprechgesang um eine Strophe, die nirgendwo aufgezeichnet war: »Doktrin Villa Flora, Paragraph eins: Das Standrecht heißt Ambras. Paragraph zwei: Ausnahmen verschönern das Gesetz.« Dann bückte er sich nach der Pistole, packte den Lauf wie den Stiel eines Hammers und zeigte damit auf Bering, der das Wagenfenster heruntergelassen hatte und mit offenem Mund hinter dem Lenkrad saß: »Steig endlich aus. Komm her!«

Beschämt gehorchte der Schmied, stand nach zehn Schritten mit gesenktem Kopf vor der Frau und dem Hundekönig und nestelte verlegen an seinem Lederschurz; der Knoten in seinem Rücken ließ sich nicht öffnen. Das Rudel beschnüffelte ihn, und er zuckte erschreckt zusammen, als er eine nasse Hundezunge an seinen ins Schurzband verstrickten Fingern spürte. »Aus«, sagte Ambras, und die Zunge ließ von ihm ab.

»Einen Knoten öffnet man mit den Händen, nicht mit den Fäusten«, hörte er plötzlich die Stimme der Frau und spürte im nächsten Augenblick, wie ihm wunderbar weiche, kühle Hände die Finger von dem verknoteten Band nahmen, spürte, wie Lilys Hände seinen Rücken flüchtig streiften und ihm die Glut ins Gesicht trieben. Aus dem Zentrum dieser Berührung huschte ein Schauer seine Wirbelsäule empor und verlor sich unter den Haarwurzeln. Und dann fiel der ölverschmierte Schurz endlich von ihm ab, eine uralte Haut.

»Hier, ein Werkzeug zur Verbesserung der Welt«, sagte Ambras und hielt Bering die Pistole hin, als wollte er sie ihm in die Hand drücken: »Kennst du dieses Ding?«

Die Frage traf den Schmied so unvermutet, daß er noch einen Augenblick federleicht in seiner Lust dahinsegelte, ehe er begriff und spürte, wie seine Handflächen plötzlich feucht wurden. Als bräche ihm jetzt die Nässe und Feuchtigkeit jener einen Aprilnacht aus den Poren, löste sich ein Schweißtropfen an seiner Schläfe und kroch ihm die Wange hinab; und noch einer. Er sah die Lichtreflexe auf dem vernickelten Lauf der Waffe in Ambras' Faust, sah im Blitzlicht des Mündungsfeuers zweier Schüsse einen Fremden aus der Blendung in die Finsternis stürzen. Und hörte das Klirren einer verlorenen Kette … Der Hundekönig wußte von den Schüssen jener Nacht. Wußte von dem Toten. Wußte alles.

»Keine Angst«, sagte Ambras, ließ das Magazin aus dem Pistolengriff schnellen und schlug es mit der freien Hand wieder zurück, hielt dann die Waffe wie zu einem Salutschuß gegen den Himmel, riß das Verschlußstück des Laufes nach hinten und ließ es mit einem scharfen Klacken in die alte Position zurückspringen, »keine Angst, sie ist nicht geladen.«

Die Waffe. Es war das gleiche Modell. Bering kannte diese Waffe besser als jeden anderen Mechanismus, den er jemals zerlegt und wieder zusammengefügt hatte. Der Vater hatte sie am Morgen nach den Schüssen mit einer Winkelzange wie ein glühendes Eisenstück aufgehoben und war damit in die Werkstatt gegangen. Dort hatte er das Ding auf den Amboß gelegt und mit wütenden Hammerschlägen zertrümmert und in seine Schläge *Idiot, dieser Idiot*, hineingeschrien, *dieser Trottel bringt uns noch an den Galgen! Schießt im eigenen Haus!*

Hahn, Griffsicherung, Fanghebel, Magazinfeder, Schlitten und Abzug und alle Teile, die in den Jahren davor so oft durch Berings Hände geglitten waren, die er geölt und in einem rasenden Puzzle zu einem immergleichen Spielzeug zusammengesetzt hatte, schwirrten unter den Hammerschlägen als unberechenbare Geschosse durch die Werkstatt. Erst als ein Bruchstück ein Fenster durchschlug und seltenes, schwer zu beschaffendes Fensterglas zerklirrte, war der Alte wieder zu sich gekommen und hatte ihm befohlen, die Bruchstücke einzusammeln und zu vergraben. Was auch geschah, während Berings Mutter die Blutspuren auf Bodenbrettern und Stiege mit Lourdeswasser und einem geweihten Schwamm aus dem Roten Meer abwusch.

»Also, was ist das? Bist du taub?« Ambras hielt ihm die Pistole jetzt so dicht vor die Augen, daß er die Gravur auf dem Metall lesen konnte.

Und im halblauten, resignierten Ton eines Überführten, der seinen Widerstand endlich aufgibt und gesteht, las Bering die Gravur vom Metall, die gleichen Worte, die ihm in den Stunden seiner mechanischen Spiele so vertraut geworden waren, daß er sie selbst in der Finsternis mit seinen Fingerkuppen entziffern konnte wie eine Blindenschrift:

Colt M-1911 Automatic. Government Model. Calibre 45.

Ambras ließ die Waffe sinken. »Sehr gut. Und? Kannst du auch mit Werkzeugen dieser Art umgehen? Kannst du schießen?«

Schießen? War das kein Verhör gewesen? Keine Überführung? Hatte ihm der Hundekönig tatsächlich nur eine von den vielen, unzähligen Fragen gestellt, die man so oder so beantworten konnte und nach denen die Zeit ins Nichts verflog, ohne ihren Lauf und ihren Sinn auch nur um einen Hauch zu ändern? Alles blieb, wie es war. Ambras wußte nichts von jener Nacht.

»Ein Lieutenant«, sagte Bering langsam, »ein Lieutenant hat mir im letzten Jahr eine solche Waffe gezeigt. Wir … wir haben damit auf die Sonnenuhr am Waschhaus geschossen.«

Er brauchte nun nicht einmal mehr zu lügen. Der Lieutenant einer Strafexpedition, die im Park des Bellevue ihr Zeltlager aufschlagen wollte, hatte ihn damals mit diesem Zielschießen und einem Paar noch kaum getragener Stiefel für die Reparatur eines defekten Dieselgenerators belohnt. Das Zifferblatt der Sonnenuhr am zerstörten Waschhaus des Hotels war ein scheinbar leichtes Ziel gewesen. Der Fächer der Stundenzahlen zeigte die apokalyptischen Reiter, eine verblaßte, vom Verputz abblätternde Horde. Aber Bering hatte damals ein ganzes Magazin auf das Wappenschild eines dürren Ritters abgefeuert und kein einziges Mal getroffen.

»Schießen kann er auch«, sagte Ambras. »Dann nimm das Ding doch endlich. Es gehört dir. Das Standrecht sagt: Der Schmied braucht einen Hammer.«

Lily hatte sich neben einen der Labradorhunde hingekniet und kraulte den Rüden hinter den Ohren, als Bering mit dem alten Zauber der Waffe das plötzliche Verlangen danach ergriff, die Hände dieser Frau, ihre flüchtige Berührung, noch einmal zu spüren. Er wagte kaum zu atmen und sah ihr in die Augen. Dann streckte er seine Hand aus und nahm die Waffe aus Ambras' Faust.

11 Die Brasilianerin

Sie ist über den Paß gegangen. Durch den Lawinenstrich und kniehohen Schnee ist sie über den Paß gegangen. Wir sind ihr am Eishof begegnet. Gestern abend. Ihr Maultier schwer bepackt! Sie war wieder unten in den Kasernen.

Eine ganze Kiste voll Feuerzeuge hat sie diesmal mitgebracht; und Nylonstrümpfe! Das Maultier trug ein Kofferradio um den Hals; eine Art Radio oder Tonband war es jedenfalls, und es hat diese amerikanische Musik gespielt. Als ob sie mit ihren Batterien nichts Besseres anzufangen wüßte. Amerikanische Musik.

Jetzt ist sie wohl auf dem Weg nach Leys. Heute morgen war sie am Dampfersteg und hat dann im Unterdeck der Schlafenden Griechin Sonnenbrillen an die Steinbrecher verkauft. Dem Bootsmann hat sie eine Flasche Kölnischwasser angeboten, wenn er sie mitsamt ihrem Vieh an Bord nehmen und auf der Rückfahrt vom Steinbruch die Leyser Bucht anlaufen würde. Die Leyser Bucht für sie ganz allein! Niemand sonst wollte dort vom Schiff.

Und?

Was und? Natürlich hat sie bekommen, was sie

wollte. Und der Bootsmann hat die Schlafende Griechin vor dem Leyser Steg beinah auf Grund gesetzt …

Wenn Lily mit ihrem Maultier aus dem Tiefland zurückkam, verfolgte Moor gierig jeden ihrer Schritte. Denn *die vom Wetterturm* war die einzige Grenzgängerin in der Seeregion, die den Schwarzmarkt auch dann mit Mangelware belieferte, wenn irgendein Manöver der Armee die Verbindungsstraße ins Tiefland wieder einmal bis auf weiteres sperrte und im Moorer Sekretariat selbst gegen Schmiergeld keine Passierscheine mehr zu haben waren.

Lily kümmerte sich weder um Sperrgebiete noch um Passierscheine, sondern ging einfach ihrer Wege und beschaffte dabei jedem das Seine: den Moorern Südfrüchte, Werkzeuge oder grüne Kaffeebohnen aus den Armeedepots und den Versorgungsoffizieren und Soldaten, die diese Depots verwalteten, jene höllischen Souvenirs, die sie auf ihren Streifzügen durch das Steinerne Meer in Kavernen, Höhlen oder bloß im modernden Laub fand: verrottete Stich- und Feuerwaffen aus den letzten Schlachten und Scharmützeln des Kriegs, durchschossene Stahlhelme, Bajonette, Eiserne Kreuze und allen Schrott, den die Armee der Moorer auf ihrem Weg in den Untergang verloren oder weggeworfen hatte. Denn für die Sieger von damals war der Krieg mit seinen Triumphen längst eine ebenso ferne, unfaßbare Erinnerung wie der Untergang für die Besiegten, und so kam dem Plunder ein ständig steigender Sammlerwert zu, der durch Lilys Tauschgeschäfte immer neu bestimmt wurde. Die Sieger zahlten mit Mangelware für die versunkenen Insignien ihrer Feinde. Und so tauschte Lily in den Kasernen Stahlhelme gegen Honigmelonen, Dolche mit Totenkopfemblemen gegen Lakritze und Bananen, Orden gegen Nylonstrümpfe und Kakao.

Und selbst dem Hundekönig, der nichts, nichts von diesen Tauschwaren nötig hatte, weil er im Schatten der Armee jedes Privileg genoß und keinen Mangel litt, fand Lily etwas, wofür er schließlich fast jeden Preis zu zahlen bereit war: Steine. Für einen einzigen Smaragd, den sie aus dem Grund eines Gletscherbaches wusch, gab ihr Ambras mehr Lebensmittel und Luxusgüter, als sie gewöhnlich für eine ganze Maultierladung voll Kriegsschrott in den Kasernen erlöste.

Der Hundekönig war den Steinen verfallen. Noch im Halbschlaf berechnete er manchmal flüsternd die Kubaturen jener ungeheuren Granitblöcke, die er von seinen Mineuren aus den Halden des Blinden Ufers sprengen ließ, und träumte von den zentnerschweren Quadern, die er in seinen Lagerjahren auf einem hölzernen Traggestell und unter Peitschenhieben geschleppt hatte … Aber seit Lily ihm an einem Februartag einen Smaragd im Tausch gegen einen seiner Welpen angeboten und ihm nach und nach mehr als ein Dutzend ihrer Fundstücke überlassen hatte, verlor er sich immer öfter in den schimmernden Tiefen kristalliner Strukturen. Selbst das stumpfe Glitzern frisch gebrochenen Granits erinnerte ihn nun an die Bauformen der Edelsteine, und tagsüber saß er oft stundenlang in seiner Verwalterbaracke und betrachtete mit einer Lupe die schwebenden Einschlüsse im Inneren seiner Smaragde. In diesen winzigen Kristallgärten, deren Blüten und Schleier im Gegenlicht silbergrün glommen, sah er ein geheimnisvolles, laut- und zeitloses Bild der Welt, das ihn die Schrecken seiner eigenen Geschichte und selbst seinen Haß für einen Augenblick vergessen ließ.

So war Ambras aber nicht allein zu Lilys großzügigster Tauschkundschaft geworden, sondern er war auch der einzige Mensch am See, der Lily bei ihrem Namen nannte. Denn obwohl sie die meisten Jahre ihres bisherigen Lebens in der gleichen Armseligkeit und unter dem gleichen, von Gebirgen und Hügelketten gefaßten Himmel verbracht hatte wie irgendein Bewohner des Seeufers, war und blieb Lily für Moor doch nur *die Brasilianerin.* Eine Zugereiste. Eine aus der Fremde.

Lily war in Berings Geburtsjahr mit einem Flüchtlingstreck aus den Schuttwüsten der Stadt Wien an den Moorer See verschlagen worden, ein fünfjähriges Mädchen damals, das am Scharlach fiebernd unter Roßhaardecken auf dem Handkarren seines Vaters lag.

Wie viele Tage und Wochen diese Kolonne aus Fuhrwerken, dürren Reitpferden und schwerbeladenen Fußgängern durch verbrannte Landstriche gezogen war? Lily erinnerte sich später vor allem an die Nächte: an Schlafplätze unter bereiften Bäumen, an Lichtkegel, in denen milchweiße Gestalten erschienen und wieder verschwanden, an zugige Scheunen, in deren Gebälk leere Vogelnester klebten, und an die hellroten, wie zu einem Fest erleuchteten Fenster eines brennenden Bahnhofs. In einem Haus ohne Dach lagen schneebedeckte Menschen, und eines Abends staute sich die Kolonne vor den Kadavern von Kühen, denen Krähen ihre Schnäbel in Nüstern und Augen schlugen … Vor allem aber erinnerte sich Lily an den verheißungsvollen Klang jenes Wortes, das von den Flüchtlingen wie ein Bannspruch gegen alle Schmerzen und Schrecken ihres Weges ausgesprochen, in schlaflosen Stunden geflüstert und vom Kutscher eines großen Planwagens manchmal sogar gesungen worden war: *Brasilien. Wir fahren nach Brasilien …!*

Aber wie ein aus seinem Bett getretenes Rinnsal stets den Weg des geringsten Widerstandes sucht und sich hier in den sandigen Grund gräbt, dort einen Felsen umspült, sich im Geröll zerteilt und leichtere Dinge wie Unrat und Bruchholz einfach aufhebt und mit sich fortträgt, so war die Kolonne damals immer wieder der Gefahr ausgewichen, brennenden Dörfern, Flüssen ohne Brücken und Fähren, Schlagbäumen, Straßensperren und manchmal auch bloßen Gerüchten von der Grausamkeit irgendeines Trupps von Wegelagerern – und hatte in wirren Bögen und Spiralen immer größere Umwege in Kauf genommen, stets in der Hoffnung auf eine Küste, auf ein Meer, das Schiffe nach Brasilien trug. Und so hatten die großen Häfen an der Adria, an der Ligurischen See und schließlich sogar am nördlichen Atlantik der Kolonne als wechselnde Leitsterne gedient, bis sie endlich, es war an einem spätwinterlichen Tag, im Irgendwo ankam, im Nichts, in Moor.

Wie an so vielen Etappen der Flucht wartete auch hier wieder einmal das Versprechen auf einen raschen Weitertransport, auf Kartoffeln, Brot und ein Dach über dem Kopf. Nach einigen Tagen, allerhöchstens einer Woche Wartezeit in den leeren Hotels dieses ehemaligen Kurortes, so hieß es, sollte es mit der Eisenbahn über verschneite Pässe, über die Alpen!, nach Triest weitergehen und von dort mit dem Schiff in ein Paradies.

Es war Abend, als die Kolonne den See erreichte, den Bahndamm, der damals noch Geleise trug, und einen Zug leerer Viehwaggons; einen verlassenen Strand. Aber die geplünderten, eisigen Hotels, das

Bellevue, das *Stella Polaris*, das *Europa* und das *Grand Hotel*, von dessen Pagodendächern langgezogene Schneefahnen wehten, waren schon mit anderen Erschöpften überfüllt, Vertriebenen, Ausgebombten, Heimatlosen, die sich in den Salons um offene Feuer drängten und jeden Schlafplatz mit Stöcken und Fäusten verteidigten.

Plötzlich hieß es *alles kehrt, alles zurück, alles hinunter zum Strand*. Der Kommandant, irgendein Kommandant, habe der Kolonne das alte Kurbad als Unterkunft zugewiesen.

Das Mädchen Lily glaubte sich am Abend dieser Ankunft bereits am Ziel. In den Stuckrosen, den Muschelkränzen aus Gips und den schimmernden Mosaiken der großen Trinkhalle, in den weißen Statuen der Wandelgänge und aller staubigen Pracht, die an ihr vorüberglitt, als der Vater den Handkarren ins Innere des Kurbades zog und zerrte, meinte sie die Zeichen jenes Landes zu erkennen, das ihr in so vielen Erzählungen und Versprechungen vor dem Einschlafen in einer Scheune oder draußen auf den kalten Feldern beschrieben worden war. Und so schlug sie trotz ihrer glühenden Stirn und ihrer Mattigkeit die Roßhaardecke zurück, sprang vom Karren des Vaters, hüpfte mit ausgebreiteten Armen um die Wasserspeier eines toten Springbrunnens und rief dazu immer wieder: *Brasilien! Brasilien! Wir sind da, wir sind in Brasilien!*

Im Strandbad von Moor erwartete das Mädchen an diesem Abend aber nicht nur die Enttäuschung, daß niemand sonst dieses verschneite Ufer Brasilien nennen wollte und daß vor den Promenaden nur ein gefrorener See und nicht der versprochene Ozean lag … Denn zwischen den langen Reihen von Feldbetten und Strohsäcken in einem ehemaligen Gymnastiksaal lagerten damals neben den Flüchtlingen aus Wien auch etwa dreißig befreite Zwangsarbeiter, die hier von wechselnden Besatzern notdürftig versorgt darauf warteten, endlich dorthin zurückgebracht zu werden, von wo man sie vor einer Ewigkeit an den See verschleppt hatte. Zu abgezehrt oder zu schwer verletzt, um sich einer der durchziehenden Kolonnen anzuschließen und Moor zu Fuß zu verlassen, hofften diese Übriggebliebenen seit Monaten darauf, daß irgendein marschfähiger Heimkehrer die Regeln der Selbsterhaltung vergessen und sich mit einem Krüppel oder Kranken belasten werde, hofften, daß sie endlich gestützt, getragen oder auf einem Fuhrwerk durch das Chaos fortgebracht würden, nach Hause.

Unter diesen in Decken und Fetzen gehüllten Gestalten hockte auch ein Weißwarenhändler aus Bessarabien, der seine Frau in einem Viehwaggon hatte sterben sehen. Selbst jetzt, drei unendliche Lagerjahre nach diesem Tod in der erstickenden Enge eines Deportiertenzuges, sah er immer noch ihr Gesicht vor sich, wenn er in der Dunkelheit lag, und immer, wenn er die Augen schloß; und immer. Einen noch warmen, hastig leergeschlürften Napf vor sich, kauerte er an einer Sprossenwand und kratzte sich Wundschorf und große Flocken abgestorbener Haut von seinen Armen und Handrücken, als Lilys Vater in den Saal trat.

Der Vater bemerkte die dürre Gestalt nicht, die plötzlich in ihrem Kratzen innehielt und ihn mit offenem Mund anstarrte. Er hatte seine Tochter aus ihrem Fiebertanz um den Springbrunnen zu sich emporgehoben und sie in eine Schaffelljacke gewikkelt und trug sie eben zu den Strohsäcken, die den Ankömmlingen für die Nacht zugewiesen worden waren, als sich der Weißwarenhändler mühsam erhob und über Decken und Bündel und Schlafende und Pappkoffer hinwegsteigend und stolpernd auf ihn zukam und dazu *der dort, der mit dem Mädchen dort …* sagte, nicht schrie, sondern immer wieder und nicht einmal besonders laut vor sich hin sagte: *Der dort. Der mit dem Mädchen.* Nur seinen Arm hielt er selbst im Taumeln ausgestreckt und zeigte damit unentwegt auf den Vater.

In der flackernden Unruhe des Saals kümmerte es zunächst niemanden, daß der Vater gebeugt und die Tochter an sich gedrückt stehenblieb und sich weder aufrichtete noch umdrehte und auch keine Hand zur Abwehr erhob, als der dürre Mann ihn endlich erreichte und mit der Faust auf seinen Rücken einzuschlagen begann. Seltsam unbeirrt von diesen schwachen Schlägen bettete er seine Tochter auf das Lager und breitete die Jacke über sie. Erst jetzt richtet er sich auf. Er wehrt sich nicht. Stumm, mit offenen Augen und starr vor Entsetzen liegt Lily auf dem Stroh.

Der Dürre schlägt nun nicht mehr zu, aber er hält den Vater an einem Ärmel gepackt, so, als wüßte er nicht recht, wo er ihn sonst fassen und wie er den Angriff fortsetzen soll gegen einen, der einfach stehenbleibt und sich nicht wehrt und auch nicht flieht. Ratlos wendet er sich seinen Gefährten zu und schreit jetzt doch, schreit ihnen wie um Hilfe durch den Saal zu: *Das ist er. Das ist einer von denen.* Wie dürr selbst seine Stimme ist.

Natürlich werden jetzt da und dort im Gymnastiksaal Flüche laut, *Maulhalten! Sind die verrückt*, und einer will den Dürren sogar besänftigen *hör auf, aufhören, wir wollen schlafen …* Aber was soll sich ein Erschöpfter, der schon viel mehr mit ansehen mußte als eine Schlägerei, groß einmischen, wenn irgendein Fremder auf einen anderen Fremden irgendwo in der Dunkelheit einschlägt? Wenn diese Idioten einem dabei nur nicht auf die Füße treten. Oder in die Kartoffeln im Napf. Niemand versucht die beiden zu trennen. Und eigentlich schlagen sie sich ja auch nicht. Der eine hat sich in den anderen verkrallt.

Und dann ist der dürre Mann plötzlich nicht mehr

allein, sondern umgeben von seinen Gefährten. Die haben vor allen anderen begriffen, daß am Ende des Saales einer von ihnen Rache nehmen will an einem von denen. Aber von Rache haben sie irgendwann in den vergangenen Jahren alle geträumt; für solche Träume ist einer allein zu schwach. Und so stehen sie dem Dürren bei. Und drängen sich an den Vater heran und fragen ihn etwas und treten nach ihm, obwohl der gar keine Antwort gegeben hat. Sie treten und stoßen ihn vor sich her aus dem Saal, wohin, das wissen sie wohl selbst noch nicht so genau; nur hinaus. Sie wollen hinaus in die Nacht, wo sie allein mit ihm sind. Davon verstehen die Ankömmlinge aus einer untergegangenen Stadt nichts. Die wollen schlafen. Denen kann es nur recht sein, wenn es im Saal wieder ruhiger wird.

Niemand konnte später sagen, ob ein ehemaliger Weißwarenhändler aus Bessarabien der einzige unter den befreiten Zwangsarbeitern war, der an diesem Abend in einem Flüchtling aus Wien einen seiner Peiniger aus den Kriegsjahren wiederkannte; einen von denen, die in ihren schwarzen Uniformen auf den Bahnsteigen, in den Lagern, Steinbrüchen und unter den Galgen und überall dort aufgetaucht waren, wo nicht nur das Glück und das Leben ihrer Opfer, sondern eine ganze Welt zu Ende ging. Vielleicht hatte auch jeder der Befreiten in Lilys Vater eine andere Erinnerung vor sich. Zu erinnern gab es genug: War das nicht der vom *Eisfest*? Der hatte auf einem winterlichen Appellplatz nackte Gefangene mit Wasser übergossen, bis sie wie unter Glas im Frost lagen. Oder war es der *Heizer*, der die tödlich verwundeten Opfer einer Geiselerschießung noch lebend in die Glutgrube warf …?

Der Weißwarenhändler jedenfalls hatte keine Zweifel. Er hätte dieses eine Gesicht unter den Gesichtern der ganzen Menschheit wiedererkannt: Der Mann, der jetzt vor ihm in die Nacht hinaus stolperte und fiel, das war jener schwarz Uniformierte, den er durch ein mit Stacheldraht vernageltes Luftloch des Viehwaggons gesehen hatte. Damals. Auf einem Bahnsteig Bessarabiens. Dieser Mann war in der Mittagssonne auf und ab geschlendert und hatte dazu eine Zigarette geraucht, während die Zusammengepferchten im Inneren des Waggons nach Wasser schrien und um Hilfe. Wie auf einer Promenade war er auf und ab gegangen, aber als sich ihm aus dem Stacheldrahtgeflecht des Luftlochs ein Arm entgegenstreckte, eine Hand, die einen leeren Blechnapf hielt, hatte er eine Pistole gezogen und auf diese Hand geschossen.

Der Weißwarenhändler spürt jetzt die Narbe wieder brennen wie damals die Wunde.

Und während dieser Mann einfach weiterging und der Napf über den Bahnsteig davonkollerte und zwischen den Geleisen liegenblieb, verdurstete drinnen, in der Finsternis, inmitten des Geschreis, eine Frau. Sie, die ihr Leben lang gerne gestärkte Blusen und dazu eine Silberbrosche getragen hatte, lag dort in ihrem eigenen Kot auf dem Stroh und erkannte ihren Mann nicht mehr, der neben ihr kauerte und zu dem sie *Herr* sagte, wenn sie ihn um Wasser bat. Er wollte ihr seine leere, blutende Hand nicht zeigen und flüsterte in einer einzigen Stunde hundertmal und öfter, verlaß mich nicht.

Also wohin mit ihm?

Wohin mit der Sau?

Ans Ufer, wohin sonst. Ans Wasser. Jetzt bleibt nur noch der See. Sie schleifen den Vater durch den nassen Schnee der Uferwiese ans Wasser. Der da soll untergehen, wie seine Armee untergegangen ist und seine Stadt. Sie ziehen eine breite Spur hinter sich her, und schwarze Schlieren. Ist das Blut? Sie erreichen den Yachtsteg, eine lange Holzbrücke, deren Ende sich unsichtbar in der Nacht verliert. Sie trampeln über die Bohlen. Sie werfen ihn vom Steg hinab in die Finsternis.

Aber die Eisdecke über der schmalen Bucht bricht nicht, als er hart aufschlägt und liegenbleibt. Zwei Meter fällt er hinab. Auf schwarzes Eis. Der Seespiegel liegt winterlich tief.

Der will nicht untergehen! Also hinunter zu ihm. Also ihm nach. Aber jetzt bleiben einige von ihnen zurück; auch der Weißwarenhändler. Er hat nicht einmal mit angefaßt, als sie den da weggeworfen haben. Schon auf dem Weg über die Uferwiese ist sein Haß wieder viel kleiner geworden als der Schmerz, der ihm ein anderes Gesicht zurückbringt, ihr Gesicht. Und neben diesem Gesicht ist kein Platz mehr für die zerschlagene Fratze von dem da. Der ist verschwunden. Der liegt im Eis.

Doch einige von den Gefährten sind jetzt tief in ihrer Wut. Die lassen nicht ab. Die wollen zu Ende bringen, was ihnen zusteht. Die Sau will nicht untergehen!

Als ob er in diesem Augenblick aus dem Ufer gewachsen wäre, sehen sie den alten Sprungturm aufragen, ein vielarmiges Holzgerüst, von dem in beinah vergessenen Sommern Saltos, Kopfsprünge und kunstvolle Schrauben ins grüne Wasser vollführt wurden. Eine schwarze Silhouette vor einem sternklaren Himmel, ragt der Turm in die Nacht; ein Galgen.

Lilys Mutter konnte niemals sagen, in welchem Augenblick sie inmitten jener Fackeln, die über das Eis der Bucht auf den Sprungturm zutanzten, ihren Mann erkannte. Sie stand damals mit ihrem blauen Emailgeschirr in einer Schlange vor der Feldküche in den Arkaden und sah, daß eine Horde von Raufbolden oder Betrunkenen ein Opfer mit sich schleifte; aber vielleicht war das dort auch nur irgendein rohes Spiel. Und fühlte ihren Puls plötzlich rasen, als sie zuerst den Mantel wiedererkannte, dann die Gestalt.

Und wohl im gleichen Augenblick hörte sie ihren Namen. Erst jetzt, mit einer Verzögerung, als ob die Horde schneller als jeder Schrei der Zeit vorangetobt wäre und ihr nun erst das Stöhnen, das Klatschen der Schläge und aller Lärm ihrer Rache in die Stille nachhallte, waren die Schreie des Vaters zu hören. Er schrie um Hilfe. Er schrie den Namen seiner Frau.

Aber sie haben den Sprungturm schon erreicht. Sie stehen auf festem Eis. Wer hat diesen Strick mitgebracht? Woher ist dieser Strick? Er ist lang genug, und er ist stark genug und fällt aus der Nacht auf sie herab auf das Eis und umschlingt die Füße ihres Opfers. *Und jetzt hoch! Hochziehen!*

Wer ist die Furie, die plötzlich in ihrem Rücken kreischt und sich zwischen sie drängen will? Gehört die zu ihm? Sie wird einfach weggedrängt. Sie stehen jetzt dicht geschlossen. Das tobende Weib wird ihm nicht helfen. Höher! So sind in den Tagen der Befreiung schon andere von denen und an schlechteren Galgen gehangen. Einmal, und sei es zum ersten und einzigen Mal in ihrem Leben, sollen sie in ihren schwarzen Uniformen rot werden, rot! Und wenn nicht vor Scham, dann wenigstens vom Blut, das ihnen in ihrer letzten Stunde in den Kopf rauscht.

Die Hände auf den Rücken gebunden, pendelt der Vater über dem Eis. Pendelt unter der Wucht von Stößen und Schlägen durch die Leere. Hängt schließlich reglos in der Nacht. Ein tropfendes Lot.

Was dann geschah, kam so plötzlich, daß es später von den beteiligten und unbeteiligten Zeugen der Rache stets nur aus mehreren und oft widersprüchlichen Bruchstücken wieder zu einer Erinnerung zusammengefügt wurde: Ein Scheinwerfer erfaßte den Sprungturm und tauchte die Horde und ihr Opfer in ein weißes Licht. Befehle gellten über das Eis. Soldaten trampelten über den Yachtsteg und die Wendeltreppe des Sprungturms empor. Unter ihren Kolbenschlägen und Tritten brach der um das Opfer geschlossene Kreis der Befreiten auseinander. Auch zwei oder drei Warnschüsse krachten. Dann fraß sich ein schartiges Bajonett durch den Strick, und der Vater fiel noch einmal aufs Eis. Ein Soldat, der ihn auffangen wollte, konnte ihn nicht halten.

Dieser Sturz aber war nicht die Rettung, sondern der Anfang eines Rätsels, das Lilys Mutter in den kommenden Jahren immer nur Vaters Schicksal nennen sollte. Denn der Vater lebte zwar und lallte und sprach beschwörend auf die Soldaten ein, die ihm unter die Arme griffen, ihn stützten und, blutüberströmt wie er war, gemeinsam mit dem Weißwarenhändler und einigen seiner Gefährten in einem Armeelastwagen fortbrachten … Aber von dort, wohin sie ihn in dieser Nacht oder in den Tagen oder Wochen oder Monaten danach brachten, kam er nicht wieder zurück.

Ebenso vergeblich wie zuvor gegen die Horde versuchte die Mutter in dieser Stunde auch gegen den Kordon der vermeintlichen Retter anzukämpfen und zu ihrem Mann durchzudringen. Die Soldaten schrien immer wieder den gleichen, unverständlichen Satz und stießen sie zurück. Sie rannte dem über die Uferwiese rumpelnden Lastwagen bis zur Seepromenade nach und mußte dort um Luft ringend innehalten und wartete dann die ganze Nacht an Lilys Lager darauf, daß man sie nachholen würde.

Am nächsten Morgen fiel Schnee in wäßrigen Flocken, als der Weißwarenhändler und seine Gefährten in Begleitung einer Militärpatrouille ins Strandbad zurückkehrten, um ihre Bündel zu schnüren. Nach Hause, wir gehen nach Hause, war alles, was sie auf die Fragen der Flüchtlinge erwiderten. Der Weißwarenhändler sagte kein Wort. Und Lilys Mutter, die den Soldaten der Patrouille nicht von der Seite wich, bekam ebenso knappe wie gleichmütige Antworten, von denen ihr ein Offizier schließlich übersetzte, der Kriegsverbrecher sei in der Kommandantur; er werde verhört. Aber als Lilys Mutter ihre fiebernde Tochter an der Hand nahm und sich noch in der gleichen Stunde zur Kommandantur durchfragte, war auch dort ein Transport bereits abgefahren: Der Kommandant von Moor habe den Vater der Roten Armee übergeben.

Wohin man ihn bringen werde? In welche Stadt? Nach Rußland? Wohin …? Auf solche und auf alle anderen Fragen gab es keine Antworten mehr. Der Vater kam nicht wieder. Nicht am nächsten Tag, nicht in der nächsten Woche. Die Flüchtlingskolonne zog weiter. Hätten die Auswanderer einen Zug, den einzigen Zug nach Triest, fahren lassen sollen, nur wegen eines Fremden, der mit seiner Frau und seiner Tochter an irgendeinem Tag zu ihnen gestoßen und an einem anderen wieder verlorengegangen war? Es gab noch andere Wege nach Brasilien, und auf den Verlorenen warten sollten die, denen er fehlte. Das waren aber nur zwei.

So blieben Lily und ihre Mutter zurück, und Lilys Fieber sank, während sie begriff, daß dieser zertrampelte Strand mit seinen schwarzen Bäumen … daß dieses Gebirge und diese Statuen und dieser Springbrunnen … daß dies alles nicht Brasilien war. Aber die Mutter wollte bleiben. In Moor war ihr der Mann verschwunden, und hierher würde, mußte er doch irgendwann wieder zurückkommen. Lilys Mutter, die bis zum Untergang ihrer Stadt in den Werkstätten eines *Burgtheaters* Kulissen gemalt hatte, begann wieder zu malen – zuerst das Jüngste Gericht auf eine frisch verputzte Mauer der wiederaufgebauten Friedhofskapelle, später die feierlichen Gesichter von Bauern, Mineuren und Fischselchern. Sie malte die Kähne der Bußprozessionen im Schilf, das Gebirge in bläulichen Tönen, den See bei Sonnenuntergang mit Segelbooten und den See bei Sonnenuntergang ohne Segelboote und bekam Mehl und Eier dafür und was sie zum Leben brauchten.

An Sonntagnachmittagen aber saß sie oft an einem lebensgroßen Brustbild ihres Mannes, das sie nie vollendete. Sie malte dieses Bild nach einer Fotografie, die sie bis zu ihrem Tod stets bei sich trug und die den Vater lachend vor der Oper in Wien zeigte. Er trug seine schwarze Uniform mit allen Orden und eine Schirmmütze, die seine Augen im tiefen Schatten beließ. Die Mutter saß und malte und ersetzte die schwarze Uniform Pinselstrich für Pinselstrich durch einen Lodenanzug mit Hirschhornknöpfen und die Schirmmütze durch einen Filzhut, dem sie ein Sträußchen Heidekraut aufsteckte.

Nachdem auch die letzte von immer neuen Flüchtlingskolonnen aus den Hallen des Strandbads einer besseren Zeit entgegengezogen war, duldeten der Kommandant und nach ihm auch der Sekretär von Moor, daß die Malerin und ihre Tochter das leerstehende Strandmeisterhaus bezogen. Der Kommandant wollte kein Geschenk für diese Erlaubnis, der Sekretär ließ sich zum Dank porträtieren. In der zum Atelier erklärten Waschküche dieses Hauses fand Lily die Mutter im neunzehnten Jahr des Friedens von Oranienburg neben ihrer umgestürzten Staffelei in einer Lache aus Leinöl, Terpentin und zerronnenen Farben. Lily trug und schleifte die Bewußtlose zum Bootssteg und legte sie in eine Zille und ruderte wie von Sinnen über den See und merkte erst in Sichtweite des Lazaretts von Haag, daß die Mutter schon tot war.

Erst im Jahr danach aber verließ Lily das gemeinsame Haus und erhob auf den Wetterturm Anspruch. Denn von allen Gebäuden des Strandbades blieb in diesen Tagen nur das oberste Geschoß dieses Turms von jenem Brand verschont, mit dem Moor seine Weigerung büßte, den Feuergroschen an eine der Banden aus dem Steinernen Meer zu bezahlen.

Die Brandstifter hatten damals in der großen Trinkhalle und in den Wandelgängen morsche Liegestühle, Sonnenschirme, spanische Wände und das Bruchholz zerschlagener Türen und Fensterläden zu einem Scheiterhaufen zusammengeworfen und angezündet und jeden Löschversuch der Moorer mit Steinschleudern abgewehrt. Ein Hagel aus Glasscherben und faustgroßen Steinen prasselte so lange aus der Dunkelheit auf jeden nieder, der sich den Flammen mit einem Löschwasserkübel oder bloß aus Neugierde zu nähern versuchte, bis schließlich nichts mehr zu retten war und das Strandbad in einer glühenden Wolke versank.

Lily war in jener Nacht im Gebirge gewesen und hatte von ihrem Lagerplatz nur einen rätselhaften, schwachen Widerschein auf den Nebelbänken in der Tiefe gesehen, ein pulsierendes Licht, das ebensogut von einem Hochzeitsfeuer oder von den Opferbränden einer Büßerprozession rühren konnte. Ahnungslos kehrte sie zwei Tage später ans Seeufer zurück, auf eine Brandstatt, und begann noch in der Stunde ihrer Ankunft, das Strandmeisterhaus zu räumen.

Die Brandstifter und nach ihnen wohl auch Plünderer hatten kaum etwas Brauchbares zurückgelassen; selbst die Gaslampen waren von den angekohlten Balken gerissen worden; die in Blechbüchsen verschlossenen Vorräte fehlten, alles Glas war zersprungen oder zerschlagen und bedeckte als schwarze Scherbensaat den Boden. Unberührt, weil nur durch eine unter der Asche verborgene Falltür zu erreichen, waren bloß die im Keller abgelagerten Reste aus dem Leben der Eltern, ein Überseekoffer voll Kleider, Fotos, Farbtuben, Pinsel und Altpapier …

In diesem Koffer fand Lily eine brüchige Landkarte, die sie an ihrem ersten Tag im Wetterturm als einzigen Schmuck an die frisch gekalkte Wand heftete. Auch wenn das Blau des Ozeans auf dieser Karte stockfleckig war und die Küstenlinie an vielen Stellen vom gerissenen Falz unterbrochen, stand über dem Netz der Längen- und Breitengrade doch in einer seltsam verschlungenen Schrift jenes Wort, das ihr die Kindheit und eine vergessene Sehnsucht zurückbrachte – Brasilien.

12 Die Jägerin

Lily konnte töten. Eine Frau allein im Gebirge oder allein irgendwo in den Hotelruinen hoch über dem See, mußte sie immer wieder vor der Geilheit der Banden flüchten, mußte die Hänge hinabspringen, vor Totschlägern und Brandstiftern davonrennen in die Wildnis und oft in die Nacht und mußte sich in den Klüften des Steinernen Meeres verbergen, in irgendeinem Dickicht am Seeufer oder in Höhlen. Dort kauerte sie mit rasendem Herzen und machte sich mit einem Klappmesser in der Faust bereit für den einen Augenblick, in dem die Schritte der Verfolger vor ihrer Zuflucht haltmachen würden …

Aber zweimal, auch dreimal im Jahr, es geschah ohne jede Regel und Vorhersehbarkeit, verwandelte sich Lily von einem schnellfüßigen, kaum zu erjagenden Opfer in eine ebenso schnelle Jägerin, die stets unsichtbar hoch oben in den Felsen blieb und die ihre Beute noch auf fünfhundert Meter Schußdistanz ins Fadenkreuz bannte und tötete. Zweimal, auch dreimal im Jahr machte Lily Jagd auf ihre Feinde.

An solchen Tagen schreckte sie vor Morgengrauen

und oft noch in tiefer Dunkelheit aus einem Traum, erhob sich von ihrem Lager unter den Dachbalken des Wetterturms, packte Biwakzeug, Brot und Dörrobst in einen Tragsack, kleidete sich für die Eisregion und ging hinunter zum Bootssteg. Dort warf sie einige Bojen und achtlos zusammengelegte Netze in ihre Zille und ruderte nach einer östlich von Moor gelegenen Bucht. Wer sie in dieser Stunde beobachtete, der Steuermann der Schlafenden Griechin etwa, der frühmorgens gerne im Ruderhaus stand und mit dem Fernglas übers Wasser starrte, sah nur eine Fischerin, die zu ihren Fangplätzen fuhr. Ohne jemals Verdacht zu erregen, glitt Lily in die Unsichtbarkeit, in den tiefen Schatten der Felswände. Dort zerrte sie das Boot aus dem schwarzen Wasser, verbarg es hinter einem Vorhang aus Schlehdorngestrüpp und Uferweiden und machte sich auf den Weg ins Steinerne Meer.

Mehr als vier Stunden stieg Lily an solchen Tagen durch eine immer steiler abfallende Weglosigkeit, ohne jemals zu rasten, bis sie eine von Legföhren überwachsene Felskanzel erreichte. Kaum einen Steinwurf von dieser Kanzel entfernt und dicht unter einer schuttbedeckten Gletscherzunge klaffte der Eingang jener Höhle, in der sie vor Jahren auf der Suche nach Bernstein und Smaragden das Waffenlager entdeckt hatte, ihre Waffen.

Lily wußte nicht, wer diese schwarzen Holzkisten

voll Granaten, Gewehren und Panzerfäusten ins Hochgebirge geschleppt und sich damit zu Kriegsende oder schon tief im Frieden von Oranienburg für kommende Kämpfe gerüstet hatte. Es waren Waffen aus den Arsenalen verschiedener Armeen, amerikanische Granaten, englische Enfield-Scharfschützengewehre mit Zielfernrohr, auch eine russische Tokarew und ein deutscher Karabiner lagen in der Holzwolle zwischen Schachteln voll phosphorhaltiger Munition, die beim Aufschlag im Ziel eine rauchende Stichflamme hochschnellen ließ und so dem Schützen die Lage seines Treffers anzeigte …

Lily hatte niemals den Versuch gemacht, den wahren Herrn dieses Depots auszuforschen oder das Waffenlager in ein besseres Versteck zu verlegen. Denn wenn sie aus der Deckung der Legföhren den mit Reisig und Steinen getarnten Höhleneingang beobachtete, um zu prüfen, ob seit ihrer letzten Jagd irgendein Mensch den Weg hier herauf entdeckt hatte oder endlich zurückgekehrt war, um sich seine alte Beute nach Jahrzehnten doch noch zu holen, dann sah sie in der Unversehrtheit der Tarnung oder der Spurlosigkeit der umliegenden Firnfelder stets auch ein Zeichen dafür, daß Schicksal war und sein mußte, was sie tat.

Sollten doch die Büßer- und Sühneprozessionen am See und alle anderen Kriecher, Betbrüder und Frömmler ruhig ihre Geisterhäuser mit Grablichtern ausleuchten, Seelen beschwören und an eine überirdische Gerechtigkeit oder wenigstens an die Sprüche der Militärgerichte glauben – Lily glaubte allein an das schwarze Maul dieser Höhle. Welche Macht oder welcher Zufall auch immer sie hierher geführt und ihr ein Instrumentarium irdischer Gerechtigkeit gezeigt hatte – dieses Maul schrie nach ihr und verlangte, daß sie von ihrem Fund Gebrauch machte und damit auf ihre Feinde einschlug und sie in die Wildnis zerstreute.

Hätte auch nur ein einziges Zeichen, ein fremder Fußabdruck im Firn oder ein abgerissener Zweig der Tarnung darauf hingewiesen, daß sie nicht die einzige war, die sich hier bewaffnete und verwandelte – vielleicht hätte sie sich aus der Deckung der Legföhren sogar erleichtert der Rückkehr an den See zugewandt, um nie wiederzukommen. Aber ein einziges Enfield-Gewehr ausgenommen, ihr Gewehr ausgenommen, lagen die Waffen seit Jahren unberührt.

Also tat sie, was das Maul befahl und brach durch das Reisig der Tarnung in den Berg ein, öffnete tief in seinem Innern eine der Holzkisten (es war stets dieselbe) und bewaffnete sich. Und wenn sie dann aus der Finsternis wieder ans Tageslicht zurückkehrte, trug sie kein verrottetes, unbrauchbares Sammlerstück, wie sie es im Laub und in der Erde der alten Schlachtfelder und Kampfplätze fand und in den Armeedepots gegen Mangelware und Lebensmittel tauschte, sondern ein blankes Scharfschützengewehr ohne den Hauch einer Patina.

Unter jenen Soldaten der Besatzungsarmee, die ihr den Umgang mit solchen Waffen beiläufig gezeigt hatten, wenn sie etwa am Ende eines Tauschgeschäfts mit der Zielgenauigkeit ihrer eigenen Waffen prahlten und damit in den Schießständen der Kasernen auf winzige Ballons feuerten, gab es mittlerweile gewiß keinen, der sie an Treffsicherheit überboten hätte. Aber Lily hatte ihre unfreiwilligen Lehrmeister stets im Glauben gelassen, sie verfolge diese Vorführungen mit ängstlicher Bewunderung und sei nur mit Mühe und unter großem Beifall zu überreden, gelegentlich auch selbst einen Schuß zu versuchen. Und wenn sie dann unter den Augen der Soldaten auf Ballons, Scheiben oder Feinde aus Pappe schoß, setzte sie ihre Treffer stets in ein unverdächtiges *Out*.

Stundenlang, manchmal tagelang lief, stieg, kroch und kletterte Lily zur Jagdzeit bewaffnet durch das Steinerne Meer, las wohl da und dort eine schöne Versteinerung auf und beim Durchwaten der Bäche auch Smaragdsplitter, suchte auf diesen Wegen aber nach nichts anderem als nach ihrem Wild. Denn keine von den Banden hauste ständig in den Resten zerbombter Hochgebirgsstellungen und gesprengter Bunkersysteme; nur wer vor rascher Vergeltung nach einem Beutezug, vor Rivalitätskämpfen oder auch einer Strafexpedition sicher sein wollte, zog sich in diese Gesteinslabyrinthe zurück, blieb hier einige Tage oder Wochen und fiel dann von neuem über ein Gehöft, ein ganzes Kaff oder eine Sühnegesellschaft her. Lily kannte viele Schlupfwinkel der Banden, fand sie auf ihren Jagdzügen aber zumeist leer.

Es war das immergleiche Fieber, das sie befiel, ein überwältigendes Gefühl, Angst, Triumph und Wut, wenn sie endlich auf ihre Feinde stieß: die Jägerin lautlos und unsichtbar in den Felsen – und tief unter ihr, insektenhaft und gesichtslos im Zielfernrohr, eine Horde von Lederleuten oder eine Marschkolonne steckbrieflich gesuchter Veteranen auf dem Pfad eines Gegenhanges, auf einer Alm oder im Geröll. Das Gelächter und Gebrüll war manchmal selbst auf diese Entfernung hörbar – und unverwechselbar. Es war der trügerische Glaube an die eigene Stärke, der die Figürchen dort unten so verräterisch laut werden ließ. Hatten sie einen Kampf hinter sich, grölten sie sich betrunken Erinnerungen an besonders vernichtende Schläge zu; hatten sie Beute gemacht, stolperten sie oft in grotesken Verkleidungen dahin, in den blutigen Kleidern ihrer Opfer, und äfften dazu das Gejammer der Geschlagenen nach, plärrten lachend um Hilfe in dieser Steinwüste, in der bei Windstille schon der Schrei einer einzigen Dohle hallte.

Den Kolben ihres Gewehrs an die Wange gepreßt, schlug Lily ihre Feinde, Mann für Mann, in bläulicher, zitternder Schärfe ins Fadenkreuz. In diesen Augenblicken war es ihr gleichgültig, ob die beweglichen Ziele dort unten Übriggebliebene aus dem Krieg waren, Veteranen, die seit Jahrzehnten vor den Militärgerichten der Sieger flüchteten und in diesem Karst das Dasein von Ausgestoßenen führten – oder ob dort die nachgeborene Brut aus den Ruinenstädten dahintorkelte, stumpfsinnige Schläger, die sich der Fürsorge aller Erziehungsprogramme des Friedensbringers Stellamour entzogen hatten und nun in ihren Rotten ein Leben ohne Mitleid verherrlichten ... Lily wußte in diesen Augenblicken nur, daß jede dieser Gestalten schon in der nächsten Nacht mit einer Fackel oder einer Kette in der Faust unter ihrem Turm und vor jedem Haus und Gehöft Moors auftauchen und alles fordern und mit bloßen Händen töten konnte.

Hatte sich die Jägerin für ein Ziel entschieden, dann zeichnete sie den letzten Weg ihrer Beute mit dem Gewehrlauf so langsam und unbeirrbar nach, als wären ihre Hände, ihre Arme, Schultern und Augen mit dem Zielfernrohr und der Mechanik der Waffe zu einer einzigen, halb organischen, halb metallischen Maschine verschmolzen. Drei oder vier Atemzüge lang ließ sie im Rhythmus ihres Pulsschlags Kopf und Brust der Beute aus dem Fadenkreuz und wieder ins Fadenkreuz zurückpendeln, bis sie endlich abdrückte und fast im gleichen Augenblick das Pendel fallen – und die Horde zerspringen sah:

Denn noch bevor der Widerhall des Schusses aus den ungeheuren Räumen des Steinernen Meeres zurückschlug und verhallte, warfen sich alle, denen die Kugel nicht galt, in Deckung, verschwanden, eben noch grölend, stark und unschlagbar, augenblicklich im Dickicht der Legföhren, im Geröll und hinter Felsblöcken. Sie erinnerten Lily in dieser Sekunde an die Passagiere eines Kettenkarussells, dessen im Kreis fliegende Sitze von einer unbändigen Fliehkraft plötzlich aus ihren Halterungen gerissen und nach allen Richtungen davongeschleudert wurden … Eine gefürchtete Horde so verfliegen zu sehen war ein Anblick von solcher Lächerlichkeit, daß sie manchmal unwillkürlich zu kichern begann und das Gewehr kichernd sinken ließ.

Dort unten, in der Mitte dieses zerschlagenen Karussells, verflog nun das Rauchzeichen der Phosphorladung, das beißende Signal ihres Treffers. Und dort stank es jetzt wohl auch ein bißchen nach Hölle. Lilys Nasenflügel weiteten sich, wenn sie dieses Rauchfähnchen mit freiem Auge verwehen sah. Unter diesem Fähnchen, winzig, bewegungslos, lag etwas Dunkles. Ihre Beute.

Aber wehe, wenn sich dieses dunkle Etwas in der Ferne noch einmal zu rühren wagte, den Kopf zu heben wagte, jammerte oder nach den Gefährten schrie. Dann verstummte Lilys Kichern sofort. Dann riß sie die Beute noch einmal ins Fadenkreuz und ganz nahe zu sich heran und feuerte ein zweites Mal und fluchte in den Widerhall. Und starrte durch das Zielfernrohr endlich auf einen Toten:

Er lag in jener vollkommenen Einsamkeit, in die nur ein Getroffener verschlagen wird, der im Schußfeld, unendlich weit entfernt von jeder Deckung, eingebrochen ist. An den Grenzen dieser Einsamkeit, unsichtbar hinter Felsen und Legföhren, kauerten seine Gefährten, gebannt von ihrer Todesangst, und wagten nichts mehr, keine Flucht, keine Bewegung, keinen Zuruf … Erst jetzt entließ Lily ihre Beute aus dem Fadenkreuz für immer in eine Ferne, in der wieder alles klein und bedeutungslos erschien.

13 In der Finsternis

Der Mohn stand hoch in diesem Jahr und mit ihm viel Unkraut auf den Feldern. Selbst die Kartoffel- und Krautäcker, die steilsten Rieden und jedes noch so harte Stück Erde, aus dem die Moorer eine Frucht zu ziehen versuchten, waren rot gesprenkelt, rot gesäumt, rot durchwachsen von den Blüten des Klatschmohns.

Aber nur die Schmiedin wußte, daß dieser Mohn Blut bedeutete und ein Zeichen der Madonna war. Sie streute dieses seidige Rot über das Land, um den letzten ihrer Söhne jeden Tag daran zu erinnern, daß unter den vielen ungesühnten Toten in der Moorer Erde nun irgendwo am Ufer oder im Geröll verscharrt wohl auch ein Opfer lag, das nicht von Schlägern und nicht im Krieg und nicht im Steinbruch, sondern von seiner Hand getötet worden war … *Heilige Maria sei ihm gnädig und bitte für ihn*, so begann und schloß die Schmiedin jede ihrer Andachten vor einem Altar, den sie aus leeren Keksdosen und mit Silberpapier umwundenen Tierknochen um ein wächsernes Marienfigürchen in ihrer Kammer errichtet hatte, *und führe meinen Sohn zurück in Dein Reich.*

Seit Berings Mutter das sanfteste ihrer Kinder an der Seite des Hundekönigs in jener Staubwolke hatte verschwinden sehen, die hinter der Krähe aufrauchte, stand das Tor der Hofeinfahrt offen. Denn in der ersten Nacht, die ohne den Erben verging, war die Polin Celina über den Binsen des Löschwassertümpels erschienen und hatte der Schmiedin im Auftrag der Madonna die Anweisung überbracht, den Hof Tag und Nacht offenzuhalten für die Rückkehr der verlorenen Söhne. Die von ihren vielen Fasttagen und erschöpfenden Nachtwachen vor ihrem Altar geschwächte Schmiedin hätte die schweren, im Schotter schleifenden Torflügel ohne die Hilfe der Madonna auch gar nicht zu schließen vermocht, und ihren halbblinden Mann kümmerten Tor und Hof seit den Tagen der Großen Reparatur nicht mehr. Das war nicht mehr sein Haus. Und wer dieses Haus ohne ein Wort, ölverschmiert, im Lederschurz und an der Seite eines von der Besatzungsarmee beschützten Hundemenschen verließ, der war auch nicht mehr sein Sohn.

Eine Nacht und einen Tag war der Erbe fortgeblieben und erst am nächsten Abend noch einmal zurückgekehrt. Ohne seinen Schurz, in fremden Kleidern, kam er in der Dämmerung den Hügel herauf, zu Fuß wie ein Sünder, und die Schmiedin hoffte schon, er hätte die Zeichen der Madonna endlich verstanden und käme zurück, um Buße zu tun und sein Haus reinzuwaschen von dem, was war. Und lief ihm mit offenen Armen entgegen.

Aber er hielt ihr nur ein Netz voll Weißbrot und Pfirsichkonserven hin und wehrte ihre Hände und ihre Fragen ab und ging an ihr vorbei. Sie folgte ihm ins Haus und die Treppe hinauf bis in seine Kammer. Er sprach nicht viel; kniete vor seinem Schrank auf dem Bretterboden und stopfte Kleider in einen Pappkoffer ohne Schlösser, warf in den Schrank zurück, was er nicht brauchte und nahm die gerahmte Fotografie von der Wand, die ihn mit seinen Brüdern am Dampfersteg zeigte, ein zerschlissenes Stück Trauerflor hing immer noch vom Rahmen. Er legte das Bild zu den Kleidern, verschnürte den Koffer mit einer Drahtschlinge und sagte, das Pferd nehme ich mit.

»Um Himmelswillen, mein Bübel«, flüsterte die Schmiedin, »du willst uns verlassen? Wohin? Wohin willst du?«

Ins Hundehaus. Der Erbe wollte ins Hundehaus und trug seinen Koffer in den Stall. Erst als er dem widerspenstigen Pferd den Packsattel anlegte und sich dabei seine Jacke am Dorn eines Riemens zerriß, sah die Schmiedin die Waffe in seinem Gürtel. Der sanfteste von ihren Söhnen trug eine Waffe! War dieses verfluchte Ding denn nicht unter den Hammerschlägen seines Vaters auf dem Amboß zersprungen? Hatte sie denn nicht mit eigenen Augen gesehen, wie

Stahlfedern und Metallsplitter durch die Werkstatt schwirrten; sie hatte sich doch vor den Splittern hinter einen Holzstoß geflüchtet, damals, als sie das Blut von den Pflastersteinen der Hofeinfahrt wusch. Lief denn die Zeit jetzt endlich rückwärts und fügte alles Zerschlagene wieder zusammen, und nicht nur das zu Unrecht Zerstörte, sondern auch die schwirrenden Trümmer wieder zu jener Waffe, die ihr Sohn nun in seinem Gürtel trug? Wurden ihre Gebete und Bitten um Wiedergutmachung von der Madonna so erhört …?

»Der Satan soll seine Krallen nehmen von dir«, flüsterte sie und wagte nicht, ihn zu berühren, »um Himmelswillen, was ist aus dir geworden.«

»Sei still«, sagte er. »Ich habe Arbeit in der Villa und die Kost und ein Bett. Sei still. Ihr bekommt, was ihr braucht. Ich muß fort. Ich mache hier nicht ein Leben lang den Schmied. Ich schicke euch, was ihr braucht. Sei still! Ich komme ja wieder.«

So ging er davon ins Hundehaus und führte auch das Pferd vom Hof. Sie stand in der Einfahrt und starrte ihm nach, als könnte sie ihn mit ihren bloßen Augen zur Umkehr zwingen. In ihrem Rücken spürte sie den Blick ihres Mannes; er saß am Küchenfenster wie an allen Tagen. Sie spürte diesen Blick, der nur noch hell-dunkel, nur noch Schemen erkennen konnte, und wollte sich auch in dieser schrecklichen Stunde nicht umwenden zu ihm und ihm sagen, wen sie dort draußen in der Dunkelheit verschwinden sah.

Sie stand noch in der Einfahrt und schaute in die Nacht, als der Erbe schon längst unsichtbar am Seeufer und längst kein Hufschlag mehr zu hören war. Als vom langen Stehen der Schmerz in ihren Füßen unerträglich wurde, ging sie ächzend zum Löschwassertümpel und setzte sich in eines der ausgeschlachteten Wracks, die dort im Schilf standen. In einem Jeep ohne Reifen und Lenkrad wartete sie auf ein Wunder, auf Celinas Erscheinung, die gleich über dem Wasser schweben und ihr sagen würde, was nun zu tun sei. Sie wartete die ganze Nacht. Diesmal blieb die Seele der Polin in den Binsen verborgen und stumm. Und auch die Madonna selbst tat kein weiteres Zeichen. Der Tümpel blieb still und schwarz und zeigte ihr im Morgengrauen nur das eigene Spiegelbild.

Als sie aber ihren Mann durch das offene Küchenfenster nach Streichhölzern für das Herdfeuer schreien hörte und sie sich endlich erhob, wußte sie plötzlich auch ohne Celinas Rat, was geschehen mußte: Sie mußte sich opfern. Sie mußte dem Beispiel der Heiligen und Märtyrer folgen, die sich auch geopfert und dadurch Seelen gerettet hatten.

Unbemerkt ging sie zurück ins Haus, öffnete leise die Falltür zum Keller und zog sie leise wieder hinter sich zu, stieg die Steintreppe hinab und setzte sich zwischen zwei leeren Fässern auf den gestampften Lehm. Im gleichen Dunkel, in dem sie in der Moorer Bombennacht den Verlorenen zur Welt gebracht hatte, würde sie ihm das Leben ein zweites Mal schenken. Im Keller seines blutbesudelten Hauses würde sie seine Schuld auf sich nehmen und auf dem nackten Boden, ohne ein Bett, ohne eine wärmende Decke und ohne ein Licht den schmerzensreichen Rosenkranz für ihn beten. Aus der Tiefe würde sie unablässig und beharrlich den Himmel um Gnade für den Erben bitten, so lange, bis ihr Celina erscheinen oder die Madonna selbst sich ihrer erbarmen und ihr sagen würde, daß es nun endlich genug und ihr Kind wieder aufgenommen sei in die Schar der Erlösten.

Aber diesmal war die Madonna unerbittlich. Rosenkranz um Rosenkranz flüsterte die Schmiedin in die Finsternis und widerstand allen Versuchungen, allen Beschwörungen und Drohungen ihres Mannes, der sie erst am zweiten Tag nach ihrem Verschwinden, nach langem Suchen und Tappen durch das Haus, zwischen den Fässern fand. Sie stieg nicht wieder ans Tageslicht empor. Sie wollte nicht mehr zurück in die Welt.

In den ersten Wochen ihrer Sühne tastete sich der Alte oft zu ihr hinunter in die Finsternis, in der sie endlich beide gleich blind waren. Er trug niemals eine Lampe, er brauchte schon lange keine Lampe mehr. Er brachte Brot, Zichorienkaffee und kalte Kartoffeln. Brot und Wasser nahm sie. Kaffee und Decken und alles andere schlug sie aus. Er sorgte dafür, daß sie nicht verhungerte. Er brachte ihr Kleider und ein Nachtgeschirr, als der Gestank unerträglich wurde. Er fügte sich.

Sie blieb standhaft, Wochen und Monate, und widersagte selbst den bösen Geistern, die ihr in den ersten Frostnächten immer wieder das Bild des Stubenherdes vorgaukelten. Und selbst als die Brasilianerin mit Schnee an den Schuhen zu ihr hinabfand und ihr Tee, einen Gewürzkuchen und Nachrichten aus dem Hundehaus bringen wollte, hielt sie in ihrem Rosenkranz nur inne, um ihr zu sagen, sie solle gehen, sie solle verschwinden. Solange ihr der Erbe die Buße nicht selbst abnahm und solange die Madonna stumm blieb, mußte sie ausharren. Sie spürte die Kälte nicht mehr.

Im Dezember lag der Schmied drei Tage im Fieber und schaffte den Weg in den Keller nicht, lag mit glühendem Kopf in der Küche und sah die Schatten von Hühnern zwischen Stuhl- und Tischbeinen. Ihm fehlte die Kraft, die Hühner aus der Küche zu jagen. Sie irrten auf der Suche nach Futter durch das kalte Haus und hackten den Schimmel vom Mobiliar. Aber selbst während dieser langen Tage hörte er niemals eine Klage aus dem Keller und auch sonst keinen Laut aus der Tiefe.

Als in der Neujahrsnacht die Köhlerei von Moor überfallen und der Köhler dabei so schwer verletzt wurde, daß er noch vor dem Dreikönigstag starb, schloß der Alte mit größter Mühe und unter Schmerzen endlich das Hoftor; es war mit der Erde schon wie verwachsen. Die Schmiedin hörte das Scharren und das Kreischen der Angeln bis hinab in ihre Nacht. Es kümmerte sie nicht mehr. Dort oben wurde ihren verlorenen Söhnen das Tor verschlossen. Und die Madonna schwieg auch dazu. Dort oben wurde offenbar, daß der Himmel das Haus des Schmieds vergessen hatte.

14 Musik

Berings erste Prüfung in der Villa Flora war die Überwindung seiner Angst vor dem Rudel: Die Hunde ließen ihn nicht aus den Augen, folgten ihm anfangs knurrend auf jedem seiner Gänge durch das Haus und den Park und griffen ihn wohl nur deshalb nicht an, weil Ambras jeden von ihnen gezwungen hatte, die Witterung des neuen Hausbewohners als den Geruch eines Unberührbaren aufzunehmen: Er nahm Berings Hand, strich damit über ihre Schnauzen und Lefzen, zwängte diese Hand in jedes Maul und sagte dazu so leise wie eindringlich, der gehört zu uns, der gehört zu uns; zu uns … und flüsterte schließlich ins Spiel der Lauscher, er werde jeden Hund, der seine Fänge in diese Hand zu schlagen wagte, töten. Dann übergab er Bering einen blutigen Sack und befahl ihm, das Rudel zu füttern.

(Lily, Lily! brauchte im Umgang mit den Hunden solche Drohungen nicht. Auch wenn sie bei ihren Besuchen in der Villa Flora ihren eigenen Wachhund, einen weißen Labrador, vorsichtshalber am Wetterturm zurückließ, vertraute sie sich doch selbst den größten von Ambras' Hunden lachend an, ließ zu, daß sie an ihr hochsprangen, und balgte sich mit ihnen und ließ die Bestien wilder und wilder werden, bis sie endlich *aus!* schrie und ein Zeichen machte, dem die Tiere so unverzüglich folgten wie sonst nur einem Kommando ihres Königs.)

Aus Angst vor den Hunden trug Bering seine Pistole in diesen Tagen zum erstenmal geladen bei sich, und wenn Ambras ihn spottend Leibwächter nannte, dann dachte er tatsächlich an Verteidigung, noch allerdings nur an seine eigene: Er war entschlossen, sich vor den Reißzähnen des Rudels mit der Waffe zu schützen.

Allein das Gewicht der Pistole beruhigte ihn im Lauf dieser Tage so sehr, daß er mit den Hunden allmählich unerschrockener umzugehen lernte. Sie gehorchten ihm zwar nicht, wagten aber auch nicht mehr, ihre Fänge vor ihm zu entblößen. Und wenn er die Bestien schon nicht liebte, so wurde er ihnen doch beinahe dankbar dafür, daß sie seine Entschlossenheit verstanden und selbst dann nicht mehr anschlugen, wenn er in der Nacht mit einem Korb voller Fische vom See kam und durch das finstere Haus ging, das nun auch sein Haus war.

Es dauerte Wochen, bis Bering seinen Ort im Hundehaus fand. Einmal lag er unter den Augen des Rudels auf einer Matratze in der Bibliothek eine Nacht lang wach; versuchte ein anderes Mal auf der Bank am kalten Küchenherd zu schlafen oder wälzte sich, benommen von zwei Gläsern Malzwhisky, den ersten seines Lebens, bis zum Morgengrauen auf einem Feldbett der Veranda.

Endlich verbrachte er auf dem Sofa des ehemaligen Billardzimmers, einem mondhellen Raum im Obergeschoß, eine traumlose, ruhige Nacht, trug am nächsten Morgen seinen Pappkoffer in dieses Zimmer und nagelte die Fotografie, die ihn mit seinen verlorenen Brüdern zeigte, an die Wand. In einem großen, halbrunden Erkerfenster seiner neuen Unterkunft erschien die Moorer Landschaft wie eine noch unentdeckte, unbetretene Welt – das Uferschilf, der See, die Eisfelder und Abstürze des Hochgebirges, alles weglos und ohne eine menschliche Spur. Die ferne Treppe des Steinbruchs und auch das verfallene Bootshaus der Villa waren aus diesem Fenster nicht zu sehen.

Auch wenn das Hundehaus kaum eine Fußstunde von Moor entfernt im Schatten der Mammutföhren lag, schien es Bering doch manchmal, als brauste hier nicht der Wind in den Nadelkronen, sondern die Brandung eines unsichtbaren Meeres, das ihn nun von seinem Erbe und dem alten Leben trennte.

Der Weg zurück in die Schmiede war verloren: Der Vater hatte ihm Steine entgegengeworfen, als er kaum eine Woche nach seinem Abschied mit einer Schachtel voll Mangelwaren in der Krähe den Hügel hinaufgerollt war. Steine auf den hochpolierten Glanz eines Straßenkreuzers! Er setzte mit dem Wagen in sichere Entfernung zurück, stieg aus und glaubte immer noch an ein Mißverständnis, an die Blindheit des Vaters, als er, sein Carepaket hochhaltend, dem Alten ein zweites Mal entgegenkam und ihm zur Begrüßung aufzählte, was diese Schachtel alles enthielt … Aber der Alte hörte nicht auf, Steine und Erdbrocken nach ihm zu werfen, kraftlose Geschosse, die ihn weit verfehlten – und schrie seiner Aufzählung von Lavendelseife, Mentholzigaretten und Rasierwasser nur ein einziges Wort entgegen: Verschwinde!

Ohne von einem Stein auch nur gestreift worden zu sein, ließ Bering damals die Schachtel auf dem Schotterweg zurück (und hinterlegte von nun an Geschenke und Lebensmittel nur noch heimlich in der Einfahrt der Schmiede – bis Lily ihm schließlich anbot, seine Pakete einmal im Monat aus der Villa Flora auf den Schmiedhügel zu bringen. Von der Brasilianerin nahm der Alte, was immer sie ihm brachte, ohne jemals nach dem Spender zu fragen).

Im Hundehaus gab es vieles, was in keinem anderen Haus am See zu finden war: Meeresfrüchte in Büchsen, Erdnußbutter, brasilianischen Kakao, Pralinen aus Belgien und Cellophanbriefe voll Gewürznelken, Lorbeer und dürre Chilischoten …

Während in den Küchenregalen Delikatessen aus Armeedepots und Schwarzmarktlieferungen lagerten, vermoderte in den unbewohnten, nur von Hunden durchstreiften Zimmerfluchten und Salons, die der Hausherr manchmal monatelang nicht betrat, die Hinterlassenschaft verschollener Bewohner: Gobelins, die flämische Winterlandschaften und Jäger im Schnee zeigten, Lederfauteuils und Sofas, deren von den Hunden zerbissene Armlehnen und Bezüge in Fetzen hingen. Die Marmorwanne eines Badezimmers im Obergeschoß war bis zur Hälfte mit Schutt und abgefallenem Stuck gefüllt, und auf dem Sternparkett der geplünderten Bibliothek raschelte das Laub, das jeder Sturm durch ein zerschlagenes Fenster blies …

Mehr als alle Delikatessen und der zerschlissene Prunk einer verlorenen Zeit waren es aber auch hier die Maschinen und technischen Mysterien, die Bering unwiderstehlich anzogen – die in einem Holzverschlag singende Turbine etwa, die aus einem durch den Park in den See rauschenden Bach genug Strom gewann, um das ganze Haus an manchen Abenden so zu beleuchten, daß es wie ein festliches Schiff in der Finsternis lag; dann ein Funkgerät, aus dem an festgelegten Tagen und zu festgelegten Zeiten die Stimmen der Armee, der Mineure aus dem Steinbruch – und das Knacken und Rauschen der Stille zwischen ihren Nachrichten, Befehlen und Fragen drangen. Und ein Fernseher, es war einer von insgesamt dreien in der ganzen Seeregion …

Aber während die anderen beiden Fernsehgeräte in den Versammlungsräumen der Sekretariate von Moor und Haag unter Verschluß standen und dort nur einmal jede Woche einem gierigen Publikum Melodramen in Schwarzweiß, Bilder aus Amerika und dem Rest der Welt und manchmal auch einen uralten Stellamour vorführten, der an einem mit Blumen und Sternenbanner geschmückten Rednerpult gestikulierte, flimmerte das Ding in der leeren Bibliothek der Villa Flora oft stundenlang unbeachtet vor sich hin und zeigte allein dem Hunderudel die Wetterkarten eines Militärsenders oder uniformierte Sprecher, die sich im elektronischen Gestöber einer Störung in funkensprühende Phantome verwandelten.

Unter den technischen Wundern der Villa Flora war es aber auch nicht diese holzgefaßte Bildröhre, die Bering am meisten fesselte, solche Zyklopenaugen hatte er in den Sekretariaten schon bestaunt, das war nichts Neues; was ihn anzog und nicht wieder losließ, war ein Gerät, das zu jener Erbschaft gehörte, die Major Elliot seinem Hundekönig hinterlassen hatte und das seit dem Abschied des Kommandanten auf einer Glasveranda zwischen zwei tuchbespannten Lautsprechern verstaubte – ein Plattenspieler.

Ambras hatte nichts dagegen, daß Bering *diesen Krempel* wieder in Betrieb nahm, daß er zerbissene

Kabel und Bespannungen flickte und Kontakte verlötete und dann stundenlang versunken vor den Lautsprechern hockte und die immergleichen Stücke abspielte, weil die meisten von Elliots Platten, jahrelang achtlos und ohne Hüllen gestapelt, in der winterlichen Feuchtigkeit und in der Sommerhitze auf der Veranda unbrauchbar geworden waren.

Wann immer Ambras ihm zwischen den Kontrollgängen durch den Steinbruch, zwischen Mechaniker- und Hausknechtarbeiten in der Villa, Fischzügen in der Leyser Bucht oder rumpelnden Wald- und Uferfahrten in der Krähe Zeit ließ, ergab sich Bering nun jener Musik, die Elliot dem Hundekönig hinterlassen hatte.

Den Namen dieser Hinterlassenschaft sollte Ambras aber erst durch seinen Leibwächter erfahren, und erst durch ihn sollte er auch beginnen, allmählich selbst Gefallen zu finden an den neuen Klängen in seinem Haus, die so ganz anders waren als die Blechmusik seiner Steinbrecher oder die plumpen Märsche einer Rübenkompanie. Und so erhob er keinen Protest, als Bering bei Lilys erstem Besuch nach seinem Einzug das Solo einer elektrischen Gitarre so laut werden ließ, daß einige von den Hunden mitzuheulen begannen.

»Was ist los bei euch?« rief Lily und lachte. Und noch bevor Bering antworten konnte, rief Ambras zurück: »Das ist Rock 'n' Roll.«

15 Keep movin'

Der Panzerwagen war im Morgengrauen von Leys kommend durch Moor gerollt und hatte an Mauern, Toren und Bäumen eine Farbspur aus Plakaten hinterlassen: Meerblau und golden prangte eines an der verwitterten, von Klatschmohn umwachsenen Litfaßsäule am Dampfersteg, ein anderes überdeckte die ausgebleichten Flugblätter und unleserlich gewordenen Befehle auf dem Schwarzen Brett der ehemaligen Kommandantur, und wer die Uferpromenade entlangging, sah jeden dritten oder vierten Stamm der Kastanienallee mit weiteren Plakaten geschmückt:

CONCERT

stand dort in goldener Schrift auf blauem Grund. *Friday.* Im alten Hangar. Nach Sonnenuntergang.

Selbst das Portal eines verwahrlosten Geisterhauses der Sühnegesellschaft von Leys war mit diesen Plakaten beklebt. Meerblau und golden. Sie waren von einer so wunderbaren Farbigkeit, daß sie die Gassenkinder (und nicht nur die Kinder), kaum war der Panzerwagen verschwunden, hastig wieder abzulösen versuchten und mit den Fetzen ihrer kostbaren Beute in Verstecke rannten … Aber selbst wenn diese Gier nach Farben und seltenem Papier nur einem einzigen Betrachter Zeit gelassen hätte, die Botschaft zu lesen und weiterzusagen, hätte das gereicht, um sie mit der Geschwindigkeit der üblichen Laufzettel zu verbreiten:

Ein Konzert! Am Freitag würde es im Hangar des alten Flugplatzes von Moor nach einer langen Stille endlich wieder laut werden. Laut von den *Songs* einer *Band*, die, vom Oberkommando auf Tournee geschickt, nicht nur in den Kasernenhöfen, sondern noch in den entlegensten Winkeln der Besatzungszonen Station machte, um dort gemäß den Absichten des Friedensbringers Stellamour die Nachkommen der geschlagenen Feinde zu begeistern und in den Bann der Sieger zu ziehen.

Das erste dieser Konzerte hatte vor Jahren noch unter Major Elliots Aufsicht stattgefunden und war nicht viel mehr als die Spielart einer Stellamour-Party im Steinbruch gewesen. Der Hangar des alten Flugplatzes, der in einem windgeschützten Hochtal über dem See nach seiner kurzen Verwendung im Krieg nur noch Nebelkrähen und Zugvogelschwärmen als Landeplatz diente, war damals (wie heute) die einzige unzerstörte Halle gewesen, die das Publikum aus der Seeregion fassen konnte.

Auf Elliots Befehl waren das Stahlrohrgerüst der Bühne und die von Granateneinschlägen durchlöcherte Dachkonstruktion mit Transparenten bespannt worden, auf denen Niemals vergessen und andere Parolen Stellamours zu lesen standen. Und dem Tor dieser immer noch Tarnfarben tragenden Konzerthalle war ein riesiges Armeezelt vorgebaut, in dem auf mehreren Leinwänden zugleich Dokumentarfilme liefen, Stummfilme in Endlosschleifen, die wieder und wieder die schnurgeraden Barackenzeilen am Schotterwerk vorführten, wieder und wieder einen Leichenstapel in einem weiß gekachelten Raum, einen Krematoriumsofen mit offener Feuertür, eine Häftlingskolonne am Seeufer – und im Hintergrund aller Erinnerungen, wieder und wieder, die verschneiten und sonnendurchglühten und regennassen und vereisten Wände des Steinbruchs von Moor … Wer zur Bühne im Hangar wollte, der hatte keine Wahl, der mußte durch dieses flimmernde Zelt.

Aber seit dem Abschied Elliots und dem Rückzug der Armee aus der Seeregion ins Tiefland wurden zu den Konzerttagen keine Transparente mehr gespannt und kein Schauzelt mehr aufgeschlagen und waren selbst die Stellamour-Parties zu schlecht besuchten Zeremonien kleiner und kleiner werdender Sühnegesellschaften verkommen, die sich wohl nur deshalb noch nicht aufgelöst hatten, weil die Armee das

Vereinsleben aller Büßer auch aus der Ferne unterstützte. Weder der Sekretär von Moor noch der Hundekönig oder irgendein anderer Vertrauensmann der Besatzer wäre jetzt noch stark genug gewesen, die Bewohner des Seeufers in ihrer früheren Zahl zu einer Party in den Steinbruch oder in ein Zelt voll häßlicher Bilder zu zwingen.

Und so war vom einstigen Pomp der Gedenk- und Bußrituale nur noch dieses Konzert geblieben, das je nach Laune und Eifer des zuständigen Offiziers zweimal oder einmal im Jahr oder noch seltener stattfand und keinerlei Erinnerungen an die Kriegsjahre mehr wachrief. Auf der Bühne im Hangar spielten auch längst nicht mehr die *Big Bands* von einst, Orchester in Armeeuniform, zu deren Zugposaunen- und Klarinettenphrasen nach einem hastigen Gang durch das Schreckenszelt *Foxtrott* getanzt werden durfte. – Die Musiker dieser Jahre tanzten selbst!

Wie ekstatische Techniker sprangen und liefen sie zwischen Kabelschlingen und aufeinandergestapelten Lautsprecherboxen umher und entrissen ihren Instrumenten Tonfolgen, die bis in die Eisregion zu hören waren: das Stakkato des Schlagzeugs. Die gellenden Riffs eines Tenorsaxophons. Die bis zum Geheul aufsteigenden Tonleitern elektrischer Gitarren … Ein Dieselgenerator auf einem Armeelastwagen steigerte mit seinen angeschlossenen Verstärkern jeden Schlagwirbel auf das Paukenfell zum

Donner und tauchte mit einer Batterie von Scheinwerfern die Band in ein Licht, das am See sonst nirgends zu sehen war, in ein kalkweißes Licht. In betäubenden Kaskaden rauschten die Songs über Moors Kinder hinweg und klangen ihnen noch stundenlang in den Ohren und beschworen nichts herauf als eine wilde Begeisterung.

Bering, der Feinhörige, der Schreier von Moor, war dieser Musik seit seinem ersten *Concert* verfallen. Noch Tage nach und schon Tage vor dem Auftritt einer *Armyband* träumte er von ihren Stimmen und trommelte mit seinen Fingern auf Blecheimern, Tischen und selbst im Schlaf ihre Takte. Und wenn er inmitten einer verzückten Menge vor der Bühne stand und sich dem übermächtigen Klang hingab, glitt er manchmal tief in seine Jahre zurück, bis ins Dunkel der Schmiede, und schaukelte und schwebte wieder in seiner hängenden Wiege über Hühnerkäfigen, ein schreiendes Kind, das an seinem Gehör litt und sich vor dem Geklirr und Getöse der Welt in die eigene Stimme flüchtete:

Tief im Inneren der großen Musik einer Band mußte er den schmerzhaften Weltlärm nicht mehr aus seinen eigenen Lungen und aus seiner eigenen Kehle übertönen, sondern dort war es dieser fremde, seinem Urgeschrei und seinen Vogelstimmen seltsam verwandte Klang, der ihn wie ein Panzer aus Rhythmen und Harmonien umfing und schützte.

Und selbst wenn ihm die Lautstärke eines Konzerts manchmal das Gehör zu sprengen drohte und ihn für einige Sekunden ertauben ließ, empfand er noch in dieser plötzlichen, klingenden Stille die geheimnisvolle Nähe einer Welt, in der alles anders war als am Ufer und in den Bergen von Moor.

Die wenigen englischen Wörter, die ihm aus den Lektionen in Armeezelten und einem kahlen Schulzimmer geblieben waren, Vokabeln, die er in den Songs einer Band wiedererkannte, führten ihn über *highways* und *stations* in uferlose Träume; von *freedom* und *broken hearts* wurde ihm und seinesgleichen vorgesungen, von *loneliness* und *power of love* und *love in vain* … Und die Helden dieser Songs lebten in einem Irgendwo, in dem nicht nur alles besser, sondern alles in Bewegung war und in dem die Zeit nicht stillstand und nicht rückwärts lief wie in Moor. Dort, irgendwo, gab es Städte und nicht bloß Ruinen, breite, makellose Straßen, Schienenstränge bis an den Horizont, Hochseehäfen und *airports* – und nicht bloß einen zerschossenen Hangar und nicht bloß einen von Disteln und Holunder überwucherten Bahndamm, der schon seit Jahrzehnten keine Geleise mehr trug. Dort konnte jeder gehen und reisen, wohin und wann er wollte, und war dabei weder auf Passierscheine noch auf Armeelastwagen oder Pferdefuhrwerke angewiesen und brauchte auch nicht erst über verminte Pässe oder über die Straßensperren eines Kontrollpostens hinweg seiner Freiheit entgegenzuziehen.

Keep movin'! hatte der Sänger eines Sommerkonzerts ins Mikrophon geschrien und seine Arme erhoben, eine Erlösergestalt im grellen Scheinwerferlicht, hoch über der begeisterten Menge im Dunkel vor der Bühne, hoch über den Köpfen eines Publikums, das zwischen den Mauern des Steinernen Meeres gefangen war. *Movin' along!*

Als sich Bering am Steuer der Krähe, am Lenkrad seiner Schöpfung, dem Fieber der Fortbewegung und der Geschwindigkeit zum erstenmal überließ, erschien ihm die von den Bands herbeigesungene, herbeigeheulte Sehnsucht erfüllbar wie nie zuvor: *Keep movin'.* Auf und davon! – Wenn auch nur auf einem von Schlaglöchern übersäten Schotterweg und nur durch eine Allee von Mammutföhren bis zu einer Anhöhe, von der man nicht weiter als bis zum Blinden Ufer sah.

Lily kam seit der Wiederentdeckung des Plattenspielers öfter als sonst ins Hundehaus. Sie kam immer am späten Nachmittag, brachte dabei mit anderen Tauschwaren aus dem Tiefland manchmal auch neue Schallplatten mit, ging aber stets vor Einbruch der Dunkelheit wieder und blieb niemals über Nacht.

So aufmerksam Bering seinen Herrn und die Brasilianerin während ihrer Tauschgeschäfte auch beobachtete, er fand in keiner ihrer Gesten und Gespräche einen Hinweis, daß die beiden mehr als eine seltsame Vertraulichkeit und stoische Zuneigung verband. Gleichgültig, ob sie ihren Handel besprachen oder die Gefahr eines Überfalls durch die Banden abschätzten, sie verkehrten stets in einem heiteren, manchmal spöttischen Ton miteinander, der den Dingen jede unmäßige Bedeutung und selbst der Gefahr ihre Bedrohlichkeit nahm.

In den Tagen vor dem angekündigten Konzert bot Lily dem Hundekönig einen kirschgroßen, trüben Smaragd zum Tausch an – und zwei Schachteln Munition für die Pistole, die der Leibwächter, wie Ambras den Schmied nun ohne ein spöttisches Lächeln nannte, stets unter der Jacke oder dem Hemd verborgen im Gürtel trug.

Für den Smaragd, dessen schwebende Einschlüsse sich unter Ambras' Lupe zu einem Kristallgarten verdichteten, verlangte Lily Landkarten, die nur in den Archiven der Armee zu beschaffen waren – und für die Munition einen Bühnenplatz für das *Concert* am Freitag und den Begleitschutz von zwei Steinbrechern auf ihrem Weg dorthin. Schließlich waren auch diesmal (und wie immer) betrunkene Horden zu erwarten.

»Die Landkarten besorge ich dir. Den Bühnenplatz kannst du haben. Die Steinbrecher brauchst du nicht«, sagte Ambras und stieß seinen Leibwächter an, der gerade das Fleisch für die Hunde schnitt, »wir werden dich begleiten.«

Bering vergaß seinen Ekel vor dem klebrigen Fleisch und hatte für einen Augenblick den Aufschrei eines begeisterten Publikums wieder im Ohr, einen Orkan aus Stimmen, der ihn beim letzten Konzert mit sich gerissen hatte: Ein Gitarrist tanzte dort zu einem pochenden Rhythmus am Rande der Raserei; ein wirbelnder Irrwisch in der Ferne, sprang und tobte er wie ein Gefangener im Inneren eines Lichtkegels, der ihn verfolgte und nicht losließ und jede seiner Bewegungen in fliegende Schatten verwandelte. Als ob er sich aus diesem Kegel befreien wollte, riß der Tänzer schließlich zu einem donnernden Schlagzeugwirbel die Gitarre von seinem Schulterband, faßte sie mit beiden Händen am Hals, schwang sie hoch über seinem Kopf wie eine Keule, zerschmetterte sie auf dem Boden und sprang über Bruchstücke, Splitter und Schlingen aus Stahlsaiten hinweg endlich aus dem Licht in die schwarze Tiefe der Bühne, um im nächsten Augenblick daraus wiederzukehren, ein rasender Läufer, der auf sein Publikum zuflog – und sich mit einem Aufschrei, der im Stimmenorkan unterging, in die tobende Menge stürzte!

Aber er fiel nicht in die Finsternis und verschwand nicht zwischen Hunderten Gesichtern, sondern trieb auf einem Gewoge aus erhobenen Händen und

Armen dahin, so, als ob es nicht die jubelnden Kinder Moors wären, die ihn hielten und vor dem Aufschlag auf dem zerrissenen Betonboden des Hangars bewahrten: Er schwebte. Glitzernd in seinem Kostüm, schwebte er wie die Beute in den wehenden Armen von Seeanemonen auf dem Grund eines Ozeans.

Ein Bühnenplatz! Am Freitag würde er diesen halsbrecherischen Tänzen, diesen Sturzflügen und schwebenden Idolen so nahe sein wie noch nie; und vor allem: in dieser Wildnis aus Kabelsträngen, fliegenden Lichtern, Verstärkern und Lautsprechertürmen würde er von einer großen Musik umtost neben dieser Frau sein, neben Lily irgendwo in der Nacht.

Aber als Bering den Blick vom Küchenmesser in seiner Hand und den Fleischfetzen des Hundefraßes endlich abwandte, um Lilys Augen zu suchen, war sie schon auf dem Weg nach draußen. Dann hörte er den Trott ihres Maultiers auf dem Kiesweg und widerstand dem Drang, ihr nachzulaufen. Die Hunde umdrängten ihn und waren so wild nach dem Fraß, daß er nicht wagte, sich ihrer Gier zu widersetzen.

16 Ein Konzert im Freien

Schön wie eine heidnische Prinzessin aus der Bilderbibel der Schmiedin kam Lily am Abend des Konzerttages auf ihrem Maultier durch die Föhrenallee geritten. Sie kam spät. Ambras und Bering erwarteten sie ungeduldig auf der offenen Veranda im Erdgeschoß des Hundehauses. Die Krähe stand fahrbereit in der Abendsonne. Der Schnabel der Kühlerhaube, die gehämmerten Schwungfedern an den Seitentüren und selbst die zum Fangschlag geöffneten Krallen am Kühlergrill glänzten wie am ersten Tag nach der Großen Reparatur. Der Leibwächter hatte den Nachmittag damit verbracht, das Ventilspiel des Vogels zu prüfen, Zündkerzen zu bürsten, Kontakte zu feilen und Lack und Chromteile mit Rehleder zu polieren. Die Wagenschläge standen offen. Auf der Rückbank döste ein struppiger Terrier, der plötzlich den Kopf hob und die Lauscher spitzte, als die Reiterin noch tief im Schatten der Mammutbäume verborgen war.

Lily hatte sich eine silberblaue Strähne ins Haar gefärbt; um den Hals trug sie Flußperlenschnüre und im Ohr Gehänge aus haarfeinen Silberketten, die bis auf ihre Schultern herabfielen. An den Ärmeln ihrer Lederjacke wehten zwei von Stahlspangen gefaßte Büschel aus rotblauen Vogelfedern und Roßhaar. Das gleichmäßige Flattern dieser Zierde schien wie durch eine unsichtbare Mechanik mit dem nickenden Kopf des Maultiers verbunden, das an seinem Stirnriemen ein ähnliches Büschel trug. Gemächlich trottete das Tier hügelan. Am Sattelknauf baumelte ein Ledernetz, in dem ein Transistorradio dudelte und knackte, Lilys Musik, von der sie sich oft begleiten ließ, wenn sie auf gefahrlosen Wegen ritt; es waren die Schlager exotischer Kurz- und Mittelwellensender, die in anderen noch empfangstauglichen Radios der Seeregion oft nur Pfeifsignale erzeugten.

Bering sah die Reiterin im Fernglas seines Herrn näherkommen, aber sein Herzschlag ließ das Bild zittern und nahm ihm die Schärfe.

»Habt ihr die Griechin gesehen?« rief Lily, als sie aus dem Schatten der Allee und auf dem kürzesten Weg durch einen Brombeerschlag auf die Veranda zukam; gleichmütig folgte das Maultier dem Druck ihrer Fersen und brach durch das dichte Gestrüpp. »Das Schiff ist überladen wie ein Rettungsboot nach der Seeschlacht.«

Kaum eine Stunde vor Sonnenuntergang und dem Beginn des Konzerts stampfte die Schlafende Griechin in Sichtweite des Hundehauses immer noch auf ihrem Kurs zwischen Moor und den Uferdörfern durch unruhiges Wasser. Obwohl der Abendhimmel wolkenlos war, warfen Fallwinde mit kurzen, heftigen Böen auf dem See Schaumkronen auf. Das Rauschen der im Schilf brechenden Wellen drang bis zur Villa.

Bering konnte das träge manövrierende Schiff im Fernglas nahe genug heranziehen, um zu sehen, daß die Decks schwarz von Passagieren waren. Unter einer zerrissenen Rauchfahne näherte sich der Dampfer eben wieder der Moorer Landungsbrücke, zum fünften oder sechsten Mal an diesem Tag. Der Zustrom des Konzertpublikums hatte schon am frühen Nachmittag eingesetzt und bewegte sich seither in Schüben, die dem Takt der Landungszeiten folgten, auf den alten Flugplatz zu.

Vier Jeeps, ein Mannschafts- und ein Panzerwagen und zwei hoch beladene Armeelaster mit den Instrumenten der Band und einem Generator waren dort schon am Vorabend eingetroffen. Der bewaffnete Begleitzug hatte Mühe gehabt, die Neugierigen von den Kochfeuern und Zelten der Musiker fernzuhalten. Moors Kinder drohten in ihrer Begeisterung das Camp zu stürmen. Sie umdrängten die Fahrzeuge, trommelten mit ihren Fäusten gegen Kühlerhauben und Bordwände und sangen dazu Passagen jener Songs, die sie beim Konzert morgen hören wollten, hören mußten.

»Ich mußte einen Umweg machen«, sagte Lily und sprang aus dem Sattel. »Eine Militärstreife hat die

Uferpromenade gesperrt. Sie durchsuchen Taschen, kontrollieren Papiere und blitzen den Leuten mit Fotoapparaten ins Gesicht. Wir sollten besser nicht in eurem Vogel zum Hangar fahren. An der Schranke zur Flughafenauffahrt schlagen sich schon jetzt die Schnapsbrüder und fallen nur deswegen nicht um, weil das Gewühl zu dicht ist.«

Ambras kannte das Geschiebe und Gedränge auf der steilen Schotterstraße zum Flugplatz so gut wie jedes andere Hindernis auf dem Weg zum Hangar. Am alten Schlagbaum hatte sich beim Konzert vor zwei Jahren ein Trupp Glatzköpfe mit Ketten, Schlagringen und Äxten postiert und von den Durchziehenden einen Musikzoll zu kassieren versucht. Die Glatzen hatten schließlich der Militärpolizei einen Kampf geliefert, an dessen Ende drei Verletzte und ein Toter im Geröll lagen … Ambras kannte alles, was den Ablauf eines Konzerts, was Besucherzahlen, Störungen, Unfälle, Schlägereien oder Brände betraf. Seit es diese Konzerte im Hangar gab, hatte er sie als teilnahmsloser Beobachter verfolgt, weil die Armee einen Bericht darüber forderte, den der Moorer Sekretär schreiben und der Steinbruchverwalter mit seiner Unterschrift bezeugen mußte.

Jetzt nahm er Bering das Fernglas aus der Hand und strich mit einem Blick über die Uferpromenade: »Wir gehen nicht. Wir fahren.« Er pfiff nach der aschgrauen Dogge. »Los.«

Als Bering die Krähe anließ, machte das Maultier, das am Seerosenteich zu grasen begonnen hatte, einen entsetzten Sprung zur Seite. Am kühlen, trokkenen Lenkrad spürte er, wie feucht seine Handflächen waren. Lily saß neben ihm auf der Fahrerbank. Lily war ihm so nahe wie seit jener Stunde nicht mehr, in der sie ihm den Knoten an seinem Lederschurz gelöst hatte. Ambras saß im Fond neben der Dogge, die ihren Kopf in seinen Schoß legte, kaum daß der Wagen sich in Bewegung setzte.

Auch auf der ansonsten wenig begangenen alten Lastenstraße, die entlang felsiger Abhänge hoch über dem See ins *Fliegertal* führte, herrschte in dieser Stunde Gedränge; aus allen Winkeln der Seeregion strömte das Publikum nach dem Hangar. Schon nach wenigen Kilometern auf dieser Route steckte die Krähe tief in einer Prozession, die einem heller und heller werdenden Schein entgegenzog.

So gierig der geflügelte Studebaker in dieser Prozession auch begafft und die seidige Glätte seiner Lackierung verstohlen befühlt wurde, sein Besitzer hatte hier ebensowenig Freunde wie im Steinbruch oder sonstwo in Moor. Und es war in diesem Augenblick wohl weniger die Furcht vor diesem Hundekönig oder vor seinen Verbündeten in der Armee, die ihn und seine Krähe vor Fäusten und Steinen schützte, sondern die Dogge. Ambras hatte zwei Fenster aufgekurbelt, und das Vieh schnellte mit seinem großen Schädel einmal links, dann wieder rechts aus der Fensteröffnung, riß an der Kette und schuf mit seinem tiefen, wütenden Gebell jenen Raum, den Berings kurze Hupsignale forderten.

Selbst die Soldaten einer Militärstreife, die den Wagen vor einer Holzbrücke anhielten, um das Vogelgefährt von allen Seiten anzustaunen, wagten den Chromschnabel und die geschmiedeten Krallen erst anzufassen, als der Hundekönig die Fenster schloß und ausstieg. Im Gespräch mit der Streife deutete Ambras irgendwann auf Bering (oder auf Lily?) und lachte und sagte etwas, das im Inneren der Krähe über dem Hundegebell nicht zu verstehen war. Ohne Ausweispapiere vorgezeigt oder auch nur jenen Kontrollstempel empfangen zu haben, der spätestens an der Einfahrt zum Flugplatz jedem Konzertbesucher auf den Handrücken geschlagen wurde, stieg der Hundekönig dann wieder in den Fond, und sie krochen weiter.

Sie sprachen wenig auf dieser Fahrt. Widerwillig teilte sich die Prozession vor ihnen und schloß sich so dicht hinter ihnen wieder, daß die Gesichter der Menge im roten Widerschein der Rücklichter glühten. Manche Schlaglöcher der Lastenstraße waren so tief, daß eine Vorhut des Orchesters Stangen und Äste darin versenkt hatte, um die Nachkommenden vor diesen Fallgruben zu warnen. Wenn Bering den klaffenden Löchern auswich, wurde es auf der Straße manchmal so eng, daß die abgedrängten Fußgänger protestierend zu schreien begannen und mit der flachen Hand gegen die Windschutzscheibe schlugen. Etwas anderes als die bloße Hand gegen den Wagen des Hundekönigs zu erheben wagte auch hier niemand.

Als Ambras sich unvermutet vorbeugte und Bering auf die Schulter klopfte, zuckte der völlig ins kriechende, zentimetergenaue Fahren Versunkene so erschreckt zusammen, daß er einen kostümierten, weiß geschminkten Mann mit dem Schnabel der Krähe ins Gestrüpp stieß.

»Laß ihn. Fahr weiter«, sagte Ambras. Und dann: »Hast du das Ding mitgenommen?«

Das Ding. Der Hundekönig nannte selten etwas bei seinem Namen. Der Wagen, das Ding. Das Funkgerät, das Ding. Der Fernseher, ein Glasschneider, die Karbidlampe, ein Bohrhammer: dieses Ding, jenes Ding. Nur für seine Hunde erfand er ständig neue, oft verrückte Kose- oder Schimpfnamen, die aber so schnell wechselten, daß die Tiere sich besser in den gleichbleibenden, besonderen Tonhöhen wiedererkannten, in denen er nach ihnen pfiff oder rief. Und doch hoben vorsichtshalber alle den Kopf, wenn er nur einen von ihnen meinte.

»Mitgenommen? Welches Ding?« Bering wollte auch in Ambras' Diensten nicht auf Namen verzichten. Wie konnte einer bloß ohne Namen sein! Trug doch selbst der kleinste Teil einer Mechanik mit seiner Bezeichnung auch seine Bestimmung … Obwohl er in den vergangenen Wochen die Dingsprache seines Herrn ebenso verstehen gelernt hatte wie seine knappen Gesten, versuchte er ihm durch scheinbar verständnisloses Nachfragen gelegentlich doch einen Namen abzuringen. Zumeist endete dieser Versuch aber damit, daß *er* sagen mußte, was der Hundekönig meinte.

»Welches Ding wohl? Womit, glaubst du, wirst du diese Schreier da draußen am ehesten beeindrucken? Mit einem Staubwedel? Also, hast du das Ding mitgenommen?«

»Hier«, sagte Bering und legte seine Hand für einen Augenblick auf die verborgene Pistole in seinem Gürtel. Ambras hatte ihn in den vergangenen Wochen kein einziges Mal nach der Waffe gefragt.

Die Fahrt wurde lang. Auf einem leeren Weg hätte sie kaum länger als eine halbe Stunde gedauert. Aber an diesem Freitag war die Sonne längst untergegangen, als sie das Hochplateau des Flugplatzes erreichten. Aus der Ferne waren bereits die Probeläufe der Instrumente zu hören, das Dröhnen einer Baßgitarre. Das Tor zum Hangar lag in gleißendem Licht. Davor staute sich die Menge – eine schwarze Flut aus Silhouetten und tanzenden Schatten. Das mußten Tausende sein.

Das alte Rollfeld des Flugplatzes war das breiteste

und am besten erhaltene Stück Fahrbahn, das Bering in der Seeregion kannte: Dreimal war er in den vergangenen Wochen durch dieses menschenleere Tal heraufgekommen, um die Krähe hier für wenige Sekunden mit einer Geschwindigkeit zu fahren, die auf keiner von Moors Schotterstraßen zu erreichen war. Aber die Piste, die auf solchen Fahrten wie ein Fluß durch eine plötzlich geöffnete Schleuse auf ihn zustürzte, war jetzt nur ein einziger, träger Menschenstrom – und verloren irgendwo in seiner Mitte die Krähe, Treibgut, das im Schrittempo dem Hangar entgegenschaukelte.

»Ich kann mich nicht erinnern …« sagte Lily und beendete ihren Satz nicht, weil jeder im Wagen das gleiche dachte: Keiner von ihnen konnte sich erinnern, jemals einen solchen Ansturm zu einem Konzert erlebt zu haben. Dabei galt der Sturm nur einem einzigen Namen, der auf allen Plakaten zu lesen stand und nun in einer elektrischen Flammenschrift über dem Tor des Hangars flackerte:

PATTON'S ORCHESTRA

Daß dieser brennende, von Blitzen durchpulste Name eine so ungeheure Anziehungskraft entfalten würde, schien selbst den Moorer Sekretär aus der Fassung gebracht zu haben. Er tauchte plötzlich gestikulierend aus dem Gewühl vor ihnen auf, wies ihnen gestikulierend einen Platz in der Wagenburg der Militärkolonne zu und wiederholte dann auf dem Weg durch das von Soldaten gesperrte Bühnenareal in seiner konfusen Geschäftigkeit immer wieder, diese Masse von Leuten fände im Hangar keinen Platz; unmöglich. Er habe sich schon am frühen Abend mit der Militärpolizei besprochen. Man habe das Konzert ins Freie verlegt. Allein die Bühne bleibe unter Dach.

Die Bühne, ein mit Leuchtbändern und Tarnnetzen verhängtes Stahlgerüst, war ans offene Schiebetor verlegt worden und immer noch von uniformierten Technikern besetzt. Der leere Hangar im Hintergrund, nun ein einziger, von riesenhaften Schatten durchflogener Resonanzkörper, schien unter den Probeläufen zu beben.

Vom Leibwächter des Moorer Sekretärs geführt, stiegen der Hundekönig und sein Gefolge ins blendende Licht der Bühne empor und ließen sich dort ihre Plätze zeigen. Bühnenplätze, das waren die schmalen Räume zwischen Instrumentenkoffern, Verstärkern und Lautsprechertürmen im schattigen Hintergrund. Und dort stand nun jeder von ihnen auf seine Weise befangen und stand plötzlich in einem gellenden Pfeifkonzert: Das Publikum wollte endlich seine Idole sehen.

Patton's Orchestra! In den Besatzungszonen gab es keinen Namen (den des Friedensbringers vielleicht ausgenommen), der berühmter – und berüchtigter gewesen wäre. Die Songs dieser Band hatten sich durch die von den Armeesendern bis in die Versammlungsräume der Sekretariate übertragenen Mittwochabend*shows* in Hymnen oder Gassenhauer verwandelt, die selbst im letzten Kaff nachgesungen wurden und auch dann noch begeisterten, wenn sie von Störgeräuschen verzerrt aus den Empfängern krachten.

Der *Bandleader*, ein hagerer Gitarrist, der seine gürtellangen Haare zu einem Zopf geflochten trug, hatte sich und sein Orchester nach einem hochdekorierten Panzergeneral *Patton* getauft – und sein Leitspruch, den er auf das Paukenfell des Schlagzeugs ebenso setzen ließ wie auf die Verdecks jener Wagenkolonne, mit der er im Schutz und Sold der Armee durch den Frieden von Oranienburg zog, war seinen *Fans* längst geläufiger als die Parolen Stellamours: *Hell on Wheels.*

Wo Pattons *Hölle auf Rädern* die Bühne stürmte, die Instrumente an sich riß und zur Einstimmung einige Takte in brachialer Lautstärke spielte, brauste ein Jubel auf, wie ihn keine andere Musik zu entfesseln vermochte. Hell on Wheels! war dabei zu einem Schlachtruf geworden, der selbst den schwerbewaffneten Begleitschutz manchmal in Schrecken versetzte, folgten ihm doch oft Begeisterungsstürme, die von einem allgemeinen Aufruhr kaum noch zu unterscheiden waren. Steine und Flaschen flogen dann durch die Luft, Eisenstangen und brennende Fahnen …

Was immer General Patton und seine Band in den Köpfen und Herzen ihres verzückten Publikums auslösten – es war nicht zu kontrollieren und oft nur mit Gewalt zu besänftigen. Aber trotz Saalschlachten und Massenschlägereien vor der Bühne gab es keine Kommandantur, die Pattons Auftritte jemals verboten hätte – schienen diese Konzerte doch die Unruhe in den besetzten Gebieten in einen ebenso wilden wie letzten Endes harmlosen Jubel zu verwandeln. Dazu kam, daß Pattons Konzerte auch die Horden aus dem Steinernen Meer und aus den Ruinenstädten magisch anzogen. Als grölende oder mit Kreide geschminkte Fans getarnt, kamen manchmal selbst steckbrieflich gesuchte Kahlköpfe bis dicht an die Bühne und gingen dort den Militärs gelegentlich in die Falle.

Der Zustrom über das Rollfeld war immer noch nicht zum Stillstand gekommen; Ambras sprach heftig auf den Moorer Sekretär ein, es ging um einen liegengebliebenen Transport von Steinen; und Lily und Bering standen wortlos nebeneinander, benommen von dem taghellen, ungeheuren Bühnenraum, der vor ihnen aufklaffte – als das Konzert ohne jede Ankündigung begann:

Ein vermeintlicher Tontechniker im gefleckten

Tarnanzug, eben noch vertieft in das Stimmen einer Gitarre, wiederholte einige Takte mit zunehmendem Tempo; ein Schlagzeuger, der eben noch gelangweilt auf einem Triangel klingelte, warf plötzlich die Arme hoch und entfachte auf seinen Fellen einen knatternden Wirbel … Das war das Zeichen. Jetzt sprangen drei kostümierte Gestalten ins Licht. Über und über mit Amuletten behängt, die Gesichter mit Kreide geschminkt und ihre Gitarren wie Stichwaffen vor sich haltend, schlugen sie auf ein Handzeichen des Bassisten einen so dröhnenden Akkord, daß alle anderen Stimmen darin untergingen.

Lily faßte Bering am Arm und rief ihm etwas zu. Er mußte sein Ohr dicht an ihren Mund bringen, mußte ihr so nahe kommen wie noch nie, um sie endlich zu verstehen: »Das – ist – nicht – Patton.« Ihre Hand, die einen Augenblick auf seiner Schulter geruht hatte, glitt wieder herab, und er hatte nicht den Mut, sie festzuhalten.

Das war nicht Patton. Das war nur das Vorspiel einer Band, deren Name weder in den Mittwochabendshows noch in den Hitparaden der Kurzwellensender jemals zu hören gewesen war. Aber obwohl ihre Riffs immer wieder zerflatterten und manchmal zu Dissonanzen zersprangen, begann das Publikum doch allmählich zu stampfen und schrieb mit seinen Fackeln und brennenden Ästen rhythmische Feuerzeichen in die Dunkelheit. Als das Vorspiel dann in einem orgiastischen Stimmengewirr endete und die Namenlosen so plötzlich wie sie gekommen waren wieder verschwanden, sank das Licht der Scheinwerfer zu einem violetten Glühen herab. Diese Dämmerung, in der nur da und dort noch ein Mikrophon oder ein Stück verchromtes Metall blinkte, schrie nach Pattons Auftritt.

Ein Scheinwerfer flammte auf; sein Lichtkegel fiel hoch aus der Nacht auf die Bühne herab und glitt an Bering vorüber und fingerte einen Mann aus der Finsternis, dessen Gesicht blau von Tätowierungen war. Er rannte. Er rannte, als das Licht ihn erfaßte, und rannte im Lichtkegel weiter und durch den dämmrigen Bühnenraum und schleifte ein Mikrophonkabel hinter sich her und schrie rennend den einen Namen, der ins Ungeheure verstärkt über die Menge und das ganze Flugfeld hinwegrollte: *General Patton and his Orchestra!*

Bering sieht den Läufer nach imaginären Hebeln greifen. Er kippt oder zieht sie alle nach unten und springt in die Tiefe der Bühne zurück, aus der jetzt von allen Seiten und in einem Gewitter aus Magnesiumblitzen Pattons Musiker stürmen. Es sind sieben Männer und vier Frauen. Das Publikum kennt jeden ihrer Namen.

Sie reißen ihre Instrumente und Mikrophone genauso an sich, wie es an Mittwochabenden schon auf den Bildschirmen zu sehen war, und beginnen ohne ein sichtbares Einsatzzeichen einen von Pattons berühmtesten Songs so rasend schnell zu spielen, daß keiner aus der Menge zu ihren Füßen im gleichen Takt mitsingen oder auch nur mitstampfen kann.

Dann bricht die Musik ebenso jäh wie sie begonnen hat wieder ab. Nur ein Chor von hoffnungslos hinterhersingenden Fans rauscht noch sekundenlang über diesen Abbruch hinaus, bevor er wieder in jenen gestaltlosen Jubel zurückfällt, in dem nun als letzter seines Orchesters General Patton die Bühne betritt.

Patton läuft nicht. Er schreitet. Er kommt auf Bering zu, der blaß und atemlos wird und sich unwillkürlich tiefer in den Schatten der Lautsprechertürme flüchten will. Aber dort steht schon Lily. Ambras ist nirgends zu sehen.

Wie klein Patton ist.

Klein?

Patton geht vorüber, geht so nahe an Bering vorüber, daß der ihn mit einem ausgestreckten Arm berühren könnte. Patton streift ihn mit seinem Blick, starrt durch ihn hindurch und geht weiter, hinaus in den Jubel. Einen Schatten vor der Sonne eines Scheinwerfers, sieht Bering ihn auf die Menge zuschreiten, die ihm alle Arme entgegenstreckt, und einer, der wie Bering zwischen Kabelsträngen und schwarzen Geräten steht, könnte glauben, alle Arme streckten sich nach ihm. Oder nach Lily.

Die meinen uns, will er ihr zurufen, die meinen uns!

Aber Lily hat nur Augen für Pattons Schatten. Weit draußen im Jubel hat er seinen Ort erreicht. Dort, am äußersten Rand der Bühne, hebt er die Hand, als wollte er das Tosen besänftigen, und beschattet dann doch nur seine Augen und hält Ausschau auf das Meer der Begeisterten unter ihm und brüllt dann mit einer Stimme, die gespenstisch größer ist als seine Gestalt: *Good!* – und nach einer langen Pause, in der ihm die Menge diesen Schrei als donnerndes Echo zurückgibt – *Evening!*

Good Evening. Für einen wie Bering genügt dieser Schrei, um die unverwechselbare Stimme wiederzuerkennen, die er schon so oft aus dem Fernsehgerät des Moorer Sekretärs gehört hat, aus knackenden Radios und schließlich auf der immergleichen Platte aus Major Elliots zurückgelassener Sammlung. Aber er hat sie noch nie wirklich gehört.

Wer von den Begeisterten geglaubt hat, Patton werde nun das rasende Tempo seiner Band wieder aufnehmen und den unterbrochenen Klangsturm neu entfachen, der hört ihn plötzlich und verwundert ganz allein. Patton braucht seine Stimme nur zu erheben und ist schon mit dem ersten Ton hoch über dem Tosen der Menge und allem Lärm der Welt ganz allein. Er singt.

Weit entfernt von seinen Musikern und so nahe an

den erhobenen Armen der Menge, daß manche von ihnen nach seinen Füßen greifen, das Mikrophon in der Faust und begleitet nur von einer einzigen Gitarre, die das glitzernde Arsenal seines verstummten Orchesters seltsam nutzlos erscheinen läßt, schreit, singt, spricht, flüstert, haucht Patton lange, melodische Sätze, die Bering für die Strophen eines *Lovesongs* hält. Er jedenfalls hört Worte, deren bloßer Klang ihn rührt und nur noch an Lilys Gegenwart denken läßt, an ihre Hände, deren flüchtige Berührung er schon kennt, an ihren Mund, den er nicht kennt.

Diesen Song hat am See noch keiner gehört. Der Jubel ist in einer Stille verhallt, in der Pattons Stimme noch größer klingt. Und groß, als wäre er an seiner eigenen Stimme gewachsen, größer als in jeder Erwartung seiner Fans, steht er jetzt strahlend in der Dunkelheit.

Bering fröstelt, obwohl der Abend warm und windstill ist. Wie immer, wenn er sich in einem schönen Klang verliert, raspelt ihm ein Schauer aus seinem Herzen eine Vogelhaut auf, eine Gänsehaut. Ihm ist so wohl, daß er fürchtet, der schöne Klang werde ihn gleich wieder loslassen – und fallenlassen. (Wie oft mußte er sich dann wiederfinden in einer scheppernden Welt, mit gesträubten Härchen da und dort und ein bißchen lächerlich, so, wie er sich stets am Ende eines großen Gefühls wiederfand.)

Aber diesmal hört das Frösteln nicht auf und läßt ihn der Klang nicht los und zwingt ihn nichts in die Welt zurück. Diesmal nimmt der schöne Klang an Kraft noch zu und bringt weitere Stimmen – und vor allem eine Baßgitarre zum Klingen, auf der eine dunkelhäutige Frau Pattons Gesang langsam und dann fast unmerklich schneller werdend nachzuspielen beginnt. Als prüfte ein Bogenschütze eine lange, unzerreißbare Sehne, schwirren die Baßtöne hinter Pattons Stimme her, folgen ihr über gewundene Tontreppen in Höhen und Tiefen, werden dichter und kommen ihr näher.

Und Bering steigt und läuft und springt, fliegt schließlich hinter den Händen der dunklen Frau und hinter der verfolgten Stimme her und verliert darüber alle Schwere – wie in jenen Augenblicken, in denen er den pfeilschnellen Figuren des Vogelflugs mit dem Fernglas seines Herrn zu folgen versucht und im bloßen Schauen leichter und leichter wird, bis er am Ende den Boden unter seinen Füßen verliert und in einen wirbelnden Himmel stürzt. Patton singt.

Bering fliegt. Er schreibt mit geschlossenen Augen Schleifen in den Himmel und segelt zwischen Wolkengebirgen dahin, als ihn zwei Arme sachte zur Erde zurückziehen – aber nicht hinab in eine klirrende Welt, sondern in ein Nest. Es sind zwei Arme in schwarzem Leder, so kühl und glatt wie Flügel, die sich von hinten um seine Schultern legen, um seinen Vogelhals. Und an seinen Rücken schmiegt sich ein warmer, federleichter Körper, der sich mit ihm im Rhythmus von Pattons Stimme zu wiegen beginnt.

Er braucht nicht erst die Silberreifen an den Handgelenken zu erkennen und nicht erst die haarfeinen Ketten der Ohrgehänge in seinem Nacken zu spüren, um zu wissen, daß es Lilys Arme sind. Unter ihrem Atem wird seine Vogelhaut noch rauher. Und endlich lehnt er sich zurück und läßt sich halten und schaukeln von ihr. So war es am Anfang seiner Zeit. So ist er durch das Dunkel der Schmiede geschwebt und war geborgen in den Stimmen gefangener Hühner. Was soll er tun, damit er nichts zertritt in diesem Paradies. Er hat noch nie eine Frau in den Armen gehalten. Er weiß nicht, was er tun soll. Wenn nur die Stimme, die sie beide in dieser wunderbaren Schwebe hält, nicht aufhört zu singen.

Hell on Wheels! – Als habe Patton sein Orchester wachgesungen – und als spürten die Erwachten diesen schwebenden, störenden Frieden in ihrem Rükken und erinnerten sich darüber an ihr Motto, stürzen sich plötzlich alle Instrumentalstimmen auf Pattons Melodie und fallen mit einer solchen Wucht über seine Stimme her, daß sie in der anbrandenden Flut aus Tönen versinkt – um kaum einen Atemzug später inmitten der Brandung wieder aufzutauchen. Bering sieht einen Wasservogel, der zwischen den

Brechern schwimmt und jedesmal, bevor eine Woge ihre Krone aufsetzt, um ihn unter sich zu begraben, auffliegt und mit seinen Schwingen die Gischt fächelt. Beseelt von der Macht, mit der diese Stimme selbst das Donnern des Schlagwerks durchdringt, fühlt sich Bering schließlich selbst emporgehoben und stark genug, um nach Lilys Armen zu greifen – und sich ihnen zu entwinden.

Er dreht sich um nach ihr, nach ihrem Gesicht, und ist mit seinen Augen plötzlich so nah an den ihren, daß er seinen Blick wie damals bei ihrer ersten Begegnung senken muß. Er kann eine solche Nähe nicht ohne Beschämung ertragen. Er fühlt sich durchschaut bis auf seinen Grund und muß seine Augen schließen und wagt, wie in Notwehr und eigentlich nur, um diesem schönen, verstörenden Blick auszuweichen, was er bisher allein im Schlaf und nur vor einem Traumbild gewagt hat:

Blind zieht er Lily zu sich heran und küßt sie auf den Mund. Und ist tief in seinem Traum, als er im nächsten Augenblick ihre Zunge zwischen seinen Lippen und an seinen geschlossenen Zähnen spürt.

Jetzt ist es Lily, die sich aus seinen Armen löst. Obwohl sie kaum einen Schritt zurückweicht und seine Hände in den ihren behält, ist sie ihm schon wieder so fern, daß er sich nach ihr sehnt und sie ganz in diese irritierende Nähe zurückziehen will.

Aber das will sie nicht. Er hat etwas falsch gemacht. Er muß etwas falsch gemacht haben. Ihm wird bang. Jetzt muß er sie anschauen. Aber ihre Augen spiegeln keinen Fehler. Wie still es in ihm geworden ist. Erst jetzt hört er den Jubel: Dort unten wogt ein Feld aus erhobenen Armen bis an den Rand der Nacht. Und alle Arme fliegen ihnen entgegen. Unsichtbar halten sie sich in der schwarzen Tiefe der Bühne an den Händen, halten sich aneinander fest. Pattons Song ist zu Ende. Moors Kinder jubeln ihm zu.

Jetzt entläßt Lily Bering aus ihren Augen und entzieht ihm auch ihre Hände und wendet sich Patton zu und beginnt im Rhythmus der Menge und mit hoch erhobenen Armen zu klatschen: *More! More! More …!*

So hat Bering noch keine Frau gesehen. Er hat die Feuchtigkeit ihrer Zunge noch auf seinen Lippen und schreit ihren Namen. Und sie hört ihn. Sie hört ihn und lacht ihn an: More! More! Sie umfaßt seine Handgelenke und reißt ihm die Arme hoch. Er soll klatschen! Und er soll ihr dabei so nahe sein, daß er sein Herz an ihrer Brust spürt. Sie läßt seine Handgelenke nicht los. Sie klatscht mit seinen Händen. Er hat sie wirklich geküßt.

Jetzt reißt etwas an ihm und steigt aus jener Tiefe empor, in die hinab Lilys Blick gesunken ist. Es ist eine seiner verlorenen Stimmen. Er will ja, er will einfallen in das große Geschrei und reckt seinen Hals wie damals an einem verschneiten Februarmorgen, reckt seinen Hals wie ein Vogel; ein Huhn. Aber es ist kein Gackern und kein Krächzen, das ihm in den Rachen steigt und den Mund aufreißt, sondern ein menschlicher Laut. Er triumphiert. Er schreit, wie er noch niemals geschrien hat, und fügt seine Stimme in die ihre zu einer einzigen, begeisterten Stimme.

17 Das Loch

Natürlich hätten Moors Kinder ebenso wie die aus Haag oder Leys in dieser Freitagnacht bis zur Erschöpfung ausgeharrt und hätten sich bis zum Morgengrauen heiser und stumm geschrien, um von Patton und seiner Band immer neue Zugaben zu fordern … Aber irgendwann, es war lange nach Mitternacht, verschwanden die Musiker in der schwarzen Tiefe des Hangars (und von dort unbemerkt in ihre Zelte) und kehrten auch im anhaltenden Beifallssturm nicht wieder auf die Bühne zurück. Dann erloschen die Scheinwerfer. Der Abbau allen Geräts wurde nur noch von einigen lichtschwachen Lampen erhellt.

Auf dem Rollfeld loderten Reisigfeuer und Fackeln. Nach mehr als einer halben Stunde protestierender Sprechchöre gegen das Verschwinden der Band begann sich die Menge murrend, schließlich nur noch murmelnd aus dem Tal zurückzuziehen. Wer von ihr gedrängt und gestoßen dem Seeufer durch die Nacht entgegenstolperte und eine Taschenlampe bei sich trug, der verbarg diese Kostbarkeit, bis er aus dem Strom abzweigte und endlich allein war, um die in der Ekstase mit so vielen anderen Gefühlen freigewordene Gier nach künstlichem Licht, nach elektrischen Gitarren und anderen Zeichen des Fortschritts nicht herauszufordern.

Die meisten Zwischenfälle, die von den Sekretären in ihren Berichten an die Armee aufgelistet wurden, ereigneten sich auf solchen und ähnlichen Heimwegen. Denn in der plötzlichen Stille nach dem Orkan, nach so viel wilder Begeisterung und Hingabe, schienen die alten Gesetze und Regeln des Friedens von Oranienburg noch nicht wieder in Kraft; Verbote waren bedeutungslos, drohende Strafen ohne abschreckende Wirkung. Vieles, was in den Stunden nach einem Konzert getan wurde, geschah im Augenblick und ohne Rücksicht auf die Folgen.

Aber diesmal war die Menge friedlich wie selten in einer solchen Nacht. Als hätte sich die *Hölle auf Rädern* stellvertretend für Pattons Anhänger ausgetobt, kam es nur da und dort zu einigen Kämpfen zwischen verfeindeten Gruppen von Lederleuten, aber zu keiner Schlacht. Es gab ein paar blutige Nasen, Faustschläge, aber keine Hiebe mit Schlagringen, keine fliegenden Ketten, keine Brechstangen. Kaum ein Dutzend Verdächtige hatten der Begleitschutz der Band und die Militärpolizei aus dem Publikum gegriffen und dabei kein einziges Mal ihre Schußwaffen verwendet.

So chaotisch die Menschenmenge in der Finsternis auch schien, so träge, fast gutmütig kroch sie nun aus dem Fliegertal. Von einigen besoffenen Kumpanen abgesehen, wollte auch niemand den Gefangenen beistehen, die mit Handschellen an die Bordwand eines Mannschaftswagens gefesselt zurückblieben. Wer immer dort an seiner Fessel riß und Unschuldsbeteuerungen oder Flüche brüllte, Plünderer, Schwarzhändler oder gesuchte Totschläger – die vorbeidrängenden Anhänger Pattons bedauerten nur, daß wieder einmal ein Konzert zu Ende war.

Während Lily schläfrig auf der Fahrerbank der Krähe saß und im Schutz der Dogge auf seine Rückkehr wartete, suchte Bering in der Wagenburg des Begleitzuges, im Bühnenareal – und schließlich planlos im Gewühl nach seinem Herrn. Gebannt von Pattons Stimme und Lilys Zärtlichkeit hatte er erst kurz vor dem Erlöschen der Scheinwerfer bemerkt, daß Ambras verschwunden war. Dabei war er während des ganzen Konzerts sicher gewesen, daß Ambras keine fünfzehn Schritte von ihnen entfernt im Schlagschatten der Kulisse stand. War das nicht Ambras gewesen? Einmal hatte er doch seinen Blick zu spüren geglaubt und Lily ins Dunkel zu ziehen versucht und in ihr Ohr geflüstert: »Er starrt uns an.«

»Wer starrt uns an?«

»Er.«

»Ambras? Was soll den stören an uns? Der küßt doch nur seine Hunde.«

Und dann war ihm Lily so nahe gewesen, und Pattons Musik jagte über ihre Umarmung hinweg, und Bering vergaß!, was er seit seinem Einzug im Hundehaus noch keinen Augenblick vergessen hatte – die Gegenwart seines Herrn.

Jetzt kämpfte er gegen die Strömung der Menge und wurde immer unruhiger bei dem Gedanken, daß Ambras in dieser Finsternis und in diesem Gewühl von einer Horde betrunkener Lederleute als der Steinbruchverwalter erkannt werden könnte, als ein Freund und Vertrauensmann der Armee … Seit wie vielen Stunden war Ambras schon verschwunden? Vielleicht hatte er sich auf der Bühne getäuscht, und die Gestalt im Schatten war nur ein Fremder und vielleicht ein Feind gewesen.

Aber wenn es der Hundekönig war, der seinen Leibwächter zwischen Lautsprechern und Verstärkern vor Zärtlichkeit und Scham blind werden sah, dann hatte er gewiß nicht bloß die Heimlichkeiten eines umschlungenen Paares gesehen, sondern vor allem und vielleicht nichts anderes als ihre Arme! Ihre erhobenen, ineinander verflochtenen, glücklichen Arme. Denn so tänzerisch leicht und hoch über den Kopf, wie in dieser Nacht Bering und Lily mit Tausenden anderen Begeisterten ihre Arme zu einem einzigen wehenden Feld erhoben, würde Ambras seine Arme niemals mehr erheben können … Ambras war ein Krüppel. Und Bering kannte sein Geheimnis:

Er irrte durch das Gewühl und hörte das Donnern im Steinbruch wieder. Es war am vergangenen Morgen gewesen. Ein Sprengsatz war zu früh gezündet worden. Ein Hagel aus Gesteinssplittern prasselte auf ihn und Ambras nieder.

Sie rannten durch eine Wolke aus Sand und Steinmehl zur Verwalterbaracke. Ambras trat fluchend die Tür auf und schüttelte sich Sand von den Schultern. Dann nahm er eine Bürste aus dem Spind, neigte seinen Kopf vor ihm und befahl, ihm den Staub und Sand aus den Haaren zu bürsten.

»Ich kann das heute nicht mehr«, hatte Ambras gesagt. »Wenn das Wetter umschlägt, stehe ich im Regen oder stehe ich im Schnee und bringe keinen Arm mehr in die Höhe.«

Ein Wettersturz? Der Tag war sonnig. Nur der Wind nahm zu. Bering ekelte vor diesem staubigen Kopf, von dem schon bei der ersten Berührung Schuppen schneiten. Er wollte einem Mann nicht so nahe sein. Nicht einmal seinem Vater, der sich im Spiegel nicht mehr sehen konnte und an Sonntagen von der Schmiedin mit einem Hornkamm frisiert worden war – nicht einmal seinem Vater hatte er jemals das Haar gebürstet. Haare …! War er Mechaniker, Fahrer, Schmied – oder bloß ein bewaffneter Friseur?

Obwohl ihn Ambras' Befehl wütend machte, tat er, was ihm befohlen wurde und zog die Bürste so vorsichtig durch dieses drahtige, an manchen Stellen altersgraue Haar, als wäre es das Fell eines bissigen Hundes.

Die Schultern des Hundekönigs wurden weiß vom Steinmehl und vom Schnee der Schuppen, und Bering begann über diesem langsamen, demütigenden Dienst zu begreifen, daß dieses Geheimnis, das ihm so beiläufig anvertraut worden war, bedeutete: Leibwächter war kein Spottname.

Der Hundekönig scherzte nicht, wenn er ihn seinen Leibwächter nannte. Ambras konnte seine Arme nicht mehr über den Kopf und nicht mehr gegen einen Feind erheben, und er hatte allen Grund, ein solches Gebrechen vor Moor zu verbergen. Wenn sich ein Mündel der Armee nicht mehr selbst helfen konnte, half ihm bald auch die in immer weitere Ferne abrückende Macht der Besatzer nichts mehr.

Erst eine Stunde nach dieser Arbeit, sie hockten vor einem zerlegten, defekten Bohrhammer in der Verwalterbaracke und hörten, wie die Böen den Sand über das Wellblechdach trieben, hatte er seinen Herrn endlich zu fragen gewagt, was ist mit Euch, was ist das für ein Leiden?

»Das ist die Moorer Krankheit«, hatte Ambras gesagt; »die haben sich viele am Blinden Ufer geholt.«

»Im Steinbruch? Bei welcher Arbeit?«

»Nicht bei der Arbeit. Beim Schaukeln.«

Schaukeln. Swing. Bering kannte den Namen dieser Tortur von einer plakatgroßen, grobkörnigen Fotografie, die in den Schauzelten der Armee und auch bei manchen Stellamour-Parties neben anderen Erinnerungen an die Folter zu sehen gewesen war. Das Plakat zeigte eine riesige Buche, von deren untersten, ausladenden Ästen fünf Häftlinge in gestreiften Drillichanzügen in einer entsetzlichen Verrenkung hingen. Die Hände waren ihnen auf dem Rücken gefesselt und durch die Fessel ein Strick gezogen worden. An diesem Strick pendelten, an diesem Strick schaukelten sie. Ihre Qualen waren in englischer und deutscher Sprache am unteren Bildrand beschrieben, aber Bering hatte davon nur dieses Wort und seine Übersetzung behalten: *Swing.*

»Wenn du einem Wächter in die Augen gesehen hast«, hatte Ambras in der Verwalterbaracke gesagt und sich einen Sprengring des zerlegten Bohrhammers über den Daumen gestreift, »bloß in die Augen, verstehst du … Du durftest ihm nicht in die Augen sehen, du mußtest deinen Blick gesenkt halten, verstehst du; bloß ansehen, das konnte genügen – und es konnte ebenso genügen, wenn du aus Angst *zu* lange auf seine Stiefelspitzen gestarrt und deine Mütze nicht rechtzeitig gezogen hast, und es konnte genügen, daß du nur krumm- und nicht mehr strammstehen konntest, nachdem er dich getreten hatte und *schau mich an!* brüllte, *schau mich an, wenn ich mit dir rede* brüllte, verstehst du – das alles und viel weniger konnte genügen, damit es *schaukeln!* hieß, *du meldest dich nach dem Appell.* Und dann hast du die Minuten zu zählen begonnen, bis sie dich endlich unter den Baum geschleift haben.

Dort werden dir die Arme auf den Rücken gedreht und mit einem Strick gefesselt, und du beginnst wie die meisten vor dir und die meisten nach dir in einer solchen Not um Erbarmen zu schreien. Und dann reißen sie dich an diesem Strick hoch und schlagen auf dich ein, damit du pendelst – und du, du versuchst dich schreiend und um Himmelswillen und mit aller Kraft in irgendeiner Schräglage zu halten, damit um Himmelswillen nicht geschieht, was geschieht: Dein eigenes Körpergewicht zieht dir die gefesselten Arme hoch und immer höher, bis du mit deiner Kraft am Ende bist und dir dein furchtbares Gewicht die Arme von hinten über den Kopf reißt und die Kugeln aus den Pfannen deiner Schultergelenke springen.

Das macht ein Geräusch, das du, wenn überhaupt, nur aus der Metzgerei kennst, wenn der Schlachter einem Kadaver die Knochen auseinanderreißt oder ein Gelenk gegen seine Beugerichtung bricht, und das hört sich bei dir nicht viel anders an. Aber dieses Krachen und dieses Splittern hörst du ganz allein, denn alle anderen – die Schweine, die den Strick noch in den Fäusten halten, an dem sie dich hochgezogen haben; deine Mitgefangenen, die dich noch unversehrt von unten anstarren und morgen oder schon in der nächsten Minute auch hier oben pendeln werden – alle anderen hören nur dein Geheul.

Du pendelst in einem Schmerz, von dem du niemals geglaubt hättest, daß man ihn empfinden kann, ohne zu sterben, und du heulst mit einer Stimme, von der du bis zu diesem Augenblick nichts gewußt hast, und niemals, niemals in deinem Leben wirst du deine Arme wieder so hoch über deinem Kopf haben wie in diesem Augenblick.

Und wenn dich einer zum völligen Krüppel machen will, dann umklammert er jetzt deine Beine und macht sich schwer und hängt sich mit seinem ganzen Gewicht an dich und beginnt zu schaukeln mit dir. Das«, sagte Ambras, »aber nur das, ist mir erspart geblieben.« Er hatte sich den Daumen am Sprengring des Bohrhammers aufgeschürft und leckte sich das Blut von einer kleinen Wunde.

Es war das erste Mal, daß Bering einen ehemaligen Häftling aus dem Barackenlager am Schotterwerk über seine Qualen reden hörte. In den Schauzelten der Armee und in den Schulstunden der ersten Nachkriegsjahre hatten immer nur Stellamours Prediger (so nannte Moor sie damals insgeheim) von Torturen und Elend am Blinden Ufer erzählt, aber niemals einer von den Gequälten selbst. Auch auf den Parties im Steinbruch oder in den Bußritualen am Dampfersteg waren die Befreiten so stumm und gesichtslos geblieben, daß Bering und mit ihm viele von Moors Kindern manchmal glaubten, die Gefangenen des Barackenlagers hätten niemals eine eigene Stimme und niemals ein anderes Gesicht gehabt als die starren Züge jener Toten, die man auf den Plakaten der Armee nackt und aufeinandergeworfen vor Baracken oder nackt und aufeinandergeworfen in großen Gruben liegen sah: Solche Bilder hatten in keinem Schauzelt und in keiner Geschichtsstunde gefehlt und waren bei den Bußprozessionen der Sühnegesellschaften oft von Sandwich-Männern mitgetragen worden.

Es hatte lange gedauert, bis Bering und seinesgleichen begriffen, daß nicht alle Unglücklichen aus dem Barackenlager in der Erde oder in den großen Backsteinöfen am Schotterwerk verschwunden waren, sondern daß sich einige bis in die Gegenwart gerettet hatten und nun in der gleichen Welt lebten wie sie selbst. Am gleichen See. Am gleichen Ufer: Erst als der Hundekönig und andere ehemalige *Zebras*, die ihre gestreiften Drillichanzüge gegen die Mäntel und Bomberjacken der Armee getauscht hatten, nicht nur den Steinbruch, sondern auch Rübenkompanien, Salzsiedereien, Sekretariate und andere Vertrauensposten im Auftrag und Schutz der Besatzer übernahmen, mußten auch die Nachgeborenen selbst im letzten Kaff am See erkennen, daß die Vergangenheit noch lange nicht vergangen war.

Aber Moors Kinder langweilten die Erinnerungen an eine Zeit vor ihrer Zeit. Was hatten *sie* mit den schwarzen Fahnen am Dampfersteg und mit den Ruinen am Schotterwerk zu schaffen? Und was mit der Botschaft der Großen Schrift im Steinbruch? Die Kriegskrüppel und Heimkehrer mochten sich über eine Stellamour-Party empören und gegen die *Wahrheit der Sieger* protestieren – für Bering und seinesgleichen waren die Rituale der Erinnerung, ob sie nun von der Armee befohlen oder von den Sühnegesellschaften gepflegt wurden, nur ein düsteres Theater.

Was Moors Kinder auf Schautafeln und in den Geschichtskursen des Friedensbringers sahen und hörten, das war doch bloß Moor – eingesunkene Baracken, die muschelbesetzten Pfähle des Dampferstegs, der Steinbruch, Ruinen. Das kannten sie. Was sie sehen wollten, sah anders aus: die vielspurigen Straßen Amerikas, auf denen solche Autos in Kolonnen dahinrollten, wie hier am See nur der Kommandant und später sein Hundekönig eines fuhr. Die Wolkenkratzer jener Insel Manhattan, auf der Lyndon Porter Stellamour seine Residenz hatte; das Meer! wollten sie sehen und keine vergilbten Schwarzweißbilder des Blinden Ufers. Die Freiheitsstatue vor der Hafeneinfahrt von New York und die hohle Fackel in ihrem erhobenen Arm wollten sie sehen – und nicht die kolossalen Buchstaben der Großen Schrift: *Hier lie-*

gen elftausendneunhundertdreiundsiebzig Tote. Gewiß. In jeder Erde lagen Tote. Aber wer wollte im dritten Jahrzehnt des Friedens von Oranienburg noch Leichen zählen? Über die Große Schrift kroch das Moos.

Bering war seit dem Ende des Konzerts weder auf betrunkene Schläger noch auf Lederleute gestoßen, schlug sich nun aber immer rücksichtsloser durchs Gewühl. Wenn dem Hundekönig etwas zustieß, fiel die Villa Flora wieder an die Armee, und er durfte zurück in die Schmiede. Daß die Menge so träge war, machte ihn wütend. Er stieß Pattons Anhänger, denen er sich eben noch verwandt gefühlt hatte, mit beiden Fäusten zur Seite und brüllte den Namen seines Herrn. Aber dieser Name scheuchte hier nur böse Blicke auf, und sosehr er sich auch dagegen stemmte, die Menge zog ihn langsam mit sich.

Die Wagenburg des Begleitschutzes war nur noch eine ferne, schwarze Festung in der Dunkelheit, als er den Hundekönig endlich entdeckte. Er stand von Fackelträgern bedrängt an das Wrack eines grasbewachsenen Tankfahrzeugs gelehnt, und sein Gesicht flackerte im Widerschein brennender Äste und Pechleuchten. Es sah aus, als ob er ganz in den Anblick einer wüsten Darbietung versunken wäre, die ihn im Halbkreis umschloß. Sieben oder acht *Irokesen* – Kahlköpfe, die einen schmalen, grellrot gefärbten Haarstreifen wie einen Hühnerkamm trugen –

sprangen in Ausfallschritten auf ihn zu und wieder zurück, stießen mit ihren Fackeln nach ihm, ohne ihn zu berühren oder zu versengen, und brüllten Fragen oder Beschimpfungen, was sie brüllten, war nicht zu verstehen. Er gab ihnen keine Antwort und machte auch sonst kein Zeichen der Abwehr. Er stand nur da und betrachtete sie. Wie müde er aussah.

Das sollte der Hundekönig sein? Der Freund der Armee, der Urteile sprechen und den Ausnahmezustand über das ganze Seeufer verhängen konnte? Der Unbesiegbare?, den Moor immer noch fürchtete als einen Mann, der einer Bestie den Schädel mit einem Eisenrohr einschlagen und einer anderen das Genick mit seinen bloßen Händen brechen konnte. Dieser müde Mann?

»Die Hunde …, wie habt Ihr damals die Hunde erschlagen können …?« hatte Bering am vergangenen Morgen in der Verwalterbaracke gefragt, und Ambras hatte ihm keine Zeit gelassen, zu erzählen, daß er nicht bloß nach einem Moorer Gerücht fragte, sondern damals frierend vor Angst zwischen den verwilderten Rebstöcken am Zaun der Villa Flora gekauert war und die Unterwerfung des Rudels mit eigenen Augen gesehen hatte – und auch jetzt noch manchmal sah, wenn er die Augen schloß.

»… mit diesen Armen, meinst du? Hunde schlagen nicht mit Ketten nach dir«, hatte Ambras gesagt.

»Hunde stürzen sich nicht wie Vögel auf dich. Hunde zwingen dir die Arme nicht in die Höhe, sondern springen dich von unten an.« Ein Hund, der ihn anspringe, hatte Ambras gesagt, springe auch jetzt noch in seinen Tod.

Bering kam seinem Herrn nur langsam, viel zu langsam näher. Die Menge kümmerte sich weder um seine Aufregung noch um das Geschrei von ein paar Feuertänzern noch um den Bedrängten, dessen Gesicht immer wieder hinter kreisenden Fackeln verschwand. Eingekeilt in eine Gruppe rußiger Gestalten, die einen Verletzten mit sich schleppte, schlug Bering mit den Armen um sich – als Ambras ihn ansah, als Ambras seinen Leibwächter über zwanzig, dreißig Köpfe hinweg ansah.

Sah er ihn wirklich an?

Bering jedenfalls meinte nicht nur seinen Blick zu erkennen, sondern darin auch eine Frage, einen Befehl, und griff unwillkürlich nach der Pistole in seinem Gürtel.

War es das, was jetzt von ihm verlangt wurde?

Der Blick sagte *ja*.

Also zerrte er die Waffe so hastig aus seinen Kleidern, daß sein Hemd dabei am Abzugshahn hängenblieb und zerriß. Als er die Pistole endlich blank in der Faust hielt, war sie gewärmt von der Temperatur seines Körpers und war ihm doch fremd und ganz neu und erinnerte ihn weder an die Schüsse einer

Aprilnacht noch an das erlöschende Gesicht eines Feindes.

Er löste den Sicherungshebel, zog den Schlitten über den Lauf, hörte, wie eine Patrone aus dem Magazin in die Kammer sprang, und hielt seine Waffe schußbereit hoch: zeigte sie einer finsteren Welt, in deren Mitte sein Herr stand und seine Hilfe erwartete.

Und plötzlich tat sich ein Raum vor ihm auf, ein Schreckensraum, der sich im einsetzenden Stimmengewirr weiter und weiter auszudehnen begann: *Der hat eine Waffe, Vorsicht, da hat einer eine Waffe, das ist doch der Schmied, er hat eine Waffe* … Die Menge teilte sich vor ihm wie das Rote Meer auf jenem Holzschnitt, den er in der Bilderbibel der Schmiedin so oft betrachtet hatte.

Die Menschen, das Meer … die ganze Welt wich vor ihm ins Dunkel zurück. *Haut bloß ab, in Dekkung!, der Verrückte dort hat eine Waffe.* Was waren Fackeln und brennende Äste, was waren Steine, Holzprügel und bloße Fäuste gegen den Nickelglanz der Waffe in seiner Faust?

Es war ein betäubendes Gefühl, durch diesen leeren Raum auf den reglosen Ambras zuzuschreiten, dessen Gesicht immer schattiger und dunkler wurde: Die Fackeln und mit ihnen alles Licht zogen sich von ihm zurück. Wer ein Feuer trug, warf es fort, erstickte es oder trat es aus, um dem Bewaffneten kein erleuchtetes Ziel abzugeben. Blind in der plötzlichen Nacht drängten und stolperten Feuertänzer und Angreifer in die Finsternis.

Bering hob eine weggeworfene Fackel auf und hielt sie hoch. Wer schleuderte jetzt einen Stein oder wagte es, auch nur die Faust gegen ihn zu erheben? Das Feuer in der einen, die Waffe in der anderen Hand kam er seinem Herrn zu Hilfe.

Der Hundekönig stand ganz allein, als er ihn endlich erreichte: »Hat man Euch etwas angetan? Seid Ihr … sind Sie verletzt?« So stark er in diesem Augenblick auch war, jetzt zitterte seine Stimme doch.

»Ich lebe noch«, sagte Ambras. »Diese Idioten hätten mich nicht angefaßt.«

»Nicht angefaßt?« Bering meinte die Scherben seines Triumphes klirren zu hören. Verwirrt steckte er die Pistole in den Gürtel zurück und stopfte das zerfetzte Hemd in den Hosenbund. »Und ich? Was hätte ich tun sollen?«

»Nichts. Laß nur«, sagte Ambras, »du hast alles richtig gemacht.« Dann fragte er nach Lily.

»Sie wartet im Wagen.«

»Und der Hund?«

»Der Hund ist bei ihr.«

Auf dem Rückweg zur Wagenburg leerte sich das Rollfeld so rasch, als hätte der Leibwächter des Hundekönigs irgendwo in der Nacht ein Tor geöffnet, eine Schleuse, durch die der Strom der Konzertbesucher nun ans Seeufer verschwand. Ambras sagte unterwegs nicht viel.

Warum er von der Bühne gegangen, warum er so tief in die Menge geraten sei?

Er wollte nicht taub werden dort oben.

Den Maschinisten einer Rübenkompanie ausgenommen, der vom Steinbruchverwalter einen Passierschein ins Tiefland erbitten wollte und ihm redend und gestikulierend bis zum Hangar nachlief, trat ihnen nun niemand mehr in den Weg. Und auch dieser Bittsteller, der sich von Bering schließlich nur mit Gewalt abdrängen ließ, erschrak noch nachträglich, als ihm das Gerede der nächsten Tage sagte, der Hundekönig habe den jungen Schmied von Moor nicht nur zu seinem Fahrer und nicht nur zu seinem Knecht gemacht, sondern ihn auch bewaffnet und ihm befohlen, auf Angreifer zu schießen.

Am Hangar mußte Bering mehr als eine Stunde abseits stehen und warten, bis Ambras sich im Panzerwagen des Begleitschutzes mit einem Captain besprochen hatte. Er fror und trat von einem Fuß auf den anderen und wagte doch nicht, zur Krähe vorauszugehen. Aus einem erleuchteten Mannschaftszelt hörte er in dieser Stunde Geschrei und Gelächter und glaubte darunter auch Pattons Stimme zu erkennen. Der Fahrer des Panzerwagens bot ihm eine Zigarette an und setzte dann doch seine Kopfhörer wieder auf und starrte vor sich hin, als Bering weder seine Scherze noch seine Bemerkung über das Konzert verstand.

Ambras roch nach Schnaps, als er endlich aus dem Fahrzeug stieg und sich von ihm zur Krähe leuchten ließ. Die Dogge hockte wie aus Porzellan auf der Fahrerbank, und Lily saß schlafend an sie gelehnt – und erwachte, als Bering den Wagenschlag öffnete. Der Hund gab keinen Laut. Bering ließ ihn über die Rückenlehne in den Fond kriechen, nahm den Platz des Hundes hinter dem Lenkrad ein und ließ den Motor an.

Hieß das Glück, was er auf dieser Heimfahrt empfand? Lily saß neben ihm und lehnte sich in der sanften Kurve der Ausfahrt aus der Wagenburg ebenso an ihn wie zuvor an die Dogge und duldete, daß er mit seiner Hand verstohlen über die ihre strich. Und im Fond saß Ambras und kraulte seinen Leithund und konnte bezeugen, daß Bering, der ehemalige Schmied von Moor, nicht nur sich selbst, sondern auch den mächtigsten Mann am See aus einer Gefahr retten konnte. Und dazu klang ihm immer noch Pattons Musik in den Ohren!

Das Rollfeld war menschenleer. Nur an seinen Rändern tauchten im Scheinwerferkegel der Krähe manchmal Gestalten auf, die um ein Feuer hockten oder in Decken gewickelt im Gras lagen. Der Versuchung dieser breiten, nur da und dort von einigen Dornsträuchern gesprengten Piste konnte Bering in seinem Glück nicht widerstehen und trat auf das Gaspedal. Das grunzende Schnaufen des Hundes wurde im Motorgeräusch unhörbar. Die Beschleunigung drückte Lily an seine Schulter. Die Rollbahn strömte aus einer schwarzen Unendlichkeit auf ihn zu und unter ihm dorthin zurück, wo er zum erstenmal eine Frau geküßt und seinen Herrn gerettet hatte. Das Gestrüpp am Pistenrand rauschte als kalkweißer Streifen aus dem Blickfeld.

»Bist du verrückt?« hörte er jetzt Ambras' Stimme in seinem Rücken. Lily schien zu schlafen. Dröhnend flog die Krähe durch die Nacht.

Bering ließ einige Sekunden verstreichen, bis er den Fuß langsam vom Gaspedal nahm – und eine weitere Sekunde, bis er den Fuß auf die Bremse setzte, und empfand in dieser hauchdünnen Verzögerung eine Stärke, die nichts mehr mit der Waffe in seinem Gürtel zu tun hatte. Dann trat er auf die Bremse und verlangsamte die Fahrt so entschieden, daß der Schädel des Hundes von Ambras' Schoß rutschte und gegen die Rückenlehne schlug. Ambras sagte kein Wort, aber Lily schreckte hoch, lachte leise, stieß Bering an und flüsterte *Kusch!*

Kurz vor dem Ende der Rollbahn, dort, wo im letzten Kriegsjahr Jagdbomber ihre maximale Startgeschwindigkeit erreicht und die Bodenhaftung verloren hatten und in einer engen Schleife aufsteigen mußten, um nicht an den Wänden des Steinernen

Meeres zu zerschellen, dort rumpelte die Krähe langsam von der Piste auf die alte Lastenstraße zurück. Die schwerfällige Kurvenfahrt zwischen Schlaglöchern, Gruben und ausgewaschenen Rinnen begann von neuem. Jetzt war auch diese Straße leer. Pattons Anhänger hatten an den Markierungsstangen Papier- und Kleiderfetzen hinterlassen und so einigen dieser Warnzeichen das Aussehen von Vogelscheuchen gegeben. Die Fetzen schlugen und flatterten im kalten Wind vom See und winkten Bering zu. Die Nacht wurde stürmisch.

Vielleicht hatte den Hundekönig das Reißen in seinen Schultern doch nicht getrogen, und das Wetter schlug tatsächlich um. Lagen die Abhänge schon in den Wolken? Die Sicht wurde schlechter. Müde vom angestrengten Starren auf die zerrissene, löchrige Straße rieb sich Bering die Augen. Er konnte sich nicht erinnern, daß auf der Fahrt ins Hochtal die Schlaglöcher so dicht gelegen waren. Im Scheinwerferkegel tauchten mehr und mehr dieser Gruben als plötzliche schwarze Schatten auf, und nicht alle waren mit Stangen markiert. Manchmal steuerte er den Wagen hart an den Abgrund, weil anders kein Vorbeikommen war.

»Wohin fährst du? Paß auf«, flüsterte Lily bei einem dieser Ausweichmanöver und griff unwillkürlich nach seinem Arm. Aber dann war sie zu schläfrig, um wachsam zu bleiben, und ließ sich wieder an seine Schulter zurücksinken. Ambras sprach in der Finsternis auf die Dogge ein und hatte kein Auge für diese Fahrt.

War es die hinter der Krähe aufrauchende Staubfahne, die seine Sicht so seltsam trübte? Konnten die Böen den Staub durch Ritzen und Lüftungsklappen ins Innere des Wagens drücken? Kaum hatte sich Bering mit dem Handrücken über die Augen gewischt, tränten sie von neuem, und er mußte alle Konzentration aufbieten, um sicher zu sein, ob auf dem Weg eine Grube oder nur ein Schatten lag.

Vielleicht rührten diese Sehstörungen und Täuschungen aber auch bloß von den matten Scheinwerfern der Krähe. Um dieses Ersatzteil hatte er sich in den Wochen der Reparatur vergeblich bemüht. Fuhr er überhaupt auf dem richtigen Weg? Doch-doch, am Weg war nichts falsch. Und woher in Moor neue Scheinwerfer nehmen? Der Hundekönig hätte den Captain danach fragen sollen. Oder konnte Lily welche aus dem Tiefland besorgen?

Über solche Fragen führte Berings Fahrt langsam und unmerklich aus seinem Glück. Er wandte sich Lily zu, aber das Licht war so schwach, daß er ihr Gesicht erst auf den zweiten Blick erkannte. Sie kämpfte gegen den Schlaf. Sie war nicht weniger müde als er.

Aber dann war Bering wach, hellwach, als ein Schatten, eine Grube, aus der kein Warnzeichen ragte, so unvermutet vor ihm aufklaffte, daß er den

Wagen um ein Haar hineingesetzt hätte. Er bremste so heftig, daß Lily nur mit Mühe einen Sturz gegen die Windschutzscheibe verhindern konnte. Was mit Ambras und der Dogge geschah, sah Bering nicht, hörte ihn aber fluchen: »… was ist los? Was ist los mit dir?«

»Eine Grube.«

»Wo?« fragte Lily.

Bering fühlte die plötzliche Atemlosigkeit und Blutleere eines Schocks, als er seinen Blick von der Straße ab- und Lily zuwandte und der Schatten, die Grube, sich mit seinem Blick bewegte!, aus dem Kegel des Scheinwerfers glitt, aufflog und als schwarzer Fleck Lilys Gesicht verdunkelte. Der Schatten bewegte sich mit seinen Augen. Die Grube klaffte nicht auf der Lastenstraße, sondern in seinem Blick! Wandte er sich wieder der Straße zu, zeichnete dieses Loch die Bewegung seiner Augen nach – starrte er in den Lichtkegel, lag auch der Schatten wieder auf der Straße still, ein ovaler Fleck, nicht so scharf umrissen und nicht so schwarz wie die wirklichen Fallen und Löcher, aber doch kaum von ihnen zu unterscheiden. Sein Blick, seine Welt hatte ein Loch.

»Wo?« fragte Lily noch einmal, »wo ist hier eine Grube?«

»Siehst du Gespenster?« fragte Ambras. »Was ist los?«

»Nichts«, sagte Bering. »Nichts.« Und fuhr weiter

und fuhr auf das Loch in seiner Welt zu, das vor ihm zurückwich und mit jeder Bewegung seiner Augen wie ein Irrlicht die Straße entlang und die dunklen Felswände empor und über den Abgrund hinaus tanzte und doch immer vor ihm blieb, als zeigte es ihm den Weg zurück an den See. Und er folgte diesem Zeichen, das keiner außer ihm sah, folgte ihm stumm und ratlos in die Nacht.

18 Im Zwinger

Die Nacht war kurz. Im Osten ragten die Grate und Gipfel des Steinernen Meeres schon ins Morgenrot, als die Krähe endlich in die Uferpromenade einbog und den rußgeschwärzten Mauern des Strandbades entgegenschaukelte.

Die Böen hatten sich zu einem warmen Wind verdichtet, in dem die Wolkenbänke über dem See zerrissen und verflogen. Über den Felsabstürzen des Blinden Ufers zog ein klarer, von Vogelstimmen erfüllter Frühsommertag herauf. Aber das Loch, durch das die Finsternis in Berings Welt drang, schloß sich auch im Tageslicht nicht wieder.

Den Schädel der Dogge auf seinen Knien, saß Ambras stumm im Fond des Wagens, und Bering konnte im Rückspiegel nicht erkennen, ob der Hundekönig wachte oder schlief. Bering fröstelte, obwohl er Lilys Wärme spürte, die an seine Schulter gelehnt schlief. Er hielt das Lenkrad so fest umklammert, als sei dies der einzige und letzte Halt in einer vorüberdröhnenden Landschaft, die entlang der Straßenränder ins Nichts zurückfiel.

Lily erwachte, als die Krähe vor dem Wetterturm

zum Stehen kam. Ein weißer Labrador sprang kläffend über die Uferwiese; ihr Hund. Ambras mußte seine Dogge an der Kette zurückhalten. Er rief Lily durch das Gebell *guten Morgen* zu. Dann legte er seinem Leithund die Hand über die Augen und sagte beinahe unhörbar *aus.* Die Dogge war im gleichen Augenblick still. Nur der Labrador draußen hörte nicht auf, den Wagen in wilder Freude zu umspringen.

Kaffee? Ob Lily nicht doch noch in die Villa Flora mitkommen wollte? Lily war nicht hungrig, nur müde. Sie wollte nicht mehr weiter. Der Labrador schnappte nach den Reifen.

Zwischen zwei feindlichen Hunden blieb für den Abschied nicht viel Zeit. Lily strich Bering mit einem Finger über die Wange, schrieb ihm eine unsichtbare Wellenlinie auf die Haut, ein Zeichen, das er nicht verstand, stieg aus und warf den Wagenschlag hastig hinter sich zu, um die Dogge nicht zum Angriff auf ihren Wachhund zu reizen. Ambras ließ die Hundekette los und lachte. Draußen schnellte der Labrador an seiner Herrin hoch, und sie konnte nicht verhindern, daß er ihr in einem überraschenden Vorstoß das Gesicht leckte.

»Worauf wartest du?« fragte Ambras und tippte an Berings Schulter.

Lily hatte Kette und Vorhangschloß einer mit Blech beschlagenen Tür geöffnet und ihren Turm betreten, ohne sich noch einmal nach ihnen umzusehen, und rief, schon unsichtbar im dunklen Inneren, nach ihrem Hund.

Bering setzte mit der Krähe zurück, walzte ein Brennesseldickicht nieder und versuchte, die Dogge, die sich wohl noch durch das Glas der Windschutzscheibe auf den Labrador gestürzt hätte, mit einer Hand in den Fond zurückzustoßen. Draußen stand Lilys Wachhund ohne Halsband und Kette über eine Pfütze gebeugt und trank einige Zungenschläge lehmiges Wasser, bevor er seiner Herrin in den Turm nachsprang. *Platz!* sagte Ambras, und Bering spürte, wie der Geifer der Dogge auf seiner Hand erkaltete.

Als die Krähe durch die Föhrenallee der Villa Flora entgegenglitt, stieg die Sonne über das Gebirge. Bering hatte in den vergangenen Tagen die Schlaglöcher der Auffahrt mit Hunderten Schaufeln voll Steinen und Sand gefüllt. Die Fahrt durch die lichtdurchflutete Allee wurde ruhig – und beruhigte auch den Fahrer. Wenn er jetzt sein linkes Auge für Sekunden geschlossen hielt, verschwand zwar viel aus seinem Blick – aber es verschwand auch der Fleck. Sein zweites Auge war also unversehrt. War unversehrt.

Das Rudel umdrängte die Heimkehrer ohne zu bellen und folgte ihnen schwanzwedelnd und mit hängender Zunge durch die Gänge der Villa bis in die Küche. Dort sollte Bering, noch bevor Ambras ihn Feuer machen und das Wasser für den Kaffee aufsetzen ließ, das Futter für die Hunde zubereiten – und schnitt sich dabei vor Müdigkeit in die Hand. Sein Blut tropfte auf Schweinemägen und Fleischabfälle, tropfte auf die Haferflocken, die er in den Fraß mischen wollte und sprenkelte die Steinfliesen des Küchenbodens. Die Hungrigsten aus dem Rudel beschnüffelten das Blut und zogen dabei die Zunge ins Maul zurück, um ja nicht daran zu rühren.

Ambras kam eben in die Küche, als sein Leibwächter das Blut mit einem Lappen und kaltem Wasser zu stillen versuchte. Er befahl ihm, den schmutzigen Lappen abzunehmen, und versorgte die Wunde mit Jod, Mullbinden und Heftpflaster aus einem Verbandskasten der Armee. Dann verteilte er den Hundefraß auf die Näpfe, leerte die Aschenlade des Herdes, half Bering beim Feuermachen und bereitete den Kaffee selber zu.

Ambras, der in der warmen Jahreszeit so viele Nächte umgeben von seinen Hunden in einem Korbstuhl auf der Veranda verbrachte, schien auch nach der vergangenen schlaflosen Nacht nicht müde zu sein. Er entließ Bering für diesen Tag, ging nur von der aschgrauen Dogge begleitet zum Bootshaus hinab und zündete dort eine Signalrakete: Mit solchen Feuerzeichen rief er den Fährmann des Pontons gelegentlich bis ans Bootshaus der Villa und sprang dort von einem morschen Schwimmsteg an Bord. Der Fährmann, der wie jeden Morgen an der Moorer Schiffländе auf den Steinbruchverwalter wartete, antwortete auf das Feuerzeichen mit einem langgezogenen Nebelhornton, der über die Bucht und durch die Korridore der Villa Flora und bis tief hinab in Berings Müdigkeit klang. Dann löste er die Leinen und nahm mit seinem Ponton Kurs auf das Bootshaus in den Schilffeldern.

Bering lag angekleidet auf seinem Lager im Billardzimmer der Villa und träumte mit offenen Augen und zur Musik des Plattenspielers von Pattons Konzert und von Lilys Armen. Das dunkle Mal in seinem Auge war jetzt nur noch eine Störung, die nach einigen Stunden Schlaf gewiß verschwunden sein würde. Die tiefe Schnittwunde an seiner Hand hatte er schon vergessen. Selbst als er die Augen schloß und das dunkle Mal doch immer weiter durch jenes wolkige, pulsierende Blutrot tanzte, zu dem seine Lider das Morgenlicht dämpften, erschrak er nicht mehr. Seine Erschöpfung war größer als jede Angst.

Inmitten eines Schlagzeugwirbels aus den staubigen Lautsprechern am Fußende seines Lagers schlief er ein und begann vom Sog einer Öffnung zu träumen, von einem Abfluß, einem Loch, in dem das Blau des Himmels wirbelnd verschwand. Zurück blieb nichts als eine vollkommene Schwärze. Er erwachte nicht, als am Ende aller Musik die Nadel des Tonarmes aus der Spirale der Rillen sprang und nun, nur noch begleitet von einem rhythmischen, knakkenden Geräusch, führungslose Kreise um die Achse des Plattentellers zu beschreiben begann. Währenddessen legte sich draußen der Wind. Das Knacken der Nadelkreise schlug so regelmäßig wie das Tikken einer Pendeluhr durch die Stille und rief in Berings Traum springende Bällchen hervor, die in der Schwärze aufglühten und wieder erloschen.

Die Villa Flora war an diesem Vormittag ein sehr stilles Haus. Die Hunde dösten im Schatten der Veranda, lagen träge auf der Freitreppe zum Park oder streiften durch die Gänge – und schlugen kein einziges Mal an. Manchmal schien es, als horchten sie mit erhobenen Lauschern nach Berings Atemzügen. Sie blieben auch still, als auf einer Anhöhe jenseits des von Efeu durchwachsenen Stacheldrahtverhaus, der die Villa immer noch schützte, ein Brennholzsammler erschien. Der Mann war zu weit entfernt, um zu bemerken, daß sieben oder acht von den Hunden jede seiner Bewegungen verfolgten, und er konnte auch nicht hören, daß sie immer noch knurrten, als er mit seiner Tragkraxe schon längst und ohne von der Gefahr etwas zu ahnen, zwischen den Bäumen verschwunden war. Die Sonne stieg hoch über den Park. Die Vogelstimmen wurden seltener und verstummten in der Mittagshitze. Der Sommer kam. Es wurde Nachmittag. Bering schlief.

Natürlich war das erste, was er bei seinem Erwachen am frühen Abend sah, das schwarze Mal. Das Loch. Es war nicht verschwunden. Und sosehr er auch blinzelte und sich die Lider rieb und schließlich sogar seinen Kopf in ein randvolles Waschbecken tauchte und die Augen unter Wasser immer wieder öffnete und schloß, bis ihm die Atemnot den Blick noch mehr verdunkelte – das Loch verschwand nicht an diesem Abend

und nicht am nächsten Tag

und nicht in den folgenden Wochen.

Aber es wurde auch nicht größer.

Wenn Ambras ihn in diesen Wochen nach der schlecht heilenden Schnittwunde an seiner Hand fragte, wenn er mit ihm sprach oder ihn bloß ansah, senkte Bering seinen Blick stets in der Angst, der Hundekönig könnte das Mal in seinem Auge bemerken. Er begann, Fragen mit Gegenfragen zu beantworten und die Aufmerksamkeit seines Herrn von sich abzulenken, indem er beiläufig den verletzten Lauf eines Hundes aus dem Rudel erwähnte, von einem notwendigen Ersatzteil für die Krähe sprach oder einfach auf einen leeren Kahn am Seeufer zeigte, auf einen näherkommenden Reiter, eine Rauchsäule am Blinden Ufer: Was geschieht dort? Erwarten Sie Besuch? Ist das nicht das Boot des

Sekretärs? Er betrieb die Ablenkung so geschickt, daß selbst der mißtrauische Hundekönig nicht auf den Gedanken kommen konnte, sein Leibwächter wiche seinen Blicken aus und halte ihn mit seinen Fragen bloß von einem Geheimnis fern.

Die lebhafte, oft nervöse Wachsamkeit, mit der Bering sein Geheimnis hütete, ließ Ambras schließlich glauben, der Leibwächter sei in diesen Wochen besonders umsichtig und interessiert an den Dingen der Villa Flora. Ambras schrieb diese Lebendigkeit der vollständigen Eingewöhnung Berings in das Leben des Hundehauses zu. Dabei gewöhnte sich Bering in Wahrheit nur an das Loch in seiner Welt, an ein Gebrechen, das er an manchen Tagen stärker, an anderen schwächer empfand und gegen das er kein besseres Mittel wußte als das Verschweigen: ein Fahrer mit einem durchlöcherten Blick. Ein Hausknecht, ein Mechaniker – ein Leibwächter mit einem durchlöcherten Blick! Für Blinde war gewiß kein Platz im Hundehaus.

Und Lily …, Lily, der er sein Geheimnis vielleicht anvertraut hätte, der er sein Geheimnis gewiß anvertraut hätte – Lily kam in diesen Tagen und Wochen nur zu ihren gewohnten kurzen Nachmittagsbesuchen in die Villa. Sie machte mit Ambras die üblichen Tauschgeschäfte, versuchte aber niemals, mit Bering allein zu sein, und tat, als hätten sie sich nie in den Armen gehalten und niemals geküßt. Wenn er ihr zu nahe kam, lächelte sie, sagte Beiläufigkeiten oder tätschelte ihn wie einen Hund – und wich vor ihm zurück.

Als Bering sie dennoch einmal zärtlich berührte, sie saßen mit Ambras auf der Veranda, und er mußte eine Karaffe Wein aus der Küche bringen und beugte sich dann so über den Tisch, daß er mit einer Hand über ihren Rücken streichen konnte, entzog sie sich ihm zwar nicht, sprach aber mit Ambras einfach weiter und sah ihm zum Abschied in der Dämmerung so leer in die Augen, daß er an seiner Erinnerung zu zweifeln begann. Diese Frau hatte er in den Armen gehalten? Sie war doch auf ihn zugekommen und hatte ihm ihre Arme auf die Schultern gelegt, ihn dorthin entführt, wo er jetzt schlaflos vor Sehnsucht nach ihr war.

Gegen das Loch, das Lilys rätselhafte Entfernung in sein Leben riß, verlor das Loch in seinem Auge an Bedeutung, und an manchen Tagen gelang es ihm sogar, ohne daß er sich dessen bewußt wurde, das fehlende, von diesem blinden Fleck verdunkelte Fragment seiner Welt zu ergänzen – und sah dann einen Hundeschädel, sah einen Stein, eine Strähne von Lilys Haar oder unter Ambras' Lupe die Wachstumskanäle eines Smaragds, wo in Wahrheit nur Dunkelheit war.

»Sie kommt, wann sie will, und sie geht, wohin sie will. Laß sie kommen und gehen, laß sie in Ruhe –

oder du bist ihr im Weg …« sagte Ambras an einem gewittrigen Nachmittag, an dem er mit Bering über einer Planzeichnung des Steinbruchs auf der Veranda saß. Sie waren des drohenden Unwetters wegen früher als sonst an Bord der Schlafenden Griechin aus dem Steinbruch ans Moorer Ufer zurückgekehrt. Der Wellengang war für den tief im Wasser liegenden Ponton schon zu hoch gewesen. Ambras umrandete mit einem Rotstift eben die Sprengzone der nächsten Tage, als Lily ihr schwer beladenes Maultier entlang der Parkgrenze an den See hinabführte und ihnen über den Stacheldrahtverhau zuwinkte. *Sie kommt, wann sie will. Sie geht, wohin sie will. Laß sie in Ruhe.*

Selbst auf der gedeckten Veranda war der Winddruck des heraufziehenden Gewitters noch so stark, daß sich der über den Tisch gebreitete Plan der Abbauterrassen in der Zugluft manchmal wie eine Blase, eine Welle, erhob und wieder zurücksank. Bering sollte das Papier mit Gläsern oder leeren Flaschen beschweren. Aber er hörte Ambras Anweisungen nicht. Er sah nur Lily und hörte nichts als das Brausen der Föhren.

Der Himmel über dem Steinernen Meer wurde schwarz. Im Wetterleuchten erschienen jagende Wolken als die Schiffe, Leuchttürme, Paläste und Fabelwesen eines gigantischen Schattentheaters. Lily hatte es eilig. Sie winkte *nein*, als Ambras ihr mit einem

Armzeichen einen Platz auf der Veranda anbot. Das Armzeichen konnte ein Glas Wein bedeuten, eine Einladung zum Tauschgeschäft oder bloß zu einer Plauderei. Aber Lily wollte nichts von alledem. Bering starrte der Vorüberziehenden so gedankenverloren nach, daß Ambras mit einem Zirkel auf Tisch und Planzeichnung klopfte, um ihn an Gesteinsschichtungen und Bohrlöcher zu erinnern. *Laß sie in Ruhe.*

Lilys letzter Besuch lag schon vier oder fünf Tage zurück. Sie schien vom Paß zu kommen; aus dem Tiefland. Aus den Kasernen. Die ersten Tropfen klatschten gegen das Glas der Veranda. Vielleicht würde es Hagel geben. Das fahle Gelb, das durch die Risse im schwarzen Himmel drang, sah nach Hagel aus. Auf zwei Plattformen in den Schilffeldern loderten die Leuchtfeuer der Sturmwarnung, dabei waren alle Boote, Zillen und Flöße, die dieses Feuer ans Ufer zurückrufen sollte, längst vertäut. Der leere See rauschte wie das Meer.

Wie sicher Lily das Maultier den steilen Weg hinabführte. Das Tier wurde störrisch, wenn weit draußen ein Blitz ins Wasser schlug, und schien zu nicken, wenn Lily sich nach ihm umwandte und ihm ein beruhigendes Wort zurief. Bering glaubte ihre Stimme durch das Brausen der Föhren und des Sees zu hören.

Einige Hunde aus dem Rudel waren von Lilys Erscheinung unter dem Gewitterhimmel so begeistert, daß sie sich durch das Brombeergestrüpp kämpften und mit tollen Sprüngen über den Stacheldrahtverhau setzten, um sie zu begrüßen und von ihr getätschelt zu werden. Aber Lily ließ sich weder von einem Unwetter, das Moor im nächsten Augenblick erreichen mußte, noch durch die stürmische Freude der Hunde abbringen von ihrem Weg.

Ambras schraffierte mit seinem Bleistift die umrandeten Sprengzonen und war schon wieder tief in seinem Steinbruch, während Bering mit seiner Aufmerksamkeit immer noch draußen bei den Hunden, bei Lily war. Er sah, wie sie sich über die Dogge beugte und sie am Hals und an den Ohren kraulte, und fühlte ihre Hände an seinem Hals und so verspielt in seinem Nacken, daß er davon eine Gänsehaut bekam.

Zu einem Hund war Lily zärtlicher als zu ihm. Sie hatte es zu eilig, um ein paar Schritte von ihrem Weg abzuweichen oder wenigstens Schutz in der Villa zu suchen – aber sie sprach mit dem Rudel, lachte und wisperte in die Lauscher der Dogge. Dann richtete sie sich auf, straffte die Zügel und hastete weiter. Der Sturm hatte das Moorer Ufer erreicht. Er riß an der Föhrenallee, orgelte im Treppenhaus der Villa Flora und trieb den Staub der Uferpromenade in langen Fahnen über die Schaumkronen des Sees. Aber der erwartete und vom Wetterdienst der Armee über

Funk angekündigte Hagelschlag blieb aus. Selbst der Regen verwehte als bleigrauer Schleier hoch über der Villa. Auf dem weißen Kalkstein der Freitreppe verblaßte und verdampfte das Muster der ersten Tropfen. Und auch der Hagel fiel anderswo.

Lily war verschwunden und vielleicht schon bei ihrem Turm, als die Dogge ins Haus zurückkam, unter den Tisch auf der Veranda kriechen wollte und dabei die Planzeichnung zu Boden riß. Als ob ihn erst das ärgerliche Kommando geweckt hätte, mit dem Ambras den Hund ins Innere des Hauses jagte, bückte sich Bering nach der Zeichnung, strich sie umständlich wieder glatt und breitete sie über den Tisch.

»Verkehrt«, sagte Ambras. »Umdrehen. Ich sitze hier. Der Steinbruch muß unten, und der Himmel muß oben sein. Wo hast du deine Augen. Bist du blind?«

Laß sie in Ruhe. Warum, verflucht, machte Lily dieser Köter wegen selbst unter einer Hagelwolke halt und streichelte ein stinkendes Fell, ging aber an der torgroßen Öffnung im Stacheldrahtverhau vorüber und reichte ihm nicht einmal die Hand? Winkte ihm nach einer Woche des Verschwundenseins bloß im Vorübergehen zu und zog weiter. Lily! Er hatte sie doch geküßt. Hatte sie das vergessen? War das vergessen?

So monoton Bering seine Fragen und Vorwürfe an

Lily in Selbstgesprächen oder bloß in Gedanken wiederholte – wenn er ihr in der Villa Flora, am Dampfersteg oder am Markttag zwischen den Bretterbuden der Moorer Fischer, Geflügelhändler und Fallensteller gegenüberstand, brachte er kaum einen Satz hervor. Dann grinste er verlegen und sagte irgend etwas, wofür er sich wütend beschimpfte, kaum daß die Gelegenheit vorüber und er mit seiner Ratlosigkeit wieder allein war. Manchmal begann er schon zu stottern, wenn er Lily am Seerosenteich der Villa bloß danach fragte, ob er ihrem grasenden Maultier den Packsattel abnehmen sollte.

Nur wenn sie es war, die ein Gespräch begann, wenn sie ihn um eine Messerspitze Salz für das Maultier bat, wenn sie ihn nach dem Stand der Dinge in der Schmiede fragte, nach einem über den Föhren kreisenden Milan oder nach den Mechanismen eines Verbrennungsmotors, fand er manchmal in ein schwereloses Gespräch. Dann glaubte er für einige Augenblicke, sie käme wieder auf ihn zu. Dann erzählte er ihr von seinem tappenden Vater, vom Skelett einer Raubvogelschwinge, vom Prinzip der Kraftübertragung und von der Unmöglichkeit, auf den Schmiedhügel zurückzukehren.

Irgendwann während eines solchen Gesprächs nahm er auch ihr Angebot an, Carepakete für die Alten auf den Schmiedhügel zu bringen, Lebensmittel, Seife und auf vergilbte Karteikarten aus den

Aktenschränken der Verwalterbaracke gekritzelte Grüße. Aber kaum wagte Bering auch nur die leiseste körperliche Annäherung oder bloß einen Blick in ihre Augen, wandte sich Lily von ihm ab oder wich vor ihm zurück. Niemals wieder war sie so, wie sie in der Konzertnacht zu ihm gewesen war.

Was hatte er ihr angetan, was verkehrt gemacht, daß sie ihm wieder fremd wurde? Tag für Tag wartete er auf seine Stunde, in der er endlich und selbst um den Preis, daß sie sich noch weiter entfernte von ihm, eine Antwort fordern würde. Aber im Lauf der Sommerwochen blieb ihm von seinen vielen unausgesprochenen Fragen nur eine einzige. Sie begann so unmerklich wie beharrlich in allen anderen Vorwürfen, schließlich in jedem Gedanken an Lily zu pochen und quälte ihn bis in den Schlaf. Aber diese einzige Frage war nicht mehr an Lily gerichtet, sondern allein an ihn selbst, an seine Wachsamkeit, mit der er nun bei ihren Besuchen in der Villa jede ihrer Bewegungen verfolgte und darüber das Loch in seiner Welt, den blinden Fleck in seinem Auge, beinahe vergaß:

Mied ihn die einzige Frau, die er jemals in den Armen gehalten und jemals geküßt hatte,
weil der Hundekönig
ihr heimlicher
und wahrer Liebhaber war?

Laß sie in Ruhe. Das sagte doch Ambras. Das war

sein Wille und nicht der seines Leibwächters. Laß sie in Ruhe. Er tat ihr doch nichts! Nicht den leisesten Vorwurf wagte er aus Scham und Angst vor der Zurückweisung auszusprechen. Er hatte sie doch stets in Ruhe gelassen und hätte niemals gewagt, sie zu berühren, wenn nicht *sie* ihre Arme um ihn gelegt hätte; damals. Noch jetzt hatte er das feine Klirren ihrer Armreifen im Ohr. Er erinnerte sich mit schmerzhafter Genauigkeit. Er erinnerte sich an ihre Umarmung, während er mit Ambras vor den Plänen des Steinbruchs saß und auf den Grundriß längst verfallener Barackenzeilen am Schotterwerk starrte. Er erinnerte sich, wenn er neben Ambras zwischen den Loren auf dem staubigen Ponton stand, erinnerte sich, wenn er das Fleisch für die Hunde schnitt und wenn er in der Nacht wachlag, und erinnerte sich, wenn er am Morgen müde erwachte. Er ließ sie doch in Ruhe. Er blieb ja stumm. Aber seine Ruhe, sein Friede, war dahin.

Wann immer die Brasilianerin und der Hundekönig nun in seiner Anwesenheit über den Wert und Gegenwert eines Smaragdes feilschten, seine Reinheit unter ihre Lupen nahmen und von Schleiern, fluiden Einschlüssen und Heilungsrissen, von schwarzen Kernen, Fahnen, orthorhombischen Prismen und allem Formenreichtum der schwebenden Gärten in der Tiefe eines Steines schwärmten, vermutete Bering in ihren Urteilen und in jedem

Wort, das er davon nicht verstand, verschlüsselte Liebesbotschaften und suchte noch in den achtlosesten Handbewegungen und Gesten nach einem darin verborgenen Beweis für die Wahrheit seiner Ahnung.

Manchmal hörte er die beiden lachen, glaubte sie lachen zu hören, wenn er, um Wein oder Schimmelkäse zu holen, in den Keller der Villa hinabstieg … Lachten sie dann über ihn? War er der Betrogene in einem Spiel? An einem kühlen, windigen Tag im Juli ertrug er die immergleichen Fragen nicht mehr.

Auf einem Gehöft nahe der Leyser Bucht hatte es vor zwei Nächten bei einem Überfall wieder einen Toten und eine unbekannte Zahl von Verletzten gegeben, und Ambras befahl ihm an diesem Sommermorgen, die Türschlösser der Villa Flora zu prüfen, zu reparieren, wo es notwendig schien, und dann sämtliche Fensterläden und alle Öffnungen ins Freie mit Eisenbändern zu verstärken. Mit diesem Auftrag ließ er ihn allein, pfiff nach der Dogge und nahm noch vier weitere Hunde mit auf seinen Weg in den Steinbruch.

Die ersten Stunden dieser Instandsetzungs- und Verschanzungsarbeit, die ihn Tage, vielleicht Wochen in Anspruch nehmen würde, verbrachte Bering allein mit der Vermessung von Fenstern und Türen, mit der Berechnung des benötigten Materials und Überlegungen zu seiner Beschaffung. Viermal ging er dabei an der Tür des ehemaligen Musiksalons vorüber, an Ambras' Tür, ohne auch nur stehenzubleiben, denn die Fensterläden dieses ebenerdigen Raumes waren aus Eisen, und die Tür führte nur auf den Gang und nicht hinaus in die Wildnis.

Als er die Messingklinke dieser Tür schließlich doch niederdrückte, so vorsichtig, als fürchte er einen Schläfer oder Wächter vorzufinden, rechtfertigte er sein Eindringen insgeheim noch mit einem Geräusch, das aus dem Zimmer drang; es klang wie Hammerschläge. Die Tür war unversperrt.

Hätte nicht der Hundekönig selbst Bering für das Rudel unangreifbar gemacht – die Hunde, die auf dem Pflaster des Korridors lagen, hätten wohl kaum geduldet, daß er diese Klinke auch nur mit seinen Fingerkuppen berührte. Aber so erhoben sie sich nur und starrten ihn bloß an, als er die Tür aufstieß und einen Schritt ins Dunkel tat.

Bering hatte den Musiksalon erst ein einziges Mal betreten. Damals, es war vor drei Wochen, mußte er Ambras helfen, ein besticktes, von Motten zerfressenes Sofa aus der Dämmerung dieses Raumes in die Bibliothek hinaufzuschleppen. Als sie das schwere Möbel von der Wand rückten, war ein Stück der Bespannung abgerissen, ein Löwe aus Perlgarn, der von Vögeln umschwärmt auf Seerosen lag; selbst in seiner Mähne und auf seinen Pranken saßen Vögel, als kämmten sie ihm das Fell mit ihren Schnäbeln.

Unter der Last des Sofas hatte Bering damals kaum Zeit gefunden, sich im Zimmer umzusehen, meinte aber zu spüren, daß er seit Jahren der erste Fremde in dieser verdunkelten Zuflucht war.

Der Musiksalon lag auch an diesem Sommertag im Dämmerlicht. Die breiten hölzernen Jalousien waren herabgelassen wie damals und klapperten bei seinem Eintritt, und die von den Hunden und der Zeit zerfetzten Brokatvorhänge bauschten sich wie Segel – und mit einem Schlag wurde es so hell, taghell, daß Bering erschreckt nach seiner Waffe griff. Im nächsten Augenblick war es wieder dunkel. Was da schlug, war nur einer der eisernen Fensterläden. Ein Windstoß riß ihn auf, der nächste schlug ihn krachend wieder zu.

Hell.

Dunkel.

Hell.

Bering griff durch die Blätter der Jalousie nach draußen, zog den Flügel zu und schloß die Verriegelung.

Dunkel.

Die Türöffnung in seinem Rücken wurde grell und weiß und schien wie eine Lampe in das Innerste der Residenz des Hundekönigs. Diese Bahn aus Tageslicht führte von der Tür zu einer Nische. Dort stand ein schmaler, mannshoher Schrank mit Dutzenden von Schubladen, deren Stirnseiten mit Intarsien verziert waren. Über dem Knauf jeder Lade saß, flog oder sang ein aus Furnierhölzern geschnittener Vogel. Auch wenn das Holz gesprungen war oder sich unter den Schwankungen der Temperatur und Feuchtigkeit der Luft geworfen hatte, erkannte Bering seine Vögel doch auf den ersten Blick, den Zaunkönig, die Amsel, Rauchschwalbe, Bussard, Sperber … die Vögel der Seeregion.

Unter einer verdorrten Palme am Fenster stand der seit Jahrzehnten geschlossene Flügel. Er war mit Tarnplanen verhängt und mit Papierstößen, Kleidungsstücken und Stapeln von Büchern bedeckt. Eines der Messingräder an seinen gedrechselten Füßen war wohl bei dem Versuch, das Instrument als Beutestück aus dem Salon zu rollen, abgebrochen. Die Spuren dieser letzten Bewegung waren eingegraben ins Parkett. Seither stand der Flügel ein wenig schief und unverrückbar an seinem Ort.

Flügel und Schrank waren das ganze Mobiliar. Es gab keinen Stuhl. Keinen Tisch. Kein Bett. Die Wände waren leer. In jenem Erker, in dem bis vor Wochen das Sofa gestanden hatte, lagen Matratzen, Armeedecken und einige Kissen, daneben achtlos gefaltete Landkarten, Militärzeitschriften, bekritzeltes Papier.

Bering beschnüffelte diese zerwühlte Schlafstatt wie ein Schweißhund, die Kissen, die borstigen Dekken, zupfte Haare von einem Laken und prüfte sie in der Lichtbahn, aber nichts roch hier nach Lily, nichts nach dem Parfüm an ihrem Hals, nichts nach dem Leder ihrer geflochtenen Armbänder, den rotblauen Federbüscheln an den Schultern ihrer Jacke und nichts nach Rauch, Schilf und Lavendel, dem unverkennbaren Aroma ihres Haars. Er hätte jeden Hauch davon wiedererkannt.

Die Haare auf dem Laken stammten nur von den Hunden. Alles hier stank bloß nach Hunden. Rollten sich auf diesem Lager tatsächlich nur Hunde ein und wärmten ihren König zur Nacht? Das war kein Zimmer. Das war eine Höhle. Ein Zwinger.

Seltsam, daß Ambras diese Verwahrlosung nicht anzusehen war. An seinen Kleidern duldete er weder zerschlissene Stellen noch Flecken. Bering mußte einmal jede Woche mit einem Sack voll Wäsche nach Leys hinauf. Dort nähte, wusch und bügelte eine Kalkbrennerin die Kleider des Hundekönigs für zwei Stück Seife oder einen Beutel Pulverkaffee. (Bering freute sich stets auf diese Wäschefahrten, weil Ambras ihm dann die Krähe für Stunden allein überließ und niemals danach fragte, wohin er sonst noch fuhr – hinauf ins menschenleere Fliegertal etwa und dann wie im Rausch über das Rollfeld.)

Wenn Lily jemals in diesem Zwinger gewesen war, dann hatte sie keine Spuren hinterlassen. Die lockeren Brettchen des Sternparketts kippten unter Berings Schritten hoch und fielen mit einem hellen

Klang wieder ins Ornament zurück. Die Hunde hockten vor der Tür, hockten im Licht, und das Spiel ihrer Lauscher folgte jeder Bewegung des Eindringlings. Bering tappte durch die armselige Leere und wich den Augen des Rudels aus. Er schämte sich. Er betrog hier einen Mann, der ihn aus der Schmiede befreit hatte. Er betrog seinen Herrn. Aber er mußte den Verdacht, der an seinem Leben fraß, bestätigen oder aus der Welt schaffen.

Die bekritzelten Papierbögen, die er auf dem Flügel und neben der Schlafstatt fand, enthielten nur Berechnungen, lange, vertikale Zahlenreihen und kein einziges Wort. Von den meisten Büchern, englische Romane und englische Werke über den Krieg, verstand er nicht einmal die Titel. Und die Kleider auf dem Flügel, die Bomberjacke, den geteerten Regenmantel und verwaschene Jeans, konnte er noch so heftig schütteln und abtasten, den Taschen entfiel nicht der kleinste Hinweis auf eine heimliche Liebe. Staub und Steinmehl war alles, was er aus Ambras' Kleidern schlug.

Und dann der Schrank. Der Schrank! Hinter jedem Holzvogel, in jeder Schublade, fand Bering ein Nest aus Verbandsmull und Watte – und in jedem Nest nur Steine: rohe Smaragde, Amethyste, Pyritsonnen, Rosenquarze, Opale und Splitter von ungeschliffenen Rubinen, die glanzlos wie geronnene Blutstropfen in ihrer weißen Kuhle lagen. Nur Lily brachte solche Fundstücke aus dem Gebirge nach Moor – aber sie schlug ihre Steine an jeden los, der genug Geld oder Tauschwaren dafür bot. Auf kaum daumenbreiten Schildchen, die in den Nestern steckten, standen bloß die Namen der Steine geschrieben, ihr Fundort, das Datum eines Tauschgeschäftes. Auf einigen hatte Ambras auch den ausgehandelten Gegenwert vermerkt: 6 *Kartenblätter Maßstab* 1:25 000, 1 *Flasche Jod*, 2 *Karbidlampen*, 1 *Patronengurt*. Wozu brauchte Lily Grubenlampen? Wozu einen Patronengurt?

Erst als Bering vom Schrank abließ und auf allen vieren über die Schlafstatt kroch, zwischen den Kissen verstreute Bücher öffnete und wieder schloß, Decken lüftete und selbst die gegen die Feuchtigkeit unter die Matratzen gebreiteten Kartons anhob, um vielleicht doch noch ein verstecktes oder verlorenes Zeichen zu finden, entdeckte er die Fotografie. Sie lag mit ihrer beschriebenen Rückseite nach oben, dicht an der Wand. Als er sie aufhob, ins Licht hob, rieselten Sand und einige Flocken abgeblätterter Kalkfarbe auf das Laken. In ihrem gezackten Rand steckte noch der Nagel, mit dem sie über dem Kopfende der Schlafstatt an die Wand geheftet worden war. Der Umriß der Fotografie war dort noch zu sehen, ein heller Schatten. Das von Nässeflecken und Salpeterblüten übersäte Mauerwerk war so spröde, daß der Nagel wohl im Luftzug bei seinem Eintritt oder unter dem bloßen Papiergewicht aus dem Verputz gebrochen war.

Bering ließ sich lange, sehr lange Zeit, bis er die Fotografie umdrehte, denn diese Schrift auf der Rückseite, diese große, geschwungene Schrift – das war Lilys Handschrift. Das mußte Lilys Handschrift sein. Jetzt hatte er seinen Beweis und wagte ihn nicht anzusehen.

Nordpol, am Freitag.
Ich habe eine Stunde im Eis auf dich gewartet.
Wo warst du, mein Lieber?
Vergiß mich nicht.
L.

Vergiß mich nicht. L.

Lily.

Aber als Bering das Bild dann endlich und langsam wie eine alles entscheidende Spielkarte in seiner Hand drehte, erschien das Gesicht einer vollkommen fremden Frau. Sie lachte. Sie stand im Schnee und winkte einem unsichtbaren Fotografen zu.

In seiner Überraschung, in seiner Erleichterung hörte Bering nicht, daß sich die Hunde vor der Tür erhoben und ohne anzuschlagen ins Freie liefen. So stumm sprangen sie nur ihrem König entgegen.

Bering hatte keine Ohren für die Schritte im Flur und keine Augen für den Schatten, der in die Türöffnung fiel. Er stand mit dem Rücken zur Welt im Zwinger und betrachtete das stockfleckige Bild:

Es war eine junge,
es war eine lachende,
es war eine vollkommen fremde Frau.

19 Eine lachende Frau

In welchem Jahr war dieser Schnee gefallen? Wem galt das Lachen dieser Frau? Und wem winkte sie so glücklich zu? Ambras?

Ambras.

Fast hätte auch Bering gelacht, als er die Fotografie auf die zerwühlte Schlafstatt zurücklegte und eine Fingerspitze voll Kalk und Sand über das Bild streute, um alles genauso zurückzulassen, wie er es vorgefunden hatte. Dann trat er an das schwarze Fenster und prüfte noch einmal die Verriegelung, so, als wäre ein im Wind klirrender Fensterladen doch der einzige Grund gewesen, diesen Zwinger zu betreten, so, als mache er damit ungeschehen, was geschehen war.

Bering spürte den kalten Eisenriegel in seiner Faust plötzlich so glühend wie ein Werkstück auf dem Amboß und riß seinen Arm zurück, als er die Stimme hörte:

»Guten Tag, mein Herr.«

Ambras sprach langsam, wie aus einer großen Müdigkeit, sprach ihm in den Rücken.

Bering wandte sich um.

Ambras stand in der Türöffnung, der Schatten

eines Mannes im weißen Licht, und hinter ihm hechelten und drängten die Hunde und wagten sich nicht in den Zwinger, weil auch ihr König auf der Schwelle stehenblieb.

»Sie haben ... Ihr ... Sie sind schon zurück?«

»Weißt du, was im Lager mit einem geschah, der dabei gefaßt wurde, wie er unter dem Strohsack eines anderen nach Beute suchte«, hörte Bering den Schatten sagen, »bloß suchte, verstehst du – nach Brot, nach Zigaretten, nach einer Kartoffel, nach irgend etwas, das man fressen oder wenigstens gegen etwas zu fressen eintauschen konnte? – Dem wurde eine Decke über den Kopf geworfen«, hörte Bering den Schatten sagen, »dem wurde eine Decke über den Kopf geworfen, mein Herr. Und dann durfte jeder Häftling so lange auf das Bündel einschlagen, bis seine Wut oder seine Kraft erschöpft war oder bis ihm der Stubenälteste aufzuhören befahl. In meiner Baracke konnte das die Wut von mehr als hundert Männern sein, mein Lieber.

Aber ob es hundert oder nur vierzig oder dreißig waren, die prügelten – keiner hat in solchen Fällen nach der Wache gerufen, verstehst du? Die Wache kam nur, wenn ein Brotdieb so zerschlagen war, daß er zum Zählappell nicht mehr auf die Beine kam. Erst dann kam die Wache. Ich habe gesehen, wie die Wache kam, mein Lieber. Ich habe gesehen, wie die Wache einen Geprügelten an den Füßen auf den

Appellplatz schleifte. Wir standen dort im Schnee. Wir standen dort in einer langen Reihe stramm im Schnee, und der Brotdieb mußte an unserer Reihe entlang zum Krematorium kriechen.

Sie brachten ihn dazu, daß er kroch, daß er zu unseren Füßen durch den Schnee kroch, als ob er sich zum Krematorium retten wollte. Gehen konnte er nicht mehr. Und die Wache immer neben ihm, immer über ihm, immer hinter ihm mit Stiefeltritten und mit Kolbenschlägen; einer hatte auch eine Peitsche. Aber was dann am Krematorium knallte, war nicht die Peitsche. Wir haben den Brotdieb hinter einer Schneewächte aus den Augen verloren. Das letzte, was ich von ihm sah, waren seine weißen Fußsohlen. Er kroch barfuß an uns vorüber … Und du? Was suchst du hier, mein Lieber?«

Bering griff nach der Verriegelung des Fensterladens. Das Eisen war jetzt wieder so kalt wie in der Stille vor der Rückkehr seines Herrn. Das Eisen zeigte ihm an, daß er seine Fassung wiedergefunden hatte. Er wandte sich von dem Schatten ab und riß den Riegel nach unten. Der Fensterladen sprang auf. Es wurde hell im Zwinger. Der Schatten in der Tür verwandelte sich in den Hundekönig, der seine Hand abwehrend gegen das Licht erhob. Dann krachte der schwere Laden gegen die Außenmauer.

»Ich habe nichts gesucht. Ich habe nichts gestohlen. Es war dieser Fensterladen. Er stand offen. Der

Wind hat ihn auf- und zugeschlagen. Ihr habt vergessen, ihn beim Weggehen zu schließen. Ich habe das Krachen bis zum Bootshaus hinunter gehört. Ich wollte eine Feile aus dem Bootshaus holen und habe dieses Krachen gehört und habe zuerst an einen Eindringling gedacht – und dann an die Hunde. Die Hunde hätten ihn doch gefaßt. Es war nur dieser Laden. Ich habe ihn geschlossen.«

Wie leicht ihm jetzt das Reden, das Lügen fiel. Er log, obwohl er nicht wußte, wie lange der Hundekönig schon in der Tür stand und ihn beobachtete. Konnte Ambras gesehen haben, wie er die Schubfächer des Vogelschrankes geöffnet und darin Nester voller Steine entdeckt hatte? Und wußte er auch, daß er die Fotografie dieser fremden Frau aufgehoben und wieder zurückgelegt und Sand und Kalk auf das Bild gestreut hatte?

Bering dachte nicht weiter nach. Er sprach einfach weiter. Er log. Erzählte, daß ihn die Hunde beinahe angesprungen hätten, als er die Tür zum Musiksalon öffnen wollte, und lobte ihre Wachsamkeit, sagte auch: »Soll ich beim nächsten Mal warten, daß der Wind hier alles in Scherben schlägt?« Er fühlte sich sicher. Mit jedem Wort, das Ambras von Brotdieben, Prügelstrafen und einer Häftlingsreihe im Schnee erzählt hatte, war seine Sicherheit gewachsen. Ambras würde ihm glauben. Der war so tief in seine Erinnerungen verstrickt, daß er darüber die Gegenwart vergaß, daß er nur einen Brotdieb sah, während sein Leibwächter einen ehemaligen Musiksalon nach Beweisen für eine heimliche Liebe durchwühlte.

»Warum reißt du den Riegel auf, wenn du ihn gerade geschlossen hast«, sagte Ambras, »mach diesen verdammten Laden endlich zu.«

Auch das geschah.

»Und jetzt hol dein Werkzeug. Wir fahren …«

»Ich möchte Euch etwas fragen«, sagte Bering. »Darf ich Euch etwas fragen?«

Ambras schwieg.

»Warum seid Ihr zurückgekommen?«

»Um dich zu holen«, sagte Ambras. »Der Ponton liegt mit einem Maschinenschaden in der Leyser Bucht vor Anker.«

»Der Ponton? Ich … ich meine nicht jetzt, nicht heute. Ich meine … warum seid Ihr hierher zurückgekommen? Hierher, an den See, nach Moor. In den Steinbruch.«

Bering dachte schon, sein Gefühl der Sicherheit habe ihn getrogen, fürchtete, nun doch zu weit gegangen zu sein, und erwartete statt einer Antwort eine grobe Zurechtweisung, als Ambras sich nach einer langen Stille plötzlich zu einem der Hunde hinabbeugte, seinen Kopf in beide Hände nahm, ihm die Lefzen hochzog, als ob er seine Reißzähne prüfen wollte, und dann mehr in den Rachen des Hundes als zu seinem Leibwächter sagte:

»*Zurück*gekommen in den Steinbruch? Ich bin nicht zurückgekommen. Ich *war* im Steinbruch, wenn ich in den ersten Jahren der Stellamourzeit durch die Schutthalden von Wien oder Dresden oder durch irgendeine andere dieser umgepflügten Städte gegangen bin. Ich war im Steinbruch, wenn ich irgendwo bloß das Klirren von Hammer und Meißel gehört oder nur dabei zugesehen habe, wie einer irgendeine Last über irgendeine Stiege auf seinem Rücken trug – und wenns nur ein Rucksack voll Kartoffeln war. Ich bin nicht zurückgekommen. Ich war niemals fort.«

Ambras ließ zu, daß sich der Hund seinem Griff entwand, richtete sich auf und sah Bering so abwesend in die Augen, daß dieser seinem Blick mühelos standhielt: »Los. Hol dein Werkzeug. Der Ponton ist über den halben See gedriftet. Die Maschine spuckt und rußt und kommt gegen die leiseste Strömung nicht mehr an. Der Fährmann findet den Fehler nicht.«

»Und Ihr? Wie seid Ihr ans Ufer gekommen?«

»Mit einem von den Brassenfischern. Die haben während der letzten Nacht in der Leyser Bucht mehr gefangen als in den vergangenen zwei Wochen.«

Bering trug an diesem Tag nicht schwer an seiner Werkzeugkiste, die er bei anderen Gelegenheiten mit Mühe bis ans Förderband des Steinbruchs, in den Maschinenraum der Schlafenden Griechin oder zum

Dieselaggregrat der Villa Flora schleppte. In seiner Erleichterung über das Bildnis einer fremden Frau war ihm alles leicht geworden. Für kurze Zeit vergaß er selbst das Loch in seinem Blick. Trotzdem ließ er sich den ganzen Weg hinunter zum Bootshaus und dann noch mehr als zweihundert Ruderschläge Zeit, bis er von einer neuen, fremdartigen Freiheit Gebrauch zu machen wagte und versuchte, ein Gespräch jenseits der gewohnten, alltäglichen und bloß das äußere Leben betreffenden Fragen wieder aufzunehmen. Es war, als sei er durch sein Eindringen in den Zwinger gleichzeitig auch in das geheime Innerste des Hundekönigs vorgedrungen und dürfte sich dort nun ebenso ungestraft bewegen wie im Dämmerlicht des Musiksalons.

Der Herr und sein Knecht saßen auf der Bootsfahrt in die Leyser Bucht wie auf jeder anderen gemeinsamen Bootsfahrt auch, mit dem Rücken zueinander und jeder für sich: Ambras hockte auf einer Kiste im Bug, in der das Fischzeug verstaut lag, den Blick nach vorne gerichtet, auf die Bucht von Leys, in der irgendwo, noch unsichtbar, der Ponton im Schilf lag. Bering krümmte sich auf der Ruderbank. Die Hände an den Riemen, starrte er dorthin zurück, wo sie herkamen, auf das Moorer Ufer, auf das Bootshaus, den Schwimmsteg. Dort wurden die zurückgelassenen Hunde mit jedem Ruderschlag kleiner. Ihr enttäuschtes Gebell schien allmählich überzugehen in das ferne, nur in der kurzen Stille zwischen den Ruderschlägen hörbare Geräusch einer stotternden Maschine.

Der Herr und sein Knecht sahen einander nicht und hörten mehr als zweihundert Ruderschläge nichts voneinander. Aber als Bering jene Frage endlich aussprach, die er bis zu dieser Stunde und bei so vielen Anlässen nur *gedacht* hatte, war es, als erstarrten die Hunde und schrumpften nicht mehr, obwohl das Boot weiter und weiter auf den See hinausglitt: »Warum«, fragte Bering in die Leere, ans Moorer Ufer zurück, »warum hat man Euch damals ins Lager gebracht?«

Er sprach laut, sprach in das Klatschen der Ruder und in die Wellen, die der abflauende Wind gegen die Bordwände warf. Obwohl er sich dabei nicht nach dem Hundekönig umwandte, hatte er ihn doch deutlich vor sich: Ambras hielt eine Hand in das unter ihm wegströmende Wasser getaucht; Bering spürte jenen leichten Zug nach steuerbord, mit dem selbst das kleine Paddel einer Handfläche eine glatte Fahrt störte. Jetzt zog Ambras seine Hand aus dem Wasser, Bering hörte das Tropfen, der Zug ließ nach, setzte aus.

»Warum hat man Euch damals ins Lager gebracht?« *Ins Lager. Warum war überhaupt jemals ein Mensch aus seiner Wohnung, seinem Zimmer, seinem Garten oder aus irgendeiner Zuflucht in der Wildnis in ein Lager gebracht worden? Warum hatten halbverhungerte Bautrupps am Schotterwerk und in anderen Steinbrüchen schnurgerade Barackenzeilen und gleich dahinter Krematorien errichtet?*

In mittlerweile beinah vergessenen *Quizspielen* und *Fragestunden*, die auf dem Moorer Appellplatz an den Tagen vor und nach einer Stellamour-Party abgehalten worden waren, hatte ein Informationsoffizier solche Fragen immer wieder durch ein Megaphon geplärrt oder auf eine riesige Schiefertafel geschrieben. Mit einer richtigen Antwort, die ebenso ins Megaphon zu plärren oder mit Kreide an die Tafel zu schreiben war, konnte jeder Teilnehmer an diesen Veranstaltungen Margarinewürfel, Puddingpulver oder eine Stange filterloser Zigaretten gewinnen. Selbst jetzt versammelte sich eine schrumpfende Gemeinde noch jeden Freitagabend im Moorer Sekretariat, um dort eine Radiosendung zu hören, in der zwischen Musikeinlagen und Vorträgen zur Kriegsgeschichte die alten Fragen gestellt wurden. Wer dann die alten Antworten auf eine Feldpostkarte kritzelte und an den Armeesender schickte, nahm an einer Verlosung teil, die kleine Preise und sogar Reisen in ferne Besatzungszonen versprach. Der Kurier, der einmal die Woche Post aus Moor ins Tiefland brachte, mußte solche Karten portofrei befördern.

Auch Bering hatte der Schmiedin manchmal heimlich solche Karten ausgefüllt (der Vater durfte nichts davon wissen) und ins Sekretariat gebracht und dabei einmal einen Katalog amerikanischer Straßenkreuzer, ein anderes Mal einen Gutschein für den Besuch eines Baseballspiels in der größten Kaserne des Tieflands gewonnen. Aber der Vater hatte nicht zugelassen, daß sein Sohn oder irgend jemand, dem er befehlen konnte, Ausflüge in einem Truppentransporter seiner ehemaligen Feinde unternahm. Der Gutschein steckte immer noch als Lesezeichen zwischen kolorierten Abbildungen und schematischen Darstellungen eines Motors in dem gewonnenen Katalog, dem einzigen Buch, das Bering aus der Schmiede ins Hundehaus mitgenommen hatte.

Warum hat man Euch damals ins Lager gebracht? Die Frage klang hier, in einem Boot weit draußen auf dem See und in Sichtweite des Blinden Ufers, seltsam anders als die Preisfragen aus dem Radio, die jeder Moorer im Schlaf beantworten konnte.

Bering hatte den Hundekönig schon oft wütend gesehen, ihn dabei aber weder jemals laut werden oder gar brüllen gehört. Auch jetzt brüllte Ambras nicht, aber die ersten Sätze seiner Antwort waren so heftig, daß ein Brassenfischer, der in einiger Entfernung ihre Route kreuzte, neugierig den Kopf hob.

»Warum? Weil ich mit einer Frau an einem Tisch gegessen und mit ihr in einem Bett geschlafen habe. Weil ich jede Nacht mit dieser Frau verbracht habe und weiterleben wollte mit ihr. Und weil ich ihr mit meinen bloßen Fingern das Haar gekämmt habe. Sie hatte langes, welliges Haar, und mein Arm war damals noch sehr beweglich, verstehst du. Nichts ist mir jemals wieder so durch die Hände geflossen wie dieses Haar. Ich habe solche Haare nach ihr erst wieder im Lager gesehen, in einer Halle, in der abgeschnittene Zöpfe, Locken und Büschel lagen, zu einem Haufen zusammengeworfen, in Leinensäcke gestopft, Rohmaterial für Matten, Perücken, Matratzen, was weiß ich …

Dieses Haar habe ich ihr gekämmt, während sie schlief, damals, und sie ist davon nicht aufgewacht. Es wurde schon hell, aber bis zum Sonnenaufgang war es noch eine Stunde oder mehr. Wir lagen in unserem Bett, ich habe eben daran gedacht, das Fenster zu schließen, weil die Tauben im Lichthof so laut waren, als dieses Gebrüll und Getrommel und Schlagen an die Tür losging, es war wie ein Steinschlag. *Aufmachen! Sofort aufmachen!*«

Ambras war in seiner Erzählung so leise geworden, daß Bering zu rudern aufhörte und sich umwandte. Der Hundekönig saß zusammengesunken auf der Fischzeugkiste im Bug und sprach ins Wasser – und auf dem zerschlissenen Grün seiner Bomberjacke, dicht unter den Schulterblättern, groß und unübersehbar, sah Bering seinen blinden Fleck tanzen, das Loch. Das Hundegebell am Ufer war verstummt, und aus den Leyser Schilffeldern drang jetzt schon unverkennbar ein knallendes und gleich wieder ersterbendes Motorgeräusch.

»Erst in diesem Höllenlärm, in diesem Gebrüll und Schlagen an die Tür ist sie aufgewacht«, sagte Ambras. »Sie hat sich so erschreckt und plötzlich aufgerichtet, daß mir einige Haare in den Fingern geblieben sind. Sie hat vor Schmerz geschrien, und ich habe sie umarmt und festgehalten und mich selber festgehalten an ihr und gedacht, die schlagen nicht an unsere Tür, die meinen nicht uns, die können nicht uns meinen. Daß sie damals immer im Morgengrauen kamen, das wußte ich. Sie kommen immer dann, wenn du am wehrlosesten bist, verstrickt in irgendeinen Traum, sie kommen, wenn du weit weg und doch greifbarer bist als zu jeder anderen Zeit.

Sie mußten die Tür nicht eintreten. Ich habe damals oft vergessen, sie am Abend abzuschließen. Sie war offen. Sie mußten nur die Klinke niederdrücken, das war alles, dann standen sie mitten in unserem Leben. Es waren vier. Alle in Uniform. Wir hatten nur das Bettuch. Sie haben alle Kraft gebraucht, um uns auseinanderzureißen. Sie haben uns mit ihren Knüppeln auf Kopf und Arme gedroschen und *Herr Ambras liegt neben einer Judenhure* geschrien, *du Arschloch fickst mit einer Judensau.*

Sie ist ganz still geblieben. Sie war vollkommen stumm. Sie war, ich weiß nicht, atemlos, wie versteinert. Das letzte, was ich aus ihrem Mund gehört habe, war dieser Schmerzenslaut, als sie hochschreckte und mir eine Strähne ihres Haars in der Hand geblieben ist. Sie haben auf uns eingeschlagen und jede ihrer acht Hände und Fäuste gebraucht, um uns auseinanderzuzerren. Aber sie ist stumm geblieben. Sie hat mich angesehen. Ich war fast blind, mir tropfte das Blut in die Augen. Sie haben sie in die Küche gestoßen und ihr ein Bündel Kleider nachgeworfen. Sie sollte sich anziehen dort, fertig machen. Über allen Stühlen und auf dem Sofa lagen Kleider. Wir haben bis spät in die Nacht Fotos für eine Textilfabrik gemacht. Die Lampen, die Kamera, alles stand noch da.

Sie hat mir in jedem von diesen neuen Kleidern Modell gestanden und wurde wohl auch in einem davon verschleppt; davon weiß ich nichts mehr. Denn als sie aus der Küche zurückkam und sich nach einem Schuh bückte, hat sie einer an den Haaren hochgezogen und gebrüllt *Judenhuren gehen barfuß*. In diesem Augenblick haben die anderen zu wenig auf mich geachtet. Ich war nach den Fußtritten und Prügeln auf allen vieren und hatte gerade noch genug Luft, das Stativ der Kamera zu packen und ihm das Ding gegen die Knie zu schlagen. Sein Schädel war so unerreichbar hoch oben. Ich habe noch gesehen, wie ihm ihr Haar aus der Faust geglitten ist. Dann ist auf meiner Stirn irgend etwas explodiert.

Ich bin unter einer Maske aus geronnenem Blut erst wieder in einer Zelle aufgewacht und war immer noch nackt.«

Wie klein, fast schmächtig der zusammengesunkene Ambras seinem Leibwächter in diesen Augenblicken erschien. Es war, als habe sich der Hundeköng auf der Fischzeugkiste vom gefürchtetsten und mächtigsten Mann von Moor wieder in jenen Porträt- und Landschaftsfotografen zurückverwandelt, der er vor dem Krieg, vor seinen Lagerjahren, gewesen war und nicht bleiben durfte.

»Ich glaube, das Kleid, in dem sie aus der Küche kam, war rot«, sagte Ambras und wandte sich zum erstenmal in seiner Erzählung nach Bering um, »ich glaube, es war eines von diesen Sommerkleidern, in denen sie sich nicht gerne fotografieren ließ, weil sie zu auffällig für ihren Geschmack waren. Rot. Vielleicht kam die Farbe aber auch nur vom Blut in meinen Augen. Alles war rot. Alles tropfte. Alles zerrann. Das also war das *Blut*, von dem damals dauernd die Rede war, *Blutschande, mischblütig, reinblütig, Blutopfer*. Mir tropfte dieses Blut einfach in die Augen.«

»Und die Frau? Wo ist die Frau jetzt?« fragte Bering und dachte an Lily. Er hatte die ganze Zeit an Lily gedacht, sah sie in einem roten Kleid aus einer dunklen Küche kommen, sah, wie ein uniformierter Schläger an ihren Haaren riß.

»Ich war erst nach drei Jahren wieder imstande, nach ihr zu suchen«, sagte Ambras. »Nach drei Jahren und vier verschiedenen Lagern konnte ich endlich dorthin zurückkehren, wo wir uns verloren haben. Ich hatte zwar schon in einem Feldlazarett der Amerikaner von den Bombenteppichen und dem Feuersturm von Wien gehört, aber ich wußte nicht, wo sonst ich mit der Suche nach ihr hätte beginnen sollen. Vom Haus, in dem wir gewohnt haben, von der ganzen Gasse war nicht mehr übriggeblieben als vom Rest der Stadt. Die Gasse war eine Schutthalde.

In der ersten Friedenszeit habe ich viel gegraben, nach Scherben, Kleidern, Emailgeschirr und den Überresten unseres Lebens, später nach Kupferkabeln und Messing. Die einzige Spur, die ich von ihr gefunden habe, war die Adresse ihrer Schwester in einer Kartei des Roten Kreuzes. Diese Schwester war mit einem von den reinblütigen, reinrassigen Kötern verheiratet und hat den Krieg in einem Schweizer Sanatorium überlebt. Sie hat ebenso ratlos wie ich nach ihr gesucht. Sie besaß eine Fotografie von ihr und einen Lagerpostbrief aus Polen. Aber diese letzte Nachricht enthielt nur Sätze, die ich schon kannte: *Ich bin gesund. Es geht mir gut …* Solche Sätze waren Vorschrift. Solche Sätze haben wir in unserer Baracke am Schotterwerk auch geschrieben. Solche Sätze haben selbst Leute nach Hause geschrieben, die einen Tag später im Krematorium verraucht sind. Wir waren alle gesund. Uns ging es allen gut.

Auf der Fotografie war sie zu sehen, wie sie im Schnee stand und lachte. Um dieses Bild habe ich mit der Schwester gestritten. Es gehörte mir. Ich habe es im Winter vor ihrem Verschwinden aufgenommen. Sie stand im Schnee und lachte. Das Bild gehörte uns. Es steckte wochenlang im Holzrahmen eines kleinen Spiegels in unserer Küche. Sie hat es irgendwann als Karte benutzt und mir eine Nachricht auf die Rückseite geschrieben. Sie hat auch die einfachsten Nachrichten niemals bloß auf einen Zettel geschrieben, sondern immer auf irgendwelche Ansichtskarten oder Abzüge, die bei uns herumlagen. Einmal habe ich sogar einen Apfel gefunden, auf dem geschrieben stand, daß sie sich verspäten würde. Sie muß die Fotografie an jenem Morgen eingesteckt haben, an dem ihr die Kleider in die Küche nachgeworfen wurden. Sie hat das Bild ihrem Brief aus dem Lager beigelegt. *Ich bin gesund. Es geht mir gut.*

Die Schwester wollte das Bild nicht herausgeben. Ein Labor, das uns einen Abzug hätte machen können, gab es im ganzen Viertel nicht mehr. Schließlich hat mir ein Armeefotograf geholfen, einer von denen, die damals die leeren Baracken, die Öfen und Steinbrüche für die Stellamour-Archive gefilmt und fotografiert haben. Von ihm bekamen wir unsere Kopie, bekamen wir zwei Kopien: Die Schwester hat verlangt, daß auch die beschriebene Rückseite kopiert werden sollte, ihre Handschrift, die Nachricht an mich. Aber die paar Worte wurden auf dem Abzug so unscharf und dunkel, daß sie mich gefragt hat, ob ich die Handschrift nachahmen könnte. Sie würde mir dafür das Original überlassen. Ich habe es versucht. Ich habe die Schrift auf der Rückseite so gut es ging mit Bleistift nachgemacht. Das war der einzige Brief, den ich jemals an mich selber geschrieben habe.

Ich habe eine Stunde im Eis auf dich gewartet, habe ich geschrieben. *Wo warst du, mein Lieber*, habe ich geschrieben. *Vergiß mich nicht.*«

In der Stille nach seiner Erzählung kniete sich Ambras plötzlich auf den nassen Boden des Bootes, beugte sich über die Bordwand, schöpfte mit beiden Händen Wasser und wusch sich das Gesicht so heftig, als käme er gerade staubbedeckt von einer Sprengung im Steinbruch. Als er sich dann tropfend wieder zurechtsetzte, griff Bering nach den Rudern und drehte das Boot mit ein paar Riemenschlägen auf den alten Kurs zur Leyser Bucht. Sie waren abgedriftet.

Die Fotografie. Die Fremde. Bering konnte sich an die Gesichtszüge der Frau schon nicht mehr erinnern. Ihm hatte es genügt, eine Fremde zu sehen. Was ihn jetzt unruhig machte, war seine Nachlässigkeit: Er hatte das Bild auf die Bettstatt im Musiksalon zurückgelegt, zurückgeworfen, ohne darauf zu achten, ob er nicht auf jenem Schnee, in dem die Verschollene stand und lachte, Spuren seiner morgendlichen Eisenarbeit an den Türschlössern und Riegeln der Villa Flora hinterlassen hatte. Vielleicht verrieten ihn ein schwarzer Fingerabdruck auf diesem Schnee oder ein, zwei an einer Spur Schmierfett haftende Feilspäne. Er spürte das Fett und die Späne noch jetzt an seinen Händen.

Er tauchte die schweren Ruder tief ins Wasser und sah die Wellenkreise und Wasserwirbel seiner Schläge rasch zurückbleiben und versuchte sich mit dem Gedanken zu beruhigen, daß in diesem Zwinger jede Spur nicht nur als die eines Eindringlings, sondern immer auch als die Spur eines Hundes gelesen werden konnte. Nach seiner Arbeit an der Tür zum Garten war die Schwelle wie beschneit gewesen mit feinen Eisenspänen. Jeder Hund mußte jetzt solche Späne auf den Ballen seiner Pfoten haben.

Bering ruderte kraftvoll und so schnell, als ob er sich mit jedem Schlag ins Wasser nicht bloß den Leyser Schilffeldern nähern, sondern damit auch aus Ambras' Erinnerungen wieder entfernen wollte. Obwohl der Tag kühl war und eine dichte Wolkendecke allmählich tiefer und schon bis unter die Baumgrenze herabsank, tropfte ihm der Schweiß auf die Brust. Jedesmal, wenn er sich ohne im Rudern innezuhalten ein Schweißrinnsal aus dem Gesicht zu wischen versuchte, indem er eine Wange an seine Schulter drückte, wandte er sich verstohlen nach Ambras um. Der rührte sich nicht. Der war verstummt und sah ihn nicht an und gab auch kein Zeichen und winkte nicht zurück, als am Rande des Leyser Schilfs der mit Kipploren voll Schotter beladene Ponton auftauchte und darauf eine schwarze Gestalt die Arme schwenkte, der Fährmann: Der winkte, schrie ihnen einen Gruß oder eine Frage zu, sie waren noch zu weit entfernt, um ihn zu verstehen – und beugte sich dann wieder über einen Holzverschlag, der kaum größer als eine Hundehütte war.

Dort, in diesem Maschinenhaus, stotterte und nagelte ein Motor, den Bering vor Jahren mit seinem Vater aus einem Lastwagen, der auf eine uralte Panzermine gefahren war, ausgebaut und auf das Steinfloß montiert hatte. Damals hatte er gelernt, wie ein Lastwagenmotor zu einem Schiffsantrieb umzurüsten war, und hatte die klobige Achtzylindermaschine später in unzähligen Wartungs- und Reparaturstunden in eine seiner Maschinen verwandelt.

Der Fährmann schien seine Startversuche noch immer nicht aufgeben zu wollen. In unregelmäßigen Abständen quoll aus einem Auspuffrohr, das wie eine Fahnenstange aus dem Maschinenhaus ragte, eine Faust aus schwarzem Rauch, die im Wind zu einem Strauß Federn zerstob.

Was immer an der Maschine schadhaft war, Drosselklappe, Ansaugzyklon, ein Filterstück – daß die wütenden Versuche des Fährmanns eher schadeten als halfen, sah Bering von weitem und schrie: »Abstellen! Stell den Motor ab, Idiot!«

Ambras kümmerte sich weder um den Fährmann noch um das Geschrei seines Leibwächters. Er hatte sich erhoben, stand aufrecht im Bug wie ein Bild aus den Kalendern der Schmiedin, sagte kein Wort. Das Boot glitt durch einen hauchfeinen, in den Spektralfarben schillernden Ölschleier, der unter den Ruderschlägen zerriß und sich im Kielwasser wieder schloß. Zwei Kormorane flogen auf, auch Möwen und Bleßhühner, denen das Klatschen der Ruder zu nahe gekommen war.

Als das Boot mit einem dumpfen Laut an die Bohlen des Pontons schlug, stellte der Fährmann den Motor endlich ab, schleuderte einen schwarzen Lumpen in den Holzverschlag, stampfte den Ankömmlingen zwischen den Kipploren entgegen und begann fluchend einen rätselhaften Maschinenschaden zu beschreiben, noch bevor Bering die Leine an einem in die Bohlen eingelassenen Eisenring festgemacht hatte: Drecksmaschine! Diese Drecksmaschine! Mitten auf dem See habe sie plötzlich zu qualmen begonnen, Scheiße, und keine Leistung mehr gebracht, plötzlich keine Kraft mehr, nichts … Und dieses Scheißfloß voller Scheißsteine sei in die Leyser Strömung geraten und abgetrieben, trotz

Vollgas abgetrieben! Und am Moorer Dampfersteg warte schon der Laster, Scheiße, der einzige diese Woche, und der werde beladen oder unbeladen noch am frühen Nachmittag wieder ins Tiefland zurückfahren, zurückfahren müssen, um die Kontrollposten noch vor Sonnenuntergang zu passieren.

Ambras schob die ölverschmierte Hand beiseite, die ihm der fluchende Mann entgegenstreckte, stieg mit einem raschen Schritt aus dem Boot an Bord des Pontons, fiel dem Fährmann ins Wort, »laß mich damit in Ruhe«, und wies mit dem ausgestreckten Arm auf Bering: »Erzähl das alles ihm.«

»Ich rede doch zu ihm. Ich rede doch zu ihm!«

Aber Bering hörte nicht zu. Der war schon allein mit seiner Maschine. Der stand schon vor dem offenen Verschlag und ließ den Motor an und hatte nur noch Ohren für das, was er aus dem Inneren dieses vibrierenden, ölschwarzen Metallblocks hörte. Er beugte sich so hingebungsvoll über die Zylinderreihen, als suchte er ausgerechnet im Hämmern eines Dieselmotors Zuflucht vor der Erinnerung an das Getrommel an eine Wohnungstür, Zuflucht vor der Erinnerung an die Knüppelhiebe auf ein umschlungenes Paar und an das Verschwinden einer Frau im roten Kleid. Die Kolbenschläge des Motors hämmerten alles ins Unhörbare zurück, auch das Gerede des Fährmanns. Was der sprach, war ein bedeutungsloses Geräusch in seinem Rücken.

Schon in seinen Schmiedejahren, vor einem Wrack in seiner Werkstatt oder auf dem Rücken unter irgendeiner Zugmaschine liegend, die auf einem Rübenacker verreckt war, hatte Bering stets zuerst und stets lieber auf das gehört, was ihm die Maschine selber sagte, als auf das Geschwätz ihrer wütenden oder ratlosen Betreiber. Denn gleichgültig was er von Maschinenhaltern erfuhr, ungenaue Vermutungen über die Ursache des Schadens oder ganze Lebensgeschichten während der Stunden einer Reparatur – so untrüglich wie das Klingeln eines Ventils, das Gejammer eines Keilriemens oder das Rasseln eines gelockerten Dichtungsringes konnten ihre Auskünfte niemals sein. Einem Feinhörigen erschloß sich jenes Zusammenspiel verschiedenster Laufgeräusche, das in einer Welt der Pferdefuhrwerke und Handkarren als bloßer (wenn auch seltener) Motorenlärm wahrgenommen wurde, als die harmonische Orchestrierung aller Klänge und Stimmen eines mechanischen Systems. Jeder Stimme, jedem noch so unscheinbaren Geräusch dieses Systems kam eine unmißverständliche Bedeutung zu, die Rückschlüsse auf die Funktionstüchtigkeit seiner schlagenden, stampfenden oder fauchenden Teile zuließ.

Bering horchte mit geschlossenen Augen. Alles an ihm war jetzt Aufmerksamkeit. Er entwirrte das Knäuel von ineinander übergehenden und sich überlagernden Geräuschen, verfolgte jeden Klangfaden bis an seinen Ursprung und hörte den Bauplan der Maschine. Wie ein Blinder tastete er sich die Leitungswege des Treibstoffs entlang, befühlte Eisenteile, die er vor Jahren aus Mangel an Ersatz selber geschmiedet hatte, öffnete und schloß Entlüftungsschrauben, hörte den Atem der Maschine im Ölbad des Luftfilters brodeln, zog am Gasseil, ließ nach, löste Zuleitungen von den Zylindern und blies darauf schrille Töne: Nichts, kein Schmutzkeil verstopfte die Leitungen, ungehindert durchpulste das Dieselöl die Maschine.

Es war die Luft. Diesem Motor hier fehlte Luft. Der konnte nicht atmen. Der qualmte, rang um Sauerstoff, bis sein Kolbenschlag aussetzte, und verbrannte seinen Treibstoff so schlecht, daß nur Ruß frei wurde und keine Kraft. Seltsam nur, daß er im Leerlauf keinen einzigen Fehler zeigte, kein Stottern und Keuchen, keine Rußfedern. Erst wenn Bering am Gasseil zog, bis zum Anschlag, um dem Motor die volle Kraft zu entreißen, schoß eine Qualmfaust mit einem Knall aus dem Auspuffrohr. Erst dann bellte auch ein metallischer Husten weit über den See – und anstatt einen sprudelnden, kraftvollen Bogen ins Wasser zu schreiben, drehte sich das Floß nur träge um die gespannte Ankerkette, so, als zeige es dem Schilf und allen darin verborgenen Kormoranen, Möwen, Silberreihern und Bleßhühnern seine tote Fracht: Kipploren voll Urgestein, grünen, zu

Schotter zermahlenen, zersprengten und zerschlagenen Granit, Schotter für Bahndämme und Straßen, die irgendwo gebaut werden und von irgendwo nach irgendwo führen sollten, nur nicht hier herauf an den See, niemals bis hier herauf in die Hochtäler und über die Pässe des Steinernen Meeres. Jeder Kiesel dieser Ladung, die sich unter einem rußigen Himmel im Leyser Schilf drehte, erinnerte an die Unwegsamkeit und Abgeschiedenheit Moors, an seinen leeren Bahndamm und an seine Güterwege und Schlammstraßen, auf denen kein Fortkommen war.

Bering entdeckte das Leiden der Maschine, als er die Klemmringe an jenem Luftschlauch lockerte, der die schmutzige Luft der Außenwelt dem Filtertopf und einem darin brodelnden Ölbad zuführte, aus dem sie gereinigt, in schwarzen Blasen, aufstieg und in das Feuer der Zylinder fauchte. Der Schlauch löste sich von der Nase des Ansaugzyklons und fiel wie ein abgetrenntes Organ zwischen metallene Eingeweide. Als er die Luftröhre daraus wieder hervorzog, fand er einen Schaden von einer solchen Einfachheit, daß der Fährmann, der gerade mit dem Drehen einer Zigarette beschäftigt war, die eigentliche Reparatur gar nicht bemerkte.

Der Fährmann stand mit dem Rücken zum Wind, hielt eine Hand schützend vor eine Streichholzflamme und versuchte, seine Zigarette anzuzünden, als die Maschine plötzlich mit ihrer alten Kraft zu brüllen begann. Ein Windstoß fuhr ihm in die hohle Hand und löschte das Streichholzflämmchen. Mit einem überraschten Ausruf, der in ein hustendes Lachen überging, wandte er sich nach Bering um: »Was hast du ..? Wie hast du ..?«

Der Hundekönig saß im Steuerhaus und hob kaum den Kopf, als das Floß an der Ankerkette zu reißen begann. Der Schatten eines aufgeschreckten Möwenschwarms huschte über Schilf und Kipploren hinweg. Das Kielwasser kochte.

Bering ließ das Gasseil los und überließ sich im abschwellenden Gebrüll für einen Augenblick jenem wunderbaren, flüchtigen Gefühl der Erleichterung, das ihn nur nach der Lösung eines mechanischen Problems überkam und weder festzuhalten noch zu verlängern war. In solchen Augenblicken war es gleichgültig, ob er stunden- oder tagelang oder nur wenige Minuten nach einer Lösung gesucht hatte – wann immer ein gestörtes mechanisches System unter seinen Händen wieder fehlerfrei zu laufen begann, erlebte er eine Ahnung jener triumphalen Leichtigkeit, die er sonst nur an auffliegenden Vögeln wahrzunehmen glaubte. Dann brauchte er sich nur von der Welt abzustoßen, und sie segelte unter ihm davon.

Auf der Fähre hatte ein bloßer Handgriff genügt: Der Fehler war im Luftschlauch versteckt gewesen. Die Isolierschicht an der Innenwand dieser Luftröhre der Maschine begann sich abzulösen und hing an manchen Stellen schon in Fetzen. Zwar fächelten und wehten diese Fetzen im schwachen Luftstrom des Leerlaufs, ohne die Verbrennung des Treibstoffs zu behindern, wurden im starken Sog bei Vollgas aber zu einer Art Ventilklappe, die sich wie eine Hand über das offene Maul des Luftfilters legte und so das Feuer im Innern der Zylinder erstickte.

Bering mußte nicht einmal seine Werkzeugkiste öffnen, die immer noch im Boot schaukelte. Die breite Klinge seines Klappmessers hatte genügt, um die spröden Fetzen der Isolierschicht aus der Luftröhre zu kratzen und dann die Schrauben der Klemmringe wieder festzudrehen.

Das Floß schaukelte klar zur Weiterfahrt im Schilf. Der Fährmann rief immer wieder *besser als zuvor!* in den vibrierenden Holzverschlag. Die Maschine laufe jetzt besser als je zuvor. Aber Ambras saß scheinbar teilnahmslos auf einem Stapel leerer Säcke im Steuerhaus und blätterte in einem ölfleckigen Frachtenbuch. Der Fährmann wollte keine Zeit mehr verlieren und trieb zur Eile. Hustend und spuckend, als ob das Leiden der Maschine durch die Reparatur auf ihn übergegangen wäre, krümmte er sich an der Ankerwinde und kurbelte eine eiserne Spinne aus dem See. Bering erkannte das rostzerfressene, muschelbesetzte Ding kaum wieder. Diesen Anker hatte er in seinem ersten Lehrjahr aus den Laufkettengliedern eines ausgeschlachteten Panzers zusammengeschweißt und mit vier eisernen Tentakeln und Widerhaken versehen.

Als die Eisenspinne an ihrer Kette gegen die Bordwand klirrte, sah Bering sein Werkstück schwarz verhüllt im Kokon seines durchlöcherten Blicks, eingesponnen in ein schwebendes Stück Finsternis, und sah trotz dieser Verdunkelung, wie silbrig glänzende, dünne Wasserrinnsale über die Schweißnähte liefen und in den See zurücktropften. Die Lanzenblätter an den Tentakeln hatte er damals ohne Hilfe und Anleitung auf dem Amboß in die Form von Widerhaken gehämmert. Die Schweißnähte waren mangelhaft. Das hätte er jetzt besser gekonnt. Aber die Zeiten solcher Näharbeiten waren vorbei. Mußten für immer vorbei sein. Er trug eine Waffe. Er lebte im Hundehaus. Das Feuer in der Esse war erloschen.

Ohne sich von dem Stapel Säcke zu erheben, rief Ambras seinem Leibwächter jetzt Kommandos zu: *He! Komm her. Hör zu.* Er werde nicht zurückfahren mit ihm. Er habe noch am Dampfersteg und dann im Moorer Sekretariat zu tun. Er solle nach Hause rudern und sich dort wieder um die Riegel und Türschlösser kümmern und – *hörst du!* – nicht wieder in Zimmern herumschnüffeln, in die er nicht eingeladen worden sei.

In Ambras' Stimme war nichts mehr zu hören vom erschöpften Ton seiner Erzählung im Boot. Seine

Stimme klang jetzt wieder so schroff und kalt wie sonst nur an den Tagen einer Sühneversammlung auf dem Appellplatz oder aus dem Megaphon im Steinbruch.

»Ich habe nur den Fensterladen verriegelt«, überschrie Bering die Maschine und sprang ins Ruderboot: »Ich habe nichts angerührt. Nichts!«

Aber der Hundekönig sprach zu seinem Leibwächter, als bereute er die Schwäche, ihm nicht nur das Geheimnis seiner Verkrüppelung, sondern auch eine verschollene Liebe anvertraut zu haben. Sprach so kalt, als habe diese Fahrt ins Leyser Schilf ihm nur gezeigt, daß seinen Leibwächter eine beschädigte Mechanik noch eher zu rühren vermochte als ein beschädigtes Leben: Nach so vielen Reden, Flugblättern und Botschaften des großen Lyndon Porter Stellamour und nach unzähligen Buß- und Gedächtnisritualen in den Kaffs am See und an seinem Blinden Ufer hörte auch der erste und einzige unter den Männern von Moor, dem Ambras jemals vertraut hatte, immer noch lieber auf das Klopfen und Hämmern von Maschinen als auf den Wortlaut der Erinnerung.

20 Spielzeug, Stillstand und Verwüstung

Im frühen Herbst dieses Jahres und während der Rübenernte im Oktober ging an den wenigen Maschinen der Seeregion vieles zu Bruch oder stand plötzlich still. Zahnkränze verbissen sich ineinander, Schwungräder, Nockenwellen und Kolbenringe brachen, selbst die Zeiger der großen Uhr am Dampfersteg klirrten eines Morgens vom Zifferblatt und versanken im See, und noch die einfachsten Rohrschellen, Splinte, Stellschrauben und Bandeisen fraß der Verschleiß. Immer wieder mußten in einem Sägewerk, in einer Rübenkompanie oder einer Steinmühle ein vermeintlich unersetzbarer Lastwagen für Tage, Wochen oder für immer durch ein Ochsengespann und ein schrottreifes Förderband durch Schaufeln, Schubkarren und bloße Hände ersetzt werden.

Maschinen! Auf Maschinen sei eben von Jahr zu Jahr weniger Verlaß, hieß es im Wirtshaus am Dampfersteg, hieß es im Moorer Sekretariat und in allen Stuben, in denen der Stillstand und der Lauf der Zeit besprochen wurden. Wer mit Traktoren pflügen und mit Dampfdreschern ernten wolle, der werde bald nur noch Steine zu fressen haben. Lieber mit einem Gaul im Joch und bis zu den Knöcheln im Dreck auf dem Feld als ohne Treibstoff und Ersatzteile auf der stärksten Zugmaschine …

Die großen Erwartungen, die noch im Frühjahr durch den Stapellauf der Schlafenden Griechin gestärkt worden waren, hatten sich nicht erfüllt: Die Krähe des Hundekönigs blieb die einzige und letzte Limousine, die über Moors Schotterwege rumpelte. In den Garagen ehemals herrschaftlicher Sommervillen standen Maultiere und Ziegen neben verrotteten Kabrioletts, und immer noch bezogen die Bewohner des Seeufers und alle, die zu einem Leben im Schatten des Steinernen Meeres gezwungen waren, die meisten ihrer Maschinen und Ersatzteile von den Schrottplätzen der Armee oder aus Eisengärten wie jenem, der auf dem Schmiedhügel tiefer und tiefer in die verwildernde Erde sank.

Neu war und blieb am See immer nur das Alte: Jedes noch so verbogene oder rostzerfressene Stück Schrott mußte in Ölbäder gelegt, gebürstet, geschliffen, zurechtgefeilt und gehämmert und so lange wieder und wieder verwendet werden, bis der Verschleiß jeder Brauchbarkeit ein Ende setzte und nur noch Abfall für die Eisenschmelze hinterließ. So beständig die Schrottgärten um die Häuser und Gehöfte auch wuchsen, die Anzahl der brauchbaren Ersatzteile darin nahm ebenso stetig ab, und der

Schmelzofen von Haag, der einzige in der Seeregion, lieferte nur noch minderwertiges Metall, das an Qualität und Beständigkeit mit jeder neuerlichen Einschmelzung verlor.

Aber auch die Wartung, die Reparatur und schließlich die Verwandlung des Schrotts in eine feurigflüssige Glut, die in neue Formen zu gießen war, bedurften eines Geschicks und eines Werkzeugs, über das nur noch wenige Handwerker verfügten. Jeder von ihnen sollte zugleich Schmied, Mechaniker, Schlosser oder Eisengießer sein und wurde in manchen Weilern schon wie ein Schamane verehrt, der ein Gehöft durch die bloße Reparatur eines Dieselgenerators in die von elektrischem Licht erhellte Gegenwart heraufholen – aber auch wieder ins Dunkel der Vergangenheit zurücksinken lassen konnte.

Der weithin bekannteste und gesuchteste von diesen Mechanikern war immer noch der junge Schmied von Moor – oder war es zumindest bis zu diesem Herbst gewesen. Denn auch wenn er sein Erbe aufgegeben und sich ins Hundehaus verkrochen hatte, war er während der ersten Wochen und Monate seines neuen Dienstes selbst durch den Stacheldrahtverhau der Villa Flora für Moors Bedürfnisse erreichbar geblieben und immer wieder zu einer liegengebliebenen Maschine geholt worden. Aber jetzt, ausgerechnet in dieser Zeit des Stillstands und der vielen Gebrechen, hob er nicht einmal mehr den Kopf, wenn ihn einer durch den Stacheldraht als *Schmied* anrief: *Hilf mir, Schmied!* Seit er mit dem Hundekönig wie ein siamesischer Zwilling verwachsen schien und diesem Armeespitzel vor den Augen eines Mineurs im Steinbruch sogar die Schuhe schnürte und den Staub aus den Haaren bürstete!, hörte der verfluchte Schmied nicht mehr auf seinen Namen.

Selbst Maschinenhalter aus Leys und Haag hatten lange versucht, ihn mit Geschenken und Bitten aus der Villa Flora wieder zurückzulocken an seine Werkbank, an die Esse, zurück in seinen Eisengarten hoch über dem See. Wie oft hatten sie als Bittsteller mit Mohnkuchen, geräucherten Brassen, Speckseiten und Körben voll Birnen und Pilzen am Stacheldraht der Villa Flora darauf gewartet, daß der Schmied auf die Veranda trat, in der Krähe vorfuhr oder an der Seite des Hundekönigs den Weg vom Bootshaus heraufkam. Manche von ihnen hatten sogar die defekten Teile ihrer Maschinen in einem Sack mitgebracht und waren von einem der Hunde gebissen worden, als sie versuchten, das Zeug so in die Auffahrt zu legen, daß der Schmied, wenn er kam oder ging, wenigstens einen Blick darauf werfen und ihnen vielleicht im Vorübergehen einen Rat zurufen konnte.

Aber der Schmied, den mittlerweile auch der Fährmann und die Mineure aus dem Steinbruch in ihren Gesprächen den Leibwächter nannten, war weder mit Bitten noch mit Versprechungen zu erweichen.

Nur wenn der Hundekönig es ausdrücklich befahl oder wenn ein Bittsteller die Brasilianerin dazu bewegen konnte, ein Wort für ihn einzulegen, nahm er sich noch gelegentlich eines mechanischen Schadens an. Alle anderen Maschinenhalter wies er schroff ab, jagte manche von ihnen mit der Warnung davon, die Hunde loszulassen, und stieß einen besonders hartnäckigen Salzsieder, der ihn drei Tage lang jeden Morgen mit der ausgebauten Lichtmaschine eines Lastwagenmotors am Dampfersteg erwartete, so heftig von sich, daß der ratlose Mann stolperte und hintüber ins Wasser fiel.

Bering wollte nichts mehr zu tun haben mit dem Schrott seiner Schmiedejahre. Denn so ungebrochen seine Leidenschaft für alles Mechanische immer noch war – die verwahrlosten Maschinen von Moor, diese mutierten, wieder und wieder umgebauten und im Verlauf von Jahrzehnten von so vielen Händen und Pranken verpfuschten eisernen Mißgeburten führten ihm jetzt vor allem sein eigenes Gebrechen vor: Der unverwandte, prüfende Blick auf diese zerfressenen Motorblöcke, rissigen Zylinderköpfe, verrußten Zündkerzen, heillos verbissenen Zahnräder und rostigen Kugelgelenke machte ihm den blinden Fleck, das Loch in seiner Welt, verstörender und schmerzhafter bewußt als jede andere Arbeit.

Vielleicht lag es auch bloß an den kürzer werdenden Tagen, an dem allgemeinen Mangel an Licht oder an der scheinbar unzerreißbaren Wolkendecke dieser Wochen, daß er manchmal anstatt der Ursache eines mechanischen Defektes, anstatt Schrauben, Federn und Bohrungen nur noch diesen schwebenden, blinden Fleck in seinem Auge wahrnahm. Wenn ihm in solchen Stunden auch noch ein ungeduldiger Maschinenhalter über die Schulter gaffte und ihn mit Fragen nach der Dauer der Reparatur und der Schwere des Schadens quälte, breitete sich das Blinde in seinem Auge manchmal aus wie eine Rußwolke. Mit jeder Reparatur, die mißlang, mit jedem Fehlgriff, den er tat, während ihn ein Maschinenhalter ins Leere starren und nach filigranen Bauteilen tasten sah, wuchs auch die Gefahr, daß das Loch in seiner Welt nicht mehr länger sein Geheimnis blieb.

Allein im Umgang mit seinen eigenen, vertrauten mechanischen Geschöpfen brauchte er kein Tageslicht und schon lange keine Falkenaugen mehr. Am Getriebe der Krähe, am Generator im Turbinenhaus der Villa Flora oder am Mechanismus seiner Waffe würde er noch blind jeden Schaden ertasten oder schon am bloßen Geräusch erkennen – und auch blind wieder beheben. In Stunden und Stunden feinmechanischer Arbeit hatte er das Magazin seiner Pistole verlängert und so ihre Feuerkraft auf mehr als zwanzig Schuß erhöht, ohne daß ihn der blinde Fleck dabei ernsthaft behindert hätte.

Denn so winzig der Bestandteil einer mechanischen Anordnung auch sein mochte, die er allein und unbeobachtet in der Scheune des Hundehauses bearbeitete – wenn ihm das Dunkel eine Bohrung verbarg, sah er, was er sehen wollte, mit seinen Händen – oder hörte eine ausgeleierte Feder, das Spiel eines Gelenks und brauchte dazu seine Augen nicht. Dabei kam ihm vor, als würden seine Fingerkuppen mit jedem Tag dieses Herbstes empfindsamer und sein Gehör so untrüglich und manchmal schmerzhaft, daß er bei jeder Gelegenheit Handschuhe zu tragen begann und seine Ohren in den stürmischen Oktobernächten, in denen das ganze Land wie eine einzige organische Maschine stöhnte, krachte und heulte, mit Watte und Wachs verschloß.

Wenn er mit der Krähe an manchen Tagen allein über die Landebahn des alten Flugplatzes dröhnte und sich in den Augenblicken der höchsten Geschwindigkeit einer Illusion vom Fliegen überließ, verzichtete er manchmal für einige atemberaubende Sekunden freiwillig auf jeden Anblick der Welt, schloß seine Augen! und flog in einem Hochgefühl dahin, das mit nichts mehr vergleichbar war. Wenn er die Lider nach vier, fünf Herzschlägen und stets beim gleichen verwitterten Markierungsstreifen der Landebahn wieder öffnete, nahm er den Fleck kaum noch wahr. Dann donnerte und brauste die Landebahn, eine Lawine aus rissigem Asphalt, durch ihn hindurch, als wäre er selber so körperlos wie die Luft, die ihn trug.

Moor erkannte diesen Schmied, diesen Leibwächter, nicht wieder: Der ließ sein Erbe verkommen, und es kümmerte ihn nicht, wenn eine liegengebliebene Zugmaschine in den Erntewochen auf dem Acker verrostete – aber er hatte Muße genug, um in der Krähe ins Fliegertal hinaufzufahren und Treibstoff zu verprassen, indem er die Piste auf und ab raste. Ein Schafhirte behauptete, er habe gesehen, wie der Schmied dort oben auf eine Horde Buntmetallsammler schoß, die ihn eines Tages vor dem Hangar überraschte und ihm den Rückweg mit Stangen und Holzprügeln versperren wollte: Er schoß in voller Fahrt aus dem offenen Fenster auf die mit Kabelsträngen und Kupferdrähten behängten Plünderer. Er traf nicht. Er verwundete niemanden. Aber er schoß, ohne zu zögern. Unaufhaltsam flog er in seiner Krähe dahin.

Für die Gespräche der Steinmetze und Mineure, die an Bord der Schlafenden Griechin täglich ans Blinde Ufer übersetzten und sich während der Rückfahrt am Abend oft mit Kartoffelschnaps betranken, war die Verwandlung des Schmieds ein ergiebiger Stoff: Natürlich fuhr der Kerl lieber mit der Brasilianerin in der Krähe die Uferpromenade entlang oder chauffierte sie zwischen Strandbad und Hundehaus hin und her, als an der Esse Funken zu schlagen. Der

Brasilianerin fraß der Junge aus der Hand. Zum Erntefest hatte er ihr ein Windrad auf das Dach ihres Wetterturms montiert, das je nach Windstärke die ersten Takte von drei verschiedenen Melodien auf einem angeschlossenen Glockenspiel zum Klingen und dazu eine Sturmlampe zum Leuchten brachte. Und in der Nacht zum Allerseelentag ließ er einen elektrischen Drachen in den Himmel über der Villa Flora steigen, ein Gebilde aus Gerten, Glühdrähten und Fallschirmseide, das eine Büßerprozession, die mit Totenlichtern die Schilffelder entlangzog, in Panik versetzte und die Hunde rasend machte. Halb Moor lag in ihrem Geheul bis zum Morgengrauen wach. Und dann, zwei oder drei Tage später, flatterten zwischen den Mammutbäumen im Park des Hundehauses mechanische Hühner oder Fasane aus Papier und Draht; Spielzeugvögel!

Dieser Verrückte spielte in der Villa Flora, während Moor seine Maschinen Stück für Stück an den Stillstand verlor und selbst das Werk der zeigerlosen Uhr am Dampfersteg zu einem von Vogelkot starrenden Taubenschlag wurde. Und der Hundekönig ließ ihm auch noch überall freie Hand, überließ ihm die Krähe, überließ ihm die Bestätigung von Passierscheinen und manchmal sogar die Aufsicht über die Arbeit im Steinbruch, während er selber auf einem Klappstuhl vor der Verwalterbaracke saß und durch sein Fernglas ins Gebirge starrte.

Aber wo immer Moor über den Schmied und seine Verwandlung sprach, waren die Meinungen darüber geteilt, wer ihn denn nun zu seinen Verrücktheiten trieb: Die Brasilianerin, sagten die einen, natürlich die Brasilianerin, die ließ ihn doch auch in ihren Wetterturm hinauf, das hatte von den Moorern bisher noch keiner geschafft. Und hatte sie ihm nicht auch das Pferd abgeluchst, das er aus der Schmiede ins Hundehaus mitgeführt hatte? Die Brasilianerin brauchte nur zu pfeifen, und schon sprang er ihr nach. Jetzt ritt sie mit seinem Gaul auf ihren Schleichhandelswegen und ließ ihr Maultier umso schwerer beladen hinterhertrotten. Was hatte sie ihm für den Gaul wohl gegeben? Mit dem Preis hätten sich auch die Mineure, die Steinmetze und Rübenbauern gerne vergnügt.

Die Brasilianerin? Ach was, sagten die anderen, es sei doch schließlich der Hundekönig gewesen, der den Schmied von seinem Hügel gelockt habe, der allein. Dieser entlaufene Sträfling sei doch selber verrückt. Erst habe er den Schmied so unberechenbar, verspielt und bissig wie einen seiner Köter gemacht und ihn dann zwischen sich und die Welt gestellt. Und jetzt – wer jetzt mit dem Steinbruchverwalter bloß reden! wollte, käme nicht mehr an diesem Leibwächter vorbei. Der mußte seinem Herrn offensichtlich nicht nur besoffene Schläger und Plünderer vom Leib halten, sondern jeden, der ihnen auf ihrem Weg zum Steinbruch oder zum Sekretariat mit einer Anfrage oder Beschwerde entgegentrat.

So unüberhörbar sich Vermutungen und Gerüchte in den Kaffs am See auch verbreiteten, Ambras kümmerte sich nicht darum. Moor sollte nur reden und sollte sich seinetwegen aus dem Schrott verreckter Maschinen Spitzhacken für die Feldarbeit zurechthämmern – dem Hundekönig schienen Gerüchte ebenso gleichgültig zu sein wie die stillstehenden Maschinen und alles, was Gegenwart war. Ambras litt nicht an der Gegenwart:

In der ungewöhnlichen Kälte und Feuchtigkeit dieses Herbstes schmerzten ihn seine Schultergelenke heftiger als in jedem Wettersturz seit dem Jahr seiner Tortur. An manchen Tagen lähmte ihn dieser Schmerz so sehr, daß sein Leibwächter ihn nicht nur kämmen, sondern ihm auch beim An- und Auskleiden helfen mußte. Und selbst wenn ihm seine glühenden, brennenden Gelenke Zeit für einen Gedanken über Berings seltsames Verhalten ließen, empfand er den Widerwillen, den der Junge neuerdings gegen Reparaturarbeiten an schrottreifen Landmaschinen zeigte, ganz anders als Moor bloß als ein Zeichen wachsender Vernunft, als ein Nachlassen jener sturen mechanischen Leidenschaft, die doch nur auf Schrottplätzen begann und auf Schrottplätzen endete. Solange Bering den Generator im Turbinenhaus der Villa und den Motor der Krähe am Laufen hielt und ihm im Notfall sogar seine Arme ersetzte, sollte er seinetwegen die Maschinenhalter in den Kaffs bedienen oder davonjagen und sollte er ruhig weiter an seinen Windrädern und flatternden Vogelmodellen basteln, bis ihm die Hunde auch noch das letzte seiner papierenen Hühner in der Luft zerrissen. Solche Spielereien störten die Ordnung des Hundehauses nicht. Was wirklich an dieser Ordnung fraß und sie in den ersten Novembertagen manchmal zu verwirren drohte, war der Schmerz; dieser Schmerz in seinen Gelenken.

Manchmal half Lily. Wenn Lily in den Stunden eines Schmerzanfalls in die Villa Flora kam, ließ Ambras zu, daß sie ihm mit einer alkoholischen Essenz aus Moosblüten, Arnika und Windkraut die Schultern besprengte und abrieb und so die Glut löschte.

Bering sah an solchen Tagen nicht nur die Zeichen der Folter auf dem entblößten Rücken seines Herrn, violett vernarbte Striemen, jahrzehntealte Spuren von Stockschlägen und Peitschenhieben ... Er sah vor allem einen alternden Mann, der in einer kalten Küche fror und Schmerzen litt. Und er sah Lilys Hände auf dieser narbigen Haut kreisen: Das waren nicht die Hände einer Geliebten. Denn so behutsam sie ihn auch berührte, Lily stand dem frierenden Mann nicht anders bei als jemand, der ihm den Steinstaub aus den Haaren bürstete. Das war keine Zärtlichkeit, sondern nur die alte Vertrautheit zwischen dem Hundekönig und seiner Freundin vom Strand. Oder war es bloß Mitleid?

Ambras ließ schweigend geschehen, was mit ihm geschah, als Bering ihn an einem frostigen Nachmittag zum erstenmal so zusammengesunken, so entblößt auf dem Küchenstuhl sah. In der einen Hand eine Glasflasche, in der anderen einen Lappen, beugte sich Lily gerade über ihn und träufelte ihm den Absud auf die Schultern, als Bering eintrat. In rostroten, wirren Adern floß die Essenz über Ambras' Narbenhaut. Ohne Zögern, ohne nachzudenken, so mechanisch, als folgte er einem Befehl, ging Bering auf Lily zu, nahm ihr den Lappen aus der Hand und begann, die Rinnsale von diesem zerschlagenen Rükken zu trocknen. Lilys Verblüffung dauerte nur einen Augenblick. Dann nickte sie und nahm die Hilfe des Leibwächters an.

Seit dem Nachmittag dieser plötzlichen, wortlosen Nähe begann Bering, sich Lily Schritt für Schritt auszuliefern. Er zeigte ihr seine Sehnsucht, indem er sie unter immer neuen Vorwänden von der Villa Flora zurück an den See begleiten oder sie in der Krähe ans Ufer oder nach Moor oder irgendwohin fahren wollte. In der Hoffnung, dadurch dem Zauber der Konzertnacht noch einmal nahe zu kommen, bot er ihr an, was er besaß oder worüber er verfügte, und ging ihr nun jedesmal mit einem Lappen zur Hand, wenn sie Ambras' Schmerzen zu lindern versuchte.

Er schmiedete ihr Schutzgitter für die ebenerdigen Fenster ihres Wetterturms, beschlug ihr das Maultier, als es auf einem Weg über den Reifpaß zwei seiner Hufeisen verlor, und führte, als Lily für sechs oder sieben Tage nicht ins Hundehaus kam, sein Pferd hinunter zum Strandbad, band es dort an das Geländer ihrer Treppe und schrie in ihre Höhe hinauf, er habe keine Zeit mehr, das Tier zu versorgen, er habe ja die Krähe, er schenke ihr das Pferd. Und als sie sich für das bewegliche Modell einer Raubvogelschwinge begeisterte, das er ihr auf der Veranda vorführte, überraschte er sie bei einem ihrer nächsten Besuche mit einem künstlichen Fasan, der ihr zwischen den Mammutföhren der Villenauffahrt entgegenflatterte.

Dann fand er auf einem Inspektionsgang mit Ambras und dem Moorer Sekretär im Schutt des Hotels Bellevue ein Glockenspiel. Der Sekretär erinnerte sich, daß dieser unter Ziegeln begrabene Musikautomat den Kurgästen vor dem Krieg die Mahlzeiten eingeläutet hatte. Obwohl das Plündderergesetz auch für allen Schrott in den Ruinen galt, erlaubte Ambras seinem Leibwächter, das Ding mitzunehmen; es war groß und schwer wie eine eiserne Nähmaschine. An seiner Werkbank im Schuppen der Villa Flora brachte Bering das Spiel an einem einzigen Abend wieder zum Klingen. Als er Lily das Glockenspiel hören ließ und sie über die schmalzigen Melodien nur lachte, hämmerte er an vielen weiteren Abenden und so lange an der Stiftwalze des Werks, bis es die ersten Takte dreier Songs von *Patton's Orchestra* wiedergab. Jetzt klatschte Lily Beifall und schlug ihm ein Tauschgeschäft vor, noch bevor er ihr das Ding schenken konnte: ein Fernglas gegen dieses Spiel!

Er nahm den Handel an und erweiterte das Glokkenspiel schließlich zwischen den Dachsparren ihres Turms zu einer kunstvollen Maschine, die sogar Sturmwarnung läuten konnte: Er koppelte das Spiel an ein Windrad, das nun je nach Heftigkeit der Böen nicht nur ein Blinklicht zum Leuchten brachte, sondern auch die Stiftwalze drehte und so drei verschiedene, den Windstärken angemessene *Songs* aus den Ruinen des Strandbades über den See klingen ließ. Das Sturmlicht war bis ans Blinde Ufer zu sehen und die Musik bei Ostwind noch im Leyser Schilf zu hören.

Moor begann diesen Klang schon nach den ersten Oktoberstürmen zu hassen. Nicht nur, weil ihm stets böses Wetter folgte, sondern weil er zu den weithin hörbaren Beweisen gehörte, daß Berings Geschick ausgereicht hätte, um jede einzelne der stillstehenden Maschinen noch vor dem ersten Schnee wieder in Gang zu setzen. Aber was immer der Leibwächter in diesen kalten Wochen tat, war nur für die Brasilianerin getan. Nach einigen schlaflosen Sturmnächten bat ihn Lily, das Glockenspiel wieder vom Windrad zu lösen und es auf einem Überseekoffer aufzubauen, der in ihrem Turmzimmer wie ein Altar unter der Landkarte Brasiliens stand. Bering tat, was sie von ihm verlangte.

Mitte November versuchten sich einige Maschinenhalter aus den Kaffs selbst zu helfen, indem sie den aufgegebenen Eisengarten und die Ersatzteilregale auf dem Schmiedhügel zu plündern begannen. Sie boten dem alten Schmied Räucherfisch, Schnaps und schimmeligen Tabak an, auch Marienbildchen und Knochenreliquien für seine madonnenverrückte Frau und nahmen dafür geölte Kugellager, Schraubensortiments und Bolzen aus rostfreiem Stahl. Der hinter seinen Besuchern durchs Haus tappende Schmied sah in diesem Tauschhandel, den er ohne jeden Geschäftssinn betrieb, vor allem eine Strafe für den Erben: An den nächstbesten Stallknecht oder Steineklopfer sollte seine Sammlung kostbarer Ersatzteile verschleudert werden!

Unter den Schrottsammlern sprach sich schnell herum, daß der Alte nahm, was immer man ihm für sein Eisen gab. Er betrank sich mit eingetauschtem Vogelbeerschnaps und Holzgeist, hockte dann stundenlang auf dem Amboß und sang Soldatenlieder und brachte seiner Frau Räucherfisch, Marienbildchen und das versilberte Schlüsselbein eines Märtyrers in den Keller. Die Schmiedin hockte in der Fessel ihres Rosenkranzes auf dem gestampften

Lehmboden, sprach nicht mit dem Betrunkenen und rührte weder die Reliquie noch den Fisch an. Ratten oder Marder schleppten die Gaben über Nacht davon.

Wenn Lily einmal im Monat auf den Schmiedhügel kam, um Carepakete aus der Villa Flora abzuliefern, fand sie dafür kaum Bedarf und den Schmied manchmal in ein lautes Selbstgespräch vertieft. Der Alte sah sie nicht und wollte sie auch lange nicht hören, wenn sie ihn ansprach. Manchmal fand sie die Carepakete vom letzten Monat ungeöffnet in der Speisekammer. Zehnmal und öfter ließ er sich fragen von ihr, bis er endlich antwortete und *ist gut* sagte, *uns fehlt nichts, wir haben alles, Fräulein. Danke fürs Kommen …* (Die Brasilianerin sollte nur sehen, daß einer, der die Sahara und den Krieg überstanden hatte, nichts brauchte von Totschlägern und Überläufern, und sollte ruhig im Hundehaus melden, daß der letzte Schmied von Moor, anders als seine läppische Frau im Keller, nichts mehr, gar nichts mehr erhoffte von seinem Erben.)

Die Ersatzteilregale leerten sich schnell, und der Eisengarten wurde noch vor dem ersten Schnee kahl. Schließlich verschwand selbst der Amboß auf dem Karren eines Altmetallsammlers. Dem Schmied war es gleich. Der Hof sollte seinetwegen ausgeschlachtet werden wie ein Wrack; der Erbe kam ja doch nicht wieder. Das Haus wurde eisig. Manchmal legten die

Hühner Eier in das ungenützte Reisig der Holzlade. Im Herd brannte tagelang kein Feuer.

Nach einem letzten, erfolglosen Versuch, seine Frau zur Rückkehr aus der Finsternis zu bewegen, gab der Schmied auf und ließ dann auch den Blechofen, den er in der Woche vor Weihnachten in den Keller hinabschleppte, unbeheizt. Dort unten, in der Tiefe, blieb die Temperatur der Luft von den Jahreszeiten so unberührt wie das Wasser am Grund des Sees, erhitzte sich nicht im Sommer und kühlte an den Frosttagen nicht ab, obwohl es dem Schmied manchmal schien, als werde es im Kellerdunkel trotz dieses strengen Winters, in dem selbst Wildbäche erstarrten und der Wasserfall von Haag zu einem Denkmal gefror, mit jedem Tag milder, mit jedem Tag wärmer. Wenn er hinabstieg, um den Wasserkrug und die Proviantbüchse seiner Frau zu füllen, kam es vor, daß er eine halbe Stunde oder länger zwischen den Fässern hocken blieb und den Flüsterstrophen ihres Rosenkranzes zuhörte. Dann wurde ihm so behaglich und warm wie oben schon lange nicht mehr, im Schneelicht, von dem er nur noch einen eisengrauen Schimmer sah.

Als er um Neujahr für drei Tage im Fieber lag und die Hühner auf der Suche nach Futter über sein Federbett stelzten, machte ein mitleidiger Besucher Feuer im Kachelofen der Stube.

Der Besucher wurde aus dem Gestammel des

Alten nicht klug und verstand nicht, warum er Brot und einen Krug Wasser in den Keller tragen sollte, nahm aber als Gegenleistung fürs Feuermachen drei Flaschen Schnaps, eine Schachtel Hufnägel, ein Beil und eine Schaffelljacke und erzählte dem Fiebernden zum Abschied, daß der Köhler von Moor bei einem Überfall von einer Horde Kahlgeschorener erschlagen worden sei. »Wenn die Glatzen wüßten, daß du hier allein hinterm Ofen liegst«, sagte der Besucher, »sei froh, daß die Glatzen das nicht wissen. Der Hundekönig läßt jetzt Jagd auf diese Schweinsköpfe machen«, sagte der Besucher; »hat einen Funkspruch ins Tiefland abgesetzt und seinen Leibwächter zu einer Versammlung ins Sekretariat geschickt und dort ausrichten lassen, daß eine Strafexpedition im Anmarsch ist …«

Der Schmied verstand kaum, was ihm da berichtet wurde, und nickte zu allem.

Zehn Tage nach der Verbrennung des Köhlers, die nach dem Ritus einer Sühnegesellschaft vor den Steinlettern der Großen Schrift stattfand und mit der Ausstreuung der Asche auf dem See endete, marschierte eine weiß getarnte und vermummte Militärkolonne die Uferstraße entlang. Bering zählte beim Flaggenappell vor dem Sekretariat mehr als achtzig Mann. Die Soldaten errichteten ihr Hauptlager wieder einmal in den Ruinen des Hotels Bellevue und schwärmten in den folgenden Tagen in unterschiedlich großen Abteilungen aus. Sie fanden zwar keine Spur von den Mördern des Köhlers, nahmen aber in einer stillgelegten Salzmine bei Leys sieben Landstreicher gefangen und entdeckten schließlich durch einen Zufall am Forstweg ins Fliegertal ein Munitionsdepot aus den Kriegsjahren: Tonnen und Tonnen vergessener Artilleriegranaten, Panzerfäuste und Minen aus den Arsenalen eines vor Jahrzehnten geschlagenen Feindes. Der Einstieg in die Kaverne lag verschneit und kaum sichtbar unter einer gefrorenen Erdschicht und war von einer Minensucherabteilung nur deshalb freigelegt worden, weil ein mißtrauischer Sergeant eine vereiste Fuchsfalle am Wegrand mit einer Sprengvorrichtung verwechselt und Alarm geschlagen hatte.

Mit Ambras Zustimmung und gegen den Protest des Moorer Sekretärs, der unvorhersehbare Schäden und Verletzte befürchtete, befahl der kommandierende Captain der Strafexpediton die Sprengung des Depots und ließ an drei Tagen einen mit Schneeketten ausgerüsteten Jeep durch die verwehten Straßen von Moor rasseln. Stundenlang plärrte dabei aus einem Lautsprecher, der am Überrollbügel des Jeeps montiert war, Blechmusik und die Warnung, daß am zweiundzwanzigsten Januar, Schlag elf Uhr, eine große Explosion und Druckwelle zu erwarten sei. Die Moorer sollten ihre Fenster aushängen oder zumindest öffnen, die Fensterrahmen mit Brettern vernageln und sich in Erdkellern oder geeigneten Schutzräumen in Sicherheit bringen. Das mit roten Flaggen abgesteckte Brachland zwischen Waldrand und der Moorer Ortsgrenze sei wegen der dort ungebrochenen Druckwelle Verbotszone und unbedingt zu meiden. Wer auf freiem Feld in der Nähe dieser Zone unterwegs sei, solle sich zu dieser Stunde am besten in den Schnee kauern und den Mund öffnen, um seine Trommelfelle vor dem Platzen zu bewahren.

Am zweiundzwanzigsten Januar, es war der Tag des Heiligen Vinzenz von Saragossa, lag Moor schon am Morgen wie ein von Menschen und Tieren verlassenes Dorf im Schneetreiben. Die Schlafende Griechin lag verschneit am Dampfersteg, und selbst die Arbeit im Steinbruch ruhte.

Kurz vor elf Uhr klarte es auf. In der von winzigen Eiskristallen flirrenden Luft war von den Sprengvorbereitungen der Soldaten weder etwas zu sehen noch zu hören. Als die Sonne durch die Wolken brach, begann das Land so zu gleißen, daß der Hundekönig eine Hand geblendet vor die Augen hob: Er stand mit Bering und zwei Vertrauensleuten der Armee hinter einem mit Brettern vernagelten Fenster des Moorer Sekretariats und starrte durch einen schmalen Sehschlitz auf jenen fast zwei Kilometer entfernten kahlen Abhang, über dem sich in den nächsten Minuten ein Feuerdom erheben sollte. Vier seiner Hunde dösten im warmen Umkreis eines Eisenofens, der als schwarze Säule ins Halbdunkel ragte.

Der Sekretär war nervös. Er sah jede Minute nach dem Feuer, bot seinen Gästen bitteren Kaffee und Dörräpfel an und sprach von einem Protestbrief an das Oberkommando im Tiefland. Er hatte die Vertrauensleute der Armee in seine rußige Amtsstube geladen, damit sie den Ablauf der Sprengung und mögliche Schäden bezeugten, und ließ sich von Ambras beschwichtigen: Für die Häuser von Moor bestehe bei der Entfernung keine Gefahr. Die Barrikade sei eine überflüssige Vorsichtsmaßnahme. Das bißchen Wind werde den Moorern nicht schaden.

Bering spürte das blendende Winterlicht, das durch den Sehschlitz wie ins Innere eines Bunkers drang, warm auf seiner Stirn und hielt die Reihe winziger Gestalten, die plötzlich in der Ferne, dicht am Rand der Verbotszone erschien, zunächst für Soldaten. Sie trafen vielleicht letzte Vorbereitungen zur Sprengung und würden gleich wieder zwischen den Schneewächten verschwunden sein. Aber dann zeigte ihm ein Blick durchs Fernglas eine Bußprozession, zeigte ihm das unverwechselbare Bild einer Sühnegesellschaft!, zwanzig, fünfundzwanzig, dreißig Gestalten in gestreiftem Drillich und mit rußgeschwärzten Gesichtern. Sie hatten keine andere Deckung als den blinden Fleck in seinem Auge und zogen unter Fahnen und Transparenten auf die

Schneefläche hinaus, als wiesen ihnen die roten Warnflaggen, die dort flatterten, nur den Weg.

»Welche Idioten rennen jetzt noch in die Zone«, fragte Ambras und nahm seinem Leibwächter das Fernglas aus der Hand.

»Es sind dreißig oder mehr«, sagte Bering. »Das sind mindestens dreißig. Vielleicht sind das die aus Eisenau.«

»Die aus Eisenau!« rief der Sekretär entgeistert.

Das mußten die aus Eisenau sein. Die Salzmine von Eisenau lag so hoch im Steinernen Meer, daß möglicherweise keiner aus dem Knappendorf von der Sprengwarnung gehört hatte. Bei dieser Schneelage war in den letzten Tagen wohl kaum einer von ihnen ans Ufer heruntergekommen und gewiß auch kein Moorer zu ihnen hinaufgestiegen, um dort oben Neuigkeiten vom See zu erzählen ... Das konnten nur die aus Eisenau sein. Die hatten sich durch den Schnee gekämpft. Die kamen immer am zweiundzwanzigsten Januar, am Tag des Heiligen Vinzenz, aus ihrem Salztal ans Blinde Ufer, legten am Fuß der Großen Schrift Kränze nieder und entzündeten Fackelsträuße auf jeder steinernen Zeile. Alles zur Erinnerung daran, daß es einer aus Eisenau gewesen war, der als Kommandant des Barackenlagers am Schotterwerk neunzig Häftlinge zur Strafe für eine gescheiterte Massenflucht an einem zweiundzwanzigsten Januar in einen verminten Felsstollen geschickt und den Stollen dann hatte sprengen lassen.

Die übrigen Lagerinsassen mußten damals in Reihen vor dem Mundloch des Stollens antreten und im Frost stehen, bis die neunzig Ausbrecher in den Berg hineingetrieben worden waren. Und dann kamen die Treiber zurück. Dann blieb es einige Minuten lang still. Und dann begann das schwarze, steinerne Maul des Stollens plötzlich zu brüllen und spie Felsbrokken und Feuer nach den Strammstehenden, und eine ungeheure Druckwelle schlug Breschen in ihre Reihen. Als sich der Rauch verzog und eisiger Staub auf die Zeugen herabsank, war das Maul für immer geschlossen.

»Diese Idioten«, wiederholte der Vertrauensmann aus Haag und schielte nach dem Hundekönig, als erwarte er Beifall. Die Büßer waren jetzt tief in der roten Zone.

»Das sind mehr als dreißig«, sagte der Vertrauensmann und zählte halblaut gegen vierzig. Vielleicht hatten die Eisenauer zwar nichts von der Warnung, wohl aber von der Anwesenheit der Armee gehört und kamen deshalb so zahlreich. Die Armee sah solche Stellamourprozessionen immer noch gerne und belohnte ihre Teilnehmer gelegentlich mit Treibstoff, Milchpulver und Batterien.

»Lauf«, sagte der Hundekönig jetzt zu seinem Leibwächter. »Lauf, wenn du kannst und sag ihnen, sie sollen keinen Schritt weiter tun. Sag ihnen, sie sollen sich in den Schnee graben. Und wenn sie am Beten und Singen sind, sollen sie den Mund gleich offenlassen. Sag ihnen, sie sollen das Maul aufmachen.«

Bering dachte weder an die Büßer aus Eisenau noch an die Druckwelle oder den drohenden Splitterregen, als er aus dem Halbdunkel des Sekretariats in die blendende Winterlandschaft hinausstürmte. Er dachte an Lilys Gesicht, an ihre Augen, ihren Blick, der ihm zufliegen würde, während ihr Ambras von seinem Lauf durch den Schnee berichtete: »Du hättest ihn sehen sollen ...« würde Ambras vielleicht zu ihr sagen. »Du hättest sehen sollen, wie er durch die Schneewächten auf diese Idioten zurannte.«

Der Schnee war trocken und grundlos. Bering sank in manche Wächten bis zum Gürtel ein und war außer Atem, als er die rote Flaggenlinie erreichte. Dort glaubte er sich schon in Rufweite der Büßer und begann nach ihnen zu schreien. Aber seine Stimme war in diesem Frost und in seiner Atemnot zu schwach für dieses weiße Land. Obwohl der Himmel jetzt tiefblau war, rissen die Windböen Schneefahnen vom Kamm der Wächten, hüllten seine Warnrufe darin ein und trugen sie dorthin zurück, wo er herkam. *Halt! Stehenbleiben! Bleibt stehen, verdammt!* Die Büßer hörten ihn nicht. Unbeirrt zogen sie einem unsichtbaren Vulkan entgegen.

Er mußte tiefer in die verbotene Zone. Diese Idioten! Sie führten ihn in den drohenden Sturm, in den Splitterhagel. Jetzt fürchtete er sich doch vor dem Ungewitter, das schon einmal, nach jener mißglückten Sprengung im Steinbruch und ohne Vorwarnung über ihn und den Hundekönig hereingebrochen war. Damals hatte er Glück gehabt und mußte seinem Herrn nur den Staub aus den Haaren kämmen. Aber der Steinehagel von damals war wohl nicht vergleichbar mit der Hölle, die in dieser Stunde drohte. Aber jetzt umkehren? Unter den Augen der im Sekretariat versammelten Zeugen, im Fernglas des Hundekönigs, umkehren? Zum Umkehren war es zu spät. Er war den Rußgesichtern in der Ferne schon näher als den Zeugen hinter den vernagelten Fenstern des Sekretariats. *Lauf, wenn du kannst.* Wollte der Hundekönig, daß er seine Stärke auf diesem weißen Feld vorführte? Er mußte weiter.

Im Weiterstapfen, Weiterrennen reißt er eine der roten Flaggen aus dem Schnee und schlägt damit Schlaufen und Kreise in die Luft. Erreicht endlich die Fußspuren der Prozession und kommt ihr auch in diesen rasch verwehenden Tritten nur langsam näher. Sein Keuchen erlaubt ihm keine Schreie mehr. Elf Uhr. Vom Moorer Uhrturm klirren Stundenschläge, die dem Gehämmer auf einem Amboß auch in dieser Entfernung ähnlicher sind als dem Klang einer Glocke. Nach dem letzten Schlag hört Bering in der Stille zwischen den Böen schon den Singsang der Büßer und muß innehalten, um Atem zu schöpfen und ist immer noch ohne Stimme. *Lauf, wenn du kannst.*

Jetzt erst erinnert er sich, daß einer wie er keine Stimme braucht. Wütend über die Unerreichbarkeit der Prozession zerrt er seine Pistole unter der Jacke hervor, hält sie hoch über seinen Kopf und schießt in den Winterhimmel. Wenn das Krachen nicht nur diese Narren dort vorne alarmiert, sondern auch der Armee einen Schußwaffenträger verrät – ihm soll es recht sein. Er will nur, daß die dort vorne stehenbleiben, will, daß seine Atemnot aufhört und daß er erfüllt, was der Hundekönig ihm zutraut.

Jetzt, endlich, wenden sich einige Bußgänger nach dem See um, nach Moor. Nach ihm.

Bering läßt die Pistole sinken und schwenkt seine Flagge. Will schreien und bringt doch nur ein Krächzen hervor. Zögernd kommt die Prozession zum Stillstand und starrt auf den Bewaffneten, der ihr nachgetaumelt kommt. Ist der besoffen? Schon umklammern die Büßer die Schäfte ihrer Fahnen wie Lanzen: Was will der? Soll das ein Überfall sein? Gehört der zu einer Horde, die im nächsten Augenblick aus einem weißen Hinterhalt hervorstürmen und über ihr Erinnerungswerk herfallen wird? Sollen auf diesem Feld wieder einmal Fahnen und Spruchbänder verbrannt werden, die doch nur die Parolen des großen Stellamour tragen: *Niemals vergessen. Du sollst nicht töten.*

Ein Überfall?

Der ist doch allein.

Dem folgt keiner nach.

Aber er hat eine Waffe.

Als Bering die Rußgesichter erreicht, hat er die Pistole unter die Felljacke zurückgesteckt. Der Stiel seiner Flagge ist ihm nur noch eine Krücke, an der er sich festhält. Krumm vor Atemnot keucht er: »In den Schnee. Alle in den Schnee …« Mehr kann er jetzt nicht sagen. Es dauert Minuten, eine Ewigkeit, die ihn beinahe wieder wütend macht, bis sich alle Büßer um ihn geschart und endlich verstanden haben, wovor er sie warnen will.

Eine Sprengung?

Sie wissen nichts von einer Sprengung. Keiner von ihnen hat auf diesem Bußgang ans Blinde Ufer von einer anderen Sprengung gehört als in Litaneien und Gebeten von der einen, der einzigen, der längst vergangenen.

Ich bin zu spät gekommen, denkt Bering verwundert, bin ich zu spät gekommen? Es ist lange nach elf. Er sieht die Bußgänger in den Schnee sinken, langsam und steif vor Kälte – und mit offenem Mund, genauso, wie der Hundekönig es befohlen hat. Nur ihre Fahnen und Transparente flattern noch wie die Segel eines sinkenden Schiffes über der eisigen Dünung.

Zwischen den Wächten, in den Wellentälern, ist es beinahe windstill. Schneeschleier wehen über die Kauernden und Liegenden hinweg; Gischtfahnen. Es ist lange nach elf. Aber nichts geschieht.

Wieviel Zeit verstreicht über der Erwartung des Unheils? Minuten? Eine Stunde? Bering wird sich später nicht mehr daran erinnern. Geschlagen von seiner Erschöpfung liegt er zwischen den Rußgesichtern im Eis und fühlt sich geborgen, fühlt sich in einer verwehten Senke auf freiem Feld so geborgen wie in einem Nest. Über ihm ein glasblauer Winterhimmel, vor ihm der glitzernde Grat einer Düne aus windgepreßten Kristallen: So still und strahlend ist es wohl auch im Innern jener schwebenden Gärten, in denen sich das Licht zu Chrysanthemen und Sternblüten bündelt und bricht, im Innern der Kristalle, die der Hundekönig in den Schubladen seines Vogelschrankes verwahrt. Bering liegt in einem Nest aus Licht und denkt an Lily, liegt starr wie ein jahrmillionenaltes Insekt, das seine Gestalt von Bernstein umflossen seit Äonen bewahrt – und wäre wohl eingeschlafen, wenn sich nicht der Vorbeter der Prozession neben ihm aufgerafft und sich den Schnee vom Drillich geklopft und gesagt hätte: »Wir erfrieren hier. Sollen wir hier erfrieren?«

Erfrieren? Bering spürt keinen Frost. Als wäre er selber ein Teil der Kälte, sieht er unbewegt, wie sich ein Büßer nach dem anderen aus der Deckung erhebt, aus dem Eis, und sich das zerschlissene Kostüm zurechtzieht. Schon greift die Prozession wieder nach ihren Fahnen, bereit, die Litaneien und endlosen Namenslisten aus den Totenbüchern des Barakkenlagers weiterzusingen – als der Himmel, der glasblaue Winterhimmel über den Wellen und Wächten und Dünen, zu brennen beginnt.

In einem einzigen Augenblick wächst eine Kuppel hoch über das weiße Land hinaus, ein Feuergebäude, eine Festung aus Flammen. Jetzt ragt sie bis hinauf in die Wolkenlosigkeit. Und dann, zugleich mit einem Donnern, das nicht aus der Höhe, sondern aus dem feurigen Kern der Erde hochzuschlagen scheint, verdunkelt ein Orkan das Land: Die rote Festung wird von einer Welle aus Schnee, Erde und Steinen gelöscht, versinkt in einem Brecher, der heulend und pfeifend auf die Büßer zurast und alles Licht zu einem fahlen Grau dämpft. Wie ein Schwarm erschreckter Vögel schwirren dieser Flut Bruchholz und Gesteinssplitter voran. Eisbrocken, Klumpen gefrorener Erde, Steine, alles, was eben noch kalt und unverrückbar zusammengefügt schien, springt und wirbelt jetzt federleicht und wie befreit von der Schwerkraft hinaus in den Raum.

Niemand und nichts kann sich in einem solchen Sturm halten. Der Orkan erfaßt Vorbeter und Fahnenträger und jeden, der aus dem Windschatten der Senke hinausgetreten ist, hebt den einen fast zögernd, den anderen mit jäher Wucht hoch und wirft sie dann doch alle ins Eis zurück, in den Schnee und schleudert ihnen zerbrochene Schäfte nach, zerrissene Fahnen.

Seltsam, daß Bering inmitten dieses Tosens, klar und mit keinem anderen Geräusch zu verwechseln, das Reißen von Tuch hört, ein fauchendes Spruchband. Die Druckwelle – oder war es ein stürzender Mann? – hat ihn auf den Rücken gedreht und ihm die Arme vom Gesicht geschlagen. Jetzt liegt er mit offenen Augen im Orkan und sieht, daß das Loch in seiner Welt nur der lächerliche Fetzen einer größeren Dunkelheit war, nur einer von unzähligen blinden Flecken, die ihn umwirbeln und über ihm zusammenschießen zu einem einzigen Abgrund, einer einzigen Finsternis, durch die im nächsten Augenblick doch wieder die Wintersonne bricht.

21 Offene Augen

Die Ankunft der Madonna und Allerheiligsten Jungfrau klang wie der Einschlag einer Fliegerbombe, und das Brausen der himmlischen Heerscharen, die in ihrem Gefolge zu dieser wüsten Erde niederfuhren, war vom Donner der Artillerie kaum zu unterscheiden … Die Schmiedin hockte mit klingenden Ohren in ihrem Kellerdunkel und erinnerte sich im Getöse eines lang ersehnten Wunders unwillkürlich an den Lärm einer Schlacht. Die Wiederkehr Mariens klang wie die Moorer Bombennacht.

Lobgesänge waren diesmal keine zu hören. Auch keine Harfen und Posaunen. Nur dieses Donnern; als ob der Himmel selbst geborsten wäre. Trotzdem hatte die Schmiedin keinen Zweifel: Die Mater dolorosa hatte ihre Gebete endlich erhört. Der Meerstern, die Himmelskönigin, war zurückgekehrt. Aber diesmal erschien sie nicht umspielt von Sphärenklängen, sondern umtost vom Lärm der Welt, weil Moor und Haag und das ganze Seeufer hören sollten, was sie ihrer treuesten Dienerin verkündete: Es ist genug! Genug gebetet. Genug gebüßt. Der verlorene

Sohn, das Bübel, der Erbe, war nun wieder aufgenommen in die Schar der Erlösten.

Vom großen Licht, das diese Botschaft überglänzte, von Schweifsternen und Strahlenkränzen sah die Schmiedin aber nur jenen schwachen Widerschein, der durch die Ritzen einer Fensterluke zu ihr hinabdrang, durch die sonst nur Kartoffeln, Rote Rüben oder Krautköpfe in den Keller polterten.

Und die Madonna? Warum neigte sie sich nicht zu ihr hinab in die Tiefe? Warum verpraßten die himmlischen Scharen ihren Glanz in der Wüste dort oben, anstatt die Einsamkeit einer Büßerin zu vergolden? Die Schmiedin verstand und lächelte. Die Madonna wollte also, daß auch ihre Dienerin wieder emporstieg ans Tageslicht, hinauf in die Höhe, zu Ihr. Es war ja genug.

Der stechende Schmerz, den sie an ihrem Herzen empfand, ihr Ringen nach Luft, als sie über die Steintreppe nach oben stieg – das waren nur die letzten Beschwerden auf dem Weg ins Licht, die letzten Plagen am Ende einer großen Buße. Nur dieses eine, steile Wegstück tat noch weh und nahm ihr den Atem, aber dahinter lag die unendliche Erleichterung. Die Madonna erwartete sie gewiß schon über dem Löschwassertümpel, schwebend über den Binsen.

Der Teich war gefroren. Die Binsen waren dürr und vom Wind geknickt. Die Baumkronen, die

Dächer von Moor, das Dickicht, alles, was eben noch schwer an seinen Schneepolstern getragen hatte, war nun kahl, leer, von aller Last befreit: Die Druckwelle der größten Explosion seit der Moorer Bombennacht hatte den Schnee aus den Zweigen und Baumkronen und von den Dächern gefegt und die Armseligkeit des Ufers bloßgelegt. – Aber die Schmiedin, die jetzt durch eine Stalltür ins Freie trat, sah es anders. Nach der langen Finsternis tanzten ihr purpurrote und blaugrüne Schatten in den Augen, die sie für Blüten hielt. Blüten in den schwarzen Baumkronen. Die Madonna ließ mitten im Winter die Bäume blühen. Wo immer Sie war, wurde es Frühling.

Das Getöse der Erscheinung wich jetzt einer Stille, an deren äußersten Rändern, weit im Irgendwo, Hunde bellten. Dort, in einer schneeweißen Ferne, schlugen auch Flammen in den Himmel, loderte ein stilles Feuer, Flammen ohne das leiseste Geräusch. Aber der Teich! Der Teich war leer, sein Wasser blankes Eis.

Wie müde die Schmiedin im Licht wurde, unendlich müde. Das Blütenwunder hatte zwar den Schnee von den Bäumen und Dächern gefegt, nicht aber von der Holzbank, die immer noch weiß und winterlich an der Hausmauer stand. Auf diese Bank setzte sich die Alte, sank in einen Polster aus Schnee, lehnte sich an die eisige Mauer. Allmählich verblaßten die Blüten.

Dieser Brand dort in der Ferne sollte der große Schein gewesen sein, der zu ihr in den Keller hinabgedrungen war und ihr aus der Tiefe zurückgeleuchtet hatte in die Oberwelt? Lange starrte die Schmiedin nach den kleiner und kleiner werdenden Flammen und versuchte vergeblich, in diesem Lodern die Gestalt der Himmelskönigin zu entdecken. Der Schein sank langsam in das kahle Land zurück, und ihr Blick sank mit ihm, sank, bis sich in ihren Augen nur noch eine erloschene, von schwarzen Bäumen und Zweigen gefiederte Wüste spiegelte.

Einen Tag nach der Sprengung tappte Berings Vater zum erstenmal seit Monaten von seinem Hügel hinunter nach Moor und hinterließ in den verschneiten Gassen die Spur eines Betrunkenen. Manchmal schwankte er so sehr, daß er sich für Minuten an einer Mauer, auch am Fahnenmast des Appellplatzes festhalten mußte, bevor er seinen Weg fortsetzen konnte. Dabei kümmerte er sich weder um die Militärkolonne, die sich vor dem Sekretariat zum Abmarsch formierte, noch um einen Brennholzhändler, der ihm vom Kutschbock seines Pferdefuhrwerks einen überraschten Gruß zurief und ihm erzählen wollte, daß gestern eine Büßerprozession aus Eisenau mit Pauken und Trompeten in die Sprengzone gelaufen und wie durch ein Wunder mit ein paar Verletzten davongekommen sei. »Und natürlich dein Sohn«, schrie der Mann vom Kutschbock herab dem

Davontorkelnden nach, »dieser Verrückte ist natürlich auch wieder dabeigewesen.«

Der Alte brauchte Stunden, bis er Moor hinter sich gelassen hatte, die Terrassen der Weingärten, die Uferstraße – und über die beschwerliche Abkürzung eines Treppenweges endlich das Portal der Villa Flora erreichte. Er verfluchte die Hunde, die durch den Park heranstürmten, an den schmiedeeisernen Ranken des Portals hochsprangen und ihn geifernd verbellten. Er schlug mit seinem Stock gegen das Eisen, versuchte, einen Torflügel aufzustoßen und wäre ohne Zögern in die Fänge des Rudels getappt, wäre Bering seinem Vater nicht entgegengerannt. Bering besänftigte die Hunde, legte drei der wütendsten Kläffer an die Kette und trat ans Tor, ohne es zu öffnen: »Was willst du?«

Durch eiserne Blätter, eiserne Zweige und Gitterstäbe getrennt, standen sie einander gegenüber, einer das seltsame Abbild des anderen: ein Kriegsversehrter der eine, der andere ein Verletzter des vergangenen Tages. Ein aufschwirrender Splitter (vielleicht war es auch nur der genagelte Schuh eines anderen Opfers der Druckwelle gewesen) hatte Bering eine Schramme über die rechte Schläfe bis tief unter den Haaransatz gezogen und ihn so dem alten Mann noch ähnlicher gemacht, der seine Narbe als brandrotes Kriegszeichen auf der Stirn trug.

Der mühselige Weg zum Hundehaus hatte den

Alten wieder nüchtern werden lassen. Dennoch trat er einen unsicheren Schritt zurück und wäre beinahe gestolpert, als Bering einen Torflügel nun doch öffnete: »Also, was willst du?«

Der Alte sah das Gesicht seines Sohnes nicht anders als alle Gesichter, sah nur ein überschattetes Oval und darin die dunklen Male der Augen und sagte zu diesem Gesicht, das wie alle Gesichter war: »Sie sitzt vor dem Haus. Sie war am Morgen nicht mehr im Keller. Ich will ihr das Brot bringen und die Milch. Aber sie ist nicht mehr da. Ich suche sie in der Küche, in ihrer Kammer, im Stall. Dann finde ich sie vor dem Haus. Auf der Sonnenbank. Sie ist tot. Du mußt sie begraben. Du hast sie umgebracht.«

Mehr sagt er nicht. Nicht am Portal und nicht auf dem Rückweg zur Schmiede, auf dem er zum erstenmal seit dem Krieg wieder in einem Auto fährt, in das er nur eingestiegen ist, weil seine Müdigkeit ihn dazu gezwungen hat. Zweimal fragt ihn der Erbe nach den letzten Tagen der Mutter. Ob sie zwischen ihren Rosenkränzen und Bußgebeten noch etwas gesagt habe? Der Alte weiß es selber nicht, aber auch das verschweigt er dem Sohn. Er will nicht mehr mit ihm sprechen, er wird nie wieder mit ihm sprechen. Jetzt sind sie beide stumm und sitzen auf dieser Fahrt in der Krähe nebeneinander, als hätte das Rasseln der Schneeketten alles ersetzt, was noch zu sagen war.

Die Auffahrt zur Schmiede ist tief verweht. Dort helfen auch Ketten nichts mehr. Stumm lassen die beiden die Krähe vor einer mannshohen Wächte zurück und stapfen in der noch frischen Spur des Alten zum Hof hinauf. Bering wird mit jedem Schritt langsamer und bleibt schließlich wie ein Erschöpfter auf halbem Weg stehen, als er die Mutter dort oben, auf der Bank neben der Stalltür, sitzen sieht. In der Nacht ist kein Schnee gefallen, aber sie ist dennoch beschneit, weiß vom Rauhreif oder von der verflogenen, kristallisierten Wärme ihres Körpers. Schneeweiß ist sie.

Als er nach seinem Innehalten doch näherkommt, sehr langsam näherkommt, sieht er, daß ihre Augen immer noch geöffnet sind. Offen ist auch ihr Mund – als habe sie ebenso wie er selbst und wie die Büßer aus Eisenau nur eine Anordnung des Hundekönigs befolgt und die große Explosion, den Feuersturm, stumm und mit offenem Mund erwartet.

Bering vermochte der Mutter weder die Augen noch den Mund zu schließen, als er sie am späten Vormittag in einen Sarg legte, in eine Kiste, die er aus jenen Fichtenholzbrettern zusammennagelte, mit denen er im vergangenen Jahr, in einem beinah vergessenen Leben, den Hühnerstall erneuern wollte.

Während er sägte und hämmerte, hockte der Vater wie immer auf einem Schemel am Küchenfenster, starrte auf die Dächer von Moor hinab und gab ihm auch auf seine Frage nach einer Schaufel keine Antwort. In der Schmiede fand sich nach so vielen Besuchen der Altmetallsammler nicht einmal mehr das Werkzeug für ein Grab.

Als Bering gegen Mittag in die Villa Flora zurückkam, um Spitzhacke und Schaufel aus dem Gartenhaus zu holen, saß der Hundekönig dicht am rotglühenden Ofen des großen Salons und betrachtete einen Bernsteinsplitter unter der Lupe. Er blickte kaum auf und nickte nur, als Bering mit dem Grabwerkzeug in den Salon trat und ihn um einen freien Nachmittag und ein zweites Mal an diesem Tag um die Krähe bat. Ambras war so sehr in den Anblick des neuesten Stückes seiner Sammlung versunken, daß er selbst die Beschreibung einer reifbedeckten Toten zu überhören schien. Der Bernstein enthielt einen organischen Einschluß von seltener Schönheit, eine Florfliege, die im Aufschwirren von einem Harztropfen überrascht worden und darin erstarrt war. Bering schulterte das Grabwerkzeug und wandte sich zum Gehen. Der Hundekönig hielt den Bernstein gegen das Licht: Halt! Eines, eines sollte ihm der Leibwächter noch sagen, bevor er ging, wie alt?, auf welches Alter schätzte er diese Fliege im Stein?

Gehorsam setzte Bering Spitzhacke und Schaufel noch einmal ab, nahm gehorsam die Lupe und spürte, wie ihm die Tränen in die Augen stiegen und wußte keine Antwort und konnte nur sagen, dann gehe ich jetzt.

»Vierzig Millionen«, sagte der Hundekönig. »Vierzig Millionen Jahre.«

Auf der Fahrt zurück in das kalte Haus seines Vaters hatte Bering Mühe, der abziehenden Militärkolonne auszuweichen und hätte die Krähe aus dem Tiefschnee beinahe nicht wieder auf die Uferpromenade zurückgebracht. Einige Soldaten klatschten dem schlingernden Vogelgefährt Applaus. In der Aufregung über die verletzten Büßer aus Eisenau, die gestern in den Zelten der Kolonne verbunden worden waren, hatten weder der Captain der Strafexpedition noch einer seiner Sergeants nach jenem Schuß gefragt, der kurz vor der Explosion in der roten Zone gefallen war.

Die Kolonne pflügte eine breite Spur in das winterliche Land, und Bering widerstand dem Verlangen, ihr bis zum Strandbad zu folgen. Anstatt zum Wetterturm rasselte er zum Sekretariat und meldete dort einen Tod. Die Fenster der Amtsstube waren immer noch vernagelt. Der Sekretär drückte sein Siegel auf einen Totenschein und sagte, für ein Begräbnis sei es heute wohl zu spät ... Nein?

Nein, sagte Bering.

Ob er dann den Volksmissionar aus Haag oder wenigstens den Prediger der Moorer Sühnegesellschaft holen lassen sollte? Der Sekretär verstand die Eile nicht. Und die Blechmusik?

Keine Predigt, keine Musik. Der Leibwächter wollte nichts von dem, was üblich war. Er brauchte nur einen oder zwei Helfer für die Grube und zwei weitere als Träger für den Sarg.

Es dämmerte bereits, als Bering und drei Knechte einer Rübenkompanie den Sarg an Hanfstricken in eine scheinbar grundlose Tiefe senkten. Die Stricke waren für dieses Grab zu kurz.

»Was jetzt?« fragte einer der Knechte.

»Loslassen«, sagte ein anderer.

Die drei waren betrunken. Für eine Korbflasche Schnaps und sechzig Armeezigaretten waren sie den ganzen Weg vom Schmiedhügel bis zum Moorer Friedhof neben der Krähe hergelaufen und hatten darauf geachtet, daß der notdürftig festgebundene Sarg nicht vom Wagendach fiel. Beim Ausheben des Grabes hatten sie sich abgewechselt. Als die Reihe an den letzten, an Bering kam, zogen sie sich in den Windschatten des steinernen, von Kerzen erleuchteten Geisterhauses neben der Auferstehungskapelle zurück, ließen dort die Flasche kreisen und rauchten blonde Zigaretten, für die in Moor fast alles zu haben war. Dann war die Flasche leer, und sie wankten zum Grab zurück und fanden diesen Verrückten aus dem Hundehaus so tief in der Grube. Im Schein zweier Totenfackeln sprangen Erdbrocken aus der Tiefe und fielen auf einen Wall zurück, der höher als jeder Grabhügel auf diesem Friedhof war.

Bering hörte das Lachen der Knechte nicht. Allein in der Grube, hatte er mit Spitzhacke und Spaten auf diese Erde eingeschlagen, keuchend, schluchzend, bis der Winterhimmel über ihm nur noch ein verblassendes, von schwarzem Lehm gefaßtes Rechteck war und plötzlich ein Schneeball auf seiner Schulter zerplatzte und ihm einer der Knechte, die er schon lange vergessen hatte, vom Rand dieses Himmels lachend zurief: »He! Was willst du hier begraben? Ein Pferd?«

Die Knechte mußten dem Verrückten aus einer Grube helfen, deren Boden nicht mehr zu sehen war. Als sie sich dann endlich über das Loch beugten und den Sarg im Dunkel verschwinden sahen, bis er an ihren zu kurzen Stricken in der Finsternis pendelte und der erste von ihnen diesen verfluchten Strick losließ, dann der zweite und dritte und allein der Leibwächter noch ein loses Ende in der Hand behielt, hörten sie doch nur das Geräusch einer Kiste, die in die Tiefe polterte und aufschlug. Den Bruchteil einer Sekunde später klatschten die Stricke auf das Holz. Dann wurde es still.

Selbst die fünf Betweiber, die am Fuß des Lehmkraters standen, unterbrachen die Leier ihrer Anrufung von Märtyrern und Heiligen und bekreuzigten sich. Sie hatten an diesem Nachmittag das Geisterhaus mit Kerzen und Reisig geschmückt in der Hoffnung, daß der Captain der Strafexpedition, so wie jeder Kommandant vor ihm, auch Moors Erinnerungsstätten inspizieren und ihre Mühe vielleicht mit Pulverkaffee belohnen würde. Aber anstelle des Captains war nur dieses heidnische Gefährt mit dem Sarg der Schmiedin auf den Friedhof gerollt; eine Abwechslung immerhin.

Mit den Weibern trauerten auch zwei Landstreicher, die in der Auferstehungskapelle übernachten und sich an den Kerzen des Geisterhauses wärmen wollten. Auf einen Schluck Schnaps und auf Zigaretten aus den Vorräten der Totengräber hofften sie vergeblich. Und es trauerten vier oder fünf Neugierige, die im Sarg auf dem Dach der Krähe den Hundekönig vermuteten und dem Leichenzug durch Moors Gassen auf den Friedhof gefolgt waren.

Bis die Grube endlich geschlossen und der Lehm zu einem massigen Hügel festgestampft war, hatten sich diese Trauergäste verlaufen. Auch die Knechte glaubten, für Schnaps und Zigaretten genug getan zu haben und schaufelten von der Grube nur so viel wieder zu, wie es dem Grab einer Frau entsprach. Um die restliche, sinnlose Tiefe dieses Kraters sollte sich der Verrückte selber kümmern. Er sagte kein Wort, als sie ihn verließen.

Bering glaubte sich längst allein, als er den Vater zwischen windschiefen Kreuzen und unleserlichen

Grabsteinen am Rand des flackernden Lichtkreises der Fackeln stehen sah – und neben ihm Lily.

Lily legte dem Alten eine Hand beschwichtigend auf die Schulter, löste sich von ihm, kam auf Bering zu, als hätte sie ihm eine Botschaft zu überbringen, und sagte: »Ich bringe ihn nach Hause.« Dann nahm sie Berings lehmige, eiskalte Hände in die ihren und hauchte ihre Wärme darauf. Als er ihr seine Hände entzog, weil er sein Gesicht bedecken wollte, nahm sie ihn in die Arme. Aber er ertrug diese Nähe nicht und tat in seiner Ratlosigkeit einen Schritt auf den Vater zu. Jetzt hielt sie ihn sanft zurück und sagte: »Laß ihn. Er redet wirr. Ich werde ihn begleiten.«

Während der Alte am Arm der Brasilianerin zwischen den Kreuzen verschwand, zog Bering die Totenfackeln aus dem Schnee und pflanzte sie auf den Grabhügel, der nun jenen Erdpyramiden glich, die von den Sühnegesellschaften auf Schlachtfeldern und über den Grundmauern zerstörter Lagerbaracken aufgeworfen worden waren und am Jahrestag des Friedenschlusses auch jetzt noch Kronen aus Fackeln trugen. Dann hockte er müde im Schnee und schabte den Lehm von den Grabwerkzeugen, um die weichen Polstersitze der Krähe auf der Heimfahrt nicht zu beschmutzen.

Als er den Friedhof endlich verließ und im Schritttempo durch die Kastanienallee und die Uferpromenade entlang seiner Zukunft entgegenrollte, brannte nur noch in wenigen Fenstern Moors Licht. In dieser Nacht, die klar und mondlos über dem Gebirge lag und den See wie einen Abgrund erscheinen ließ, blieb jeder für sich – der tappende Schmied auf seinem kalten Hügel, Lily, die ihm dort oben noch eine Suppe gewärmt und ihn dann verlassen hatte, in ihrem Turm – und der Leibwächter im Hundehaus. Er lag in dieser Nacht auf dem Boden des großen Salons zwischen den warmen Leibern des Rudels und schmiegte sich schlafend an die graue Dogge seines Herrn.

22 Ein Anfang vom Ende

Er hört den Pfiff des Eisvogels und das rauhe Schnurren eines aufgeschreckten Zaunkönigs. Wenn er über dem Geplauder der Rauchschwalben oder dem eintönigen Reviergesang der Sumpfmeisen schläfrig wird, weckt ihn manchmal der metallische Warnruf einer Goldammer. Er durchschaut die Stare, die großen Täuscher, die eine Singdrossel oder Amsel ebenso nachzuahmen vermögen wie den Schrei eines Turmfalken und die Klage des Kauzes – und so oft wie seit Jahren nicht mehr hört er in diesem Frühling auch eine Nachtigall, die ihre rasenden Strophen stets mit einem melancholischen Flöten beginnt.

Er hört die Vögel im Morgengrauen, wenn er wach auf seinem Bett im Billardzimmer liegt oder wach zwischen den schlafenden Hunden auf dem Parkett des großen Salons. Er liegt jetzt oft bei den Hunden und muß jedesmal lächeln, wenn sie ihre Lauscher schlafend im Vogelsang spielen lassen. Dann fliegen ihm die alten, vertrauten Namen der Vögel zu, als flatterten sie aus jenen verlorenen Listen auf, die er in seinen Schuljahren in ein leer gebliebenes Auftragsbuch der Schmiede geschrieben hat, Seidenreiher, Elfenbeinmöwe, Trauerbachstelze, Kornweihe und Singschwan … Aber es sind nicht nur die Namen, die in diesem Frühjahr wiederkehren, sondern zurückgekehrt ist auch seine Fähigkeit und vor allem die *Lust*, Vogelstimmen nachzupfeifen, nachzusingen oder mit dem bloßen Resonanzraum seiner Mundhöhle zungenschnalzend zu imitieren, manchmal so täuschend, daß die Hunde ratlos am überwucherten Stacheldrahtverhau der Villa Flora entlangschnüren, wenn er ihnen einen Fasan oder ein Rebhuhn im Unterholz vorspielt.

Sein Gehör ist jetzt wieder so empfindsam wie damals, in seinem ersten Jahr, als er gebannt von den Stimmen der Hühner in einem Korb durch die Dunkelheit schwebte. Manchmal sitzt er mit geschlossenen Augen auf der Veranda und krault einem Hund den Nacken und spürt die Kraft oder die Schwäche eines jeden Tiers aus dem Rudel allein an der Elastizität oder der Sprödigkeit des Fells, und dann ist ihm, als ob ihm sein Gehör, sein Geruchssinn, seine Haut und seine Fingerkuppen die Welt neu entschlüsseln wollten als einen Zusammenhang von rauhen, rissigen und glatten Oberflächen, von schmerzenden oder besänftigenden Geräuschen und Melodien, von Duft und Gestank, kühlen, warmen, fieberheißen Temperaturen und atmenden und erstarrten Formen des Daseins.

Er hat Mühe, die hauchzarten Einschlüsse in den Kristallen zu erkennen, die Ambras ihm manchmal vorführen will, wenn er ihn zu sich winkt und ihm einen Turmalin oder einen ungeschliffenen Smaragd vor die Augen hält. Aber wenn der Hundekönig ihm dann ein Stück zur Betrachtung überläßt und der Stein sich in seiner Hand erwärmt, glaubt er nicht nur den filigransten Einschluß, sondern die Lichtbrechung selbst zu spüren. Auch wenn ihm seine Sehstörung die schwebenden Gärten im Inneren der Steine verdunkelt, weiß er dann doch, wovon Ambras mit einer solchen Begeisterung spricht. Dann nickt er vielleicht öfter, als notwendig wäre, um jeden Verdacht von seinen Augen abzulenken: Ja, gewiß, natürlich, er sieht es, er sieht alles, was Ambras ihm zeigen will. Aber er ist – und dieses Geheimnis hütet er immer noch, als hinge nicht bloß sein Verbleib im Hundehaus, sondern sein Leben davon ab – er ist auf dem Weg in die Finsternis.

So wie jetzt, glaubt er, so empfindlich an den Ohren und an den Fingerkuppen wird ein Mensch nur, wenn er erblindet. Denn seitdem er die Schmiedin in einem Loch begraben hat, so schwarz und grundlos wie die Tiefe der Erde selbst, klafft in seinem Blick nicht bloß ein Loch, mit dem er schon zu leben gelernt hat, sondern wie ein Spiegelbild dieser Lehmgrube auch ein zweites! – Und manchmal glaubt er am schattigen Rand seines Blickfelds schon die Nacht heraufziehen zu sehen, eine alles verhüllende, undurchdringliche Finsternis.

Schon als am Tag nach der Beerdigung eine kalte Sonne über das Gebirge stieg und das Moorer Ufer wieder zum Glitzern brachte, hatte ihm der Schnee vorgeführt, daß auch an diesem zweiten Loch in seinen Augen nicht zu zweifeln war. Am unbarmherzigen Weiß verschneiter Felder konnte er sein bis dahin unversehrtes Auge prüfen, sooft er wollte, der Schnee zeigte ihm an diesem Morgen wieder und wieder zwei blinde Flecken.

In der folgenden Woche, so, als hätte alles Weiß damit seinen Zweck erfüllt, zerrann der Winter in einem Tauwetter und später in rauschenden Regentagen so früh und so schnell wie seit vielen Jahren nicht mehr. Die Flanken der Berge waren weiß geädert von Schmelzwasserbächen, und von manchen Abbauterrassen des Steinbruchs wehten Schleierwasserfälle herab. Der See überflutete den Dampfersteg und auch die Verladerampe am Schotterwerk. Mehr als zwei Wochen stand am Blinden Ufer die Arbeit still.

Als sich das Hochwasser verlief und am Schotterwerk die Halden und Kegel des zum Abtransport gelagerten Granits wieder auftauchten, Inseln, die sich allmählich zu einer verschlammten Hügelkette schlossen, berief der Hundekönig am Fuß der Großen Schrift eine Versammlung aller Mineure und

Steinbrecher ein und eröffnete den mehr als fünfzig Männern, daß

ab morgen

auf den Abbauterrassen nur noch ein Drittel der Arbeiterschaft gebraucht werde. Der Rest solle sich in der Verwalterbaracke seinen Lohn holen und auf den Rübenfeldern, bei der Holzfällerei oder in der Eisenauer Salzmine eine neue Arbeit suchen. Das Oberkommando habe den Befehl gegeben, den Abbau zu drosseln …

Ambras fügte seiner Mitteilung weder eine Beschwichtigung noch einen Zuspruch an, sondern wandte sich nach dieser kürzesten Rede, die er den Steinbrechern jemals gehalten hatte, abrupt von der Versammlung ab, pfiff seiner Dogge, winkte dem Fährmann des Pontons, befahl ihm, ihn nach Moor überzusetzen und überließ Entlassene und Verschonte einem bestürzten Schweigen.

Erst als Bering, der im Steinbruch zurückbleiben mußte, ein Plakat mit den Namen aller Entlassenen an die Tür der Verwalterbaracke schlug, wurde die Empörung laut. Plötzlich konnte sich der Leibwächter des wütenden Andrangs kaum erwehren: *Wer hat diese Liste geschrieben? Wer hat die Namen ausgesucht? Welches Schwein hat meinen Namen auf diese Liste gesetzt?*

Bering stieß die Zornigsten zurück, die den Anschlag wieder von der Tür reißen wollten, und wurde dabei selbst wütend auf Ambras, der schon weit draußen auf dem See war, eine unerreichbare Gestalt auf dem Steinfloß. Warum ließ ihn der Hundekönig in diesem Tumult allein?

Obwohl der Leibwächter drohend vor der Barackentür stand und seine Waffe deutlich sichbar im Gürtel trug, wichen die Männer kaum einen Schritt zurück. Erst als der Sprengmeister an seine Seite trat, ein Megaphon über die Köpfe erhob und die Namen der Entlassenen in jener Reihenfolge vorzulesen begann, in der sie nun ihre Lohntüten in Empfang nehmen sollten, schien sich die Versammlung für einige Minuten zu beruhigen.

»Ihr habt es doch kommen sehen!« rief der Sprengmeister ins Megaphon. »Wir sitzen seit dem vergangenen Herbst auf einem Schotterhaufen, den keiner mehr haben will.«

Bering sah, daß einige von den Männern Steine aufgehoben hatten und wurfbereit in den Fäusten hielten. Diese Trottel. Hatten sie wirklich nicht bemerkt, daß seit Monaten und mit jedem ihrer Arbeitstage nur die Abraumhalden gewachsen waren? Entlang der Schmalspurschienen, auf denen die Loren von den Abbauterrassen zur Verladerampe ans Ufer rollten, vor den Mundlöchern der Stollen und um die Grundwassertümpel – überall erhoben sich Kegel, Wälle und Halden aus Urgesteinsschotter. Schon sah es aus, als sollte am Fuß des Steinernen

Meeres ein neues Gebirge aufgeworfen werden, ein Bollwerk, hinter dem die Förderbänder und Mahltrichter der Schottermühle, ja sogar die letzte Zeile der Großen Schrift allmählich verschwanden: willkommen in moor.

Aber diese Schotterberge waren nur das Zeichen, daß der *Bruch von Moor* erschöpft war. Mit jedem Raummeter, den der Abbau in die Felswände fraß, wurde der tiefgrüne Granit spröder, durchzogen von brüchigen Bändern, die so unberechenbar und wirr verliefen wie die Linien jener tektonischen Kräfte, die das Urgestein in prähistorischen Katastrophen verworfen und im Verlauf von Epochen durch die weicheren Kalkbänke des Steinernen Meeres emporgestemmt hatten.

Wo in besseren Zeiten einmal dichtester, makelloser Granit in riesigen Blöcken und Platten abgesprengt, geschnitten und geschlagen worden war, prasselte jetzt unter den Keilen, Seilsägen und Bohrungen der Mineure nur noch Geröll auf die Abbauterrassen, Abraum, der zu Schotter zermahlen gerade noch gut genug war, die Schlaglöcher der Güterwege und Bergstraßen zu füllen oder in sumpfigen Uferwiesen Dämme aufzuschütten.

Aber im Tiefland wurden Blöcke! gebraucht, Quader, aus denen Mahnmäler – und immer wieder die Gestalten des Friedensbringers und seiner Generäle geschlagen werden konnten. Im Tiefland wurden Steinsäulen für die Kolonnaden von Geisterhäusern gebraucht und Platten für Gedenktafeln, groß wie ein Tor. Aber Schotter? Schotter und Geröll gab es auch dort unten genug. Schotter brauchte nicht erst aus dem Gebirge herbeigeschafft zu werden. Die Armee schickte schon seit dem ersten Schneefall des vergangenen Winters keine Schwerlaster mehr in die Seeregion. Schotter und Steine blieben, wo sie waren.

Einmal hieß es, der Abtransport würde verschoben wegen der Lawinengefahr in den engen Tälern, später waren es die drohenden Murenabgänge während der Schneeschmelze gewesen, und auch Gerüchte von verminten Viadukten und bevorstehenden Überfällen durch die Banden hatten immer neue Begründungen dafür geliefert, warum ein längst fälliger Lastwagenzug aus dem Tiefland nicht und nicht kam. Die Wahrheit war einfacher und auch jetzt, im Aufruhr vor der Verwalterbaracke, nicht zu überhören: Der Steinbruch war zur Schließung bestimmt. *Schließen! Ihr werdet sehen, sie wollen unseren Bruch schließen!*

Ohne die Besonnenheit des Sprengmeisters hätte sich Bering an diesem Tag gegen die Wut der Versammlung nur mit der Waffe zu wehren vermocht. Es war der Sprengmeister, der die Entlassenen so weit besänftigte, daß sie die Steine in ihren Fäusten wieder fallen ließen und dann Mann für Mann an den Zahltisch in der Verwalterbaracke traten und dort Lebensmittelkupons und ein paar Geldscheine in braunen Packpapierumschlägen in Empfang nahmen, den restlichen Lohn. Auf alle Fragen nach der Schließung wußte aber auch der Sprengmeister keine andere Antwort als die Wiederholung dessen, was der Hundekönig schon gesagt hatte: Im Steinbruch sei nicht mehr genug Arbeit für alle.

Wurden denn nirgendwo mehr Straßen gebaut? Auch im Tiefland keine Bahndämme mehr? Der Sprengmeister zuckte die Schultern.

So weit war es also mit dem Moorer Granit gekommen. Jahrzehntelang war das tiefe Grün dieses Gesteins der Stolz des ganzen Seeufers gewesen und erschien sogar auf dem Wappen der Region als leuchtender Hintergrund für einen zum Jagdmesser stilisierten Fisch und den Bergmannshammer … Noch im vergangenen Jahr hatte der Sekretär das Gutachten eines Geologen der Armee an sein Schwarzes Brett geschlagen: Ein vergleichbar tiefes Urgesteinsgrün sei neben den Verwerfungszonen des Steinernen Meeres nur noch an einem Küstenabschnitt Brasiliens zu finden. Außer in Moor nur noch in Brasilien! Und das sollte jetzt alles zu Ende sein?

»Nicht zu Ende«, sagte der Sprengmeister, »nur anders.«

Nicht zu Ende, bekräftigte der Leibwächter, erleichtert über jeden Satz, der anstelle eines Steinhagels fiel. Viellcicht werde der weitere Abbau irgendwann wieder eine kompakte Granitschicht freilegen, er selbst habe Ambras von einer vorübergehenden Maßnahme reden hören …

»Dir glaube ich kein Wort«, unterbrach ihn einer der Entlassenen und spuckte auf den Zahltisch.

Niemand glaubte solchen Beschwichtigungen. Und niemand, keiner der Arbeitslosen von morgen und keiner der Verschonten ging heute noch einmal ins Schotterwerk zurück. Die Männer standen wie im Streik zwischen den Schotter- und Kiespyramiden oder lagerten im Gras unter einem blaßblauen Frühlingshimmel, verglichen den Inhalt ihrer Lohntüten, machten Tauschgeschäfte, Lebensmittelkupons gegen Schnaps und Tabak, und warteten so zum letztenmal gemeinsam auf die Schlafende Griechin, die wie an einem gewöhnlichen Werktag erst am Abend über den See gestampft kam, um sie ans Moorer Ufer zurückzubringen.

Diesmal blieb auch dem Leibwächter nichts anderes, als mit den Steinbrechern an Bord zu gehen; auf Ambras und das Steinfloß hatte er einen ganzen Nachmittag vergeblich gewartet. Während der Heimfahrt stand er allein an der Reling und hörte das Stampfen der Schaufelräder als den Rhythmus einer großen Trommel. Der Sprengmeister hatte nach der Erledigung aller Anordnungen des Hundekönigs keinen Zweifel daran gelassen, auf welche

Seite er gehörte, und saß nun auf dem Achterdeck wieder unter den Steinbrechern.

Das Hundehaus lag schon in tiefer Dämmerung, als Bering an diesem Abend vom Blinden Ufer zurückkehrte. In den struppigen Zierbeeten am Seerosenteich stand Lilys Pferd, rupfte an schwarzen Strünken und warf den Kopf wiehernd hoch, als es seinen alten Reiter wiedererkannte.

Lily war noch hier? Sie blieb doch sonst nie bis in die Nacht. Bering betrat das dunkle Haus, strich einigen Hunden, die ihm schwanzwedelnd entgegenkamen, achtlos über das Fell und hörte schon im Flur Lilys Lachen aus dem großen Salon und dahinter Ambras Stimme, der nach seiner Dogge rief.

Eine Flasche Rotwein und die Reste eines Nachtmahls vor sich, saßen Lily und Ambras am großen Tisch des Salons, auf dem verstreut auch Steine lagen, rohe Kristalle, dazwischen zwei Kartons Patronen, Packungen mit Seife und Tee – und groß wie eine Blumenvase eine leere Granatenhülse, wie man sie nur noch selten in der Nähe zerstörter Bunker und verfallener Stellungen im Hochgebirge fand. Brauchten die beiden für dieses Tauschgeschäft den Schutz der Nacht? Um Kriegsschrott, rostige Waffen und ein paar Patronen kümmerten sich mittlerweile doch nicht einmal mehr die Strafexpeditionen.

Ambras sagte eben »… warum bringst du ihn

nicht ins Asyl?«, als die schwere Salontür in der Zugluft hinter Bering ins Schloß fiel. Mit der sinnlosen, entschuldigenden Geste eines ertappten Lauschers zog Bering die Tür noch einmal sachte auf und schloß sie leise wieder, tat, als hätte er nicht eben noch still auf der Schwelle gestanden, in der Unsichtbarkeit außerhalb des gelben Lichtkreises – und konnte seine Verlegenheit doch nicht verbergen: »Sie sagen, der Steinbruch soll geschlossen werden.«

»Guten Abend«, wandte sich Ambras seinem Leibwächter zu, hob die Weinflasche wie auf sein Wohl und trank.

»Sie sagen, der Steinbruch soll geschlossen werden«, wiederholte Bering, ohne den Gruß zu erwidern.

»Und? Was wäre daran furchtbar?« Ambras warf der grauen Dogge ein in Öl getunktes Stück Brot zu, das sie aus der Luft schnappte und verschlang.

»Diese Entlassungen …, sie sagen, das sei nur der Anfang. Ganz wild sind sie geworden. Die hätten mich am liebsten gesteinigt.«

»Wild? Das sind sie doch immer. Hast du sie beruhigt?«

»Das hat der Sprengmeister getan … War das wirklich nur der Anfang? Gestern war doch bloß von einer vorübergehenden Maßnahme die Rede.«

»Es gibt keine Grube, die nicht irgendwann taub wird. Alles wird irgendwann wieder geschlossen, jedes Loch, selbst eine Kerbe, die du ins Gebirge geschlagen hast.«

»Sie fürchten, daß dann bald auch keine Nachschubtransporte mehr nach Moor kommen werden, keine Lebensmittel, keine Medikamente.«

»Na und?« Ambras wurde mit jedem Wort lauter. »Sie haben doch ihre Rüben. Der Wein wächst, der See ist voller Fische, und die stärkste Medizin wird ohnedies aus Wildpflanzen gemacht. Wir haben im Lager jahrelang nur Steckrüben gefressen …«

»… und an diesem Abend schon die zweite Flasche allein ausgetrunken«, unterbrach Lily die aufkommende Wut in jenem heiteren Tonfall, der Bering wieder spüren ließ, wie viel ihm zu der Vertrautheit zwischen den beiden fehlte.

»Ein Steinbruchverwalter ohne Steinbruch.« Bering sah Lily in die Augen. »Was wird aus einem Steinbruchverwalter ohne Steinbruch …?«

»… und aus seinem Leibwächter, meinst du?« fiel ihm Ambras ins Wort. »Keine Sorge, mein Herr, Schotterwerke gibt es auch im Tiefland.«

»Heißt das, wir gehen ins Tiefland?« Obwohl er erst jetzt bemerkte, wie betrunken Ambras war, fühlte sich Bering plötzlich, als ob er am Rand seiner Welt stünde, an einem Meer, das er nur von Bildern kannte. Es war die gleiche Erregung, die ihn sonst nur befiel, wenn er mit geschlossenen Augen vor dem Plattenspieler saß und Pattons Musik hörte. Ins

Tiefland. Er hatte die Seeregion erst ein einziges Mal verlassen, damals, vor zwölf oder dreizehn Jahren, als sich selbst Halbwüchsige und Kinder der großen Wallfahrt nach Birkenau anschlossen, um dabeizusein, wenn das größte Geisterhaus des Friedens von Oranienburg eingeweiht wurde, ein Bauwerk aus dem Holz Hunderter Lagerbaracken, eine hölzerne Kathedrale, in deren Säulen und fleckige Wände die Namen oder bloßen Nummern von Millionen Toten eingebrannt waren … Namen und Nummern von den Fundamenten bis hoch hinauf in die Dachkuppel.

Die Wallfahrer hatten diesen turmhohen Bau nie erreicht. Sie überschritten damals zwar den Reifpaß und sahen nach einem weiteren Gebets- und Marschtag schon Maisfelder, Straßen und eine graue Stadt im Dunst der Tiefe, mußten dann aber auf Befehl eines Abschnittskommandanten kehrtmachen und wieder zurück über den Paß, weil die Armee in diesem Gebiet Plünderer und versprengte Scharfschützen jagte. Aber den Anblick einer langen Reihe von Gittermasten in der Ferne hatte Bering nicht wieder vergessen und auch nicht eine schnurgerade, Felder, Viehweiden und bewaldete Flächen durchschneidende Linie, die im Gegenlicht manchmal silbrig glänzte und von der ein Wallfahrer damals andächtig sagte, das seien die Schienen der Eisenbahn, diese Schienen führten bis ans Meer.

»Das heißt, mein Herr, wir gehen ins Tiefland, wenn uns die Armee dort eine Kiesgrube anbietet«, sagte Ambras. »Wir gehen ins Tiefland, wenn uns die Armee dort haben will.«

»Ach! Die Herren übersiedeln«, rief Lily jetzt. »Bekommt ihnen die Seeluft nicht mehr?«

»Diese Luft wird jedenfalls dünner«, sagte Ambras. »Du solltest dir auch rechtzeitig einen neuen Turm suchen.« Er prostete Lily zu und trank die Flasche leer.

»Einen neuen Turm? Im Tiefland? Ins Tiefland komme ich oft genug. Wenn schon auf und davon, dann weiter fort. Viel weiter.«

»Wieder einmal nach Brasilien?« Ambras grinste.

»Nach Brasilien, zum Beispiel«, sagte Lily ernst und sehr langsam.

»Na dann, gute Reise!« Jetzt lachte Ambras.

»Du bist wohl schon auf dem Weg dorthin.« Bering versuchte vergeblich in dieses Gespräch zu finden. Er war zu langsam dafür. Wie schon oft, wenn der Hundekönig und Lily miteinander sprachen, begann er zu reden oder zu scherzen, wenn ihr längst nicht mehr danach war: »Trägt dein Pferd schon das Überseegepäck?«

»Ich bin deinetwegen hier.« Lily überging auch diesmal seinen Versuch. »Ich warte seit einer Stunde auf dich. Ich habe deinen Vater am Reifpaß gefunden. Er spielt Krieg.«

23 Der Krieger

Lily war mit Maultier und Pferd auf dem Weg ins Tiefland gewesen, die Packsättel beladen mit Tauschwaren, Kriegsschrott, schönen Versteinerungen und Kristallen, als sie den halbblinden Schmied eine Tagesreise von Moor entfernt im Gebirge fand. Er hatte an Kleidung nur bei sich, was er am Leib trug, aber keinen Mantel und keine Decke gegen die Kälte einer Bergnacht, keinen Proviant und nicht einmal Streichhölzer, um ein Feuer zu machen.

Es war kurz nach Einbruch der Dämmerung gewesen, und Lily wollte wie schon auf vielen ihrer Gänge über den Reifpaß die Nacht im Schutz der Ruinen des Forts auf der Paßhöhe verbringen. Die Tiere trotteten eben an der bemoosten Kuppel eines Bunkers vorüber, der in den Tagen der Eroberung des Forts selbst von zwei Artillerietreffern nicht zerstört worden war, als ihr ein Krieger mit rußgeschwärztem Gesicht aus dem Trümmerfeld entgegentrat und *Halt!* schrie, *Stehenbleiben! Parole!* Es war Berings Vater.

Er schwenkte eine Eisenstange und konnte sich offensichtlich nicht entscheiden, ob er diese Waffe wie ein Gewehr, ein Schwert oder doch nur wie einen Prügel halten sollte. Auf dem Kopf trug er einen verbeulten Helm der Moorer Feuerwehr, um den Hals ein eisernes Kreuz, und an den Aufschlägen seiner Lodenjacke, die wie zur Tarnung mit Lehm beschmiert war, glänzten Medaillen und Orden, auch Abzeichen und Anstecknadeln zur Erinnerung an Wallfahrten, Kleinviehausstellungen und Veteranentreffen. *Parole! Parole!*

Als Lily die Tiere nicht anhielt, sondern weiter- und auf den Krieger zutrotten ließ, ging er hinter einer geborstenen, nur noch von verbogenen Stahlbändern zusammengehaltenen Mauer in Deckung. Lily lachte. Obwohl sie im ersten Augenblick erschrocken und dann verblüfft war, so weit vom See und so hoch im Gebirge auf den Alten zu stoßen, lachte sie über einen vermeintlichen Scherz.

Der Alte erkannte die lachende Reiterin nicht, die mit erhobenen Armen auf ihn zukam. Aber als sie vor seiner Deckung vom Pferd stieg und ihm durch einen breiten Riß in seinem Verteidigungswall eine Feldflasche reichte, ließ er sein Gewehr, sein Schwert, seinen Prügel, doch sinken.

»Vogelbeerschnaps«, sagte sie.

Obwohl ihm auch ihre Stimme fremd war, wurde der Krieger doch versöhnlich: »Gehen Sie in Dekkung, gnädiges Fräulein.« Er nahm die Flasche, tat einen tiefen Zug und schien seine Aufforderung zur

Parole schon vergessen zu haben: »Der Angriff steht unmittelbar bevor. Diese Hunde wollen nach Halfayah durchbrechen. Das werden sie nicht schaffen. Niemals!«

»Nicht schießen!« schrie er dann in die schwarz gähnenden Ruinen des Forts, »nicht schießen, die gehört zu uns!« und schulterte seine Eisenstange, ohne die Feldflasche zurückzugeben, und begann wie ein Frontoffizier auf einem Inspektionsgang durch die Stellungen zwischen Stahlbetontrümmern umherzutappen. Dabei rief und keuchte er Fragen oder Befehle in die Schächte und Schießscharten von Bunkern und Kavernen, aus denen nur der kalte Geruch nach Moder und nasser Erde drang. Wenn auch schwankend und tappend, bewegte er sich doch so geschäftig durch das dunkle Trümmerfeld, daß Lily die Tiere an einer Panzersperre festband und zurückließ, um ihm zu folgen.

Sie mußte schließlich ihre ganze Überredungskunst aufbieten und dem Alten am Ende sogar vorspielen, sie sei eine getarnte Meldeläuferin seines Bataillonsstabes und überbringe ihm den Befehl zum geordneten Rückzug, bis er bereit war, sie zu ihrem Lagerplatz zu begleiten, in ein unterirdisches Mannschaftsquartier.

Lily hatte in diesem leeren, unter Bombenschutt begrabenen Kellerraum schon auf vielen ihrer Gänge ins Tiefland übernachtet und dort in einem Versteck auch Brennstoff, Heuballen und Konserven deponiert. Der Alte ging ihr freundlich zur Hand, als sie die Tiere versorgte und auf einem Spirituskocher Tee, Maisbrei und Trockenfisch zubereitete. Er schien sich dabei für einige Augenblicke sogar von seinen Hirngespinsten zu lösen und wieder an Lilys frühere Dienste und Besuche auf dem Schmiedhügel zu erinnern, antwortete dann aber doch nur *Jawoll* und *Zu Befehl*, als ihm die Meldeläuferin sagte, sie werde ihn am nächsten Morgen zurückbegleiten nach Moor. *Jawoll, mein Fräulein!*

Zur Nacht überließ Lily dem Verrückten ihren Schlafsack und hüllte sich selbst in zwei Satteldekken, aber der Krieger ließ sie nicht schlafen, tat einmal, als hätte er auf dem Trümmerfeld *Alarm* gehört und müßte hinauf, an sein Maschinengewehr, sang dann aber wieder Soldatenlieder, als wäre er nicht an der Front, sondern auf dem Exerzierfeld einer Kaserne – und trank dazu die Feldflasche leer.

Bei Sonnenaufgang, der im Kellerdunkel nur als schmaler, aus einem Luftschacht fallender Lichtstreifen erschien, schlief er dann doch, und Lily weckte ihn mit Mühe. Er hatte schon wieder vergessen, daß sie ihm am vergangenen Abend eine Meldeläuferin gewesen war, glaubte nun, sie sei eine Partisanin, die ihn im Schlaf überrascht und gefangengenommen habe, und sie mußte ihm erst etwas von einem neuen Tagesbefehl erzählen, damit er ihr half, die Traglasten der Packtiere in einer der Kavernen zu verstekken. Der Befehl lautete: Errichtet im Fort ein Depot und kehrt unverzüglich nach Moor zurück.

Nach Moor? An einen See? Von einem solchen Ort und einem See dieses Namens hatte der Krieger noch nie gehört. Aber wie viele Namen dieser Welt waren ihm nicht schon in Befehlen erschienen, Namen, die nur im Geschützfeuer aufleuchteten und mit diesem Feuer wieder erloschen – El Agheila, Tobruk, Salum, Halfayah, Sidi Omar … Namen, nichts als Namen. Am Ende blieb doch nur die Wüste.

Also war der Krieger auch diesmal gehorsam, trug verschnürte Pakete und Bündel in Mauernischen, die er dann mit Steinen wieder verschließen und mit Moos tarnen mußte – und hielt plötzlich ein Gewehr, dessen Schaft aus einem Sattelkorb ragte, in den Händen. Sein Blick war zu trüb, um die Gravur und das unverwechselbare Magazin dieser Waffe zu sehen, aber er erkannte sie mit seinen bloßen Händen wieder. Es war ein englisches Scharfschützengewehr. Solche Gewehre hatte er in der Wüste erbeutet, am Paß von Halfayah.

»Rühr das Gewehr nicht an!« schrie ihm die Meldeläuferin zu, die Partisanin, die fremde Frau.

»Das Gewehr nehmen wir mit«, sagte sie dann schon viel sanfter und half ihm aufs Pferd. Still und immer noch benommen vom Schnaps saß er auf dem breiten Rücken des Tieres, saß endlich wieder so hoch wie im Krieg, während diese Frau, die gewiß nicht zu seiner Armee gehörte, die Zügel an den Tragsattel ihres Maultiers band. Auf diesem Maultier ritt sie ihm voran.

Der Saumpfad nach Moor war felsig und steil, und aus der Tiefe drang manchmal das Rauschen von Schmelzwasserbächen zu ihnen empor. Zweimal konnte Lily nur im letzten Augenblick verhindern, daß der Alte vom Pferd und in die Tiefe stürzte, trotzdem mied sie die flacheren Wege der Talsohlen, um die Straßensperren und Kontrollposten zu umgehen, die von Militärs, aber ebensogut von Kahlköpfen und Lederleuten besetzt sein konnten. Auch wenn die Tatsache, daß der Alte es ganz allein bis zum Reifpaß geschafft hatte, darauf hinwies, daß die Sperren diesmal unbesetzt waren, traute Lily diesem Frieden ebensowenig wie dem Frieden überhaupt und zog ihre gewohnte Route einem leichteren Weg vor.

Als aber der Alte zum zweitenmal aus dem Sattel glitt und nur noch vom Steigbügel, in dem sein grober Schuh klemmte, vor einem Sturz in die Tiefe bewahrt wurde, stieg sie zu ihm auf das Pferd, befahl ihm, sich an ihr festzuhalten, und spürte bald darauf seinen Kopf an ihrer Schulter und hörte ihn schnarchen.

Am frühen Abend erreichten sie das in der Wildnis versunkene *Kreuz von Moor*, den zerschossenen Wachturm am Stellwerk, den leeren Bahndamm, auf dem die Züge der Vergangenheit ans Moorer Ufer oder zum Steinbruch hinabgerollt waren. Hier richtete sich der Krieger plötzlich im Sattel auf, als hätte ihn das Klirren einer Weiche, der Klang von Eisen geweckt. »Schön«, sagte er dann und zeigte wie ein Kind auf den See, der dunkel und glatt unter ihnen lag. »Ein schöner See.« Weit draußen, ein helles Schiff, das den Seespiegel mit dem breiter und breiter werdenden Keil seines Kielwassers zerschnitt, dampfte die Schlafende Griechin dem Blinden Ufer entgegen.

Lily brachte den Verrückten an diesem Abend nicht auf den Schmiedhügel zurück, sondern ritt mit ihm zur Moorer Krankenstation, einer mit Wellblech gedeckten Baracke, in der die Mitglieder einer Sühnegesellschaft Verletzte aus dem Steinbruch oder die Opfer eines Überfalls notdürftig versorgten, bis sie ins Haager Lazarett überführt werden konnten. Obwohl von den fünf Stahlrohrbetten dieser Baracke nur zwei mit Patienten belegt waren, sagte ein Pfleger, der mit dem Fährmann des Steinfloßes auf einem Tisch neben der Eingangstür Karten spielte, für Senile und Irre sei hier kein Platz. Wenn Lily diesen Alten trotzdem hierlassen wollte, gut, aber das koste sie erstens etwas – und zweitens müsse sie ihn nach spätestens drei Tagen wieder abholen und nach

Haag oder sonstwohin bringen. Während Lily mit dem Pfleger verhandelte, breitete sich um den Krieger ein scharfer Gestank aus. »Der scheißt sich an«, sagte der Pfleger, »der muß gewickelt werden. Das kostet extra.«

Der Krieger glaubte sich in einem Feldlazarett seiner Feinde und wollte sich weder von seinem Feuerwehrhelm noch von seinen Orden trennen, als ihn der Pfleger in den Waschraum führte, in einen Verschlag, in dem ein hölzerner Bottich und mehrere Blecheimer standen. Erst als Lily ihm sagte, daß er nun ein Gefangener nach der Landkriegsordnung sei und ehrenvoll behandelt würde, solange er den Befehlen des Sanitäters gehorchte, fügte er sich und ließ sich Helm und Orden abnehmen und entkleiden. Dann übergab Lily dem Pfleger Kautabak, Schnaps und einen Bezugsschein für einen Kanister Petroleum und machte sich auf den Weg ins Hundehaus.

»Ich habe ihr gesagt, dein Vater gehört nicht in die Krankenbaracke und nicht ins Lazarett, sondern ins Veteranenasyl«, wiederholte Ambras an diesem Abend, nachdem Lily auch seinem Leibwächter die Geschichte des Kriegers und ihrer Umkehr am Reifpaß erzählt hatte. Bering war einem Wink des Hundekönigs gefolgt und hatte eine weitere Rotweinflasche entkorkt und sich zu den beiden an den Salontisch gesetzt. »Ins Asyl? Nach Haag?« fragte er. In Haag betrieb eine Vereinigung ehemaliger Frontkämpfer ein Veteranenheim in einem Hotel, das an seiner Fassade immer noch einen verwitterten Namen trug – Hotel Esplanade.

»Nicht ins Esplanade«, sagte Ambras, »nicht nach Haag. Nach Brand.«

Nach Brand? Das lag doch schon jenseits des Reifpasses. Jenseits der Zonengrenze. In Brand begann das Tiefland. Wer nach Brand wollte, brauchte einen Passierschein und einen triftigen Grund oder mußte Schleichpfade kennen wie Lily. »Warum nach Brand?« fragte Bering.

»Weil sich in Brand die Armee um ihn kümmern wird und weil der Alte in Haag nicht mehr lange bleiben kann«, sagte der Hundekönig. »Er nicht – und niemand.«

Lily, die sich eben zu der unter dem Tisch liegenden Dogge hinabgebeugt und ihr kindische Kosenamen zugeflüstert hatte, fuhr so plötzlich hoch, daß auch der Hund erschreckt aufsprang: »Was heißt niemand? Er nicht und niemand. Was heißt das?«

Niemand. Als hätte er ein magisches, die Menschenleere, die Wildnis und Wüste beschwörendes Wort aus Versehen verraten und müßte nun abwägen, ob er weiterreden, das Wort widerrufen oder einfach schweigen sollte, antwortete Ambras nach einer langen Pause, in der nur das Hecheln seiner Dogge zu hören war: »Am See … Niemand wird am See bleiben können. Die Armee will die Seeregion im nächsten Jahr zum militärischen Sperrgebiet erklären, zum Truppenübungsgelände … Das ganze Ufer, die Dörfer bis hinauf nach Eisenau, die Rübenäcker und Weinrieden sollen zum Operationsgebiet für Bomber und Panzerverbände werden. Flieger, Artillerie, Pioniere, Sturmtruppen, der ganze Zirkus ist im Anrollen …«

»Das ist … das kann doch … das glaube ich nicht!« Lily schien jetzt ebenso sprachlos wie Bering.

Aber Ambras, betrunken wie er war, hatte sich offensichtlich entschlossen, ein von ihm und dem Moorer Sekretär gehütetes Geheimnis vor der Zeit preiszugeben, und sprach einfach weiter. »Panzer pflügen die Felder. Die Marine torpediert die Schlafende Griechin. Im Schilf planschen die Kampftaucher. Alles zur Vorbereitung. Alles zur Übung. Jederzeit kampfbereit …«

»Sind die verrückt? Sind die vollkommen verrückt?« In einer jähen Wut griff Lily nach ihrem Weinglas und schleuderte es durch das offene Fenster in die Nacht hinaus, wo es ins Gras oder auf Moos fiel, denn es war kein Klirren zu hören, kein Zerbrechen. Die Dogge, wie von einem unsichtbaren Angreifer hochgejagt, sprang der Tropfenspur dieses Wurfs ans Fenster nach und bellte dort in die Dunkelheit, bis Ambras sie mit einem Fluch überbrüllte. Bering hatte Lily noch nie so wütend gesehen.

»Verrückt? Ja. Wahrscheinlich. Wahrscheinlich

sind alle verrückt.« Ambras jagte seinen Leithund mit einer einzigen Handbewegung unter den Tisch zurück.

»Und was soll aus den Leuten hier werden!« rief Lily. »Haben sie den Überfällen und den Schikanen der Glatzen jahrelang standgehalten, um schließlich von der Armee, von ihren Beschützern!, vertrieben zu werden?«

»Die Leute?« sagte Ambras, »im nächsten Jahr dürfen diese Leute endlich dorthin, wohin die meisten von ihnen ohnedies schon die längste Zeit wollen – ins Tiefland, verstehst du, in die Nähe der Kasernen, in die Nähe von Supermärkten, Bahnhöfen, Tankstellen. Im nächsten Jahr dürfen diese Leute endlich weg aus ihren Kaffs. Auf und davon. Die Seeregion wird aufgelöst.«

»Und wir? Was ist mit uns?« Bering fragte so hastig, als fürchte er, die Ankündigung des Hundekönigs könnte sich als Mißverständnis erweisen, der Aufbruch ins Tiefland als bloßes Gerede im Rausch. »Was ist mit uns?«

Ambras war nahe am Lallen. Er hob die Weinflasche hoch und schwenkte sie wie eine Trophäe. Die Flasche war leer. »Wir gehen auch ... Wenn alle gehen, dann gehen wir auch.«

Es war kurz vor Mitternacht, als Lily die Villa Flora am Ende eines immer wirrer und lauter gewordenen Gesprächs verließ. Zum erstenmal, seit Bering

Leibwächter im Hundehaus war, hatte sich Lily von Ambras nötigen lassen, bis in die Nacht zu bleiben, und Bering sah ihr begeistert nach, als sie auf ihrem Pferd in der Finsternis verschwand: Wenn sie in zwei Tagen noch einmal nach dem Reifpaß aufbrechen würde, nach Brand, würde er sie begleiten!

Wir gehen ins Tiefland. Ich gehe mit Lily nach Brand. Die Hunde und ihr betrunkener König lagen schon lange im Schlaf, als Bering in dieser Nacht immer noch vor den Lautsprechern in seinem Zimmer hockte und zu den Gitarrenriffs von Patton's Orchestra an den Weg dachte, der vor ihnen lag. *Ich gehe mit Lily nach Brand.* Was bedeutete es da schon, daß auch sein vom Krieg besessener Vater mit ihnen kam.

Natürlich hatte Lily zuerst nein gesagt, kommt nicht in Frage, als Ambras ihr den Vorschlag machte, den Alten, den Krieger, doch gleich wieder mitzunehmen über den Paß, in Moor gebe es schon Veteranen und Invaliden genug.

»Das ist kein Sanatoriumsausflug ins Gebirge«, hatte Lily gesagt. »Ich kann mich auf einem solchen Weg nicht ständig um ihn kümmern. Er fällt vom Pferd. Er muß gewaschen werden. Er muß gewickelt werden. Meinen Schlafsack hat er schon unbrauchbar gemacht. Ich habe ihn nach Moor zurückgebracht. Mehr kann ich nicht tun.«

»Und wenn er dich begleitet?« Der Hundekönig

schien von seinem plötzlichen Einfall so begeistert, daß er zu lachen begann. »Der Leibwächter soll dich begleiten! Er soll ins Manöver! Er soll üben! Er soll den Abzug ins Tiefland üben. Er soll darauf achten, daß ein Krieger heil in die Kaserne kommt. Er soll für ein paar Tage der Hüter seines Vaters sein. Er soll … er soll Vater und Mutter ehren …« Die letzten Sätze stieß Ambras durch ein solches Gelächter hervor, daß Bering kaum ein Wort davon verstand. Ehre hatte er verstanden. »Ehre?« hatte er gefragt. »Welche Ehre?«

»Du sollst sie begleiten!« grölte Ambras. »Du sollst einen Verrückten in Brand abliefern, und du sollst sie begleiten, aber du sollst nichts und niemanden ehren, verstehst du, nichts und niemanden. Das war nur ein Scherz, Idiot. Die Sache mit der Ehre war immer nur ein Scherz.«

24 Unterwegs nach Brand

Die Straße ins Tiefland war nach den Steinlawinen und Schmelzwasserströmen des vergangenen Frühjahrs von einem Bachbett kaum noch zu unterscheiden. Auf solchen Wegen kamen Lastwagen, Militärfahrzeuge oder hochrädrige Ochsenkarren voran – aber eine Limousine?

Auf der ehemaligen Eisenbahntrasse, die durch efeuverhangene Tunnels und über Viadukte führte, wäre Brand auch zu Fuß oder mit Lasttieren in ein bis zwei Tagen zu erreichen gewesen, aber seit die Armee Straßen und Güterwege nur noch für ihre eigenen Kolonnen und Transporte von Geröll, Schnee oder Vermurungen räumen ließ und die Posten an den Talausgängen nicht mehr besetzt hielt, wurden die Tunnels dieser Strecke von den Banden oft in Fallen verwandelt, aus denen es kein Entkommen gab.

Blieben die Saumpfade. Aber die Saumpfade führten durch Minenfelder und hoch hinauf bis an die Spaltenbereiche der Gletscher. Bei Nebel und Schlechtwetter ging man auf diesen Pfaden leicht in die Irre, und die Irre, das waren der Abgrund oder der Blitz einer Minenexplosion.

In den zwei Tagen bis zum Aufbruch nach Brand stieg und fuhr und ritt Bering in Gedanken immer wieder ins Gebirge, dachte nur noch an den gemeinsamen Weg, der vor ihnen lag. In einer schlaflosen Nacht saß er am Fenster seines Zimmers und strich mit dem Fernglas die dunklen Bergketten des Steinernen Meeres entlang, bis er zwischen den hellen Flecken der Felswände und Geröllhalden und den schwarzen, undurchdringlichen des Hochwaldes Verbindungen zu sehen glaubte, leuchtende Linien, seinen Weg.

»Mit dem Wagen? Welchem Wagen? Ach, mit der Krähe!« – Am Vorabend des Aufbruchs dachte Lily keinen Augenblick über einen Vorschlag nach, den ihr Bering nach langem Zögern in den Wetterturm gebracht hatte: Mit der Krähe nach Brand? Das fehlte gerade noch. Hatte er denn keine Ahnung vom Zustand der Straße ins Tiefland? Die Krähe, sagte Lily, müßte schon fliegen können, müßte über Gruben und Vermurungen hinwegsegeln können, um auf der Tieflandstraße ohne Achsenbruch zu bleiben. Nein, sie ziehe Pferd und Maultier immer noch jedem Fahrzeug vor. Bering sollte seinen Vogel besser im Hundehaus zurücklassen und sich für die Reise nach Brand wieder aufs Pferd setzen, denn der sicherste Weg ins Tiefland sei immer noch der über das alte Fort, der Weg über den Paß.

Obwohl sich Bering einen Aufbruch nach Brand

anders vorgestellt hatte, dramatischer, eine Abreise im Wagen unter einer wallenden, langsam verwehenden Staubfahne, war er doch wie im Fieber, als er Lily am nächsten Morgen zwischen den Mammutföhren auf das Hundehaus zukommen sah. Die Hunde jagten ihr entgegen. Sie saß auf dem Maultier und hörte aus ihrem Transistorradio die Nachrichten eines Armeesenders. Hinter ihr trottete ein reiterloses Pferd; sein Pferd. Sie kam ihn holen. In der Nacht hatte es geregnet. Die Hufe hinterließen tiefe Spuren im weichen Grund, kleine Brunnen, die sich mit Wasser füllten, Spiegel, in denen das Bild des Himmels zitterte.

Ambras saß in seinem Korbstuhl auf der Veranda und nickte ihm nur abwesend zu, als Bering sich an diesem Morgen von ihm so umständlich verabschiedete, als wollte er eine lange Reise antreten und nicht bloß einen Weg durch das Steinerne Meer: Der Leibwächter zählte ihm die Vorräte im Keller auf, beschrieb ihm den Umgang mit dem Generator im Turbinenhaus im Fall einer Störung und wollte ihm auch noch die neuesten Schwierigkeiten beim Anlassen der Krähe erklären – Ambras nickte nur, winkte ab. So viel wollte er nicht hören. Auch Lilys Gruß erwiderte er kaum und war schon wieder in eine Inventarliste aus dem Steinbruch vertieft, als ihn die beiden verließen.

Die Villa Flora blieb hinter ihnen zurück. Vergeblich sprangen die Hunde an den eisernen Ranken des Portals hoch und kläfften ihnen noch lange enttäuscht nach.

»Hast du beim Proviant an deinen Vater gedacht?« fragte Lily ihren Begleiter. »Ich kann nur einen von euch verpflegen.«

»Trockenfleisch, Zwieback, Dörräpfel, Schokolade und Tee«, antwortete Bering. »Genug für uns drei und für mindestens sechs Tage.«

»Das ist zuviel«, sagte die Reiterin, »dein Vater bleibt doch in Brand.«

Vor der Krankenbaracke mußten sie noch einmal absitzen und warten. Der Pfleger hatte noch geschlafen und öffnete erst, nachdem Bering gegen Tür und Fenster geschlagen und dazu den Namen seines Vaters gerufen hatte. Im vergangenen Jahr hatten Kahlköpfe die Baracke zu einer ähnlich frühen Stunde überfallen und auf der Suche nach Medikamenten und Verbandszeug alles zerschlagen, was sie nicht brauchen konnten.

Der Pfleger hatte dem Vater die Haare geschoren, hatte ihn rasiert und gewaschen; jetzt roch er nach Seife und Desinfektion und erschien seinem Sohn so dürr und fremd wie damals, am Tag seiner Heimkehr auf dem Bahnsteig von Moor. Tiefrot wie damals brannte auch die Narbe auf seiner Stirn.

Der Alte war wieder tief im Krieg, aber er konnte sich weder an eine Meldeläuferin noch an die Partisanin erinnern, die ihn vor ein paar Tagen im Gebirge gefangengenommen hatte, und auch den Begleiter der Frau kannte er nicht mehr. Das war irgendeine Frau. Das war irgendein Mann. Er salutierte vor den beiden Zivilisten, die wohl in dieses Lazarett gekommen waren, um ihn zurückzubringen an die Front. Er war ja fremd hier. Diese Wüste war nicht sein Land. An der Front schien alles ruhig. Kein Gefechtslärm wies ihm den Weg; den wußten die Zivilisten. Sie hatten gewiß Befehl, ihn zu führen. Der Krieger war bereit. Er nahm seinen Helm aus den Händen des Sanitäters in Empfang und dann auch seine Orden in einem klirrenden Papiersack, den er nicht wieder loslassen wollte, als ihm der Zivilist in den Sattel half.

Wenn er diesen Schrott unbedingt mitnehmen wolle, sagte ihm der Zivilist, dann müsse er den Helm verflucht noch einmal aufsetzen und festschnallen oder an den Gürtel binden und den Sack mit den Orden in die Satteltasche stecken, denn seine Hände, beide Hände, werde er noch brauchen, um sich festzuhalten. Es gebe nur dieses eine Pferd, und sie ritten zu zweit … Aber ein Zivilist hatte ihm gar nichts zu sagen.

Den Sack in der einen, wollte er sich bloß mit der anderen Hand festhalten. Aber das genügte dem Zivilisten nicht. Der stieg zu ihm aufs Pferd, saß breit und herrisch vor ihm, wandte sich zu ihm um, schlang ihm ein Seil um den Körper und band ihn an sich fest.

Bering war seinem Vater jetzt so nahe wie seit seiner Kindheit nicht mehr. Er spürte den Atem des alten Mannes in seinem Nacken, und sein Seifengeruch drang ihm in die Nase und nach zwei Wegstunden auch der saure, scharfe Geruch nach Schweiß. Aber er empfand keinen Ekel und nichts mehr von seiner alten Wut auf die Starrsinnigkeit dieses in seinen Erinnerungen an die Wüste und an den Krieg versunkenen Greises. Während er die Zügel lose in der Hand hielt und über den nickenden Pferdekopf hinweg den Weg nach Fallen und Hindernissen absuchte, sprach Bering zu seinem Vater wie zu einem Kind, fragte ihn immer wieder, ob er essen, ob er trinken oder rasten wollte, und band ihn schließlich los und zeigte ihm eine Kriechföhre, hinter die er sich hocken und seine Notdurft verrichten sollte.

Der Krieger glaubte allmählich zu erkennen, daß dieser Reiter, der ihm zu essen und zu trinken gab und dafür sorgte, daß er nicht vom Pferd fiel, doch ein Soldat sein mußte, ein guter Kamerad, der ihn in die Schlacht begleitete. Er begann, dem Reiter in den Rücken zu murmeln und warnte ihn vor den weißen Staubfahnen von Halfayah, mehlfeinem Sand, der selbst durch schweißnasse Mund- und Gesichtstücher in die Poren und Augen einer Marschkolonne, einer Karawane, dringe und sie erblinden und in die

Irre gehen lasse. Wenn ihm der Reiter zu rasten befahl, ließ er sich vom Pferd helfen und setzte sich auf einen Stein. Wenn ihm der Reiter zu trinken befahl, trank er, und als ihm der Reiter sagte, *rede nicht so viel, sei endlich still*, wurde er augenblicklich still. Er tat alles, was ihm der Reiter befahl.

Lily auf ihrem Maultier war ihnen stets vier, fünf Pferdelängen voraus. Manchmal wandte sie sich um und rief ihnen Warnungen vor einer besonders abschüssigen oder brüchigen Passage ihrer Route zu. Der Weg wurde steiler und so schmal, daß Bering seine ganze Aufmerksamkeit darauf richten mußte, die Zügel zu führen und sich und den Vater auf dem Pferd zu halten.

Stundenlang, tagelang hatte er auf diesem Ritt mit Lily allein sein wollen und hatte sich vorgestellt, wie er neben ihr durch das Steinerne Meer dem Tiefland entgegenschaukelte; neben ihr wollte er am Feuer sitzen, wenn es Nacht wurde, und neben ihr auf den Steinen schlafen oder im Moos und ihr zuhören, wenn sie von Brasilien erzählte ... Aber jetzt, endlich auf diesem ersehnten Weg, war sie weit vor ihm und rief ihm aus der Ferne höchstens ein paar knappe Warnungen zu, die nichts mit der Finsternis, nichts mit der einen Gefahr zu tun hatten, die ihn wirklich bedrohte. Und zwischen diesen Warnungen, die er nicht brauchte, hörte er nur das Murmeln seines Vaters.

Auch wenn Bering keine Wut mehr empfand gegen den Verrückten, der ihm das Leben auf dem Schmiedhügel unerträglich gemacht hatte und ihn nun mit Kriegserinnerungen beschwatzte, wurde seine Enttäuschung über diesen Weg doch manchmal so groß, daß er das Gemurmel nicht mehr ertrug und *still* sagte, *sei endlich still.*

Der Krieger wollte gehorsam sein und jedem Befehl sofort folgen. Aber jedes Wort galt nur so lange, als er es im Gedächtnis behalten konnte: Und er vergaß Worte, Befehle, innerhalb von Sekunden, vergaß *alles*, was ihm nicht wieder und wieder befohlen und vorgesagt wurde. Seine Erinnerung reichte bis tief in die Wüsten Nordafrikas, und er konnte selbst den Himmel über den Schlachtfeldern beschreiben und wußte immer noch, welche Wolken einen Sandsturm verhießen und welche den Regen – aber was im Augenblick geschah und verging, vergaß er, als wäre es nie gewesen. Seine Gegenwart war die Vergangenheit.

Sei still! – Kaum daß er gehört hatte, was der Reiter zu ihm sagte, war seine Erinnerung an den Krieg schon wieder stärker als sein Gehorsam, und obwohl er nach jedem Befehl, zu schweigen, im Satz, ja im Wort abbrach und für einen Augenblick verstummte, sprach er im nächsten Atemzug doch weiter, sprach immer weiter von der Wüste und von der Schlacht und vom Paß von Halfayah, den er dort oben zu sehen meinte, irgendwo zwischen Felstürmen und Wolken. Dort hinauf! Dort hinauf mußten sie. Diesen Paß mußten sie erobern.

»Still! Halt's Maul. Sei endlich still.«

Gegen Abend, im letzten Anstieg und schon in Sichtweite der Ruinen des Forts auf der Paßhöhe, erreichten sie ein ausgedehntes Geröllfeld. Dort mußten sie absitzen und die Tiere am Zügel so langsam und mühselig durch ein Gesteinslabyrinth bis zu ihrem Lagerplatz führen, daß es darüber zu dämmern begann. Lily wollte auch diesmal die Nacht im unterirdischen Mannschaftsraum ihres Bunkers verbringen.

Bering staunte über die Größe und Ausstattung dieses Verstecks; der Eingang lag so gut getarnt zwischen Stahlbetontrümmern im Dickicht, daß Lily plötzlich wie vom Erdboden verschluckt war und er ihren Rufen folgen mußte, um in die Tiefe zu finden.

Der Krieger schien sich auch an diese Zuflucht nicht mehr zu erinnern, in der er vor ein paar Nächten dicht am Feuer geschlafen und einen Alarm geträumt hatte, den Beginn einer Schlacht. Aber als er jetzt Holz für ein neues Feuer aufschichten sollte und dann half, die Reittiere im Dickicht zu verstecken und einen Packsattel, der viel zu schwer für ihn war, ins Dunkel hinabtragen wollte, war ihm plötzlich, als sei diese eine Nacht immer noch nicht vergangen, als sei er gar nicht fort gewesen, sondern immer noch da – und hielt plötzlich auch den Schaft jenes Gewehres wieder in den Händen, das aus dem Gepäck der Partisanin ragte, und erinnerte sich, erinnerte sich, daß am Paß von Halfayah und in allen Kriegsjahren ein gewöhnlicher Soldat die Waffe eines Scharfschützen nicht anrühren durfte, und wollte seinen Kameraden warnen: »Rühr das Gewehr nicht an. Es gibt Ärger, wenn du ein solches Gewehr anrührst.«

Ein Gewehr? Bering hatte auf ihrem ganzen Weg nichts von der in einen Regenmantel gerollten und an den Maultiersattel gebundenen Waffe bemerkt. »Ein Gewehr! Du hast ein Gewehr?«

»Du hast eine Pistole«, sagte sie. Sie warf eine Roßhaardecke über den sandigen Boden an der Feuerstelle, zog das Gewehr aus dem Mantel, legte es sachte neben die Decke und schlug dann den Mantel zu einem Kopfkissen zusammen. Hier würde *sie* heute Nacht schlafen – und die Männer auf der anderen Seite des Feuers. Neben sich wollte sie nur diese Waffe.

Als Lily die Bretter einer zerschlagenen Munitionskiste ins Feuer warf, um Tee und Suppe zuzubereiten, spiegelte die Linse des Zielfernrohrs die Flammen als flackernden Stern. Bering hatte in seinem Leben noch kein Scharfschützengewehr gesehen. Vielleicht hatte Lily das Ding in irgendeiner verlassenen Kaserne gefunden und wollte es in Brand eintauschen oder bloß an die Armee abliefern, wie das Gesetz es befahl. Aber als er, ebenso verwirrt wie magisch angezogen, einfach über das Feuer stieg, um sich nach der Waffe zu bücken, sagte Lily in einem Ton, den er noch nie an ihr gehört hatte: »Laß die Finger davon. Sie ist geladen.«

»Es gibt Ärger. Ich habs dir gesagt«, murmelte der Krieger. »Ich habs dir gesagt.« Und Bering begriff nur, daß er jetzt keine Fragen mehr stellen durfte und besser tat, was Lily ihm auftrug: Schnee, Schnee sollte er holen. Er nickte und ging hinaus in die Dunkelheit, um den Wasserkessel mit Schnee zu füllen, grobkörnigem, wäßrigem Schnee, der im tiefen Schatten von Felsspalten und Dolinen den Sommer überdauerte.

Draußen jagte der Wind über die Hochflächen und Kare und trieb Nebelbänke gegen die Gletscher der höchsten Gebirgszüge, bis deren rissiges, uraltes Eis in einem wogenden Grau verschwand. Bering, den Wasserkessel in der Hand, stand auf einer Schneezunge, im Wind, und sah, wie ein kahles Hochgebirge in den Wolken und in einer Nacht versank, die aus den Abgründen zur Paßhöhe emporstieg. Dann rief Lily nach ihm, nach dem Wasser, und er stieg zurück in die Tiefe.

Erst Stunden später, als sie in ihrem Bunker, in ihrer rauchigen Höhle, am Feuer saßen, als sie gekocht und gegessen hatten und der Krieger nach einigen tiefen Zügen aus Lilys Schnapsflasche in eine

Decke gehüllt eingeschlafen war, wurde alles so – oder so ähnlich –, wie sich Bering eine Nacht im Steinernen Meer vorgestellt hatte. Er fand sich in der Geborgenheit eines vor Jahrzehnten gestürmten Forts, fand sich mit Lily am Feuer in einer Höhle und war nur noch durch die kleiner und kleiner werdenden Flammen von ihr getrennt und war endlich mit ihr allein.

Sie schlürften Tee aus Blechschalen. Sie starrten ins Feuer und sprachen in die Glut, sprachen über Gefahren, die einem Wanderer in den Hochgebirgswüsten drohten: über Unwetter und plötzlich aufrauchende Nebelwände. Über Steinschlag und Lawinen. Und über Schneeverwehungen, die Fels- und Gletscherspalten überdachten und eine zerklüftete Landschaft in ein Zusammenspiel sanfter Flächen verwandelten, auf denen jeder Schritt durchbrechen konnte in die schwarze Bodenlosigkeit.

Manche von den unter dem Neuschnee eines Wettersturzes verborgenen Schächten und Dolinen seien so tief, sagte Lily, daß man über dem Poltern und Schlagen eines hinabgeworfenen Steins bis zwanzig und dreißig und weiter zählen könne. Morgen, sagte Lily, würden sie ein Plateau solcher Dolinen durchqueren, einen Dolinenfriedhof, in dessen Schächte die Toten einer Flüchtlingskolonne geworfen worden seien, die während der letzten Kriegswochen den verminten Talstraßen auf der gleichen Route ausweichen wollte, auf der auch sie sich befänden. Die

Kolonne sei wohl von einem Schneesturm überrascht worden und in die Irre gegangen und schließlich erfroren. Ein Pioniertrupp der alliierten Armeen habe die Leichen erst im zweiten Friedensjahr entdeckt und in den Dolinen bestattet.

Über Schneestürme war leicht zu reden, über Geröllawinen, Vermurungen und erst recht vom Elmsfeuer, dessen blaue Flammengirlanden in der aufgeladenen Luft vor einem Gewitter über eisernen Wegmarken oder an den Stahltrossen von Hängebrücken züngelten und so einen drohenden Blitzschlag ankündigten. – Aber über das matt schimmernde Gewehr in Lilys Schatten schwiegen die beiden und verloren auch über die versprengten Kahlköpfe und Banden kein Wort, die sich vor der Armee bis in die Gletscherregionen zurückzogen und vor denen deshalb auch in diesen Höhen niemand sicher sein konnte. Bering, selig über Lilys Nähe, hatte die Gefahr der Banden in diesen Stunden vergessen, und Lily schwieg, um nicht an das Geheimnis ihrer Jagdzüge zu rühren.

Und auch über sich selber schwiegen sie. Wenn sie sprachen, war es, als ob ihre einzige Sorge und ihre einzige Leidenschaft dem Steinernen Meer gehörten. Und wenn sie schwiegen, wurde es in ihrer Zuflucht so still, daß sie nur das Knacken der Glut, den Atem des schlafenden Kriegers und dazwischen das Klingen ihres eigenen Blutes im Kopf hörten.

Im Flackern des Feuers huschten tiefe Schatten über Lilys Gesicht, und manchmal trieb ihnen der Rauch, der nur durch den niedrigen Eingang und einen schmalen Lichtschacht abziehen konnte, die Tränen in die Augen. Manchmal wurden Lilys Augen in diesem Flackern unsichtbar, und dann wußte Bering nicht mehr, ob ihm bloß die springenden Schatten oder die Löcher in seinem Blick ihr Gesicht verdunkelten. Er wollte Licht, hundert Fackeln, Scheinwerfer, einen Waldbrand, Schneelicht, um ihr in die Augen sehen zu können. Aber er hatte nur dieses tiefrote Flackern, und das Scheit, das er in die Glut warf, war feucht und begann qualmend zu brennen.

Lily saß auf der anderen Seite des Feuers, auf der anderen Seite der Welt, und doch war sie ihm jetzt nahe wie seit langem nicht mehr.

War das wirklich seine Stimme? War das wirklich *er*, der mitten hinein in ein langes Schweigen ihren Namen so laut aussprach, daß Lily erschrak? Ihm war, als sprächen sich dieser Name und alle folgenden Worte selber aus und bedienten sich nur seines Atems, seiner Stimmbänder, seines Rachens, so, wie ihn auch Vogelstimmen manchmal durchflogen und erst durch seinen Körper und aus seinem Mund hörbar wurden, ohne daß es dazu eines besonderen Willens oder einer besonderen Anstrengung bedurfte. Und so wie er sich dann manchmal eine Drossel oder eine Amsel nachpfeifen, nachsingen hörte, als lauschte er einer fremden Stimme, so sprach er jetzt.

»Lily!«

Sie war versunken in den Anblick der Glut. Ein Warnruf hätte sie nicht jäher aus dieser Versunkenheit reißen können.

»Was ist?«

»Ich … habe ein Geheimnis.«

»Das habe ich auch«, sagte sie langsam. »Das hat jeder. Keiner ist ohne ein Geheimnis.«

»Aber ich habe mir meines nicht ausgesucht.«

»Dann laß es doch los. Wirf es weg. Geh hinaus, schreib es an die Felsen, schreib es in den Schnee.«

»Das kann ich nicht.«

»Das kann jeder.«

»Ich kann es nicht.«

»Warum nicht?«

»Weil es … weil ich … Ich werde blind.«

Jetzt, wo das Ungeheuerliche ausgesprochen war, verließ ihn die Stimme, und es befiel ihn eine plötzliche Müdigkeit, in der alles an ihm träge und schwer wurde. Er hockte auf dem kalten, sandigen Boden und mußte sich mit den Armen gegen das Bedürfnis abstützen, umzusinken und zu schlafen. Die Augen fielen ihm beinahe zu. Er wollte weitersprechen, wollte noch etwas sagen, aber seine Stimme hatte ihn verlassen. Er grinste, ohne es zu wollen. Er wußte nicht einmal, daß er grinste.

»Den Blinden sieht dir keiner an«, sagte Lily und lächelte, als erwiderte sie bloß einen Scherz – und bemerkte erst dann seinen Zustand, seine Erschöpfung. Mehr, als er eben gesagt hatte, konnte Bering nicht sagen. Und Lily sah, daß es auch nicht allein der beißende Rauch gewesen sein konnte, der ihm das Wasser in die Augen trieb.

Durch das Feuer voneinander getrennt, saßen sie in der Nacht, und für einen Augenblick schien es, als wollte sie sich erheben und noch einmal so auf ihn zukommen und ihn noch einmal so in die Arme nehmen wie an jenem Abend auf dem Moorer Friedhof, an dem er die Schmiedin begraben hatte. Aber dann blieb sie doch auf ihrer Seite der Glut und betrachtete Bering lange und aufmerksam.

»Was wird einer, wenn er blind wird?« fragte sie ihn dann und schürte das Feuer mit einem Ast so heftig, daß sie ihre Augen vor einem hochstiebenden Funkenschwarm schützen mußte. Zweimal fragte sie ihn – und wartete dann stumm, bis sich die Klammer endlich löste, die Bering den Hals zudrückte und ihm höchstens einen dünnen Schrei erlaubt hätte, ein Krächzen, einen Vogelschrei.

Und Bering begann nun doch von einem Konzert auf dem Flugfeld zu reden, von einer Nacht, in der ihn Lily nicht bloß aus Mitleid in die Arme genommen hatte. Aber er sprach nicht von ihrer Zärtlichkeit, sondern nur vom gemeinsamen Heimweg aus dem Fliegertal, von der Fahrt in der Krähe, und beschrieb, stockend zuerst und dann immer hastiger, als fürchte er, die Stimme wieder zu verlieren, die Schatten und Schlaglöcher, die damals aus dem Lichtkegel der Scheinwerfer aufgeflogen waren und sich als blinde Flecken festgesetzt hatten in seinem Blick. Er verriet sein Geheimnis. Er suchte Lilys Augen und fand nur einen Schatten: »Was soll ich tun? Ambras darf nichts davon erfahren.«

»… darf nichts erfahren?«

»Er darf nichts davon erfahren. Kein Wort!«

Lily fragte nicht weiter. Sie zog dem schlafenden Krieger, der sich aus dem Feuerschein ins Dunkel fortgewälzt hatte, die Decke wieder über die Schultern.

»Schwarze Flecken bedeuten noch lange keine Blindheit«, sagte sie dann. »Wenn das Wetter hält, sind wir morgen in Brand.« Im Großen Lazarett von Brand gebe es einen Sanitäter, der ihr gelegentlich Medikamente für den Moorer Sekretär besorgt habe. »Der kann dir vielleicht helfen … Du wirst nicht blind. Wenn du blind wirst, werde ich taub.« Jetzt lächelte sie wieder.

Bering empfand die heitere Zuversicht, mit der Lily ihn trösten wollte, nicht als Trost. Glaubte sie ihm nicht? Konnte sie nun nicht einmal mehr seine Angst verstehen, daß er eines Tages vielleicht ebenso dahintappen würde wie sein Vater?

»Ich will nicht zum Invaliden werden«, sagte er und wandte den Kopf nach dem schlafenden Krieger. »Ich will nicht so werden wie der da.«

»Der da hat den Weg hier herauf noch vor einigen Tagen ganz alleine geschafft.«

»Und Ambras?« Ohne den Schlafenden aus den Augen zu lassen, begann Bering mit seinem Zeigefinger Linien, flache Bögen, auf den Boden zu zeichnen, setzte Bogen um Bogen in den Sand. – Ambras kannte diesen Sanitäter doch wohl auch? Dann würde er früher oder später, durch einen Funkspruch oder eine beiläufige Bemerkung des Sekretärs, auch erfahren, wie es um die Augen seines Leibwächters stand.

»Er kennt ihn nicht«, sagte Lily. »In Brand hat jeder seine eigenen Freunde … Und außerdem werden aus dem Großen Lazarett keine Funksprüche über Sehstörungen abgesetzt. Dort hat man schon schlimmere Übel behandelt.«

So abwesend, wie er sie gezeichnet hatte, löschte Bering seine Bögen wieder; wischte mit der flachen Hand über den Boden. Daß Lily so über seine Angst sprechen konnte. Aber er nickte. Er würde tun, wozu sie ihm riet. In das Hospital von Brand, das in den Kaffs am See auch im dritten Friedensjahrzehnt noch immer bloß *Das Große Lazarett* hieß, wurden nur Soldaten oder Günstlinge der Armee gebracht. Wer keinen Fürsprecher im Tiefland hatte und an einer

Krankheit litt, dem blieben nur die alten Rotkreuzbaracken von Moor oder Haag – wenn er nicht bei einer Salzsiederin in Eisenau Hilfe suchen wollte; die legte jedem Leidenden, der in ihre rußige Stube kam, die Hände auf die Stirn, murmelte dazu unverständliche Sprüche und schrieb ihm mit einem Vogelknochen, den sie in eine schwarze Brühe tunkte, heilsame Zeichen auf den Leib.

»Morgen sind wir in Brand«, sagte Lily. »Auf den Mann im Lazarett kannst du dich verlassen. – Oder wäre dir eine Wallfahrt zur Siederin nach Eisenau lieber?«

Bering hauchte auf seine kalten Finger und sprach mehr in die hohle Hand als zu Lily, als er sagte: »In Eisenau … war ich schon.«

Obwohl die Flammen Zunge um Zunge in die Glut zurückfielen, ließ Lily den Brennholzvorrat zu ihren Füßen unberührt. Das Feuer erlosch. Auch durch den Lichtschacht drang nur noch die Finsternis in ihre Höhle hinab. Die Schwärze, die sie schließlich umgab, war so undurchdringlich wie im Inneren eines Berges.

Die beiden saßen noch lange aufrecht in der Stille, aber sie ließen ihr Gespräch und ihre Geheimnisse auf sich beruhen und wünschten sich auch keine gute Nacht. Jeder auf seiner Seite der Asche, hörten sie, wie sich der andere zum Schlafen hinlegte und sich zurechtrückte auf dem rissigen Boden des Bunkers. Morgen würden sie in Brand sein. In Brand. Es sei denn, der Wind, der in den Schächten und unterirdischen Gängen des Forts orgelte, legte sich nicht wieder und staute mehr und mehr Wolken an den Mauern des Steinernen Meeres; Schneewolken. Im Tiefland war Sommer. Aber hier oben würde es vielleicht schneien in der Nacht.

Morgen im Tiefland. Bering sah die turmhohen Gittermasten von Starkstromleitungen in einen klaren Himmel ragen, sah die silbrigen Stränge einer Eisenbahn und einen Strom von Autos und Maschinen, der das flache Land bis an den Horizont durchzog. Der Himmel war mit den jagenden Mustern von Vogelschwärmen wie bestickt, war aber ohne einen einzigen blinden Fleck und das Licht so blendend, daß Bering seine Augen beschatten mußte – und spürte plötzlich Lilys Hände an seinen Schultern, ihren Atem an seinem Hals, einen warmen Hauch … aber nein, das alles träumte er schon.

25 Töten

Der Weg durch das Gebirge war von Muscheln übersät. Fünf Stunden zogen die Reisenden nach Brand am nächsten Morgen schon über ein zerklüftetes Hochplateau östlich des Reifpasses, und immer noch schimmerte das Perlmutt Tausender und Abertausender versteinerter Meeresmuscheln unter den Hufen ihrer Lasttiere.

In der Sprache der Schmuggler und Grenzgänger, die dieses baum- und strauchlose Plateau manchmal durchquerten, hießen die mit dem mondweißen Kalkfels verwachsenen Muscheln *Roßtritte*, weil sie an Größe und Form einem Hufabdruck glichen. Als Überreste eines prähistorischen Meeres lagen sie wie die mit Silber ausgegossenen Spuren einer riesigen, verschollenen Reiterarmee über mächtige Felsplatten und Geröllfelder verstreut. Lily hatte in den vergangenen Jahren manchmal besonders schöne Tritte aus dem Kalk geschlagen und im Tiefland gegen Mangelwaren getauscht. Jetzt führte sie ihr Maultier achtlos über das Perlmutt hinweg, und ihre Begleiter hatten Mühe, ihr zu folgen.

Entgegen den stürmischen Wetterzeichen der

vergangenen Nacht war der Tag mild geworden. Eine bernsteinfarbene Sonne verlieh selbst dem Geröll einen kostbaren Glanz. Der Wind hatte keinen Schnee gebracht, sondern nur die Wolken von den Bergen getrocknet und war noch vor Tagesanbruch abgeflaut. Hoch über den Reisenden, zwischen den Felstürmen und schwarzen Wänden des Steinernen Meeres, erschienen die Firnfelder und Gletscher jetzt wie ungeheure, über den Tiefen schwebende Mantelrochen, und der Himmel über den Eisfahnen der höchsten Gipfel war von einem so dunklen Blau, daß Bering darin manchmal Sternbilder zu sehen meinte.

Wenn Lily abstieg, um ihr Maultier behutsam an plötzlich aufklaffenden Felsspalten und Dolinenschächten entlangzuführen, und Bering ihrem Beispiel folgte, dann blieb der Krieger wie ein Feldherr über seinem Fußvolk hoch zu Roß: Festgebunden zwischen den von Lily vor Tagen im Fort zurückgelassenen Traglasten, die sie im Morgengrauen gemeinsam aus den getarnten Verstecken wieder hervorgeholt und auf die Packsättel geladen hatten, ritt der Alte nun selbst über die gefährlichsten Passagen ihres Weges hinweg und überließ sich schweigend oder in Selbstgespräche versunken dem Schaukeln seiner letzten Reise durch das Steinerne Meer.

Wie oft war er diesen Weg nach Brand vor dem Krieg gegangen und wie oft noch im ersten Kriegsjahr, hinauf zur Eisenarbeit an den Kasematten des Forts auf der Paßhöhe, bis ihn eine verhängnisvolle Kette von Befehlen immer weiter von seinem Haus und seinem Ort fortgezerrt und schließlich in die Wüsten Nordafrikas verschlagen hatte.

Auch wenn der Krieger längst alles vergessen hatte, was nicht zum Krieg gehörte, seinen Namen, sein Haus, selbst seinen Sohn, hätte er nun diesen Weg durch das Gebirge wohl auch allein und einem bloßen Instinkt folgend wiedergefunden und wäre imstande gewesen, auch ohne Hilfe, ebenso blind wie unbeirrbar, über den Reifpaß hinweg bis nach Brand hinunterzutappen …

Aber er saß verschnürt, mit Stricken festgebunden, selber nur noch eine Traglast, auf dem Pferd und wippte und schaukelte und neigte sich im unruhigen Gang des Tieres dem steinigen Grund entgegen und blieb doch in der Fessel seiner Stricke gefangen und konnte nicht fallen, selbst wenn eine Felsstufe das Tier auf die Hinterhand zwang. Er spürte die Kräfte, die von allen Seiten an ihm zerrten und zogen und ihn hinabstoßen wollten in die Tiefe, in die schwarzen Schächte hinab, die sich vor den Hufen auftaten und dann doch links und rechts von seinem Weg zurückblieben.

»Ich will absteigen«, sagte er. »Ich will hinunter. Ich will marschieren. Ich falle.«

»Du fällst nicht«, sagte Bering und hob den Kopf

zu seinem Vater und mußte im gleichen Augenblick die Augen schließen, so blendend war dieses bernsteinfarbene Licht. »Du fällst nicht. Du kannst nicht fallen.«

Beladen wie ein Häuflein Überlebender, das die letzten Reste und Habseligkeiten einer untergegangenen Karawane mit sich schleppt, zogen die Reisenden nach Brand über den Grund eines verdampften Meeres, dessen Seegraswiesen, Muschelbänke, Korallenriffe und Abgründe in einem Weltalter jenseits aller Menschenzeit von einer katastrophalen tektonischen Gewalt emporgehoben, den Wolken entgegengestemmt und im Verlauf von Äonen in die Gipfel und Eisfelder eines Gebirges verwandelt worden waren.

Wenn der Weg es erlaubte und Bering zu seinem Vater aufs Pferd stieg, sprach ihm der Alte wieder in den Rücken, verworrene Erinnerungen an die Wüste, unablässige, monotone Beschwörungen des Kriegs. Aber nun verbot er ihm das Reden nicht mehr, befahl ihm nichts mehr, ließ ihn reden und reden und hörte ihm manchmal sogar zu und lächelte, wenn der Alte von Kamelen sprach. Lily ritt ihnen schweigend voran.

Aber so strahlend und friedvoll das Steinerne Meer an diesem Tag auch schien – wenn Lily anhielt, um sonnenhelle Einöden durch ihr Fernglas nach Gefahren abzusuchen, dann sah Bering in ihrer lauernden, wachsamen Haltung doch nur ein Zeichen dafür, daß sie alle, jeder für sich, etwas Fremdes in diesen Frieden verschleppt hatten, etwas Unbegreifliches, den Keim eines Übels, das immer dort zum Ausbruch kam, wo Menschen allein waren mit sich und ihresgleichen:

In der fünften Stunde nach ihrem Aufbruch am Reifpaß, sie trabten eben in zügigem Tempo und dicht hintereinander über langgezogene, moosbewachsene Terrassen, die als grüne Streifen im Kalkweiß der Felsen lagen, zügelte Lily das Maultier so unvermutet und heftig, daß das Tier schnaubend hochstieg. Berings nachdrängendes Pferd warf den Kopf zur Seite und konnte nur mit Mühe ausweichen.

Die Moosterrassen führten tief in jenes Dolinenfeld, von dem Lily am Feuer der vergangenen Nacht erzählt hatte. Eine unter dem Rost nahezu unleserlich gewordene, an einen Felsblock geschlagene Eisentafel erinnerte daran, daß die Armee in den bodenlosen Schächten dieses Feldes die Leichen jener Flüchtlinge bestattet hatte, die hier in den letzten Kriegswochen vom Schnee überrascht worden und erfroren waren …

Aber es waren nicht diese gähnenden, für immer offenen Gräber, die Lily zu ihrem plötzlichen Halt gezwungen hatten, sondern der Blick in eine windgeschützte Senke, die am Rand des Dolinenfeldes lag. Dort, keine dreißig Meter von ihnen entfernt, kauerten zwei Gestalten. Kahlköpfe.

Sie waren offensichtlich damit beschäftigt, Feuer zu machen.

»Hier waren sie noch nie«, sagte Lily so leise, daß Bering kein Wort verstand. Er hatte die Kauernden noch in der jähen Ausweichbewegung seines Pferdes bemerkt und mit dem Ellbogen nach dem schwatzenden Vater gestoßen, um ihn zu warnen. Aber der Alte verstand diesen Stoß nicht und sah die Gestalten nicht und begann auf den Reiter zu schimpfen und verstummte erst, als Lily ihm jenes magische Wort zuflüsterte, dessen Bedeutung ein Krieger selbst in der größten Verwirrung begriff: Feinde!

Plötzlich saß der Alte hochaufgerichtet und ebenso starr auf dem schweißfeuchten Rücken des Pferdes wie der Reiter, an dem er sich immer noch festhielt. Für einen unbemerkten Rückzug aber war es zu spät. Die Kahlköpfe hatten sich ihnen im gleichen Augenblick zugewandt, in dem Lily sie flüsternd benannte.

Feinde. Sie haben einander noch nie gesehen und erkennen sich doch. Sie starren sich an. Sie greifen nach ihren Waffen wie Stürzende nach einem Halt: Lily nach ihrem Gewehr, die Kahlköpfe nach einer Axt, nach einem Stein für die Schleuder und nach einem Knüppel, an dessen Ende eine Sichelklinge blinkt.

Nur der an den Traglasten festgebundene Krieger sitzt mit bloßen Händen auf dem Pferd. Jetzt, endlich und zum erstenmal in seinem Leben, ist er ein Offizier, ein Oberst, ein General!, der keine Waffe braucht, sondern nur seine Hände von dem Reiter läßt: Der da, dieser Reiter, ist seine Waffe. Der hält seine Pistole schon in der Faust.

Eine Pistole aus dem Gürtel und ein Scharfschützengewehr aus der Tarnhülle eines zusammengerollten Regenmantels zu ziehen macht keinen großen Lärm – und auch eine Axt vom felsigen Boden aufzuheben oder ein Sichelmesser erzeugt an Geräuschen nicht viel mehr als ein kaum hörbares Klingen.

Aber wie still wird es zwischen den Feinden, wie totenstill, wenn auch dieses Klingen und Rascheln der Bewaffnung vorüber ist und nur noch das kahle Schlachtfeld zwischen ihnen liegt, eine von Dolinen durchlöcherte Senke aus Steinen und Moos.

Es ist still. Und plötzlich hat Bering wieder das Fauchen einer Stahlkette im Ohr, das Getrampel auf den Bohlen der Schmiede und hört auch das Gelächter eines Verfolgers wieder und sieht ein lachendes Gesicht, das im Mündungsblitz aufleuchtet und dann im Treppendunkel erlischt.

Jetzt hat er wieder einen Feind vor sich, und er richtet den Lauf der Pistole langsam und doch ohne zu zögern auf ihn. Diesmal ist es kein lachender

Feind, und er ist ihm auch nicht so nahe wie in jener Aprilnacht, so nahe wird er niemals wieder einen Feind an sich herankommen lassen … Und auch sonst ist nun nichts mehr, wie es damals auf dem Schmiedhügel war.

Denn was Bering gegen die Sonne erst allmählich und im Nachlassen der Blendung erkennt, versetzt ihn nicht mehr in Schrecken, sondern in Wut. Und die Wut treibt ihn nicht mehr zur Flucht und zur Notwehr, sondern zum Angriff.

Diese Schweine! Einer der beiden Kahlköpfe sieht aus wie ein Vogel, sieht aus, als trüge er ein weißbraunes Federkleid. Von seinen Schultern baumeln gefesselte Hühner – zu einer zuckenden Stola zusammengebundene, lebende Hühner! Die Krallen gefesselt, die Flügel gefesselt, pendeln sie an diesem ledernen Mann, und auch ihre Schnäbel müssen wohl zusammengebunden sein, denn die Vögel sind stumm: So tragen Hühnerdiebe ihre Beute und halten das Fleisch auf tagelangen Märschen durch die Einöde bis zur Schlachtung frisch. Hühnerdiebe!

Vielleicht wurde in irgendeinem abgelegenen Gehöft hoch über dem See ein Keuschler wegen dieser Hühner erschlagen und liegt nun schon seit Tagen vor einem leeren, windschiefen Stall. Für einen Augenblick denkt Bering auch an die Schmiedin, an ihre weiche Stimme, wenn sie vor das Hoftor trat und die Hühner aus dem Eisengarten zur Fütterung rief … Aber dann sieht er nur noch die gefesselten Vögel. Es ist dieser Anblick, der ihn rasend macht.

Er spürt die Fesseln wie an seinem eigenen Körper, spürt, wie das eigene, pendelnde Gewicht die dünnen Schnüre ins Fleisch schneiden läßt, und doch ist dieses Gewicht durch keinen Flügelschlag zu erleichtern. Die Flügel gefesselt oder gebrochen, die Schnäbel zusammengebunden! Er spürt auch den Schrei, der einen gewaltsam verschlossenen Rachen nicht verlassen kann und in die Lungen und bis in das Herz zurückschlägt und dort ebenso schmerzhaft wie unhörbar zerspringt. Geknebelte Vögel!

In den bläulichen, tätowierten Gesichtern der Feinde erkennt er jetzt nur noch ein einziges, in einer Aprilnacht erloschenes Gesicht – und in den Hühnern Gefährten, Vertraute aus seinem ersten, schwebenden Jahr in der Dunkelheit. Diese Hühner haben ihn damals besänftigt. Jetzt sind sie stumm. Ihre fragenden, glucksenden Stimmen haben ihn damals getröstet und begleitet bis in den Schlaf und sind ihm durch alle Jahre hindurch so nahe geblieben wie die eigene Stimme.

Diese Schweine! Jetzt reißt auch der zweite Kahlkopf ein verschnürtes Federn- und Krallenbündel vom Boden hoch, ein kleineres Bündel, es sind nur vier Hühner, und schlägt sich die Beute über die Schulter – und wendet sich ab. Wendet sich zur Flucht? Und dann, schwerfälliger und langsamer unter einer größeren Federnlast, beginnt auch sein Kumpan zu rennen.

Diese glatzköpfigen Säue laufen davon!

Nun hört Bering doch wieder ein Lachen; ein Kichern. Es ist Lily. Sie hat das Gewehr wie einen Waagebalken quer vor sich über den Sattel gelegt und kichert und winkt den Flüchtenden kichernd nach. Sie hat längst begriffen, daß diese beiden Glatzen ihre Waffen nicht zum Kämpfen, sondern zur Flucht aufgehoben haben und allein und ohne die Übermacht einer Horde in dieser Einöde sind. Vermutlich sind es nicht einmal Kundschafter – Kundschafter beschweren sich nicht mit Beute –, sondern selber nur Versprengte; Ausgestoßene, die den Kodex irgendeiner Totschlägerbande verletzt haben. An der plötzlichen Erscheinung der Reiter haben die beiden wohl vor allem den matten Glanz von Schußwaffen gesehen, und aus überstandenen Kämpfen gegen die Armee müssen sie wissen, daß alles, was sie jetzt noch gewinnen können, nur das eigene Leben ist. Um dieses Leben rennen sie. Und wie sie rennen! Die Hühner tanzen auf ihren Schultern und Rücken, schlagen gegen schwarzes, rissiges Leder. Verlorene Daunen trudeln durch den Bernstein der Luft.

In Lilys Kichern ist kein Triumph, nur Erleichterung. Ohne daß auch nur ein Warnschuß gefallen wäre, sieht sie die gleiche Angst und die gleichen Fliehkräfte wirksam werden, die sie sonst nur auf ihren Jagdzügen, durch das Zielfernrohr – und nur nach einem tödlichen Schuß sah.

Aber gerade in diesem wunderbaren Augenblick eines spielerischen, federleichten Sieges entgleitet ihr das Gewehr, und noch ehe sie zupacken und den Lauf festhalten kann, hat sie ihre Waffe verloren. Sie war vom lächerlichen Anblick der Flüchtenden, die unter ihrer Last wie zwei Legehennen dahinstolperten, so begeistert, daß sie kaum wahrnahm, wie Bering, tief in einer Wut, von der sie ebensowenig bemerkt hat, vom Pferd sprang.

Bering will – er kann die Hühnerdiebe nicht entkommen lassen. Ihm ist schon einmal ein Kahlkopf ins Dunkel davon, eine gaffende Fratze, die ihm dann in den Nächten wieder erschien. Er will die Erscheinung für immer löschen. Er will auch die Hühner flattern sehen und ihre Stimmen hören und sieht die Entfernung zwischen sich und seinen Feinden Schritt für Schritt wachsen und weiß, daß eine Pistole nicht mehr ausreicht, um seinen Haß bis ins Ziel zu tragen.

Wenn er die Fratze löschen will, braucht er ein Gewehr. Lilys Gewehr.

Mit zwei Sprüngen ist er an ihrem Maultier, greift ohne ein Wort nach der Waffe, reißt das Gewehr an sich und verfolgt die Fliehenden schon durch das Zielfernrohr, noch ehe Lily ihre ins Leere fassende Hand wieder sinken läßt.

Sie läßt ihre Hand sinken. Sitzt reglos im Sattel. Soll sie glauben, was sie sieht? – Bering läuft zu einem Felsblock, einer Zinne, einer bemoosten Auflage für das Gewehr, fällt dort auf die Knie, bettet den Lauf in einen Moospolster und schlägt die Kahlköpfe ins Fadenkreuz: So entschlossen und unbeirrbar zum Töten bereit – so liegt doch sie auf ihren Jagdzügen auf der Lauer. Dieser Scharfschütze dort, das ist sie. Und es ist ihr Gewehr, das auf flüchtende Hühnerdiebe angelegt wird.

Lily kennt das zitternde Bild, das dem Scharfschützen durch die Linsen des Zielfernrohrs erscheint. Es ist, als ob Bering durch diese Linsen nur Bilder aus ihrem eigenen Kopf betrachtete, ihr Geheimnis betrachtete, Erinnerungen an das ahnungslose, lächerliche Dahinstolpern eines Opfers, das nichts vom Stigma des Fadenkreuzes weiß, das es auf seiner Stirn, seiner Brust, seinem Rücken trägt. Dort, genau in der Schußlinie, rennt ein mit Hühnern behängter Kahlkopf und glaubt sich schon beinahe entkommen, beinahe in Sicherheit – dabei strampelt er nur in einem Laufrad dahin, das sich keinem anderen Ziel mehr entgegendreht als dem Tod.

Lily erträgt diesen Anblick nicht mehr. *Bist du verrückt*, will sie dem Scharfschützen zurufen, *die sind doch harmlos, die laufen doch schon, die laufen weg, laß sie doch laufen!* Aber ihre Kraft und ihre Stimme sind in diesem Abbild eines Jägers eingeschlossen, in ihrem eigenen Abbild. Und dieses Bild ist stumm und taub gegen alles, was nicht zum Töten gehört.

Ein Jäger? Das ist kein Jäger. Das ist ein Totschläger, ein Mörder, nicht besser als seine tätowierten Feinde, auf die er

jetzt

schießt.

Das Krachen reißt Lily aus ihrer Erstarrung. Wie der Widerhall jener Schüsse, die sie selber vor Monaten, vor Jahren, abgefeuert hat, schlägt dieses entsetzliche Krachen aus dem Gebirge zurück.

Lily hält sich die Ohren zu und hört dennoch nicht nur eine schnelle Abfolge von Schüssen, sondern dazwischen auch das metallische Repetiergeräusch und dann selbst den hellen, fast fröhlichen Ton, mit dem ausgeworfene Patronenhülsen über den Kalkstein davonklingeln. Der Lärm des Tötens durchdringt ihre gegen die Ohren gepreßten Handflächen. Jetzt springt auch sie aus dem Sattel.

Bering hat noch nie ein Waffe wie diese in den Händen gehalten und bedient ihre Mechanik doch so selbstverständlich, als hantierte er an irgendeinem altvertrauten Werkstück der Schmiede oder am Schaltknüppel eines Wracks aus dem eisernen Garten: Er schießt, schlägt den Repetierhebel hoch, reißt ihn zurück, läßt die leere Geschoßhülse aus der Kammer schnellen, schlägt den Hebel wieder nach vorn und nach unten und hat am Ende dieser fließenden Bewegung den Finger schon wieder am Abzug. Er feuert. Lädt nach. Feuert.

Das Stakkato der Schüsse krepiert in seinem Gehör und versetzt ihn jenseits eines stechenden Schmerzes in eine Taubheit, in der es keine Stimmen und keinen Schmerz und keine Klänge mehr gibt, sondern nur noch einen einzigen, anhaltenden, singenden Ton tief in seinem Kopf.

Fünfmal schießt er – und schießt nicht nur auf seine Feinde, sondern mit größerem Haß auf jenen dunklen, gaukelnden Fleck, auf das Loch in seiner Welt, in dem die kleiner und kleiner werdenden Gestalten im Fadenkreuz schon beinah verschwunden sind.

Der erste Schuß schlägt in den Stein. Die Hühnerdiebe, jetzt in Panik, hetzen weiter. Auch die beiden nächsten Schüsse sprengen nur Kalksplitter und Perlmutt von ihrem Fluchtweg.

Erst nach dem vierten Schuß – oder war es der fünfte? Sie fallen so dicht aufeinander, daß nicht mehr zu sagen ist, welcher getroffen hat – reißt einer der Fliehenden, es ist der mit der größeren Federnlast, die Arme hoch, als wollte er auffliegen.

Aber er fliegt nicht. Er stürzt. Umstoben von einer Wolke aus Federn und Daunen stürzt er und schlägt mit weit ausgebreiteten, flatternden Armen auf den felsigen Grund.

Bering, das Auge unverwandt am Zielfernrohr, ist ganz nah an seinem Opfer – und sieht Ambras. Während der zweite Feind stumm und in Todesangst weiter und weiter rennt und in die Wildnis entkommt, denkt Bering an Ambras. Ob Ambras wohl an der Stelle des Getroffenen dort seine Arme ebenso hoch über den Kopf erhoben hätte? Ob ihn der Schuß befreit hätte von seinem Gebrechen? Für immer befreit.

Jetzt, wo er endlich getroffen hat, denkt der Leibwächter an seinen Herrn. An seine Feinde denkt er nicht mehr. Denn jetzt ist Lily bei ihm. Sie faßt ihm von hinten ins Haar, reißt ihn an den Haaren aus seiner Taubheit, schlägt ihm das Gewehr aus der Hand und schreit *aufhören, hör auf, du Arschloch, hör endlich auf!*

Dieses empörte Schreien, das doch nichts mehr aufhalten und nichts mehr retten kann, ist alles, was der Getroffene noch aus seiner Welt hört, ein Zeichen der Wut, von dem er wohl glaubt, es gelte ihm, ihm allein: Denn während die letzten der vom Schuß hochgepeitschten Daunen auf ihn herabschneien, während ihm die Augen starr werden, um für immer offenzubleiben, wendet er sein Gesicht, seinen Blick, langsam, unendlich langsam, dieser fernen, schreienden Frau zu.

Aber weder die Frau noch der Scharfschütze, der von einem Felsblock verdeckt und unsichtbar für den Getroffenen neben ihr kniet, bemerken etwas von seiner unsäglichen Anstrengung. Die haben nur Augen füreinander. Die starren sich an. Die hassen sich. Die trennen sich in diesem Augenblick für immer voneinander, so wie auch er, der Kahlkopf, der Hühnerdieb, der sterbende Vogelmensch, sich jetzt von ihnen und allem trennen muß.

26 Das Licht von Nagoya

Lichter, unzählige Lichter: Scheinwerferkegel, die aneinander vorüberglitten oder sich kreuzten; Lichtfinger, die in die Nacht griffen, darin versanken und an einer anderen Stelle der Finsternis wieder auftauchten. Signalfeuer in Rot. Blinklichter. Zeilen, Blöcke und schwebende Muster aus erleuchteten Fenstern; Funkenschwärme! Lichtdurchschossene Türme und Paläste – oder waren das Hochhäuser? Kasernen? Schnittmusterbögen aus Licht: die ins Endlose gespannten Leuchtspuren nächtlicher Straßen und Alleen; funkenbestickte Landebahnen, Spiralnebel. Fließende Lichter, springende, flackernde, sanft glühende und blau strahlende Lichter, verschlungene Lichtergirlanden und Lichter, so still und kaum merklich pulsierend wie die durch thermische Wirbel und Strömungen glitzernden Sternbilder dieser Sommernacht:

Das erste, was die Reisenden nach Brand vom Tiefland sahen, war ein Chaos aus Licht. Bering spürte, wie sich seine Wut auf Lily und die gespannte Wachsamkeit, mit der er den ganzen Tag lang Ausschau gehalten hatte nach dem entkommenen Kahlkopf oder nach einer rachgierigen Horde, in Erleichterung, ja Begeisterung verwandelten. Das Dolinenfeld, das ihm den ganzen Ritt über so nah geblieben war, als trottete sein Pferd auf der Stelle, lag plötzlich unendlich weit zurück, war so fern wie Moor, wie das Hundehaus; war so fern wie alles, woher er kam. Dort unten lag Brand.

Endlich in Brand.

Lily hatte auf dem ganzen Weg vom Dolinenfeld nur ein einziges Mal an den Kaskaden eines Sturzbachs haltgemacht, um das Maultier zu tränken: Wenn der entkommene Kahlkopf doch ein Kundschafter gewesen war, dann mußten sie das Tiefland noch heute erreichen. Also waren sie bis in die Nacht geritten, über kahle Ausläufer des Steinernen Meeres, sanft abfallende Höhenrücken, schließlich eine steile, in Serpentinen gewundene Straße den Lichtern von Brand entgegen. Die Straße war gut.

Sie hatten eben einen unbesetzten Kontrollposten erreicht, passierten ein finsteres, mit Sandsäcken bewehrtes Wachhaus und einen offenstehenden Schlagbaum, als aus der funkelnden Tiefe, zuerst nur vereinzelt, dann aber in rasend zunehmender Dichte, Feuergarben aufstiegen, jaulende Glutbälle. Lily hatte das Maultier fest im Griff, aber Berings Pferd war kaum zu halten: Als ob es immer nur dort Schutz suchen wollte, wohin das Maultier seine Hufe setzte, drängte es an die Vorreiterin heran.

»Wird dort gekämpft …?« sagte Bering wie zu sich selbst und tätschelte das Pferd beruhigend am Hals. »Dort wird gekämpft.«

»Gekämpft?« Ohne ihren Blick von den Lichtern zu wenden, drehte Lily an den Knöpfen ihres Transistorradios. Die prasselnden Störgeräusche aus dem Radio wurden nicht schwächer. »Dort wird nicht gekämpft. Dort wird gefeiert.« Wie anders und fremd ihre Stimme nach so vielen Stunden des Schweigens klang.

Schweigend alle drei, auch der Krieger war über den Schüssen im Dolinenfeld wie für immer verstummt, waren sie durch den Nachmittag geritten, durch den Abend, durch die Nacht und hatten den Rand des Gebirges schweigend erreicht und hatten selbst beim ersten, wunderbaren Anblick des Tieflands geschwiegen, das am Ausgang eines Hochtales plötzlich unter ihnen lag. Geschwiegen, obwohl die Lichtwellen zu ihnen in die Finsternis hochschlugen, als stünden sie auf Klippen über einer lautlosen Brandung.

»Gefeiert?« fragte Bering. »Was wird gefeiert?« Das Krachen der Feuergarben klang nicht viel anders als die Schüsse im Dolinenfeld. Das sollte der Lärm eines Festes sein? Dann war vielleicht auch ein Fest gewesen, was zwischen den Dolinen geschehen war? Ein Fest der Sieg über einen kahlgeschorenen Hühnerdieb?

Während Lily ihn dort oben als einen Mörder beschimpft hatte, einen schießwütigen Idioten, für den ein Hammer doch die bessere Waffe gewesen wäre, hatte er dem toten Kahlkopf schweigend das Messer aus dem Gürtel gezogen und die blutbefleckten Hühner Schnur für Schnur, Knoten für Knoten, losgeschnitten von ihrem Peiniger.

Ich habe dieses Schwein getötet, ich.

In seiner Erinnerung schleift und zerrt und wälzt er den Leichnam noch einmal bis an den Rand eines der klaffenden Felsenlöcher und stößt ihn hinab und empfindet bei allem nichts als den Ekel vor einer großen, von Federn verklebten Schußwunde am Hals des Toten. Wie schwer ein lebloser Körper ist: Klatschend und dann wie ein Stück nasses Holz schlägt er auf seinem Sturz in die Finsternis gegen Felsvorsprünge, gegen die Wände des Schachtes und wirft das häßliche Geräusch seines Falls noch aus der Unsichtbarkeit zurück an die Oberwelt. *Ich habe dieses Schwein besiegt.*

Und dann, während die befreiten Vögel mit gebrochenen Flügeln und zerschundenen Krallen in den Karst davontorkeln, als äfften sie die Flucht ihrer Peiniger nach, führt er, der Sieger, das Pferd auf das Schlachtfeld zurück; es ist mitsamt dem festgebundenen Vater im Stakkato der Schüsse in Panik davongesprungen, um irgendwo in der steinigen Ferne Flechten und Moos von den Felsen zu rupfen. Wie schief und wie stumm der Vater in seinen Fesseln auf dem Pferd sitzt, stumm, als hätten ihn die Schüsse endlich zurückgeschlagen in die Wirklichkeit und an eine Front, an der nicht nur der Kriegslärm, sondern auch seine und alle Stimmen für immer verhallt sind.

Und als der Sieger, das Pferd am Zügel, das Schlachtfeld wieder erreicht, sieht er Lily am Rand der Finsternis stehen, am bodenlosen Grab seines Feindes. Sie hat das Gewehr aufgehoben. Sie hält ihr Gewehr in der Hand. Und dann streckt sie diese Hand langsam und weit von sich – und läßt die Waffe in die Tiefe fallen, nein, schleudert die Waffe hinab! Das Klirren, Splittern und Schlagen dringt länger aus dem Dunkel herauf als zuvor das Fallen des Leichnams. Dann steigt sie auf das Maultier, ohne sich noch einmal nach ihm umzusehen. Aber er kann ihr nicht gleich folgen. Er muß, er muß noch einmal an den Schlund treten, an das Grab, an das Felsenloch, weil er es nicht erträgt, den Kadaver jenes Huhns unter freiem Himmel liegen zu lassen, durch dessen Flügel und Brust die Kugel in den Hals des Feindes geschlagen ist.

Er kämpft gegen die Übelkeit, als er den zerrissenen Kadaver aufhebt und zu seinem toten Feind hinabwirft. Es ist die alte Übelkeit, die ihn immer befallen hat, wenn die Schmiedin einem geschlachteten Huhn über einem Eimer voll Brühwasser die Federn vom Leib riß. Lautlos verschwindet der Vogel in der

Tiefe. Und als der Sieger dann endlich wieder zu seinem stummen Vater aufs Pferd steigt, bleiben auf dem Schlachtfeld nur Daunen und Federn zurück und eine verworrene, am Rand des Schlundes endende Spur aus ineinandergeronnenem Menschen- und Vogelblut, ein versickerndes Wegzeichen in den Abgrund.

»Was wird dort unten gefeiert? Was ist das für ein Fest?« fragte Bering noch einmal – ins Leere. Lily war ihm nach einem leichten Fersenschlag gegen die Flanken ihres Maultiers schon wieder weit voran.

So entfernt, so uneinholbar, war sie ihm den ganzen Weg vom Dolinenfeld bis zu den Lichtern von Brand vorangeritten, und manchmal war das von Störgeräuschen zerhackte Gedudel ihres Radios das einzige Zeichen, dem er durch ein Labyrinth aus Kriechföhren, Felsen und Krüppelkiefern und schließlich durch die Dunkelheit folgte. Wenn er Lily aus den Augen verlor, hielt er inne und horchte in die Wildnis. Dann wiesen ihm verwehende Fetzen von Schlagern, auch Werbebotschaften und immer wieder die Stimmen von Nachrichtensprechern den Weg. An den kurzen Intervallen dieser Meldungen und an der aufgeregten Tonlage der Stimmen meinte er zu erkennen, daß es Nachrichten von einer Sensation oder einer Katastrophe sein mußten, die von Kurz- und Mittelwellensendern bis in die Stille des Steinernen Meeres geplärrt wurden. Zweimal hatte er versucht, näher an Lily heranzukommen, näher an diese aufgeregten Stimmen. Aber Lily hielt ihren Abstand.

Japan … victory in the Pacific … theater of war on Honshu island … impenetrable cloud of dust hides Nagoya after single bomb strikes … nuclear warhead … flash is seen hundred and seventy miles away from Nagoya … Japanese emperor aboard the battleship USS Missouri … unconditional surrender … smoke seethes fourty thousand feet …

Nagoya. Honshu. Der Krieg in Japan … Was Bering auf die Entfernung vom Inhalt der Nachrichten eher ahnte als verstand, war nicht viel mehr, als daß wohl wieder einmal von jenem Krieg in Asien die Rede war, dessen Schrecken er mit den Bildern von anderen Kriegen und anderen Kämpfen im Irgendwo schon seit seinen Schuljahren über die Bildschirme der Sekretariate von Moor und Haag flackern sah. Auch das Fernsehgerät in der geplünderten Bibliothek der Villa Flora, das so oft nur schlafende Hunde beschien, erleuchtete die Nächte stundenlang mit Bildern vom Krieg. Ein Dschungelkrieg. Ein Krieg im Gebirge. Krieg im Bambuswald und Krieg im Packeis. Wüstenkriege. Vergessene Kriege. Ein Krieg in Japan; einer von vielen: Alle diese Frontberichte endeten ja doch immer mit dem Hinweis auf die Segnungen des Friedens von Oranienburg, die den Besiegten durch die Güte und Weisheit des großen

Lyndon Porter Stellamour beschieden worden waren. Nein, solche Berichte und Verkündigungen rührten keinen mehr in Moor. Warum verfolgte Lily dieses Armeegeplärre seit Stunden?

... hamessing of the basic power of the unverse ... atomic bomb ..., plärrte die Stimme ... *the force from which the sun draws its powers has been loosed against those who brought war to the Far East ... surrender ... unconditional surrender ...*

Aber Bering verstand von der Sprache der Sieger auch im dritten Friedensjahrzehnt nicht viel mehr als einige Befehle und Brocken aus den Songs von Armybands, und so ritt er unter den Flammensträußen eines Feuerwerks begeistert auf das erleuchtete, strahlende Brand zu und begriff nicht, daß in den Tagen seiner Reise durch das Steinerne Meer auf einer Insel namens Honshu die Welt untergegangen war.

Nagoya. Ganz allein mit dem Schrecken, für den dieser Name nach den neuesten Nachrichten stand, blieb Lily ihren Begleitern weit voran: Jedem Orkan seinen Namen, plärrte ihr die Stimme aus dem Radio zu – Nagoya werde von nun an der Name für den größten Feuersturm der Kriegsgeschichte sein. Der Kaiser von Japan habe seinen Palast verlassen. Begleitet von seinen geschlagenen Generälen sei er an Bord des Schlachtschiffes USS Missouri gekommen. Dort habe er sich lange und stumm verbeugt und dann die bedingungslose Kapitulation unterzeichnet. Nach mehr als zwanzig Kriegsjahren die bedingungslose Kapitulation!

Während das Maultier über eine von Peitschenlampen erhellte Stahlbrücke den ersten Häusern von Brand entgegentrottete, wurde der Radioempfang so klar, daß Lily die Lautstärke zurücknahm. Die Sendestationen der Armee wiederholten zwischen den Meldungen von der japanischen Kapitulation und Auszügen aus bellenden Reden nicht nur Märsche und Hymnen, sondern vor allem und seit Stunden einen Gassenhauer: *Lay that pistol down, babe, lay that pistol down …*

Am Ende der Brücke ragten von farbigen Neonschriften umflossene Lagerhallen auf, davor standen Lastwagen in langen Reihen. Lily brachte das Maultier vor einem mit Kabelrollen beladenen Wagenzug zum Stehen und wandte sich zum erstenmal seit langem nach ihren Begleitern um. Sie waren weit zurück, noch jenseits des Flusses, der den Lichtschein der Brücke schwarz durchrauschte. Bering sah, daß Lily hielt. Er winkte. Lily gab ihm kein Zeichen, aber sie wartete. Jetzt, endlich, wartete sie auf ihn.

Autos! *Trucks!* Bering hatte noch nie eine solche Zahl von Lastwagen gesehen. Als ob diese schimmernde Reihe von Wagenzügen, Kipplastern und Sattelschleppern allein zu Ehren seiner Ankunft im Tiefland entlang der Lagerhallen aufgestellt worden wäre, ritt er über die Brücke und auf den Fuhrpark zu und widerstand der Versuchung, abzusteigen und Maschine für Maschine zu begutachten.

Dem Vater war der Anblick dieser Fahrzeuge ebenso gleichgültig wie das Feuerwerk und das Fest, dessen Lärm bis an den Fluß drang. Aus dem Lichtschein jenseits der Lagerhallen war jetzt deutlich Marschmusik zu hören; ein Leuchtspurgeschoß stieg heulend über die Wellblechdächer empor, aber der Alte fragte nicht, sagte kein Wort und hielt sich auch nicht mehr fest an seinem Sohn, sondern saß mit hängenden Armen auf dem Pferd, ein müder, unendlich müder Reiter. Nur einmal hob er den Kopf, als durch allen Festlärm plötzlich der Klang von Eisen zu hören war, das Krachen von Waggons, die verschoben wurden und aneinanderschlugen, das Klirren der Weichen; kreischende Bremsschuhe. Und dann, wie eine Erscheinung aus einer vergessenen Zeit, stampfte eine Lokomotive an den Hallen vorüber und verschwand so schnell in der Dunkelheit, daß selbst Bering einen Augenblick lang an eine Täuschung glaubte. Dabei gab es keinen Zweifel. Zwischen den Hallen verliefen blanke Geleise. Hinter diesen Hallen lag der Bahnhof von Brand. Von Brand rollten Züge in die Welt.

Lily nickte nur achtlos, als Bering *die Eisenbahn?* fragte, wie einer, der ein neues Wort auszusprechen lernt. Sie zeigte ins Dunkel, in dem die Lokomotive verschwunden war: *Los! Die Böschung hinunter, dann über den Damm …* Sie kannte eine Abkürzung, die zwischen Abstellgeleisen, rostigen Güterwaggons und Stellwerken ins Innere der Stadt führte, zur Kaserne, zum Großen Lazarett. Obwohl in ihrer Stimme nichts mehr von jenem Haß und jener Verachtung zu spüren war, die sie Bering im Dolinenfeld gezeigt hatte, sprach sie nur noch in Anweisungen, ja Befehlen: Los. Halt. Weiter …

Bevor die Reiter sich aus dem menschenleeren Bahnhofsgelände hinauswagten in das triumphierende Brand, ließ Lily Berings Pferd noch einmal ganz dicht an ihr Maultier herankommen: Halt. Dort vorne, unter dieser Verladerampe, sollte Bering seine Waffe zurücklassen. Dort lag unter einer mit Kohlenstaub getarnten eisernen Klappe ein Versteck, das sie schon oft für solche Zwecke benützt hatte. Wenn eine Militärstreife bei einem Zivilisten eine Waffe fand, nützten ihm ein Passierschein des Moorer Sekretariats und auch ein Schutzbrief des Hundekönigs nicht viel. Brand war nicht Moor. In Brand gab es keine Könige. In Brand herrschte die Armee. Hier hatten die Wände Augen.

Noch eine Waffe fortwerfen? Die kostbare Pistole Major Elliots, die Pistole des Hundekönigs, seine Pistole, in einem rußigen Loch unter dem Bahndamm vergraben? Das wollte der Leibwächter nicht. Selbst wenn Lily ihn für immer haßte und der Hundekönig ihn nicht mehr brauchte und es nichts mehr zu schützen und nichts mehr zu retten gab als den eigenen Körper, würde er sich dieser Welt niemals wieder unbewaffnet ausliefern; niemals. Er trug die Waffe gut verborgen. Sie war das Geheimnis seiner neuen, überlegenen Stärke: Er konnte angreifen und nicht bloß flüchten und nicht bloß verteidigen. Er konnte verwunden. Er konnte lähmen. Er konnte töten. Nein, er ritt bewaffnet bis ins Große Lazarett und selbst ins Hauptquartier der Armee. Und welche Militärstreife würde sich denn in einer Nacht wie dieser um einen Reiter kümmern, der mit schwerem Gepäck und einem zusammengesunkenen Alten auf einem Ackergaul saß? Brand feierte. Und solche armseligen Reiter gab es doch viele.

Viele? Lily wies mit einer flüchtigen Geste auf die Schienenstränge und auf den Fuhrpark zurück. Geritten werde nur dort viel, wo es keine Schienen, keine Straßen, keine Fahrzeuge gab. Brand war nicht Moor … Bering wollte trotzdem keinen Tag mehr ohne seine Waffe sein? Gut. *Weiter.* Sie hatte ihn gewarnt.

Der Weg zum Großen Lazarett war wie ein Ritt durch ein triumphierendes Heerlager. Auf den großen Plätzen der Stadt loderten offene Feuer, über denen sich mit Geflügel bestückte Bratspieße drehten. In den Kesseln der Feldküchen, die von Zivilisten und Soldaten umdrängt wurden, dampften scharf gewürzte Suppen und Punsch. Vor dem Haupttor der

Stellamourkaserne, hieß es im Gedränge an den Kesseln, werde sogar Leichtbier in Dosen verteilt.

Auf diesen Plätzen, in diesen Gassen, war jeder ein Sieger. Manche von ihnen boten den Reitern aus Moor ein Glas Schnaps oder Punsch an und schrien ihnen Scherze nach und tranken auf das Wohl des armen Maultiers, das ein so prüdes Mädchen tragen mußte, wenn Lily ihre Einladungen ausschlug. *Weiter.* Bering verstand, daß diese Schreier Lily beleidigten, aber er tat nichts von dem, was er in Moor in solchen Augenblicken getan hätte. Er stand Lily nicht bei. Er drohte den Schreiern nicht. Er ritt an ihnen vorüber, als folgte er bloß irgendeiner Frau, irgendeiner ortskundigen Fremden, die ihm den Weg zeigte.

Im Gedränge dieses Volksfestes wäre ein Bewaffneter wohl selbst dann nicht aufgefallen, wenn er seine Pistole nicht so gut verborgen bei sich getragen hätte wie der Leibwächter des Hundekönigs. Lily hatte sich getäuscht: Es gab hier noch andere Reiter. Nicht allein berittene Militärpolizei, vor der sich die Menge zerteilte, ohne deswegen im Trinken, Reden und Lachen innezuhalten, sondern auch einen ganzen Reiterzug, eine Karawane!, deren Pferde, Esel und Maultiere nicht anders und kaum weniger beladen waren als die Tiere der Ankömmlinge aus Moor. Waren das Flüchtlinge?

Über dem Glanz der Stadt verlor Bering die Reiter rasch wieder aus den Augen. *Brand*, das war eine jagende Folge von Bildern: Auch wenn das Feuerwerk nun erlosch und nur noch vereinzelte Leuchtspurgeschosse über die Dächer emporstiegen, blieben doch alle Straßenzüge, die Häuser und Plätze, taghell erleuchtet. Neonschriften flossen weiter, Ampeln pendelten über den Straßenkreuzungen, blinkende Farbenspiele über dem Gedränge, in dem auch mit Flaggen geschmückte Jeeps und Limousinen dahintrieben, hupende Kähne in einem trägen Fluß aus Köpfen, Schultern, Gesichtern. Und die Peitschenlampen einer Allee erhellten selbst Baumkronen, in denen nur schlafende Tauben saßen und jeder Lichtschein vergeudet war. Elektrisches Licht überall!

Brand verpraßte sein Licht so verschwenderisch, daß sich davon selbst die Flecken und Löcher in Berings Blick aufzuhellen und in bloße Trübungen zu verwandeln schienen, die vom Tiefdunklen ins Graue spielten und an ihren Rändern schon durchsichtig wurden. In Brand erstrahlte selbst eine Tankstelle wie ein Heiligtum, und aller Reichtum und Überfluß des Tieflands lag in Schaufenstern ausgestellt oder im Scheinwerferlicht: hier ein erleuchteter Springbrunnen, eine lichtsprühende Wasserkunst, dort eine von Neonstrichen schraffierte Fassade und mit Blinklichtern besetzte Antennenbäume … Und im bühnengroßen Schaufenster eines Kaufhauses, zwischen nie gesehenen, zu Pyramiden gehäuften

Früchten, Modellpuppen in glänzenden Pyjamas, Schuhen in allen Farben, Pralinenschachteln und versilberten Armaturen, erhob sich eine Mauer aus Licht aus dem Chaos des Angebots, ein flimmernder Wall, der ausschließlich aus Fernsehschirmen bestand! Eine Wand aus leuchtenden Bildern.

Weiter!

Nein, jetzt mußte Bering halten. Er stieß den Vater an. *Schau.* Aber der Alte war zu erschöpft. Der hob nicht einmal mehr den Kopf. Der hörte ihn nicht.

Schau. Auf allen Bildschirmen dieser Wand, das mußten dreißig oder mehr sein, war eine festliche Stadt zu sehen: die Häuser beflaggt. Die Straßen und Gassen mit Lampions geschmückt. Pagoden. Gärten. Hölzerne Tempel. Dann Menschen an Fließbändern. Menschen in riesigen Maschinenhallen. Fabriken. Ein Hafen: Kräne. Silos. Ein Leuchtturm. Schlachtschiffe. Wellenbrecher. Davor die Kämme der Brandung.

Aus einer Batterie Lautsprecher am Rand des Schaufensters plärrte die gleiche Stimme, die Bering schon aus Lilys Radio gehört hatte, Nagoya und Japan und andere Namen über die Köpfe eines lärmenden Publikums hinweg, das sich von diesem Geplärr und den Bildern angelockt nach und nach vor dem Fenster versammelte.

Weiter.

Und plötzlich verschwanden die festliche Stadt

und ihr Hafen unter einer Sonne, die auf- und in einer Wolkensäule gleich wieder unterging, in einem ungeheuren Pilz unterging, der sich aus der Tiefe der Erde in den Himmel entrollte, den Himmel zerriß und hinauszuragen schien bis in die Schwärze des Alls … Die Wand verdunkelte sich und zeigte, als sie wieder aufflackerte, das Meer in Flammen, eine Küste aus Kohle: schwelende Baumstrünke, dahinter keine Ruinen, nur Grundmauern, Fundamente bis an den Horizont. Schwarze Kranarme, die verlorenen Schaufeln eines Windrades oder einer Turbine, eine Statue – metallener Gott oder Feldherr – halb in den schwarzen Schutt geschmolzen, zerronnen. Nirgendwo Menschen.

Und dann, beklatscht vom Publikum vor dem Schaufenster, das so tat, als wäre es mit diesen Bildern längst vertraut, stieg ein kleiner, krummer Mann im schwarzen Frack die Gangway eines Schiffes hoch, nahm von ordensgeschmückten Militärs umringt an einem Kartentisch Platz und schrieb etwas in ein Buch. Das Publikum johlte. Dann erlosch der krumme Mann im Frack, und zur Hymne Amerikas flammte noch einmal das Licht von Nagoya auf, ein Blitz, der zum Stern wurde und der Stern zu einer chromweißen Nova, die auf dem Höhepunkt ihrer Blendkraft zu einem Standbild gefror.

Weiter. Bering konnte sich kaum losreißen von diesem Licht, das selbst die Löcher in seinem Blick durchdrang und erhellte. Ihm war, als starrte er in den Lichtbogen des Schweißgerätes der Schmiede, in eine grelle, schmerzhafte Helligkeit, die ihn die Umrisse eines Werkstücks oder seiner Hand selbst durch die geschlossenen Augenlider erkennen ließ. Erst als sich das Bild der krepierenden Sonne in einen bloßen Hintergrund verwandelte, in die Kulisse für einen uniformierten Sprecher, der Nachrichten in der Sprache der Sieger verlas, wandte er sich ab und suchte Lily und sah sie weit voran, schon beinahe am Ende der Straße, sah sie vor einer erleuchteten Einfahrt, über der ein rotes Neonkreuz prangte. Das Große Lazarett. Sie waren am Ziel.

Die Menge vor dem Schaufenster begann sich zu zerstreuen. Der Sprecher verlas Namen und Zahlen, die in Brand offensichtlich keine Neuigkeiten mehr waren: Die Sprengkraft der Bombe in Megatonnen. Die geschätzte Zahl der Toten. Die Zahl der zerstäubten Häuser. Die Temperatur der verkohlten Erde … Alles nichts Neues.

Nur er, der ahnungslose Reiter, das rote Neonkreuz vor sich und die flackernde Wand aus dem Schaufenster schon in seinem Rücken, begann erst allmählich und langsam zu begreifen und fragte aus dem Sattel herab einen Losverkäufer, der ihm im Weg stand, nach dem chromweißen Licht und nach dieser Stadt und nach Namen, die er kaum auszusprechen vermochte.

Na..go..ya? Der Losverkäufer nahm sich nicht viel Zeit für einen Zigeuner oder einen Stallburschen oder Reitknecht oder was immer der war, und er schien auch dessen Fragen nicht zu verstehen. Nagoya? Das wußte doch jeder. In welchem Loch hatte der die vergangenen Tage verbracht? Oder hatte der keine Ohren? Keine Augen? Die Bombe. Vor zwei Tagen. Der Kaiser. Die Kapitulation!

Der Losverkäufer warf dem Ahnungslosen auf dem Pferd Brocken aus veralteten Nachrichten zu, Stichworte, und lachte, als der Reiter noch immer nicht zu begreifen schien: »Kommst du vom Mond? Das ist der Friede, Mondmann. Sie haben alle geschlagen. Das ist der Friede von Japan. Sie haben gesiegt!«

27 Morbus Kitahara

Wolfsstunden. In Moor hießen diese Stunden nach Mitternacht Wolfsstunden … Daß er jetzt an Moor denken mußte.

Lily war fort. Die schlief in irgendeinem dieser Häuser. Die lag hinter irgendeinem dieser Fenster im Dunkeln. Allein. Oder in den Armen eines Fremden. Er wußte es nicht.

Der Vater war fort. Lag unter Armeedecken wie begraben am Anfang einer langen Reihe von Stahlrohrbetten in einer Baracke des Großen Lazaretts. Das wußte er. Dort hatte er ihn selber liegen sehen. Hatte ihn zurückgelassen in diesem leeren Krankensaal. Unter diesen Decken.

Und das Maultier? Das Pferd? Lily hatte auch das Pferd mitgenommen. Stand das Pferd, das ihn durch das Steinerne Meer ins Tiefland getragen und mit seinem großen Körper gewärmt hatte, in einem Stall? Einer Scheune? Gab es denn bei den vielen Maschinen in Brand überhaupt noch Ställe?

Tief in dieser Triumphnacht, gestoßen und mitgerissen von einem Gewühl, das bis in die Morgenstunden nicht zur Ruhe kommen sollte, begriff

Bering, daß er allein war. Er trieb in der Menge dahin, trank aus irgendwo abgestellten, halbleeren Bechern Schnaps und kalten Punsch, aß kalte Fleischreste von Papptellern, bevor streunende Hunde sie leerfraßen, hockte unter Betrunkenen auf einer Klappbank vor dem Podium eines Festzeltes, schlief im Sitzen ein, schreckte hoch, ließ sich weitertreiben und suchte immer wieder die Nähe von Jeeps, Lastwagen und Limousinen, die hier unbewacht in den Straßen standen: Autos vor allen Häusern. Er war im Tiefland. Er hatte das Tiefland erreicht. Er *war* in Brand, spätnachts, umgeben von Menschen, Stimmen, Licht, Musik. Aber er war allein.

Hieß das auch Sehnsucht, was er jetzt, endlich am Ziel, empfand? Dann sehnte er sich jetzt nach dem schwarzen Ufer des Sees. Nach der Stille in der nächtlichen Villa Flora und nach den warmen Leibern der Hunde, die sich in den Wolfsstunden so oft an ihn drängten. Ob Ambras jetzt in seinem Korbstuhl auf der Veranda saß? Die Nacht hier war sommerlich mild. Aber dort oben?

Manchmal spuckte das Fest ihn aus. Dann kauerte er wie ein Bettler vor der Portiersloge einer Fabrik, versuchte Fahrpläne im gläsernen Unterstand einer Busstation zu entziffern, verirrte sich aus Sackgassen in Hinterhöfe, wühlte neugierig in Abfalleimern, bis irgendwo ein Fenster aufschlug und eine argwöhnische Stimme ihn verscheuchte, trat wieder hinaus ins künstliche Licht.

Als er an der Auffahrt zu einem *Filmpalast*, aus dessen Entlüftungsschächten Musik und dramatische Stimmen drangen, vor Müdigkeit stolperte und hinfiel und das Liegen auf einem zertrampelten Rasenstück als Wohltat empfand, dachte er daran, doch zum Großen Lazarett zurückzugehen und den Schlafplatz anzunehmen, der ihm dort von einem der Torwächter angeboten worden war.

Irgendeine Pritsche im Block vier. Nimm dir irgendeine Pritsche im Block vier. Baracke sieben, Block vier. Dort ist alles noch leer.

Der Torwächter, ein ehemaliger Bergmann aus Leys, hatte seinen Passierschein durch ein Glasfenster weitergereicht, hatte ihm auf die Schulter geklopft und redselig erzählt, wie er selber vor Jahren aus Leys geflüchtet und in den Dienst der Armee getreten war; dann hatte er ihn nach Moor und nach einem Fischer gefragt, dessen Namen Bering nicht kannte, und nicht aufgehört zu reden und zu fragen und beiläufig gesagt, daß Block vier für die Evakuierten aus Moor bestimmt sei, aber gewiß, dort sollten doch die Moorer einquartiert werden, wenn die Armee ihr neues Manövergelände in der Seeregion besetzte ... Ein Sergeant, er saß an einem Schreibtisch hinter einer Glaswand der Wachstube und begrüßte Lily wie eine alte Bekannte, hatte einen Stempel auf ihre Passierscheine geschlagen und dem Redseligen schließlich einen Befehl zugebellt, den Bering als Maulhalten verstand.

Block vier. Nein, in diese leeren Baracken trieb ihn keine noch so große Müdigkeit zurück. War er ein Landstreicher, der die Armee um eine Suppe und eine Decke anbetteln mußte? Ihn wärmten die Schnapsreste aus den Pappbechern. Ihn wärmte der Punsch. Er war der Leibwächter des Hundekönigs. Er war der Beschützer des gefürchtetsten Mannes von Moor, nein, er war der Grund dieser Furcht.

»Fürchtet euch nicht.« Er lallte einen Satz aus der Bibel der Schmiedin und tastete nach der unter seiner Jacke verborgenen Pistole. Fürchtet euch nicht. Nein, ins Große Lazarett ging er gewiß nicht vor morgen früh zurück. Block vier. Er war doch im Tiefland. Im Herzen des Reichtums. Was hatte er in einem Lazarett verloren. In einer Kaserne. Da schlief er lieber auf einem feuchten, von verschüttetem Bier und Wein getränkten Rasenstück im Schatten einer Plakatwand, hörte Stimmen aus schwarzen Schächten und ließ sich von fremden Hunden beschnüffeln.

Er schloß die Augen und mußte sie gleich wieder öffnen, weil sich die Welt, kaum daß sie hinter seinen Augenlidern verschwunden war, um ihn zu drehen begann. Er war betrunken. Von der Geschwindigkeit, mit der die Finsternis ihn jetzt umwirbelte, wurde ihm übel. »Stillgeestanden!« äffte er eine

Stimme aus einem der Höfe des Großen Lazaretts nach und riß die Augen auf und konzentrierte sich so sehr auf seinen Mund, um nicht zu lallen, daß seine Lippen davon schmal wurden, der Mund wie ein Schnabel: »Aachtung! Auf! Augeen auf!«

Er kicherte. Er lag auf der feuchten Erde und war zu erschöpft, um einzuschlafen. Aber wenn der Wirbel der Welt und die Übelkeit ihn losließen, packte ihn plötzlich und wie ein Krampf wieder jene Wut, die ihn schon an der Torwache des Lazaretts erfaßt und wieder hinausgetrieben hatte in die Nacht:

Block vier! Standen in diesem Block vielleicht die schönen Tieflandhotels, von denen die Moorer schwärmten, wenn sie in den Ruinen des Bellevue nach glasierten Kacheln und anderen noch brauchbaren Baumaterialien gruben? Auf jedem Schritt durch diese Lichterstadt sprangen ihn Neuigkeiten an, von denen die Idioten in Moor und Haag keine Ahnung hatten. Lily! Lily, natürlich. Die kannte das alles. Die lieferte zwei halbblinde Trottel im Großen Lazarett ab und verzog sich dann in irgendeines dieser Hochhäuser, in irgendeinen dieser Leuchttürme, von denen jeder einzelne mehr Licht in die Nacht warf als ganz Moor.

Lily. Schlief die etwa in Block vier? Wie schnell sie aus der Wachstube verschwunden war. *Ich bin morgen früh wieder zurück.* Lily. Die kannte das alles. Die hatte immer gewußt, daß dieses ganze Scheißgerede von Sühne, von Besinnung und Erinnerung ein riesiger Schwindel war. *Niemals vergessen. Auf unseren Feldern wächst die Zukunft.* Alles Schwindel.

Autos, Schienen, Flugpisten! Hochspannungsleitungen, Kaufhäuser! Die Abfalleimer voll Delikatessen, ganze Kessel voll Punsch – und so viel Fleisch, daß selbst die Straßenköter davon fett wurden: War das die Sühne, war das die Strafe, die der große Friedensbringer dem Tiefland zugedacht hatte? War das die Strafe? Ja? Scheiße, verdammte.

Hatte es denn im Tiefland keine Barackenlager gegeben? Keine Kalkgruben voll Leichen? Hatten Brand und Hall und Großwien und wie diese sogenannten Wiederaufbauzonen auf der Landkarte des Moorer Sekretariats alle hießen, keine Soldaten in den Krieg gegen Stellamour und seine Alliierten geschickt? Hatten vielleicht ein paar windverblasene Kaffs dort oben im Gebirge das Heer von Stellamours Feinden ganz alleine gestellt und ganz alleine an einen Endsieg geglaubt, bis dieses Heer in den Boden gestampft worden war?

Dann war es wohl gerecht, daß Moor und die Seeregion immer noch sühnten, jetzt, zweieinhalb Jahrzehnte nach dem Krieg, immer noch sühnten, während im Tiefland Feuerwerke abgebrannt wurden und in jeder Gasse eine Kolonne von Limousinen stand?

Alles für die Mahnmäler, alles für Geisterhäuser

und Gedenktafeln, hatte es doch immer geheißen, wenn die größten Granitblöcke aus dem Moorer Steinbruch ins Tiefland davongeschleppt wurden, damals, als dieser Granit noch makellos dicht und nicht brüchig und von spröden Adern durchzogen war. Alles für den Frieden. Alles für das große Erinnerungswerk … Scheiße.

Wo waren denn die Tafeln? Die Mahnmäler? Die Inschriften? Hier protzten Fassaden, die mit hochpoliertem Urgestein wie für die Ewigkeit verkleidet waren, aber das waren gewiß keine *Tempel der Erinnerung*, wie sie der Sekretär von Moor in seinen Feiertagsreden beschwor – und sie enthielten auch keine Kerzen- und Fackelreihen, keine Blöcke mit eingemeißelten Namen und keine Gedenktafeln mit Sprüchen des Friedensbringers wie die Geisterhäuser der Seeregion, sondern … weiß der Teufel, was diese Paläste enthielten, Tresore, Warenlager, Casinos, Armeepuffs und was sonst alles …

Daß es auch hier einen *Platz des Friedens* und in seiner Mitte ein Stellamourdenkmal gab, erinnerte doch bestenfalls daran, daß der Hohe Richter in seiner Residenz auf der Insel Manhattan mit jedem Tag tiefer in der Altersblödheit versank. *Niemals vergessen!* Dieser steinalte Trottel hockte im Rollstuhl, stotterte zweimal im Jahr Reden vom Blatt und erinnerte sich dabei vermutlich nicht einmal mehr an seinen eigenen Namen.

»Alles Schwindel!« schrie Bering gegen die Plakatwand, auf der die ins Riesenhafte vergrößerte Gestalt eines Filmhelden zu sehen war. »Alles Schwindel!«

Und wenn sich die Büßer in Moor oder Eisenau ihre blöden Gesichter zehnmal bloß deshalb mit Ruß schwärzten, weil irgendein armeehöriger Sekretär dafür ein paar Kaffee- und Tabakmarken oder einen Sack Saubohnen zusätzlich springen ließ, so gab es dort oben diese verfluchten Prozessionen immerhin noch. Und wenn die Große Schrift im Steinbruch zwischen Abraumhalden verschwand und von Moos überwachsen allmählich verfiel, dann verfielen das Grand Hotel, das Bellevue, das Stella Polaris und alle diese Villen und Hundehäuser mit ihr! Verfielen! – Und wuchsen nicht mit Neonschriften verziert und poliertem Granit verkleidet wieder aus dem Schutt empor wie die Türme von Brand!

Schöne Gerechtigkeit: Das Tiefland blinkte und leuchtete wie ein einziger Vergnügungspark, während oben, am Moorer Dampfersteg und unter den Felswänden des Blinden Ufers, zu den Jahrestagen immer noch schwarze Fahnen gehißt und Transparente gespannt wurden. *Niemals vergessen. Du sollst nicht töten.* Bravo! Die Deppen in den Sühnegesellschaften leierten solche Gebote auch noch stundenlang nach und schleppten sie auf Transparente gestickt über die Felder, während über die Fassaden von Brand Leuchtschriften mit Reklamesprüchen flossen. In Moor standen Ruinen. In Brand Kaufhäuser. Das große Sühnetheater des Friedensbringers Stellamour wurde wohl nur dort aufgeführt, wo sonst nicht viel aufzuführen und nichts zu gewinnen war. Lang lebe der Hohe Richter Stellamour.

»Hau ab, Sauhund!« schrie Bering und schlug einem struppigen Terrier, der ihm das Gesicht lecken wollte, die Faust auf die Schnauze. Jaulend sprang der Köter in die Nacht davon.

Irgendwo in dieser Finsternis, hoch oben im Steinernen Meer, lag Moor, abgeschlagen, tief in der Vergangenheit, während Brand sich im elektrischen Glühen einer schönen Zukunft sonnte.

Und die Zukunft von Moor? Bald würde auch Moor von Lichtern übersät sein – von Mündungsblitzen, Granateneinschlägen, Feuersäulen … *Block vier. Zielgebiet Moor. Aufmarschgebiet Moor. Manövergelände Moor. Das* war die Zukunft. Artilleriegranaten auf die Ruinen des Grand Hotels. Raketen auf das Bellevue. Bomben auf das Strandbad, auf den Wetterturm, auf die Villa Flora … Die Zukunft Moors und aller Kaffs am See glich doch nur jener Bombennacht, die *er*, der Knecht in einem Hundehaus, als sein Geburtsdatum auf dem Passierschein trug. Die Zukunft Moors war die Vergangenheit.

Niemals vergessen.

Alles vergessen.

Schlief er?

Träumte er seine Erschöpfung bloß? Seine Wut?

Bering rührte sich nicht, als lange nach dem Ende der letzten Vorstellung im Filmpalast Kinobesucher lachend über ihn hinwegstiegen. Er träumte von Hunden. Träumte, wie sich das Rudel des Hundekönigs auf den Fraß stürzte, den er Abend für Abend mit einer Schöpfkelle in die Näpfe schlug. Er lag auf der feuchten Erde und hatte gerade den letzten Schlag in diese Näpfe getan, als der geprügelte Terrier aus der Dunkelheit wieder heranschlich, geduckt, vorsichtig, und ihm den Plastiksack mit Speiseresten, den er in der Schöpfkellenhand hielt, langsam entzog.

Der Hund spürte, wie tief sein Feind schlief, und flüchtete nicht mit seiner Beute, sondern zerriß den Sack in nächster Nähe der Faust, die ihn geschlagen hatte, und verschlang Sandwichhälften, Würste, Salzgebäck und selbst die gedörrten Birnen, die Bering im Vorübergehen an den Festtafeln der Sieger eingesammelt hatte.

Als der Bestohlene im Morgengrauen von einem heftigen Stoß erwachte, sah er schwarze Schnürstiefel dicht vor seinen Augen – und dann, hoch über diesem Lederglanz und dunkel vor dem helleren Himmel, zwei Gesichter, die auf ihn herabblickten.

Militärpolizei.

»Papiere!« befahl das erste Gesicht. »Woher kommst du«, fragte das zweite.

»Woher … Ich?« Ein stechender Kopfschmerz brachte ihm die Erinnerung daran zurück, wo er war. Er wälzte sich zur Seite, gähnte laut und streckte sich wie ein Hund, bis ihn ein Stiefel in den Rücken trat.

»Steh auf!«

Seine Kleider waren taufeucht. Wütend, krumm von der unbequemen Nacht, stand er vor den beiden Soldaten, rieb sich den Rücken und sah die Fetzen seines Proviantsacks. »Habt ihr noch immer nicht genug zu fressen?« Er hatte Hunger. Die Soldaten verstanden ihn nicht.

Auch der Passierschein war feucht. Die Streife wollte nur den Passierschein sehen. Der Schutzbrief des Hundekönigs interessierte sie nicht.

Bering strich den Brief glatt und steckte ihn wieder in die Jacke zurück und spürte plötzlich das kalte Gewicht seiner Pistole.

Aber die Soldaten wollten nur ein Stück Papier. Sie durchsuchten keine Landstreicher.

Wußten die denn überhaupt, woher einer kam, wenn auf seinem Passierschein *Moor* stand? *Geburtsort: Moor.* Die hatten doch keine Ahnung. Er hätte seine Pistole mit einem Griff aus den Kleidern ziehen und sie niederschießen können. Die hatten keine Ahnung.

»Aus Moor?«

»Aus Moor«, sagte Bering.

Der dunklere von den beiden nickte, gab ihm den

Passierschein zurück, tippte mit dem Zeigefinger an seinen Helm und stieg wieder in den Jeep, dessen Antennen wie die Angelruten von Fliegenfischern wippten. Dann walzten die Reifen die Fetzen des Proviantsacks tief in den weichen Grund.

Bering ging steif zu dem Springbrunnen, der vor den Schaukästen des Filmpalastes unregelmäßige, kurze Fontänen in ein Metallbecken spuckte, und wusch sich Gesicht und Nacken und konnte seinen Durst nicht beherrschen und trank von dem Wasser, auf dem schwarzes Laub schwamm. Die moorige Brühe brannte in seiner Kehle, brannte in seinen Augen.

Brannte in seinen Augen.

Er mußte zurück zum Lazarett. *Morrison.* Lily hatte gestern in der Wachstube nach einem Morrison gefragt. *Doc Morrison*, hatte der Torwächter aus Leys gelacht, habe schon Blinde wieder sehend gemacht. Er mußte diesen Morrison finden.

Auf dem Weg zurück ging er in die Irre. Immer wieder kam er an den Fluß und sah die Stahlkonstruktion der Brücke, über die ihm Lily gestern vorangeritten war, in einer dunstigen Ferne. War er in dieser Nacht so weit gelaufen? War sein Schlafplatz im Windschatten der Plakatwand wirklich so weit entfernt von jenem Krankensaal, in dem er seinen Vater zurückgelassen hatte? Die Lichterstadt lag erloschen in der Morgensonne. Die wenigen Glühbirnenkränze, die da und dort noch in den Baumkronen und an den Fassaden blinkten, wirkten gegen dieses blendende Licht stumpf und kraftlos. Dabei waren die Straßen, die Plätze … ganz Brand, immer noch wie im Aufruhr.

Sieg! Kapitulation! Überall Autos; Maschinen. Überall Menschen: Torkelnde, übriggebliebene Festbesucher neben Frühaufstehern, die mit unbewegtem Gesicht ihrer Arbeit nachgingen, Lieferanten, Chauffeure, die sich fluchend und hupend ihren Weg bahnten – und vor allem: Soldaten. Soldaten in geordneten Zügen marschierend oder in voller Kampfausrüstung auf offenen Truppentransportern, und Soldaten außerhalb jeder Marschordnung, in kleinen Gruppen dahinschlendernd – gestikulierende, lachende Krieger nach einer gewonnenen Schlacht … Manche von ihnen trugen Fotos von Frauen an ihren Mützen oder an den Tarnnetzen ihrer Stahlhelme, und von der Antenne eines Panzerwagens wehte eine Flagge, auf der ein in roter Signalfarbe gemalter Wolkenpilz zu sehen war. Die Wolke von Nagoya. Wie eine Sprechblase umschloß sie eine einzige, in fast kindlicher Blockschrift geschriebene Forderung:

TAKE US
HOME

Die Armee wollte nach Hause. Stellamours Armee, die jahrzehntelang mit wechselnden Verbündeten an einem über alle Längen- und Breitengrade verlaufenden Frontengewirr gekämpft und gesiegt und hier einen Frieden von Oranienburg hinterlassen hatte, dort einen Frieden von Jerusalem, einen Frieden von Mosul, einen von Nha Trang oder Kwangju, von Denpasar, Havanna, Lubango, Panama, Santiago und Antananarivo, Frieden, überall Frieden …, diese Armee hatte in Japan selbst einen Kaiser in die Knie gezwungen und als Zeichen ihrer Unbesiegbarkeit einen Pilz in den Himmel über Nagoya gebrannt. Und jetzt, jetzt wollte diese Armee endlich nach Hause. Take us home.

Wie höllisch das Bombenfeuer auch gewesen sein mochte, dessen Abglanz auf den Fernsehschirmen eines Schaufensters oder in der Wochenschau eines Kinos und selbst auf Plakaten erschien, mit denen sich Sandwichmänner durch das morgendliche Gedränge kämpften – für die Bewohner und für die Besatzer von Brand schien der Wolkenpilz von Nagoya nur ein Zeichen dafür gewesen zu sein, daß nun auch der letzte Feind in diesem Weltkrieg besiegt war. Und was, außer einem Weltfrieden, konnte auf einen solchen Krieg noch folgen?

Ein weißgekleideter Mann, der in der Haltung eines Predigers auf einer Parkbank stand und durch ein Megaphon auf eine vorüberdrängende Zuhörerschaft einbrüllte, beschwor jedenfalls immer wieder einen immerwährenden, endgültigen Frieden, der alle Schlachtfelder und Besatzungszonen und schließlich selbst die Asche Japans wieder zum Blühen bringen werde. *Oranienburg! Jerusalem! Basra! Kwangju! Nha Trang! Mosul …!* – Aus seinem Megaphon klangen die Namen der vielen Waffenstillstände und Friedensschlüsse nicht anders als die Litaneien einer Bußprozession im Moorer Schilf. Aber das Fanal von Nagoya!, schrie dieser Prediger, das Fanal von Nagoya sei das aufgehende Licht des Weltfriedens gewesen. Denn wenn jetzt endlich die Zeit gekommen sei, in der die Zerstörungskraft einer einzigen Bombe genügte, um die starrsinnigsten Feinde kapitulieren zu lassen, dann werde auch in Zukunft die bloße Drohung mit dem nuklearen Feuer, ja, die bloße Erinnerung an Nagoya genügen, um alle Fäuste zu öffnen und jeden Krieg im Keim zu ersticken.

»Hurra! Jawohl. Vivat. Hoch lebe Stellamour!« grölte ein mit Schießbudenfiguren, Papierrosen und anderen Schützenpreisen der vergangenen Festnacht behängter Zuhörer, der im Gedränge gegen Bering stolperte und ihm haltsuchend um den Hals fiel. Bering stieß ihn wütend zurück. Sein Kopf dröhnte. Er wandte sich vom Geschrei des Predigers ab und hörte die vielen Namen des Friedens noch lange in seinem Rücken, bis seine eigenen Schritte und die Schritte der Menge lauter wurden als jede Stimme. Knirschend schritt er über den Abfall der vergangenen Nacht, über zerbrochene Flaschen und Gläser, zerdrückte Pappbecher. Die Plätze und Straßen waren von Scherben übersät. Jeder Schritt klang wie im Brucheis.

Als er das rote Neonkreuz über der Einfahrt des Großen Lazaretts endlich wiederfand, stand die Sonne hoch über den Dächern. Über dem Gebirge im Süden türmten sich Gewitterwolken. Moor lag jetzt vielleicht in einem Unwetter; manche von den Hunden flüchteten beim ersten Donnergrollen in die dunklen Korridore der Villa Flora.

Das Neonkreuz war erloschen und der Sergeant, der sich gestern mit Lily so vertraut unterhalten hatte, verschwunden. Von Lily keine Spur. Nur der Bergmann aus Leys saß immer noch hinter dem Schiebefenster der Wachstube. Er hob seine Hand, salutierte grinsend: »Wie war das Fest?«

Bering erwiderte den Gruß nicht und verlor auch kein Wort über die vergangene Nacht, sondern fragte nach Lily. Dann nach Morrison.

»Die aus Moor? Keine Ahnung«, sagte der Posten. Und Morrison sei heute noch nicht zum Dienst erschienen. Der habe sich wohl auch verloren in dieser Nacht. Kein Wunder. Die wären doch alle …

»Wann kommt er?« unterbrach ihn Bering.

»Du kannst dort drüben auf ihn warten«, sagte der Torwächter und zeigte auf ein weißgestrichenes, ebenerdiges Gebäude, das von blühendem Ginster umwachsen war. »In der Blindenbaracke. Dort warten schon andere.«

Am späten Vormittag begann es zu regnen. Es war ein warmer, rauschender Sommerregen, der die Blüten aus den Ginstersträuchern und die ersten gelben Blätter aus der Krone eines Ahornbaumes wusch, der die Einfahrt des Großen Lazaretts überschattete. Bering saß auf einem hölzernen Klappstuhl zwischen Patienten, die Kopfverbände, Augenbinden oder dunkle Lichtschutzbrillen trugen, und starrte durch die vergitterten Fenster der *Blindenbaracke* auf jene Lagerstraße, durch die er gestern abend den Vater zum Block vier begleitet hatte. Eine Stadt in der Stadt: Das Große Lazarett sei eine Stadt in der Stadt, hatte der Torwächter gesagt, Kranke und Verwundete aus drei verschiedenen Zonen, dazu die Umsiedler, viel Elend, zuviel arme Leute …

War er der einzige Zivilist in dieser Baracke? Manche von den Wartenden unterhielten sich murmelnd in der Sprache der Armee, andere im Dialekt des Tieflands. Sie trugen alle die gleichen Kittel, die gleichen Hemden; Anstaltskleidung. Keiner sprach ihn an. Er schien hier der einzige ohne ein sichtbares Gebrechen am Auge zu sein.

Jetzt hätte er doch lieber neben dem redseligen Leyser in der Wachstube auf Morrison gewartet als unter diesen Augenkranken – oder Verwundeten? Aber der Regen, in dessen Schleiern selbst die nahe

Wachstube verschwand, und eine lähmende Schläfrigkeit hielten ihn davon ab, aufzustehen und zu gehen. Wohin auch gehen? Wohin ohne Lily. Fände er sich allein auf den Saumpfaden des Steinernen Meeres besser zurecht als allein in den Gassen von Brand? Wie lange würde er brauchen, zu Fuß, allein, nach Moor? Moor lag in einer anderen Zeit. Moor lag über den Wolken.

»Du bist also der aus Moor.«

Bering war eingenickt. Er hatte nicht bemerkt, daß die Tür geöffnet worden war; auch das plötzlich anschwellende Rauschen des Regens, die halblauten Zurufe, mit denen die Wartenden einen tropfnassen Ankömmling begrüßten – er hatte nichts von allem bemerkt. Er war hoch oben gewesen, hoch oben und allein im Steinernen Meer.

Jetzt stand ein kleiner, rundlicher Mann vor ihm, der unter einem weißen, über die Schultern geworfenen Mantel Uniform trug.

»Morrison?« Bering erhob sich.

»Wer sonst?« sagte der Mann. Er reichte Bering kaum bis ans Kinn.

»Doktor Morrison?«

»Sanitäter Morrison. Nur diese Blindgänger hier sagen *Doc*. Aber sie haben immerhin begriffen, daß Morrison die Arbeit eines Doktors macht … He, Carthy«, rief der kleine Mann über die Schulter zurück, ohne Bering aus den Augen zu lassen, »sag dem

Herrn aus Moor, wer deine Hundeaugen behandelt und wer dir garantiert, daß du deine Miss America schärfer als zuvor wiedersehen wirst?«

»Sir, Doc Morrison, Sir!« lachte einer, der eine breite Binde über beiden Augen trug.

»Die Moorfrau bringt uns doch immer wieder Überraschungen aus dem Gebirge mit«, sagte Morrison und sah Bering so unverwandt in die Augen, daß der seinen Blick senken mußte. »Was sagst du dazu, Carthy, diesmal hat sie uns einen Moormenschen mitgebracht, der blind werden will. Die Moorfrau behauptet, daß der da blind werden will ...«

Der, den Morrison *Carthy* genannt hatte, schwieg. Von den Patienten begannen einige zu lachen.

Bering stand in seiner Verblüffung wie festgefroren vor dem kleinen Mann und war selbst dann zu keiner Bewegung fähig, als der Sanitäter plötzlich dicht an ihn herantrat und ihm mit einer ebenso schnellen wie sicheren Bewegung seiner Daumen und Zeigefinger die Augen aufspreizte, als prüfte er die Pupillen eines Bewußtlosen oder Toten.

Bering spürte den Luftzug, die Verdunstungskälte der Tränenflüssigkeit an seinen Augen fast schmerzhaft, aber noch bevor er sich fassen und eine Hand zur Abwehr rühren oder sich auch nur abwenden konnte, hatte Morrsion schon wieder von ihm abgelassen: »Stimmt, was die Moorfrau erzählt? Du willst blind werden ...? Dann komm mit.«

Die Selbstverständlichkeit, mit der dieser rundliche, kleine Soldat ihn anfaßte und dabei in aller Öffentlichkeit von geheimsten Dingen sprach, trieb Bering die Schamröte ins Gesicht. Sprachlos stand er zwischen den Patienten, während sich alle Augen der Wartezimmergesellschaft, die nicht verbunden oder zugeschwollen waren, auf ihn richteten. Und doch empfand er selbst in diesen Momenten der äußersten Verwirrung auch eine sonderbare Erleichterung: Es war, als ob nicht nur seine geheimsten Ängste, sondern jedes Geheimnis durch die bloße Gegenwart dieses kleinen Mannes klein und belanglos würde, und es hätte ihn nicht mehr überrascht, wenn Morrison ihn nun auch nach einem in den Felsen begrabenen Hühnerdieb gefragt hätte oder nach den Träumen, die ihn plagten, wenn er in den Salons der Villa Flora zwischen schlafenden Hunden lag.

Dieser Sanitäter kannte die Angst vor der Blindheit. Er kannte auch die Moorer Verhältnisse, und er sprach von Lily wie von einer Vertrauten ... Aber das einzige, wofür er sich mit Leidenschaft interessierte – soviel sollte Bering an diesem Vormittag im Großen Lazarett erfahren –, war das menschliche Auge.

»Worauf wartest du? Komm mit«, sagte Morrison ungeduldig und nahm seinen Patienten am Arm und führte ihn hinaus auf einen schmalen Flur, der von nassen Fußspuren glänzte. Bering schüttelte den Arm nicht ab, ließ sich wie ein verstörtes Kind über den Flur in einen Raum führen, in eine Kammer, in der zwischen Vitrinen, Schautafeln, Glasmodellen von Augen in verschiedenen Größen, Bücherschränken und rätselhaften Instrumenten kaum noch Platz für einen Tisch und zwei Stühle war.

»Setz dich.«

Der Tisch bestand aus einer über Bücherkisten gelegten, schweren Glasplatte; darauf türmten sich Stapel von Zeitschriften und gebündeltem Papier. Prasselnd schlug der Regen gegen die Scheiben des einzigen Fensters. Zwischen den Papierstapeln schimmerte das vielfarbige Glasmodell eines menschlichen Kopfes; wie Murmeln lagen die Augäpfel in gläsernen Höhlen.

»Durchsichtig«, sagte Morrison und klopfte mit einem Fingerknöchel gegen die Stirn des Glaskopfes, »alles sollte durchsichtig sein. Wozu haben wir Augen. *Augen!* Verstehst du, das einzige an unserem Körper, das auf so etwas wie Bewußtsein schließen läßt. Mach die Augen zu, und schon siehst du aus wie eine Leiche, schon sieht alles an dir nur noch nach Fleisch aus, nach Schlachthaus, Kiloware … Bleib sitzen, mein Junge. Schau auf diese Tafel, nein, nicht auf die Karte, auf die Tafel, hierher …, was siehst du? Lies vor, was du siehst.«

Wenn Morrison im Wartezimmer und auf dem Weg durch den Flur Fragen gestellt und ohne Antworten abzuwarten einfach weitergesprochen hatte, so verwandelte er sich jetzt, inmitten dieser chaotischen Ansammlung von medizinischen Geräten, Modellen und Büchern, in einen aufmerksamen Zuhörer, der zu jedem Wort nickte, das Bering von der Tafel las: Nickend, Zeile für Zeile, führte der Sanitäter seinen Patienten durch ein Spalier von immer kleiner werdenden Zeichen auf der Schautafel bis ans Ende eines sinnlosen, nur der Prüfung der Sehschärfe dienenden Textes.

Bering las. Fließend zuerst, dann immer langsamer. Und während ihm die schrumpfenden Buchstaben vor den Augen verschwammen oder in den Fallgruben seines Blicks versanken, wechselte er unwillkürlich vom Lesen zum Erzählen, begann, die verfinsterten Zonen seines Gesichtsfeldes zu beschreiben, verriet zum zweitenmal seit seinem Aufbruch aus Moor das Geheimnis seiner durchlöcherten Welt.

Morrison nickte. Den schien nichts zu überraschen. Der war mit solchen Welten vertraut. Was immer ihm Bering beschrieb – den irisierenden Rand und die dunkle Mitte einer Sehstörung oder die Verzerrung paralleler Linien auf dem weißen Feld einer Schautafel –, Morrison nickte dazu, unterbrach ihn manchmal, um Genaueres zu erfahren oder ergänzte die Beschreibung eines Symptoms, wenn Bering ins Stocken kam. Morrison wußte alles.

Wie hypnotisiert von der Sicherheit und Bestimmtheit, mit der dieser kleine Mann sich seines geheimen Leidens annahm, folgte Bering nun jeder seiner Anordnungen: Legte sein Kinn auf eine metallene Kopfstütze und drückte die Stirn gegen ein kühles Band. Starrte in das gebündelte Licht eines Augenspiegels. Dann in die Strahlen einer Spaltlampe. Hielt den Kopf unbeweglich und blinzelte nur, als Morrison ihm mit einer Pipette ein Betäubungsmittel in die Augen träufelte, das seine Pupillen weiten und die Hornhaut des Augapfels unempfindlich machen sollte gegen die Schmerzen der Untersuchung. Seine Lidschläge wuschen ihm den Blick mit den narkotisierenden Tropfen und überzogen seine Iris mit einem Schleier, durch den er nur noch Schemen wahrnahm. Seine Pupillen wurden groß wie die eines Jägers in der Nacht. Er spürte nur den Druck, aber nichts von der ausdörrenden Kälte jenes Dreispiegelglases, durch dessen Okulare der Sanitäter nun in die schwarzen Brunnen seiner Augen sah.

Morrisons Augen blieben unsichtbar hinter den geschliffenen Linsen, aber sein offener Mund war Bering so nah, daß er den fremden Atem roch.

»Fovealreflex geschwächt … Metamorphopsie … konfluierende Netzhautödeme … subretinales Exsudat …«, während er den Lichtstreifen der Spaltlampe über den Augenhintergrund seines Patienten gleiten ließ, begann Morrison in einem rätselhaften Selbstgespräch die Namen von Symptomen und Reflexen zu murmeln, als fügte er Wort für Wort zum Mosaik eines Leidens: »Quellpunkte in der Makulagegend … zentraler Herd rechts, parazentrale Herde links … Mikropsie. Positives Skotom …«

Bering verstand kein Wort. Er dachte an die Schmiede. Solche Selbstgespräche hatte auch er geführt, wenn er die Funktionsreihen einer defekten Maschine überprüfte. Wie müde er war. Schläfrig starrte er ins Licht: Schemen hinter blindem Glas. Schatten im Eis. So entrückt, so unlesbar hatte wohl auch sein Vater in den Jahren seiner abnehmenden Sehkraft die Welt zu sehen gelernt und verflucht, was er sah: *Lies vor, was auf diesem verdammten Flugblatt steht, ich kann das nicht lesen. Was steht auf dieser Schachtel, was steht auf diesem Plakat, ich sehe nichts, verdammt. Lies vor.*

»Retinopathia … Chorioretinitis centralis serosa …« Morrisons Gemurmel klang jetzt nach den lateinischen Litaneien aus dem Gebetbuch der Schmiedin.

»He, schlaf nicht ein. Schläfst du mit offenen Augen? Der schläft mit offenen Augen. Mach deinen Arm frei, mein Junge. Ich brauche deinen Arm.«

Ohne seine Haltung zu ändern, krumm, über die Kopfstütze gegen das Dreispiegelglas und ins Licht gebeugt, schob Bering einen Jackenärmel hoch. Den Einstich der Injektionsnadel spürte er kaum.

»Das ist nur Farbe. Eine Art Farbe«, hörte er Morrison sagen, während etwas Eisiges oder etwas Glühendes in seinen Adern zerrann. »Nur ein Kontrastmittel. Fließt durch Vene, Herz und Halsschlagader direkt in deine Augen und macht dort die Löcher in den untersten Schichten deiner Netzhaut besser sichtbar. Harmloser Zauber. Du wirst dich für einige Stunden gelb verfärben. Gelb. Das ist alles. Nach einigen Stunden verliert sich die Farbe im Blutkreislauf. Dein Blut wäscht dich wieder weiß … Leg jetzt deinen Kopf auf die Schulter; auf die Schulter, hörst du …«

Bering gehorchte. Lehnte sich zurück. Schloß die Augen. Löcher in der Netzhaut. Also doch Löcher. Er spürte, wie ihm der Schweiß auf die Stirn trat.

Minutenlang war nichts zu hören als der Atem des Sanitäters und dahinter das Rauschen des Regens. Dann befahl ihn Morrison wieder vor die Okulare. Ins Licht.

»Na also«, sagte er, und Bering empfand jedes Wort als kalten Hauch auf seiner Stirn. »Rote Wolken. Rot gefärbte, unverwechselbare Wolken. Beweg dich nicht. Bleib ruhig.«

»Wolken?« Bering sprach durch die Zähne. Das Gewicht seines Kopfes, das Gewicht seines Gehirns, seiner Augen, seiner Backenknochen, drückte sein Kinn gegen die Stütze und hielt seine Kiefer geschlossen. »Welche Wolken?«

»Pilze. Wolkenpilze«, sagte Morrison. »Oder Quallen. Hast du schon einmal eine Meduse durch die Meeresdämmerung schweben sehen?«

»Ich war nie am Meer.«

»Unverwechselbar. Wunderbar«, sagte Morrison, und in seinem Tonfall lag etwas von der Freude eines Entdeckers. »Das *Smokestack Phenomenon.* Die Rauchwolke … Du warst nie am Meer? Aber die Bilder aus Japan kennst du doch? Den Pilz von Nagoya. Qualle oder Wolkenpilz. Du kannst dir aussuchen, welche Ähnlichkeit dir lieber ist. Die Ödeme in deiner Netzhaut, die Flecken in deinen Augen, sind dem einen so ähnlich wie dem anderen. Quallen- oder Pilzform, das ist das typische Zeichen.«

»Wofür? Was ist mit meinen Augen? Was ist das für ein Leiden?« Unwillkürlich richtete Bering sich auf, und der Sanitäter zwang ihn nicht wieder in die krumme Haltung zurück, sondern löste sich von seinen Okularen, erhob sich und löschte das Licht. Obwohl die Wirkung des Betäubungsmittels nachzulassen und der Nebel dünner zu werden begann, sah Bering Morrisons Gesicht nur als helles Oval und darin das dunkle Mal seines Mundes, die dunklen Male der Augen.

»Du willst wissen, woran du leidest?« sagte das Nebelgesicht. »Du fragst mich? Das mußt du dich selber fragen, mein Junge. Worauf starrt einer wie du? Was will einem wie dir nicht aus dem Kopf? Ich habe solche Flecken in den Augen von Infanteristen und von Scharfschützen gesehen, von Leuten, die in ihren Panzergräben halb verrückt geworden sind oder hinter feindlichen Linien wochenlang auf der Lauer gelegen haben und das Fadenkreuz schon im Rasierspiegel sahen, auf dem eigenen Gesicht, verstehst du?

Alles Leute, die sich aus Angst oder Haß oder eiserner Wachsamkeit ein Loch ins eigene Auge starren, Löcher in die eigene Netzhaut, undichte Stellen, Quellpunkte, durch die Gewebsflüssigkeit sickert und sich in Blasen zwischen den Häuten deines Augapfels ansammelt und dort diese beweglichen, pilzförmigen Wolken bildet, Löcher im Blick, nenn es, wie du willst, trübe Flecken, die nach und nach zusammenfließen zu einer Verdunkelung des Gesichtsfeldes.

Aber du …? Worauf starrt einer wie du? Du bist doch weder ein Grabenkämpfer noch ein versprengter Scharfschütze. Oder? Ihr dort oben in Moor schmeißt doch höchstens mit Rüben und Steinen. Starrst du auf eine Rübe? Oder hast du einen Feind in der Gabel deiner Steinschleuder? Eine Braut? Mach dich nicht verrückt. Was immer es ist, laß es los. Schau anderswo hin.«

»Wie dunkel kann es werden? Was geschieht mit diesen Leuten?« Bering zog den Jackenärmel wieder über den Arm und wischte sich damit den Schweiß von der Stirn. »Werden sie blind?«

»Blind? Ach was. Keiner wird blind. Sie sehen ein paar Flecken, kriechen alle aus ihrer Deckung, aus ihren Gräben und kommen dann mit ihrer Angst vor der Dunkelheit angerannt. Zu mir. Wie du. Dann sitzen sie dort, wo du jetzt sitzt. Und dann begreifen sie, daß sie überlebt haben, daß sie fürs erste und einstweilen und immerhin überlebt haben, verstehst du? Und dann beruhigen sie sich. Und was geschieht? Die Wolken verziehen sich. Nicht sofort. Aber im Lauf der Zeit. Im Lauf von Wochen, manchmal von Monaten. Die Wolken lösen sich auf, der Blick wird wieder heller, und schließlich bleiben nicht mehr als zwei, drei hauchzarte Spuren ihrer Angst auf der Netzhaut zurück. Das ist alles. Ich habe das erlebt. In dreißig Lazarettjahren habe ich das erlebt. Und du wirst es auch erleben.«

»Und jetzt? Was soll ich jetzt tun?«

»Nichts«, sagte Morrison. »Warten.«

»Aber die Flecken … Sie haben sich vermehrt.«

»Sie vermehren sich immer. Und dann verschwinden sie.«

»Und wenn nicht?«

»Dann wärst du einer von tausend«, sagte Morrison. »Dann hätte ich mich getäuscht. Dann wärst du die Ausnahme. Dann würde es finster. Für immer. Dann siehst du die Welt für den Rest deines Lebens wie durch geschwärztes Glas. Aber du bist keine Ausnahme, mein Junge. Du bist auch nur einer von vielen. Ich habe mich bei Augen wie den deinen noch nie getäuscht. Tu was du willst. Leg dir Schneerosen auf die geschlossenen Lider oder schluck jeden Morgen eine Faust voll Pillen, renn bei Vollmond im Kreis oder sprich den Namen deiner Krankheit hundertmal in ein Erdloch – ist alles gleich gut. Was du brauchst, ist Zeit. Du mußt nur warten …«

»Und der Name? In ein Erdloch. Hundertmal welchen Namen?«

»Pilz oder Qualle. Lateinisch oder japanisch. Such dir einen Namen aus: *Chorioretinitis centralis serosa*, wenn du ein gutes Gedächtnis hast. Und wenn auch dein Gedächtnis löchrig ist, denk an einen japanischen Augenarzt, er hieß Kitahara. Der hat deine Art Blicksverfinsterung schon lange vor deiner Geburt beschrieben. Trink ein Glas auf sein Wohl, beruhige dich, und nenn deine paar Flecken einfach *Kitahara*, mein Junge. *Morbus Kitahara.*«

28 Ein Vogel in Flammen

Bering rannte durch den Regen. Er stürmte die Lagerstraße entlang, vorüber an den Barackenreihen des Großen Lazaretts, vorüber an leeren, im Wolkenbruch vergessenen Tragbahren und Rollstühlen, und sprang manchmal aus vollem Lauf hoch, als wollte er auffliegen oder sich nach einem Ast strecken, nach einer über seinem Kopf schaukelnden Frucht. Aber wohin er griff, dort waren keine Äste, keine Früchte. Dort war nur der dunkle, rauschende Himmel.

Bering rannte, und mit jedem Schritt, jedem Pulsschlag, pumpte ihm sein Herz gefärbtes Blut durch die Adern und feinste Farbpartikel in die Augen, die immer noch betäubt waren von Morrisons Narkotikum. Gelbhäutig, vom Kontrastmittel der Untersuchung bis in die Fingerkuppen verfärbt, rannte er dahin und sah seinen Weg so verschwommen und undeutlich wie noch nie und konnte doch das Lachen nicht unterdrücken. Er lachte. Er war glücklich.

Morbus Kitahara. Diese japanische Krankheit würde ihn nicht blind machen. Nicht blind! Doc Morrison hatte es versprochen. Die Löcher in seiner Welt würden verschwinden. Er mußte nur warten.

Geduld haben. Und die Wolken über seinem Gesichtsfeld würden sich aufhellen und verschwinden, als hätte sie die künstliche Sonne von Nagoya zum Verdampfen gebracht. Zeit. Alles, was er brauchte, war Zeit. Die Verfinsterung seines Blicks war so vorübergehend wie dieses Vormittagsgewitter, dessen Wasserschleier ihn bis auf seine gelbe Haut durchnäßten. Hell und heller. Es konnte Wochen dauern. Schlimmstenfalls Monate. Aber er war keine Ausnahme. Er war einer von vielen. Doc Morrison hatte es versprochen.

Bering rannte. Erst als ihn die Atemnot zum Langsamerwerden und schließlich zum Innehalten zwang, erkannte er, daß er in die falsche Richtung gelaufen war. Er wollte hinaus. Nach Brand. Ins Freie. Aber was jetzt vor ihm aus den Wasserschleiern tauchte, war nicht das Tor des Großen Lazaretts, sondern eine meterhohe Tafel, auf der nur die Ziffer 4 zu lesen stand. Block vier. Die Zukunft Moors. Er hatte in seinem Glück die Richtungen verwechselt. Er war aus der Blindenbaracke herausgestürmt und den gleichen Weg gerannt, den er gestern abend gemeinsam mit seinem Vater gegangen war und der allen Moorern bevorstand: Die Steinbrecher, die Salzsieder, die Fischer, Köhler und Rübenkocher der Seeregion, alle würden sie im Glauben, auf dem Weg ins Freie und in den Reichtum des Tieflands zu sein, in den Block vier des Großen Lazaretts wandern.

Was dort so schwarz und drohend im Regen stand, das war doch die Baracke, in der sein Vater am Anfang einer langen Reihe von Stahlrohrbetten unter Armeedecken lag? Es war kühl gewesen im Dunkel dieses Krankensaals gestern abend, kühler als draußen unter dem Nachthimmel, und das Dunkel hatte nach Bodenwachs gerochen, nach Insektenpulver und Desinfektion. Nein, in diesen Saal wollte er nicht zurück. Nicht jetzt und niemals. Der Krieger war in der Obhut der Armee. Bering aber war unterwegs ins Freie. Immer noch schwer atmend, wollte er sich abwenden und mußte plötzlich wieder lachen: blindlings in die falsche Richtung!

Aber in seiner langsamen Kehrtwendung, schon am Rand des Blickfeldes, glaubte er eine Bewegung in einem Fenster der Baracke wahrzunehmen, einen Schatten hinter Wasserschleiern. Hinter dem von wirren Rinnsalen geäderten Glas stand der Alte. Der Krieger. Der Vater. In Decken gehüllt stand er am Fenster. Und hob jetzt den Arm. Und winkte. Er hielt ein Taschentuch, irgendein helles Stück Tuch in der Hand und schwenkte es in großen, langsamen Bögen, als stünde er an der Reling eines Schiffes und winkte gegen das zurückbleibende, versinkende Land.

Aber nein. Dort stand niemand. Dort bauschte sich nur ein Vorhang, eine zerrissene Jalousie in der Zugluft. Bering wischte sich das Wasser aus den Augen. Das Fenster war dunkel und leer. Er wandte sich um.

Begann wieder zu laufen. Aber sprang jetzt nicht mehr hoch und griff nicht mehr nach unsichtbaren Ästen und Früchten, sondern rannte einfach davon.

»Du kannst fliegen!«

Lily grüßte ihn nicht und fragte ihn auch nicht nach der vergangenen Nacht oder nach Doc Morrison: Das erste, was sie ihm zurief, als Bering dem Wink eines fremden Soldaten hinter dem Schiebefenster gehorchte und die Wachstube am Tor des Lazaretts betrat, war: »Du kannst fliegen!«

Lily saß allein unter Soldaten. Sie hatte sich mit Federn und Flußperlenschnüren wie für ein Fest geschmückt. Die Wachstube war überfüllt. Der gesprächige Söldner aus Leys fehlte. Der Geruch von nassen Kleidern, Zigaretten, Schnaps und Kaffee nahm Bering den Atem. Mehr als ein Dutzend Soldaten hockten oder standen um den Schreibtisch, auf dem gestern abend der Sergeant die Passierscheine gestempelt hatte. Für die Papiere eines durchnäßten Zivilisten interessierte sich jetzt aber keiner von ihnen. Auch der eine, der ihn durch das Schiebefenster hereinbefohlen hatte, war schon wieder mit der Begutachtung eines faustgroßen Kristalls beschäftigt und hob nicht einmal den Kopf, als Bering vor ihm stehenblieb. Der hatte mit seinem Handzeichen nur einen Auftrag Lilys erfüllt. Es war Lily gewesen, die ihn hier hereinbefohlen hatte. Lily hatte ihn rufen lassen.

Auf dem Tisch lagen Tauschwaren verstreut, ein

blankgeschliffenes Bajonett, Schulterspangen, Gürtelschnallen, ein silberner Adler im Sturzflug, Orden – Fundstücke aus den oberen Erdschichten ehemaliger Schlachtfelder, dazwischen aber auch ein in Bernstein eingeschlossener Käfer, rohe Smaragde, Rauchquarze, Perlmutt, Fossilien aus dem Steinernen Meer. Hier wurde gehandelt. Draußen, am Schlagbaum der Einfahrt, wieherte ein Pferd. Lilys Lasttiere standen mit umgebundenen Futtersäcken im Regen. Die Packsättel waren leer.

»Du hast noch eine halbe Stunde«, sagte Lily. »In einer halben Stunde startet ein Helikopter nach Moor. Dein König bekommt Besuch von der Armee. Die Armee nimmt dich mit. Du kannst fliegen oder allein zu Fuß ins Hundehaus zurücklaufen. Ich habe noch ein paar Tage zu tun und kann einen wie dich auf dem Rückweg nicht brauchen …

… der schießt nämlich gerne«, wandte sie sich plötzlich an einen neben ihr sitzenden hellhaarigen Mann und zeigte auf Bering. »Der schießt auf alles, was sich bewegt.«

Hatte Lily getrunken? Eine leere Flasche rollte unter dem Fußtritt eines Soldaten über den Boden und schlug klingend gegen den Kolben eines an die Wand gelehnten Sturmgewehrs.

»Er schießt?« fragte der Hellhaarige; er trug an seiner Bomberjacke die schwarzen Balken eines Captain. »Womit schießt er?«

»Mit Steinen«, sagte Lily und sah Bering ohne zu lächeln in die Augen. »Er und sein König haben ein ganzes Ufer voll davon.«

Bering hielt Lilys Blick stand. Die Reste von Morrisons Narkotikum, die ihm die Sicht immer noch trübten, schützten ihn vor diesem Blick.

»Also, was ist?« sagte sie. »Fliegen oder laufen? Der Captain hier bringt dich nach Moor.«

Fliegen?

Das war kein Fliegen.

Was Bering kaum eine Stunde später und schon hoch über dem *Airport* von Brand, hoch über den ersten Faltenwürfen des Steinernen Meeres empfand, das war keine Begeisterung über den ersten Flug seines Lebens, sondern Enttäuschung: Dieses Hochgehobenwerden, dieses Hocken in einem dunklen, von Bullaugen durchbrochenen Gehäuse, in dem es nach Öl und Schweiß stank, dieses Gerüttel unter dem peitschenden, brüllenden Wirbel des Rotors – das hatte viel mit den Beschränkungen, mit der Trägheit und dem störenden Betriebslärm aller Mechanik zu tun, aber nichts mit dem wirklichen Fliegen, nichts mit dem Zauber des Vogelflugs, dessen einziger Laut das Fauchen des Himmels in den Schwungfedern war.

Eingekeilt zwischen Soldaten in Kampfanzügen, hockte Bering in einem gepanzerten Helikopter der Armee und dachte an die Vögel im Moorer Schilf, an

Uferschwalben, die mit aufgerissenen Schnäbeln die Säulen abendlicher Mückenschwärme so rasend durchkreuzten, daß ihrem Flug kaum mit den Augen zu folgen war.

Fliegen. An einem anderen Tag und unter anderen Umständen hätte ihn vielleicht schon der bloße Anblick der regennassen, schimmernden Reihe von Kampfflugzeugen auf dem Airport von Brand begeistert – von Jagdbombern, deren Radarnasen mit Raubtieraugen und Reißzähnen bemalt waren. Und vor einem Hangar, der wohl dreimal so groß wie jene mit durchschossenem Wellblech gedeckte Kriegsruine im Moorer Fliegertal war, hatte er eine Helikopterstaffel gesehen, einen ruhenden Schwarm dunkler Schlachtmaschinen, die mit ihren Rotorblättern, Bordgeschützrohren, Spornen und Stabilisatoren aussahen wie monströse Insekten. Die Bewohner der Seeregion bekamen solche Maschinen nur zu Gesicht, wenn in den Tagen einer Strafexpedition oder eines Manövers eine Formation dieser borstigen Ungeheuer im Tiefflug über die Schilffelder strich.

Aber was war der Airport von Brand, was waren alle Triebwerke, Funkfeuer und Flugmaschinen gegen Morrisons Diagnose, gegen Doc Morrisons Versprechen, daß die blinden Flecken in Berings Gesichtsfeld sich wieder schließen und zumindest in den tiefen Schichten seiner Netzhaut alles wieder werden würde, wie es vor dem ersten Schatten der Verfinsterung gewesen war.

Jetzt wurden die Bullaugen blau. Als ob der Wirbel der Rotorblätter den Regenhimmel zerrissen hätte, wurden die Bullaugen plötzlich tiefblau. Dann fiel blendendes Sonnenlicht in die Kabine, in der Bering nicht flog, sondern gefangensaß.

Er war auf einen Befehl, ein Verbot gefaßt, als er sich schwankend erhob und im Gerüttel einer Turbulenz über Gewehrschäfte und Soldatenstiefel hinwegstieg, seine Stirn gegen das Glas eines Seitenfensters drückte und hinabstarrte in die Tiefe. Aber von den mehr als dreißig zum Einsatz in Moor befohlenen Soldaten kümmerte sich keiner um ihn. Niemand sprach. Niemand versuchte den Rotor zu überbrüllen. Niemand verbot ihm den Blick in die Tiefe.

Kahl, sonnenhell, kalkweiß glitten die Einöden und Hochflächen des Gebirges unter ihnen dahin, strömten, rauschten tief unter ihnen zurück nach Brand, das jetzt schon hinter fernen Wolkenriffen lag. Aus Glas … Wenn der Boden des Helikopters aus Glas oder so durchsichtig gewesen wäre, wie Doc Morrison sich die ganze Welt wünschte, dann, vielleicht, hätte der gelbhäutige, enttäuschte Passagier in einem großen Panoramablick eine Ahnung vom Fliegen entdeckt. Aber so hinterließ er nur die Fettspuren seiner Haut auf dem Fenster, kaum sichtbare

Trübungen, und starrte auf eine baumlose Steinwüste hinab.

Manchmal glaubte er Kare, Felswände und Schneefelder wiederzuerkennen: Dort unten, am Fuß dieses Pfeilers, am Fuß dieser Wand, dort unten, über diese Halde, war er mit Lily und seinem Vater gegangen, geritten, gestern, damals, in einer anderen, lange vergangenen Zeit.

Aber jetzt …! Er glaubte zu fallen. Sie stürzten! Er suchte Halt; griff ins Leere. Ein Soldat, der hinter ihm hockte, rief ihm etwas zu. Er verstand kein Wort. Schräg durchschnitt der Horizont das Fenster, kippte, wurde zur Steilwand. Bering spürte, wie ihn das eigene träge Gewicht von diesem Anblick wegzerren wollte. Er schlug sich die Hand an einer Metallrippe wund und fand im letzten Augenblick doch einen sicheren Griff. Der Horizont sank in die Waagrechte zurück. Der Sturz war nur eine Figur ihres Fluges gewesen, eine Schleife in den Tiefflug. Der Schatten des Helikopters huschte über zerklüftete Felsen dahin, und plötzlich drängten auch die Soldaten an die Seitenfenster:

Dort unten, am Rand eines ausgedehnten Firnfeldes, sprangen sieben, acht, neun Gestalten in Deckung, warfen sich ins Geröll, verkrochen sich panisch in Felsspalten und Löchern, um der Schlachtmaschine zu entkommen, die aus der Sonne auf sie herabstieß.

Im Schußfeld, zu groß und massig für eine schnelle Flucht, blieb nur eine Kuh zurück; eine braun-weiß gefleckte Kuh. Nicht weniger panisch als ihre Treiber, schleifte sie einen Zerrstrick hinter sich her, galoppierte in schwerfälligen Sprüngen auf die Schneefläche zu, sprang in den Firn und versank darin bis an den Hals. Ihr Brüllen verlor sich in den unter dem Helikopter hochschlagenden Eiskristallfahnen.

Die Soldaten lachten – über die Panik der Cowboys dort unten, über eine im Schnee gefangene Kuh … und einige lachten wohl auch erleichtert, daß der Captain keinen Angriffsbefehl gegeben hatte. Lachend fielen sie in das Blau des Himmels zurück: Der Pilot drehte ab. Die Armee hatte Wichtigeres zu tun, als sich um ein paar versprengte Viehdiebe zu kümmern.

Und dann, eben noch fern und flirrend wie eine Luftspiegelung, schien ihnen ein Strom aus dem Gebirge entgegenzufließen, ein von Steilhängen und Schilfwiesen gefaßter Fjord. Der See. Eben noch tief im Steinernen Meer, jagten sie nun hoch über grünen Wellen dahin, und die glitzernden Spuren der Böen irrten ihnen voran; schon drehte sich das Blinde Ufer vor ihnen, die Treppe des Steinbruchs – aus der Höhe erschien alles leicht und glänzend, wie aus Seidenpapier die verfallende Große Schrift, die rostigen Arme der Förderbänder vor den Abraumhalden, dann die Seepromenade, die Ruinen des

Bellevue, alles kam und verging unter ihnen, Strandbad, Kastanienallee, Grand Hotel, weiße Mauern in einem herbstlich klaren Licht. Hell und federleicht, strahlend wie ein lange verheißenes Land, schwebte das Ufer von Moor dem heimkehrenden Leibwächter entgegen. Aber plötzlich zeigte ihm die Tiefe nur noch eines – daß er zu spät kam:

Über dem Dampfersteg quoll ein teeriger Rauchpilz empor, und eingebettet in ein Nest aus Flammenzungen und Qualm lag die Krähe, lag das Wahrzeichen des Hundekönigs, lag Berings kunstvollstes Werk, umgestürzt, die offene Motorhaube ein klaffender Schnabel. Dort unten, umzingelt von Schaulustigen, machtlosen Helfern oder Brandstiftern, so nahe am Wasser und doch in einer unlöschbaren Glut, brannte der einzige Straßenkreuzer, der im Frieden von Oranienburg jemals über Moors Schlaglöchern dahingeschaukelt war, brannte, wie nur eine mit Treibstoff und Öl getränkte und in Kunststoff, weißem Gummi und ätherischen Farben prunkende Maschine brennen konnte.

Der Landeanflug, das plumpe, allmähliche Hinabgesetztwerden auf den Appellplatz vor dem Sekretariat, erschien Bering von unerträglicher Langsamkeit. Selbst die Gaffer, die jetzt vom Dampfersteg zum Appellplatz und einer neuen Sensation entgegenrannten, schienen schneller zu sein als der Helikopter. Bering sah sie rennen und stehenbleiben und nach oben schauen und weiterrennen. Dabei sollten sie Sand ins Feuer schaufeln, Sand und Erde! Hinunter, schnell! Warum ließ der Pilot seine Maschine denn jetzt nicht ebenso in den Sturzflug fallen wie zuvor schon wegen dieser paar armseligen Viehdiebe? Die Krähe brannte!

Und die Soldaten? Verstanden die nicht, daß sie jetzt, noch in dieser Sekunde, am Dampfersteg gebraucht wurden? Bering wollte ihnen seine brennende Schöpfung zeigen, einen Vogel in Flammen, und deutete hinab, schlug mit der Faust gegen das Glas des Seitenfensters, gegen die Metallrippen eines kalten Panzers. Aber die Soldaten hatten schon Schlimmeres gesehen als einen brennenden Wagen und nickten und lachten, bis einer von ihnen, es war schon in den Augenblicken der Landung, endlich begriff, daß dieser gelbhäutige Zivilist außer sich vor Wut oder Entsetzen war. Er packte den Tobenden am Ärmel, wollte ihn auf die Bank der Soldaten hinabziehen, *Hey, man! Cool, man! Sit down, man!* und brüllte ihm dann auch einen Befehl in der Landessprache zu, einen schneidenden Laut, der ebensoviel zu bedeuten schien: Sitz!

Aber Bering war nicht mehr zu halten. Er riß sich aus dem Griff des Soldaten los, stolperte im Ruck des Aufsetzens über eine Munitionskiste, schlug mit dem Kopf gegen einen Helm, fiel zwischen Soldatenstiefel, raffte sich wieder auf und stieß und drängte gegen die schon geöffnete Luke – und war unter den ersten, die hinaussprangen in die Staubwirbel des Appellplatzes.

Draußen stand der Moorer Sekretär wie in einem Wüstensturm, schwenkte eine Krücke zur Begrüßung und preßte die andere Hand salutierend oder vielleicht auch nur, um eine grüne Schirmmütze festzuhalten, gegen die Schläfe. Von den Moorern war im großen Staub keiner zu sehen.

Bering rannte an der Gestalt des Sekretärs vorüber und mit brennenden Augen über den Appellplatz und immer auf den Rauchpilz am Seeufer zu, als er im abschwellenden Getöse des Rotors eine unverwechselbare Stimme hörte. Es war die Stimme seines Herrn.

Er verstand nicht, was Ambras rief. Er verstand nur, daß dieser Schrei kein Hilferuf, sondern ein Befehl war und daß dieser Befehl ihm galt, ihm allein. Er blieb stehen, blickte suchend um sich.

Die Rotorblätter kreisten jetzt nur noch so träge wie der Ventilator an der Decke der Verwalterbaracke im Steinbruch an einem Sommertag. Die Staubwolke sank auf den Platz zurück und enthüllte dem Leibwächter das in sicherer Entfernung versammelte Moor. Weitab von der gaffenden Menge entdeckte er endlich auch seinen Herrn. Die Dogge wie festgewachsen an der Seite, stand Ambras in der Tür des Sekretariats und winkte ihn zu sich.

Komm her!

Bering gehorchte. Ambras schien unverletzt.

Los. Schneller.

Bering erreichte den Hundekönig fast gleichzeitig mit dem hellhaarigen Captain, der, gefolgt von zwei Militärpolizisten und dem gestikulierenden Sekretär, die Versammlung der Gaffer wie eine Ehrenkompanie abgeschritten war. Die Soldaten entluden den Helikopter, schleppten schwarze Kisten, auch zwei Maschinengewehre und einen Granatwerfer über den Platz.

Ambras streckte seine Hand schon nach der des Captains aus, aber noch bevor er zur Begrüßung des Offiziers in die Sprache der Sieger verfiel, rief er seinem Leibwächter *Bleib hier!* zu.

»Bleib hier! Das Ding ist nicht mehr zu retten. Die wollen uns erschlagen. Sie haben den Vogel in Brand gesteckt.«

29 Wut

Bravo. Jetzt mußte auch der große Herr wieder zu Fuß über die Seepromenade. Jetzt konnte er mit seinen Kötern um die Welle laufen, vom Hundehaus ins Sekretariat und zum Dampfersteg und wieder zurück oder sonstwohin. Mit der Krähe jedenfalls fuhr er höchstens noch zur Hölle. Die Kiste hatte ja wie ein Benzinkanister gebrannt. Und weit und breit keine Feuerwehr. So ein Unglück.

Wäre ja noch schöner. Einem Armeespitzel das Löschwasser nachtragen und sich dabei womöglich Brandblasen holen. Die Haare vom Kopf sengen lassen, damit der Spitzel weiterhin in einem Straßenkreuzer über die Dörfer fuhr! War doch sein Feuer. Was hatte denn ER getan? Keinen Handgriff. Stand vor der brennenden Kiste, hielt die Dogge an der Kette, damit sie ihm nicht auch davonlief wie der Fährmann, wie der Sprengmeister und die anderen, stand nur da, glotzte blöd in die Flammen und verkroch sich dann ins Sekretariat.

Aber das wird noch Ärger geben. Ich sage euch, das wird noch Ärger geben. Ob das klug war …

Ob WAS klug war?

Ihm die Krähe in Brand zu stecken.

Wir haben sie ja nicht angesteckt. Haben WIR *sie denn angesteckt?*

Wir sind immerhin dabeigestanden und haben zugesehen, wie diese besoffenen Steinbrecher die Kiste umgeworfen und die Lunte an den Tank gelegt haben.

Na und? Hätten wir ihnen einen Vortrag halten sollen? Hantieren mit offenem Feuer verboten! Ist es jetzt vielleicht auch schon verboten, unter dem vielen Zeug, das täglich irgendwo Feuer fängt, auch eine Kiste brennen zu sehen? Hätten wir uns die Augen verbinden sollen? Und war es vielleicht klug von IHM, *dieses Plakat an die Wand des Sekretariats zu nageln und sich dann ohne ein Wort davonzumachen? War das vielleicht klug, he? Nagelt dieses Scheißplakat an die Wand und geht einfach davon, besteigt seelenruhig sein Floß und will sich zum Steinbruch übersetzen lassen, als hätte er nichts weiter als irgendeinen Laufzettel ans Schwarze Brett genagelt, irgendeine Einladung zu irgendeinem Strandfest, Scheiße. Knallt uns den Räumungsbefehl vor den Kopf und rauscht in den Steinbruch ab!*

Aber es waren doch die Steinbrecher, die immer wieder gesagt haben, AUF UND DAVON, *lieber heute als morgen, ab ins Tiefland, nach Brand, in die Westzonen, nach Amerika, irgendwohin, nur weg von hier …*

Natürlich ins Tiefland, natürlich nach Brand, ohne Passierschein nach Brand. Aber doch nicht so! Unsere

Häuser innerhalb eines Monats räumen! Der Steinbruch geschlossen, die Seeregion gesperrt wie ein Seuchengebiet! Und das nur, weil die Armee eine neue Sandkiste braucht.

Scheiße. TRUPPENÜBUNGSGELÄNDE. Wozu wollen sie denn jetzt noch üben? Hat doch funktioniert. Nagoi … wie? Wie hieß das, wo sie gewonnen haben? Haben doch gewonnen, dort. Jagen halb Japan in die Luft und sagen, das wars, das waren die letzten, jetzt sind sie alle erledigt, jetzt ist Ruhe – und machen am nächsten Tag die Seeregion, das ganze Gebirge zum Schießplatz, weil sie weiterüben wollen …

Und wir? Wir Idioten dürfen alles zusammenraffen, dürfen wie im Krieg alles zusammenraffen und auf eins, zwei verschwinden.

Und wer macht ihnen wieder einmal den Laufburschen, he? Dieser Spitzel. Dieser Hundeficker. Nagelt HAUT AB und VERSCHWINDET an die Wand und wundert sich, wenn hinter ihm die Funken fliegen. Geht einfach davon, hockt sich aufs Steinfloß und rechnet wohl schon während der Überfahrt, wieviel ihm der ganze Schrott aus dem Steinbruch beim nächsten Alteisenjuden einbringen wird …

Naja, lange hat er nicht gerechnet. Mußte doch gleich wieder volle Kraft zurück, weil ihm am Steg ein Licht aufgegangen ist. Feuer am Dach. Krähe am Grill. Und volle Kraft zurück.

Dabei hat er noch Glück gehabt, daß ihm die Kiste

nicht unterm Arsch explodiert ist. Wäre doch das schönste Feuerwerk gewesen, wenn ihn die Mineure mitsamt seinen Kötern verheizt hätten. Vielleicht will es jetzt in seinen Hundeschädel, daß er sowas mit uns nicht machen kann: Läßt uns an einem Tag ausrichten, daß alles weitergehen soll, der Abbau, die Schottermühle, alles auf Sparflamme, aber immerhin weiter, und nagelt ein paar Tage später diesen Scheiß an die Wand …

Aber der Befehl dazu kam doch vom Oberkommando. Und er ist immerhin der Verwalter. Die haben den Befehl doch nur mit seiner Hand an die Wand genagelt. Die haben ihn ins Feuer geschickt, so wie er den Schmied ins Feuer schickt.

Er ist immerhin der Verwalter? Verwalter wovon? Was verwaltet denn der? Eine Schutthalde verwaltet der, einen Haufen Steine, einen Hundezwinger! Scheiße. Verwalter. Ein Köter ist er und gehört wie ein Köter behandelt. Ein Tritt, ein Stein auf den Schädel, Feuer unterm Arsch und aus.

Und was soll das helfen? Hinter dem steht doch die Armee. Erschlägst du einen von denen, stehen zehn andere auf. Und auch den einen mußt du dreimal erschlagen. Der Hund ist zäh, sag ich euch. Der Hund ist zäh. Den hat das Lager nicht umgebracht, den bringt nichts so schnell um. Zieh ihm eins über und steck ihm das Haus an – der wischt sich das Blut von der Nase, bürstet sich den Ruß ab, bellt ins Funkgerät, und schon kommt die Armee und räumt auf, bringt ihm eine neue Kiste, setzt ihn in ein neues Haus ... Der Herr sind abgebrannt? Der Herr sind verwundet? Haben der Herr einen Opferpaß? Ach, und auch den Lagerstempel aufm Arm? Bitte sehr, hier die Entschädigung, hier das Schmerzensgeld. Und schon beginnt alles von vorn. Das kennen wir doch. Sowas kennen wir bestens.

Und was ist, wenns bei uns brennt? Wenn die Glatzen ihre Fackeln in unsere Fenster schmeißen, unsere Weiber jagen und uns das Vieh davontreiben? Scheiße. Nichts ist dann. Dann heißts nur: Ist doch eure Brut.

Wie lange hat denn seine Kiste gebrannt? Zehn Minuten? Fünfzehn? Kaum richtig Feuer gefangen hat sie, und schon kommt eine halbe Kompanie in einer dieser Hornissen angeflogen und bringt ihm auch gleich seinen Leibwächter mit.

Leibwächter, daß ich nicht lache. Der Schmiedjunge und Leibwächter. Der braucht bloß ein paar hinter die Löffel und dann marsch, zurück an den Amboß. Habt ihr ihn nicht gesehen? Wie ein aufgescheuchtes Huhn ist er über den Platz gerannt, bis ihn sein Herr zurückgepfiffen hat ...

Von wegen aufgescheucht. Paß bloß auf mit dem, sage ich dir. Der trägt sogar beim Fischen seine Pistole. Der Junge ist schon wegen anderer Sachen wild geworden.

Der und wild? Den hat die Schmiedin doch mit Ker-

zen und Marienbildchen aufgezogen. Der ist doch aufm Weihwasser dahergeschwommen.

Paß bloß auf mit dem. Den hat der Hundekönig verbogen. Hat ihn auf seine Seite gezogen. Hat ihm werweißwas ins Fressen getan.

He! Da fürchtet sich wohl einer. Kannst ihm ja Baldrian und Zuckerwatte schicken: Wir bitten vielmals um Entschuldigung, aber die Krähe ist wohl ein bißchen zu hoch geflogen. Muß zu nahe an die Sonne geraten sein. Hat plötzlich Feuer gefangen. Brannte wie ein Benzinkanister, der Vogel. Wie ein Benzinkanister. Nichts für ungut. Und gute Fahrt.

Lach nur. Ich sage dir: Paß auf mit dem. Hast du ihm schon einmal in die Augen gesehen?

In die Augen? Bist du so scharf auf den? Ich schau so einen Scheißer nicht an, und wenn er mir eine Kiste voll Tabak und Kaffee hinstellen würde. So einen Scheißer schau ich nicht an.

Red nur. Ich hab seine Augen gesehen, und ich sage dir, der starrt dich an wie irgendsoein Vieh, der hat die Augen von irgendsoeinem Vieh … Der starrt dich an wie ein Wolf.

In der ersten Nacht nach seiner Rückkehr aus dem Tiefland fand Bering keinen Schlaf. Er ertrug den Hundegeruch seines Bettes nicht mehr (das Rudel hatte in den Tagen seiner Abwesenheit sein Zimmer besetzt und mußte erst wieder in die alten Grenzen zurückgejagt werden). Er ertrug das Knakken der Parkettböden und die stickige Luft in den Korridoren der Villa Flora nicht mehr, ertrug nichts mehr in diesem schlafenden Haus und flüchtete ins Freie.

Leise wie ein Tier auf der Jagd streifte er durch den Park, ging unter den schwarzen Armen der Mammutföhren dahin, patrouillierte an dem mit wilden Rosen, Efeu und Disteln zu einer metallisch-organischen Palisade verwachsenen Stacheldrahtverhau, lehnte an der Mauer des Turbinenhauses am Bach und hörte das tiefe Singen des Schaufelrades aus dem Innern, stieg den langen Treppenweg zum verfallenen Bootshaus hinab und hastete beim ersten verdächtigen Geräusch, das er aus dem undurchdringlichen Dunkel am Gittertor der Auffahrt zu hören meinte, wieder zurück.

Er hätte sich wie ein Besessener auf jeden Eindringling und jeden Angreifer gestürzt und hätte noch mit den Hunden darum gekämpft, wer seine Waffen zuerst in das Fett, in die Muskeln, in das Fleisch eines Feindes schlagen durfte. Am vergangenen Abend, während Ambras über den Konstruktionsplänen der Schottermühle am Küchentisch saß und trank, hatte er an der Werkbank der leeren Garage die Teleskopfeder eines Rüttelsiebes aus dem Steinbruch in eine Stahlrute verwandelt und an den Griff dieser Rute eine der geschmiedeten Vogelkrallen vom Kühlergrill der Krähe festgeschraubt. Er hatte die ausgeglühte, vom noch heißen Wrack gesägte Kralle zurechtgefeilt und geschliffen, bis sie so scharf war wie die Klinge seines Springmessers. Für einen Brandstifter aus Moor brauchte er keine Pistole. Dem schlug, dem hackte er mit dieser Kralle den Brandsatz aus der Faust!

Aber als Bering keuchend die Auffahrt erreichte, die Mammutföhren, die schwärzer als die Nacht in den sternenlosen Himmel ragten, war nichts mehr zu hören. Am Seerosenteich, unter den Föhren, in der Wildnis um das schlafende Haus, blieb alles still. Auch das Rudel gab keinen Laut.

Er duldete, daß ihn einige Hunde auf seinem Patrouillengang begleiteten. Und obwohl er jeden von ihnen auch in der Finsternis erkannte, flüsterte er ihnen keine Kommandos und auch keinen jener Kosenamen zu, mit denen Ambras sie manchmal rief. Er ermunterte seine Begleiter nicht, er tätschelte und lobte sie nicht, aber er befahl sie auch nicht zum Haus zurück, sondern ließ zu, daß sie hechelnd an seiner Seite blieben, und sank mit jedem Schritt tiefer in seinen verzehrenden Haß. Doc Morrison hatte ihm versprochen, daß sich die Löcher in seinem Blick aufhellen und schließlich verschwinden würden. Also konnte er den Brandstiftern versprechen, sie in ihren Häusern und in jedem Versteck und jeder Zuflucht zu finden. Er schwor ihnen, sie zu finden. Er sprach mit sich selbst.

Die Hunde, die ihn begleiteten, horchten auf: Was wollte er? Sie verstanden dieses Gemurmel nicht. Sie liefen neben ihm her, hielten immer wieder inne, sahen ihn hechelnd an, und einer von den kurzhaarigen Mischlingen, in denen die Kraft und die Bissigkeit, der Spürsinn, die Jagdgier und alle Eigenschaften des Rudels zu einem einzigen sehnigen, gefleckten Körper verschmolzen schienen, begann in seiner Verwirrung zu bellen – und sofort erhob sich in der nächsten und fernsten Finsternis ein Gekläff und Geheul, das minutenlang anhielt. Bering kümmerte sich nicht darum. Er war wie taub. Er erinnerte sich: sah die Schweißnähte über das Blech des Studebaker kriechen, sah die feurigen Spuren seiner Arbeit an der Verwandlung eines Wracks in ein Bildnis seiner Phantasie noch einmal aufglühen und erlöschen. Er spürte den Griff der Stahlrute in seiner Faust wie den Griff des Schweißgerätes in den Wochen der Großen Reparatur und zog jede Naht noch einmal nach und hämmerte die Wagenschläge in die Form gefalteter Vogelschwingen im Sturzflug und schmiedete auch den Schnabel und die Krallen des Kühlergrills wieder und wieder, schmiedete Dutzende, Hunderte Krallen und schlug sie alle in die höhnischen Gesichter Moors, in die Schläfen, in die Wangen, in die Augen dieser grinsenden Fratzen, die ihm im Staubwirbel der Landung erschienen waren, zerriß und zerhackte alles, was er in der Erinnerung an die Stunde seiner Rückkehr zu fassen bekam. Er trauerte um seine Maschine.

Wenn er eine Runde vollendet hatte und zum neunten, zehnten und elften Mal an den Holzsäulen der Veranda vorüberkam, an den verwitterten Faunen der Freitreppe, schlug er mit der Stahlrute auf den Rand eines leeren, von steinernen Nymphen umtanzten Bassins, schlug kurze, unmelodische Signale seiner Wachsamkeit auf rostzerfressenen Wasserspeiern, Regenrinnen oder auf dem moosigen Schädel eines Fauns. Die Fensterläden des Musiksalons standen offen. Wenn der Hundekönig in seinem Zwinger wachlag, sollte er an diesem Getrommel hören, daß auch sein Leibwächter nicht schlief und begierig danach war, seine Feinde zu stellen und zu schlagen und jeden Funken zu ersticken, der aus Moor in sein untergehendes Reich übersprang … Auch wenn die Armee im Anmarsch und am See kein Bleiben mehr war und sie nun alle verschwinden mußten, alle, die Steinbrecher, die Salzsieder und Fallensteller ebenso wie die Sekretäre und Vertrauensmänner, so würde er, Bering, der Leibwächter des Hundekönigs, der seine alte Sehkraft selbst in dieser Finsternis wiederkehren spürte, die Villa Flora bis zum Tag und zur Stunde des Aufbruchs gegen Moor verteidigen und jede Chance nützen, den Brandstiftern die Zerstörung der Krähe zu vergelten.

Der einzige Lichtschein, der jetzt noch über die

Seepromenade und die Ruinen der Hotels hinweg bis zur Anhöhe der Villa Flora drang, war das Flackern der Wachfeuer vor dem Bellevue. Manchmal war sogar das ferne Brummen eines Aggregats zu hören, das je nach Windrichtung anschwoll und wieder verwehte. Aber auch durch das Fernglas entdeckte Bering kein anderes sichtbares Zeichen für die Gegenwart der Armee als diesen roten, unruhigen Widerschein in den Kronen der Platanen über dem Waschhaus des Bellevue. Wie so viele Strafexpeditionen vor ihnen, hatten auch die Soldaten des hellhaarigen Captain ihre Zelte unter den schwarzen Balkonen und leeren Fensterhöhlen des einst mondänsten Hotels am See aufgeschlagen. Aber diesmal waren sie nach der Errichtung ihres Lagers nicht ausgeschwärmt, um Totschläger und Kahlköpfe zu jagen. Diesmal, verflucht, wo sie keinen Schritt ins Gebirge und in die Wildnis hätten tun müssen, sondern nur die Hand auszustrecken brauchten, um die Brandstifter in Moors Häusern oder gleich auf dem Appellplatz gefangenzunehmen – diesmal hatten sie sich einen Dreck geschert um die Feinde des Hundekönigs, die doch auch ihre Feinde waren.

Während der Helikopter sich wieder aus dem Staub erhoben hatte, aufgestiegen war, zu einem dunklen, singenden Punkt schrumpfte und über den Schneefeldern des Steinernen Meeres verschwand, hatten diese Soldaten bloß wie ein Trupp müder Pioniere damit begonnen, die Piloten des Dampferstegs notdürftig zu verstärken und Fahrbleche über die Bohlen zu legen. Und während die Krähe verglühte und schwarze Rauchfahnen auf den See hinaustrieben und der Captain mit dem Hundekönig für den Rest des Nachmittags über eine Militärkarte gebeugt im Sekretariat hockte, mit einem Rotstift Wellenlinien und Kreise über die Seeregion kritzelte und dazu den selbstgebrannten Schnaps des Sekretärs trank, hatte Bering stumm vor der offenen Tür gewartet und zugehört, wie die beiden sich in der Sprache der Sieger unterhielten – und sogar lachten. Aber verstanden hatte er nur, daß sich selbst Ambras nicht weiter um das Feuer am Dampfersteg kümmern wollte und über die Gaffer auf dem Appellplatz, über die Brandstifter, über seine Feinde, gleichgültig hinwegsah.

»Wir brauchen den Vogel nicht mehr«, hatte Ambras zu ihm gesagt, zu ihm, der aus dem Tiefland zurückgekehrt war, um diesen Vogel und alles, was zum Hundehaus gehörte, vor der Zerstörungswut und dem Neid und der Gier Moors zu beschützen. »Wir brauchen den Vogel nicht mehr. Wir fahren in Sattelschleppern, in Panzerwagen, in Jeeps … ab morgen hast du die Wahl. Die Armee ist im Anmarsch. Du bist mit der Vorhut zurückgekommen, verstehst du, das war bloß die Vorhut.«

Morgen. Die Armee. Wir brauchen den Vogel

nicht mehr. Die Armee war im Anmarsch. Sie kam nicht im nächsten Monat und nicht im nächsten Jahr, wie doch der Hundekönig selber noch vor einigen Tagen gesagt hatte. Sie kam morgen, und sie erhob Anspruch auf ein vor Jahrzehnten erobertes Land. Denn jetzt, wo auch die letzten ihrer bewaffneten Feinde im Feuer von Nagoya verbrannt oder geflohen waren, jetzt, wo es keine Macht mehr gab, die noch imstande gewesen wäre, die Armee des Friedensbringers anzugreifen oder sich ihr bloß zu widersetzen, jetzt brauchten Stellamours Krieger ein ganzes Gebirge, brauchten den See, das Hügelland, das Steinerne Meer, um sich in unaufhörlichen Manövern und auf künstlichen Schlachtfeldern bereit zu halten für die Stunde, in der ein neuer, noch namenloser Feind hervorbrechen würde aus dem Schutt erloschener Städte und aller Zukunft.

»Sie sollen kommen. Sie sollen ruhig kommen«, murmelte Bering, und die Hunde hörten ihm ratlos zu. Sie sollten nur kommen, die Friedensbringer, und das Land bis hinauf an die Baumgrenze, bis in die Gletscherregion hinauf, umpflügen mit ihren Manövern. Ihm war es recht. Und die Moorer und mit ihnen alle Bewohner dieses verfluchten Ufers, alle diese Brandstifter und Nachkommen von Brandstiftern, sollten ihre Felder und Weiden nicht mehr von der Wildnis unterscheiden können und ihre letzten, verrotteten Maschinen nicht mehr von jenem ausgebrannten Wrack, das nun erkaltet und wie ein Denkmal der Wut vor dem Dampfersteg lag.

Am nächsten Morgen, die Nacht war in frostiger Stille vergangen, saß Bering schlafend im Korbstuhl des Hundekönigs auf der Veranda, schlafend trotz der Kälte, die seinen Atem in weißen Hauchfähnchen verwehen ließ. Auf den Uferwiesen schimmerte der Reif. Es wurde Herbst.

Als ein fernes Dröhnen den Leibwächter weckte, meinte er im ersten Augenblick des Erwachens die Krähe zu hören und erhob sich so jäh, daß er auf die Kralle seiner Stahlrute trat, die ihm im Schlaf entglitten war. Er stolperte und fiel zwischen die zu seinen Füßen dösenden Hunde. Das Dröhnen schwoll an, aber noch ehe er sich wieder erhoben hatte, war er wach genug, um zu erkennen, daß dies kein einzelnes Motorgeräusch, sondern der Zusammenklang vieler Motoren war. So klang nur die Armee. Die Sieger von Oranienburg und Kwangju, die Triumphatoren von Santiago und Nagoya rollten in einem Troß von Räumfahrzeugen, Caterpillars, Lastwagen, Panzern und Jeeps die Schilffelder entlang und gegen Moor … Und Moor, dessen Bewohner auf dem Appellplatz zusammenliefen, wo diese große Kolonne nach und nach zum Stillstand kam, Moor erinnerte sich: Dieses Getöse, dieses Gerassel, diese staubbedeckten Soldaten, die vor sich hin starrten, als wären sie für jeden Zuruf und erst recht jede Bitte taub, dies alles war wie in den letzten Tagen des Kriegs, nein, das war der Krieg.

»Die Armee gibt, die Armee nimmt«, krachte die Stimme des Captain an diesem Morgen aus den Lautsprechern auf dem Appellplatz: Bering hatte in den Salons und Korridoren des Hundehauses und selbst im Park vergeblich nach seinem Herrn gesucht und war dann der Kolonne nachgerannt, war bis zum Appellplatz, zum Sekretariat, gerannt und gerannt. Dort, endlich, hatte er den Hundekönig an der Seite des Captain gefunden. Sie standen beide auf einem Panzer! Aber nur der Captain hielt ein Mikrophon in der Faust und schrie in das Dröhnen der Kolonne. *Die Armee gibt, die Armee nimmt.* »Gelobt sei die Armee!«

Moor stand den Besatzern in ungeordneten, murmelnden Gruppen gegenüber. Obwohl kein Befehl zu einer Versammlung auf dem Appellplatz ergangen war, drängten immer mehr Menschen aus den Gassen und Häusern auf den Platz. Schon mußten sich die Neugierigsten gegen die Nachkommenden stemmen, um nicht gegen Laufketten und Räder – und vor allem nicht gegen einen Kordon von Infanteristen gedrängt zu werden, die ihre Sturmgewehre schußbereit vor der Brust hielten.

Wie ein Kommandant der ersten Besatzungszeit stand der Captain am Geschützturm des Panzers und unterbrach sein Geschrei manchmal, um den

Fahrer eines Truppentransporters oder eines Räumfahrzeugs in seine Parkposition zu dirigieren. Die Kolonne formierte sich unter den Augen Moors wie zur Schlacht. Dieselqualm trübte die Sicht. Dann ließ das Dröhnen nach. Dann war allein die Stimme aus dem Lautsprecher zu hören. Aber das meiste von dem, was sie den Moorern zuplärrte, stand ohnedies auch auf den Flugblättern zu lesen, die zwei Soldaten von der Plattform eines Lastwagens warfen:

Die Armee erhob Anspruch auf ihre Beute. Jahrzehnte nach ihren Siegen im Steinernen Meer und im Tiefland erhob die Armee nun endlich Anspruch auf hart erkämpftes Land. Sie brauchte den See, die Almen, die Hochmoore. Das ganze Gebirge. Aber sie war nicht nur gekommen, um diese Wüsten als Truppenübungsgelände endlich nutzbar zu machen für den Frieden, sondern sie forderte nun auch alle Leihgaben zurück, die sie bisher großzügig am Blinden Ufer belassen hatte, alle Werkzeuge und Maschinen zur Spaltung und Verarbeitung des Granits, die Seilsägen, die Brecher, Förderbänder, Zugwinden, Loren … alles. Die Armee wußte so gut wie die Bewohner des Seeufers, daß der Moorer Granitbruch erschöpft war, loses Geröll, Abraum, Faulwände in allen Richtungen des Abbaus …

Geräte und Maschinen, schrie der Captain, würden daher an anderen, ergiebigeren Orten dem großen Erinnerungswerk Stellamours und dem Weltfrieden nützlicher sein als hier, auf jenem Schießplatz, in den sich der Steinbruch von Moor nach dem Willen des Friedensbringers und seiner Generäle nun verwandeln sollte. Und es sei doch wohl nicht zuviel verlangt, schrie der Captain, wenn die Armee nun die bisherigen Nutznießer dieses Maschinenparks verpflichte, am Ende der Leihfrist und zum Dank sozusagen verpflichte, ihr bei der Demontage und Verladung des Geräts und beim Aufbau eines Militärlagers zu helfen, eines Ausbildungslagers, eines Barackenlagers im Steinbruch. »Und als Belohnung hat das Oberkommando jedem von euch die freie Passage ins Tiefland zugedacht. Jedem von euch Unterkunft, Arbeit und ein neues Leben im Tiefland! Die Armee gibt jedem einzelnen von euch mehr, viel mehr, als ihr alle zusammen verdient …!«

Zwangsarbeit. Manche von den Versammelten, denen die Sicht auf den Captain durch ein Armeefahrzeug oder das bloße Gedränge verstellt war, glaubten Major Elliots Stimme aus den Lautsprechern zu hören und fragten *ist er zurück? Ist dieser Wahnsinnige wieder da?*

Der Wahnsinnige? Der oder ein anderer. Wer da schrie, wer da brüllte, das war jedenfalls ein Feind. Ein Feind wie der Hundekönig. Wie der Sekretär. Wie der Schmied und alle diese Überläufer, alle diese Verräter.

Die Moorer bückten sich nach den Flugblättern

und wagten doch nicht, sie zu zerknüllen. Wagten kein Zeichen des Protests, kein Wort der Empörung. Der Feind zeigte mit seinen Geschützrohren und Gewehrläufen auf sie. Gestern wären sie stark genug gewesen, um den Hundekönig mit Feuer und Steinen zu schlagen. Aber heute. Heute thronte dieser König neben einem hellhaarigen Captain inmitten der feindlichen Armee.

Bering stand so dicht vor den Soldaten, daß er das Öl an ihren Waffen zu riechen meinte, und sah seinen Herrn doch nicht anders, als ihn auch die Moorer in dieser Stunden sahen: einen stummen Mann hoch oben vor dem Geschützturm des Panzers, drohend, fern, unangreifbar, unbesiegbar. Wen eine solche Übermacht schützte, der brauchte keinen Leibwächter mehr. Und was immer der Captain einer solchen Übermacht in sein Mikrophon schrie und was immer er Moor befahl – die Errichtung eines Lagers, die Arbeit im Steinbruch oder das bloße Verschwinden –, es war so gut wie getan.

30 Hund, Hahn, Aufseher

Das Zeitalter der Parties war vorüber. Was in den Tagen und Wochen nach dem Einmarsch der Armee in Stellamours Namen und auf Befehl des hellhaarigen Captain in Moor und am Blinden Ufer geschah, das waren keine Sühnerituale mehr und keine bloßen Nachstellungen der Zwangsarbeit wie zu Major Elliots Zeiten, sondern das war die Arbeit selbst, die Wirklichkeit: Die Kegel- und Hammerbrecher des Schotterwerks mußten demontiert und tonnenschwere Exzenterwellen und Brecherbacken aus Manganstahl von der Steinmühle an den Verladesteg geschleppt werden. Jetzt wog jede Last, was sie wog, und war keine bloße Attrappe wie die Granitquader einer Stellamour-Party zu Elliots Zeiten, und am Rande jeder Mühsal stand auch kein Regimentsfotograf, der gekrümmte Rücken und graue, staubige Gesichter für ein Album der Grausamkeit festhielt … Nichts war Vergangenheit, nichts mehr bloßes Gedenken, jetzt war alles Gegenwart. Sank einer von den Lastträgern am Fuß der Großen Schrift in die Knie, dann vor Erschöpfung und nicht, weil ein Fotograf oder Zeremonienmeister ihm diese Pose befahl. Und wenn ein Salzsieder oder Schafzüchter an den arbeitsfreien Tagen sein Haus in Moor oder in Haag leerzuräumen begann, dann mahnten die kahlen Räume, die rissigen Wände, die Bündel, die sich im Flur stapelten, nicht mehr an die Fluchten und Vertreibungen der Vergangenheit, sondern nur noch an die Zukunft. Und die Zukunft, das war der Abschied von Moor.

Du … und du, ja, du, der da und du, he, dich meine ich, hierher, du auch, herkommen, mach schon, los, schneller!

Wenn an einem Morgen nicht genug Freiwillige am Dampfersteg bereitstanden, um mit der Schlafenden Griechin zur Demontagearbeit ans Blinde Ufer übergesetzt zu werden, rumpelte ein Stellungskommando in zwei Lastwagen über die Dörfer und sammelte arbeitsfähige Männer ein. Jeden Abend ließ der Captain die für den nächsten Tag geforderte Anzahl von Arbeitern in großen Ziffern an das Schwarze Brett des Sekretariats schlagen, und es kümmerte ihn nicht, ob die Kaffs ihre Freiwilligen durch das Los ermittelten, bloß überredeten oder mit Drohungen dazu brachten, am nächsten Morgen am Dampfersteg zu erscheinen. Aber fehlten zur geforderten Zahl auch nur zwei, fuhr das Kommando los, und dann wurde nicht mehr gezählt, sondern dann wurden die Lastwagen *vollgemacht*, und jede Stunde Verspätung, die durch diese Jagd entstand, mußte im Steinbruch nachgeholt werden. Die Arbeitsschichten dauerten manchmal bis tief in die Nacht. Lohn gab es keinen. In Moor kam es nach den erschöpfenden Tagen oft zu Schlägereien, denn wer dem Steinbruch zu entkommen versuchte und dadurch die Last den anderen aufbürdete, der wurde von den eigenen Nachbarn verfolgt und geprügelt.

Am Blinden Ufer war viel zu zerstören. Die verzweigten, vom Verladesteg zu sieben verschiedenen Halden führenden Schienen der Feldeisenbahn mußten aus dem felsigen Grund gerissen werden wie damals die Weichen und Geleise am Kreuz von Moor. Aber diesmal wurde die Arbeit nicht von einer tätowierten Strafkompanie getan. Tag für Tag schaukelte der Ponton so schwer mit Metallteilen beladen über den See, daß das Wasser beim einfachsten Manöver über Bord schwappte. Schon nach der ersten Woche der Demontage lag eine ins Ungeheure wachsende, rostende Fracht zum Weitertransport ins Tiefland bereit: Trommelsiebe, Laufrollen, Spanngewichte und Stahlblechschurren, Siebkästen, Bohrlafetten, Ketten, Seilsägen und Schwungräder, Gitterroste, Schlagleisten, Prallplatten und selbst die Wellblechdächer jenes Schotterwerks, aus dem in den vergangenen Jahren Schüttmaterial aller Korngrößen für die Straßen und Bahndämme des Tieflands geprasselt war, türmten sich nun am Dampfersteg wie eine monströse Nachbildung des versunkenen Eisengartens der Schmiede.

Die Tage wurden kalt. An manchen Morgen standen der Hundekönig und sein Leibwächter in Militärmäntel gehüllt am Dampfersteg, während ein Sergeant die zum Appell angetretenen Lastträger abzählen ließ. Was immer jetzt im Steinbruch oder auf dem Weg dorthin getan werden mußte – stets waren Soldaten in der Nähe, in Schußweite, und garantierten, daß jede Anweisung des Hundekönigs oder seines Leibwächters als ein Befehl befolgt wurde. Der Captain selbst kam selten ans Blinde Ufer. Er blieb in Moor, spielte mit dem Sekretär und einigen Vertrauensmännern der Armee Poker und verwies alle Bittsteller aus den Dörfern, die um Arbeitserleichterungen oder andere Vergünstigungen ansuchen wollten, an den Hundekönig. Aber der war für Bitten und Beschwerden ebenso taub wie die Armee und ließ seinen Leibwächter für sich reden: Bering schlug Bitten ab. Bering befahl. Bering drohte. Im Schatten der Armee rächte sich Bering für die Verbrennung der Krähe. Und sein Herr ließ ihn gewähren. Sein Herr saß in der Verwalterbaracke und schrieb Listen.

In diesen Tagen der Demontage und der Räumung von Häusern und Kaffs, der Zeit der Verwandlung des Steinbruchs in einen Schießplatz der Armee, schien die Herrschaft über das Blinde Ufer vom Hundekönig allmählich auf seinen Leibwächter überzugehen. *Er* war es ja, der die Steinsägen und Förderanlagen und Aggregate gewartet und immer wieder repariert hatte und mit dem Mechanismus eines Kegelbrechers so vertraut war wie mit dem Räderwerk seiner eigenen Schöpfungen. Und er achtete jetzt mit quälender Sorgfalt darauf, daß jedes Schwungrad und jedes Gelenk behutsam ausgebaut, mit einer Nummer versehen, behutsam verladen, über den See gebracht und am Dampfersteg unter Wellblechdächern gelagert wurde. Wenn ein Lastträger dabei auch nur ein Spanngewicht oder ein rohes Stück Eisen fallenließ, geriet er in Wut. Die Freiwilligen begannen ihn zu fürchten. Denn von der Armee gedeckt und beschützt, ja ebenso unangreifbar gemacht wie sein Herr, wurde er mit jedem Tag und in jedem seiner Wutausbrüche unberechenbarer.

Hund nannten ihn die Freiwilligen jetzt unter sich, Hund und Hahn und manchmal bloß Aufseher. Und er hetzte tatsächlich wie ein von der Kette gelassener Hofhund von den Halden zum Schotterwerk, vom Werk zum Verladesteg und wieder zurück und trieb unentwegt zur Arbeit an und drosch mit seiner Stahlrute wütend gegen Gestänge und rostige Blenden und glich tatsächlich auch einem Hahn, wenn er seine Anweisungen mit überschlagender Stimme in die Halden schrie und dabei die Stahlrute mit der an den Griff geschraubten Kralle drohend erhob.

Und dann stand dieser Hahn, stand dieser Aufseher, stand dieser Hund wieder minutenlang wie versteinert vor der verwitterten Faulwand am Fuß der Großen Schrift oder an der Verladerampe oder vor den weiß bestäubten Mauern des Schotterwerks und starrte ins Leere und ließ seinen durchlöcherten Blick über Felsen und Mauerrisse und über das graue Wasser gleiten, besessen von den mit jeder Augenbewegung aufsteigenden und sinkenden blinden Flecken, an denen er die ersten Anzeichen der Erfüllung von Morrisons Prognose zu erkennen glaubte: Die Male verloren an Schwärze. Wurden durchscheinend an ihren Rändern. War das wirklich schon das wiederkehrende Licht? Die Male schrumpften. Doc Morrison hatte sich nicht getäuscht. Morrison würde recht behalten. Seine Sehkraft kehrte zurück.

Aber wenn Bering aus seiner Erstarrung erwachte und die Abraumhalden, die Verladerampe und die Freiwilligen sah, die Brandstifter, erwachte auch seine Wut wieder. Es war an einem kalten, sonnigen Herbsttag, an dem die Wasserlachen im Schatten der Rampe bis in die Mittagsstunden unter zartem Eis lagen, an dem Bering einen aufsässigen Lastträger mit der Stahlrute schlug und verletzte, einen Fuhrknecht aus Haag, der keine Befehle von einem Rotzlöffel, von einem Hurenbankert, vom Schoßhund eines Spitzels entgegennahm. Bering schlug den Mann so plötzlich auf Brust, Kopf und Schultern, daß der kaum Zeit fand, auch nur seine Arme zu erheben, und unter der Wucht der Schläge taumelte und in die Knie sank und sich blutend unter weiteren Schlägen krümmte, bis Ambras aus der Verwalterbaracke trat und *Aus* schrie: »Aus!«

Die Wachsoldaten, die an einem Feuer vor der Baracke Büchsenfleisch aßen, griffen nach ihren Gewehren und erhoben sich – und hockten sich wieder auf die Steine, als sie sahen, daß nichts weiter geschah, daß zwei Lastträger dem Geschlagenen auf die Beine halfen und der Aufseher einem Wink des Verwalters folgte und mit ihm in die Baracke verschwand.

»Was wird aus uns?« fragte Bering an diesem Tag nach einem langen Schweigen. »Wohin gehen wir?« Er saß am Tisch der Baracke und sah seinem Herrn in die Augen. Zwischen ihnen, auf einer gefleckten, hölzernen Tischplatte, lag die Stahlrute, die Kralle. Ambras schob die Waffe, auf der das trocknende Blut des Fuhrknechtes von Rostspuren kaum noch zu unterscheiden war, wieder über den Tisch zurück, stieß sie vom Tisch, daß sie Bering in den Schoß fiel, und wiederholte, was auch jeder von den Freiwilligen dort draußen hätte antworten können: »Wir gehen dorthin, wo die Armee uns haben will.«

»Nach Brand …?«

»… und weiter. Immer den Steinen nach. Irgendwohin, wo es noch Steine gibt, Steine, verstehst du, und nicht bloß Faulwände, Schutt und Geröll.«

»Wann gehen wir?«

»Wenn wir hier fertig sind. Verschwinde jetzt. Gib dem Kerl da draußen Verbandszeug und sag den anderen, sie sollen das Floß nicht wieder überladen wie gestern. Los, verschwinde.«

Immer den Steinen nach. Das war alles? Mehr wußte der Hundekönig nicht über die Ziele der Armee und seine eigenen Wege? Er sah den Captain doch fast täglich. Er mußte mehr wissen. Aber wann immer Bering ihn fragte, gab Ambras nur Andeutungen zur Antwort oder schwieg, so, als sei ein Geheimnis oder als sei ihm gleichgültig geworden, wohin dieses Leben ihn noch führte. *Irgendwohin. Vielleicht. Kann sein. Wasweißich. Laß mich in Ruhe. Hau ab. Verschwinde.*

Zweimal schon hatte Bering seine Abneigung überwunden, hatte sich Sätze in der Sprache der Armee zurechtgelegt und den Fahrer des Captain und dann auch die Wachen im Steinbruch nach den Plänen des Oberkommandos gefragt, nach der Zukunft. Aber die Soldaten zuckten nur die Achseln und schüttelten den Kopf oder taten, als verstünden sie ihn nicht. Und Lily, die von der Armee doch alles haben und alles erfahren konnte, Lily war und blieb in diesen Tagen verschwunden. Und sonst … sonst war da niemand mehr, der mit dem Leibwächter, mit dem Aufseher, sprach.

Seit Bering ohne Lily aus dem Tiefland zurückgekehrt war, wurde im Hundehaus kaum noch gesprochen. Ambras, geplagt von den Schmerzen in Schultern und Armen, war mürrisch, fremd, wie entrückt – oder lag es an seinem Leibwächter, den das Tiefland so verwandelt hatte, daß es zwischen ihm und seinem Herrn nun nichts mehr zu reden gab?

An den Abenden saßen die beiden oft schweigend im Großen Salon der Villa Flora, der eine über seinen Listen, der andere über Bauplänen von Maschinen. In diesen Stunden sprachen sie nicht einmal mehr mit den Hunden. Im Steinbruch tat jeder das Seine, und am Ende einer Schicht standen sie stumm an der Reling des Pontons, wanderten stumm vom Dampfersteg wieder zurück zum Hundehaus, stumm durch die Föhrenallee der Auffahrt, die jetzt wieder nur Pfoten- und Fußspuren trug. Manchmal erwartete sie der Captain im Jeep am Dampfersteg. Aber auch dann fuhren sie bloß bis zum Sekretariat und nach den Lagebesprechungen in Moor niemals weiter als bis zum schmiedeeisernen Portal an der Parkgrenze der Villa Flora. Der Captain fürchtete die Hunde.

Wie früher mußte Bering seinem Herrn auch jetzt noch manchmal den Staub aus den Haaren bürsten und ihm einmal sogar an Lilys Stelle die Narben und Schultern mit dem lindernden Absud waschen – aber niemals wieder kam er Ambras dabei so nahe wie vor der Reise nach Brand. Lily fehlte. Ohne ihre Gegenwart verstummten manche Versuche zu einem Gespräch schon nach dem ersten Satz.

Und doch empfand Bering weder Erleichterung noch Freude, als er an jenem Morgen, an dem der erste Schnee fiel (und unter einer kalten Sonne wieder zerrann), auf den vom Schmelzwasser getränkten Uferwiesen des Strandbads Lilys Maultier grasen sah. Bering schritt an diesem Morgen hinter Ambras den Fußweg zur Uferstraße hinab. Ambras hielt den Kopf gesenkt und schien das unter den Linden des Strandmeisterhauses grasende Tier nicht zu bemerken. Sie gingen schweigend an rußgeschwärzten Ruinen vorüber, einer Wandelhalle ohne Dach, Reihen leerer Fenster, aus denen Gestrüpp wuchs, passierten den Wetterturm in einiger Entfernung. Aus dem Turm drang kein Geräusch. Die Fensterläden standen offen. Nur Ambras' Dogge hielt plötzlich inne, als nehme sie eine vertraute Witterung auf – und sprang dann doch ihrem Herrn nach, der unbeirrt weiterging. Bering fröstelte. Das Maultier war nicht gesattelt, trug aber Fußfesseln. Kein Zweifel, Lily war zurückgekehrt. Aber mit ihr kam auch die Erinnerung an Federn und Daunen wieder zurück, die auf einen tödlich getroffenen Hühnerdieb herabgeschneit waren, an einen noch warmen Leichnam, der gegen Felsvorsprünge und schwarze Gesimse klatschend tiefer und tiefer in einen Schlund des Steinernen Meeres hinabgefallen war – und kam vor allem die Erinnerung an den Haß in Lilys Augen zurück, an den Schmerz, als sie ihn, den Mann, den sie einst umarmt und geküßt hatte, an den Haaren vom Zielfernrohr hochriß in das Bewußtsein einer erloschenen Liebe. *Aufhören, du Arschloch, hör endlich auf.*

Aber Lily erwähnte die Reise nach Brand und auch die Schüsse im Dolinenfeld mit keinem Wort, als sie am Abend dieses Tages mit dem Hundekönig und seinem Leibwächter im Moorer Sekretariat zusammentraf. Der Captain hatte dort eine Versammlung einberufen lassen. Lily saß mit ihm und einigen Vertrauensmännern aus den Uferdörfern (auch der aus Eisenau war unter ihnen) im Fernsehzimmer des Sekretariats und schien nicht weniger gut gelaunt als unter den Soldaten in der Wachstube am Tor des Großen Lazaretts. Diesmal lagen aber keine Tauschwaren auf dem Tisch, sondern bloß Zeitungen, Illustrierte – und Spielkarten. Hatte Lily nichts als Zeitungen aus dem Tiefland mitgebracht?

»Gewonnen! Der Captain bringt Glück.« Sie hielt Ambras einen zerknitterten Fächer aus Geldscheinen entgegen, als er mit der Dogge an der Kette und von Bering gefolgt in den kahlen, ungeheizten Raum trat, in dem Moor immer noch jeden Mittwochabend zu einem Bildschirm aufsah. Der Fernseher stand auf einer rohen Holzsäule und war nun von einem Tuch verhängt, das Stellamours Bildnis trug.

»Alles gewonnen … Und ihr? Ihr habt die Krähe verloren? Wie gehts?«

»Müde«, sagte Ambras und ließ sich auf einen Stuhl fallen. »Müde.«

»Kaffee oder Schnaps? Oder beides?« Lily schob ein von Flaschen, Gläsern und Kannen klirrendes Tablett über den Tisch.

»Wasser«, sagte Ambras.

»Keine Hunde«, sagte der Captain.

Ambras wandte sich nach Bering um und schlug ihm mit einer beiläufigen Bewegung die Hundekette ums Handgelenk. »Warte draußen.«

Lily streifte den Leibwächter mit einem leeren Blick, als er die Versammlung verließ. Er zog die Dogge hinter sich her und wollte im Gehen nach einer der Illustrierten auf dem Tisch greifen, auf deren Titelseite er die Sonne von Nagoya in einer grellen Wolke krepieren sah. Aber einer der Vertrauensmänner kam ihm zuvor, riß das Heft an sich und blätterte mit fliegenden Fingern darin, bis er endlich jene Fotografie fand, die er dem Ausgeschlossenen noch zeigen wollte, eine dunkle Doppelseite, ein Durcheinander verkohlter Gliedmaßen und kahl gebrannter Köpfe und im Vordergrund, zwischen glasigem Schutt, eine geöffnete Hand, eine Kralle: »Das Kleingeld«, sagte der Vertrauensmann, »die Münzen … die Hitze war so groß, daß ihnen die Münzen in den Händen zerronnen sind.«

Nagoya, ein berstender Himmel am anderen Ende der Welt, ein Hagel glühender Steine und ein Meer, das kochte – was waren an diesem Abend die Reportagen aus einem kapitulierenden Reich, Erinnerungen, die doch selbst in den Kaffs schon längst über die Bildschirme der Fernsehzimmer gehuscht und wieder erloschen waren, gegen die Organisation des Verschwindens, gegen die Evakuierung der Seeregion – und schließlich gegen die große Neuigkeit, die Lily aus dem Tiefland mitgebracht hatte?

Lily?

Von den Vertrauensmännern konnte später keiner mehr sagen, ob die Neuigkeit tatsächlich von Lily nach Moor gebracht oder nicht doch aus dem Funkgerät des Sekretärs gerauscht oder vom Captain erwähnt und dann am Versammlungstisch von Lily bloß zum erstenmal laut und triumphierend ausgesprochen worden war. Unbezweifelbar blieb, daß gewiß niemand in Moor und am ganzen Seeufer besser zu dieser Neuigkeit paßte als die Brasilianerin. Der Steuermann der Schlafenden Griechin verstieg sich in einer lauten Debatte mit den Freiwilligen an Bord sogar zur Vermutung, die Brasilianerin habe die Neuigkeit nicht bloß überbracht, sondern habe sie selber bewirkt, habe mit ihren Freunden in der Armee und ihren guten Verbindungen bis hinauf zum Oberkommando entscheidenden Anteil am Zustandekommen jenes Befehls gehabt, der in den

Tagen nach der Versammlung der Vertrauensleute von den Bewohnern der Seeregion als letzter Akt von Stellamours Vergeltung, als Rache für die Verbrennung der Krähe oder als bloßes Geschäft des Hundekönigs und seiner Schwarzhändlerin gedeutet und oft ungläubig aufgenommen wurde: Das Oberkommando im Tiefland habe beschlossen, die gesamten Förderanlagen und Maschinen aus dem Moorer Granitbruch, jedes verfluchte Stück Metall, das am Blinden Ufer jemals in Verwendung gestanden war und nun am Dampfersteg unter Wellblech verrostete, nach Brasilien zu verschiffen. Alles Eisen aus dem Steinbruch übers Meer nach Brasilien!

Nach Brasilien? Blödsinn, unmöglich, hieß es im Gerede der Kaffs, *eine Ladung Schrott übers Meer?*

Unmöglich? Wieso unmöglich? Was war denn vor dem Krieg? Was war denn in den Kriegsjahren? Schiffe, nichts als Schiffe nach Amerika, nach New York und Buenos Aires, nach Montevideo, Santos und Rio de Janeiro, Schiffe, brechend voll mit Auswanderern, Verjagten und Verfolgten, die sich nicht auf die Schlachtfelder und nicht in die Lager treiben lassen wollten, nicht in den Tod. Und dann, was war dann, nachdem alles in Scherben gefallen war, im Chaos nach dem Krieg und in den ersten Friedenszeiten? Wieder Schiffe! Schiffe voll mit Ausgebombten, Vertriebenen, Heimatlosen, und mitten unter ihnen auch viele Treiber und Jäger und Verfolger von einst, Generäle und

Lagerkommandanten in Zivil, Anführer mit vollgeschissenen Hosen, die das blöde Fußvolk erst ins Feuer geschickt hatten und dann allein ließen mit tätowierten Siegern. Unmöglich? Das alles war doch auch irgendwann einmal unmöglich erschienen, lächerlich – bis es dann einfach geschah. Und was den Maschinen- und Rollpark am Blinden Ufer anbelangte, das wußte doch jeder, der die Radionachrichten im Sekretariat gehört hatte oder bloß die Anschläge am Schwarzen Brett richtig zu lesen verstand, diese Schiffsladung Alteisen, das war der Anteil an der Beute, die späte Belohnung für einen brasilianischen General, der mit zwanzigtausend Soldaten an der Seite der Alliierten gegen Moor gekämpft und gesiegt hatte. Dieser General – oder war es sein Bruder? – hatte sich nach dem Krieg auf die Steine verlegt und betrieb jetzt an der Atlantikküste Brasiliens einen Granitbruch, aus dem die Blöcke noch jetzt so makellos, ohne die feinsten Risse und so tiefgrün geschnitten wurden wie früher einmal nur noch am Blinden Ufer und nur zu Moors größten, für immer verlorenen Zeiten.

Und! Jetzt kam das Beste! Die Wortführer an Bord der Schlafenden Griechin, unter den Freiwilligen im Steinbruch oder im Wirtshaus am Dampfersteg erwähnten den bemerkenswertesten Umstand der *Eisenverschiffung* oft erst gegen Schluß ihrer Reden, als sichere Pointe, die stets mit Applaus oder Gelächter quittiert wurde: *Das Beste war – der Steinbruch-*

verwalter und sein Aufseher, dieser Hund … und natürlich die Brasilianerin, dieses zugereiste Armeeflittchen, alle drei würden sie den Schrott nach Brasilien begleiten; selber bloß Abschaum jener Ufergesellschaft, die nun von der Armee ins Tiefland vertrieben wurde und unterging, fuhr dieses Trio mit einem Schiff voller Schrott übers Meer.

31 Auf und davon

»Und sie?«

»Wer?«

»Lily.«

»Was ist mit ihr?«

»Kommt sie mit?«

»Glaubst du, die treibt sich wochenlang in Brand herum und beschwatzt ein Dutzend Offiziere, um uns dann allein nach Brasilien verschwinden zu sehen?«

»Sie kommt also mit?«

»Die hat ihren Paß und alle Papiere längst in der Tasche. Die weiß sogar, wie das Schiff heißt. Die hat schon begonnen, ihr Zeug zu verkaufen, zu verkaufen, verstehst du. Geld. Die tauscht nicht mehr. Natürlich kommt sie mit.«

»Wo liegt dieser Steinbruch?«

»Am Meer.«

»Aber der Ort … wie heißt der Ort?«

»Was weißt du von Brasilien? Frag Lily. Das Kaff liegt irgendwo an der Straße von Rio de Janeiro nach Santos.«

»Und wie lange bleiben wir …? Kommen wir zurück?«

»Wohin zurück? Auf einen Schießplatz? Wir liefern unsere Maschinen nach Brasilien und setzen sie in einem Steinbruch wieder zusammen, der diesen Namen noch verdient, verstehst du, das ist unsere Arbeit, und dann, wasweißich … Vielleicht versetzt uns die Armee dann in die Zone Brand oder in irgendein Schuttgebirge …«

Es war das erste Mal seit Tagen, daß der Hundekönig und sein Leibwächter miteinander sprachen. Sie fuhren im Jeep des Captain durch die Nacht.

»Keiner zwingt dich, zu gehen«, sagte Ambras. »Du kannst als Zeugwart der Armee am See bleiben oder Krankenwärter im Großen Lazarett werden. Oder Chauffeur, wie unser Freund hier …« Er klopfte dem Fahrer des Jeeps auf die Schulter. Der Mann, ein ehemaliger Steinschleifer aus Brand, brachte sie auf Befehl des Captain zur Villa Flora zurück. Er blickte grinsend in den Rückspiegel und salutierte. Bering widerstand seiner Ungeduld und schwieg: Dieser Idiot wich keinem Schlagloch und keiner Pfütze aus, sondern schien seine Freude an hochschlagenden Schlammfontänen zu haben. Das war kein Fahren, kein Gleiten und Schaukeln wie in der Krähe. Sie rumpelten die rauschenden, schwarzen Schilffelder entlang. Der Schneeregen, der fiel, erschien im Scheinwerferlicht als waagrechte Schraffierung der Finsternis.

»Bleiben?« sagte Bering. »Hierbleiben? Niemals.«

Seine Füße, seine Hände waren kalt. Mehr als drei Stunden hatte er im Stiegenhaus des Sekretariats auf Ambras gewartet, auf das Ende dieser verfluchten Versammlung, und war an die reglose Dogge gelehnt beinahe eingeschlafen, als einer der Vertrauensmänner, es war der aus Eisenau, plötzlich aus dem Lichtschein der Tür in die Schwärze des Stiegenhauses wankte und lachend *fährst übers Meer sagte, fährst nach Brasilien* und dann, mehr zu sich selbst als zu dem geblendeten Leibwächter: »Fahren nach Brasilien … diese Hunde, und wir gehen ins Tiefland.« Bering hatte die Dogge zurückhalten müssen und nur verstanden, daß der Eisenauer betrunken war.

Erst als sie im Jeep saßen und die wenigen Lichter von Moor hinter ihnen verschwanden, der Schneeregen gegen die Windschutzscheibe schlug und auch der Fahrer plötzlich von Brasilien sprach, vom Endsieg in Japan und der Neuordnung eroberter Territorien und Aufteilung aller Beute, begann Bering zu begreifen, daß Brasilien nicht bloß ein Wort auf der Landkarte in Lilys Turm war, nicht bloß der Name einer Sehnsucht und Name eines Landes jenseits der Erreichbarkeit, sondern ein Ziel – und daß der Weg dorthin auch nur eine Strecke von einem Ort zum nächsten war, nicht anders als der Weg über den See ans Blinde Ufer, nicht anders als der Weg nach Brand.

Fünf Tage nach der Versammlung der Vertrauensmänner glich der Aufbruch nach Brasilien den Bildern jener Karawane aus Panzern und Schwerfahrzeugen, die Bering während der Kriegserzählungen seines Vaters so oft vor Augen gehabt hatte: Eine unter ihrer Last aus Stahl und rostfleckigen Eisenträgern knirschende Kolonne in den Tarnfarben der Armee setzte sich am frühen Morgen in Bewegung und ließ eine kalte Oase in der Wüste zurück, kalte Häuser, ein Spalier frierender Gaffer, einen unbewegten, kalten See, auf dem, weit draußen im Nebelreißen, die Schlafende Griechin so still wie an einem Ankerplatz lag. Die Gletscher und Gipfel des Steinernen Meeres waren unsichtbar in einem eisengrauen Himmel und auch die ferne Treppe des Steinbruchs, das Blinde Ufer, unsichtbar.

Während die Kolonne langsam an Geschwindigkeit gewann, liefen Soldaten mit Schlagstöcken neben den Schwerfahrzeugen her, um die Landstreicher unter den Gaffern davon abzuhalten, als blinde Passagiere auf einen der Sattelschlepper aufzuspringen. Bevor die Räumung der Häuser und die Überprüfung aller Aussiedler nicht abgeschlossen war, galten die alten Zonengrenzen und Reiseverbote. Die Kaffs mußten auf ihre Evakuierung, auf ihren Aufbruch noch eine oder zwei weitere Wochen warten.

Auch auf den Ladeflächen und Trittbrettern standen Bewaffnete, die sich erst nach und nach vom Spalier der Gaffer ab- und der Fahrtrichtung zuwandten. Die schwarzen Mauern des Bellevue, die letzten Häuser Moors, blieben im Dieselruß zurück. Kein Stein, keine Faust, kein Flüchtling störte den Abschied. Nur einige von ihren Ketten und Halsriemen befreite Hunde aus dem Rudel der Villa Flora, allen voran die graue Dogge, folgten der Kolonne auf der Suche nach ihrem König, sprangen bellend neben Laufketten und Rädern her und quälten sich in der tiefen, morastigen Spur. Aber ihr König war nur ein Schatten; stumm, kaum sichtbar hinter schmutzigem Glas, thronte er unerreichbar hoch oben über riesigen Rädern und gab kein Zeichen. Bering saß neben seinem Herrn in der Zugmaschine jenes Sattelschleppers, der den großen Kegelbrecher trug und konnte den Blick nicht von den hechelnden, kläffenden Hunden abwenden: Sie erschöpften sich allmählich, wurden langsamer, fielen ab, blieben zurück.

»Was geschieht mit den Hunden?« hatte er Ambras am vergangenen Abend gefragt. Sie waren am Küchentisch gesessen, schweigend, so, als ob der kommenden Nacht nur irgendein nächster Tag und nicht der Aufbruch folgen würde, der Abschied von Moor. Für das Gepäck hatte keiner von ihnen mehr als eine halbe Stunde gebraucht. Was hätten sie pakken sollen? Den verhüllten Flügel im Musiksalon, den Plattenspieler, einen mit Vögeln verzierten Schrank? Wer nicht bloß verreiste, sondern fortging, der brauchte kein schweres Gepäck. Die Fotografien einer lachenden Frau und verlorener Brüder zwischen Kleidungsstücken, ein Lederbeutel voller Steine aus den Wattenestern des Vogelschranks, Smaragde, Rosenquarze, irisierende Opale, eine Pistole, die Stahlrute, Ferngläser, Ambras' Seesack, Berings mit Schnüren zugebundener Pappkoffer – das war alles. Bücher, Hausrat, die Plattensammlung und was immer für das Leben in der Villa Flora sonst noch von Wert gewesen war, lagen nun hinter den verriegelten Eisenläden des Musiksalons in der Finsternis.

»Und die Hunde? Was geschieht mit den Hunden?«

»Die bleiben hier. Die waren lange vor uns da«, hatte Ambras gesagt. »Die Hunde brauchen uns nicht. Nimm ihnen die Halsriemen ab.«

Am Kreuz von Moor schwenkte die Kolonne von der Schlammpiste, die neben dem überwucherten Bahndamm verlief, zur alten Paßstraße ab und kroch über die ersten Steilanstiege jenen Tunnels entgegen, deren Vorhänge aus Efeu und Schlinggewächsen von den Räumfahrzeugen der Armee schon vor Wochen zerrissen worden waren. Aus dem Dickicht, das die Reste eines Stellwerks verbarg, flogen Rebhühner auf. Jetzt ließen auch die letzten Hunde aus dem Rudel von der Karawane ab und sprangen in die Wildnis davon. Nur die graue Dogge verharrte in der morastigen Spur, lief nicht mehr weiter ins Gebirge, jagte aber auch keiner Beute nach, blieb hechelnd zurück und sah, wie Fahrzeug um Fahrzeug in einem schwarzen Maul verschwand.

Lily saß mit dem hellhaarigen Captain und vier seiner Soldaten in einem Radpanzer, dem ersten Fahrzeug der Kolonne, und protestierte lachend gegen die plötzliche Dunkelheit. Sie hielt ihr Kofferradio auf den Knien und hatte vergeblich nach einem störungsfreien Empfang gesucht, nach Musik. Hier, im Innern des Gebirges, zerfielen die verzerrten, an Triumphgeschrei und elektrische Gitarren erinnernden Töne aus dem Radio zu einem gleichmütigen Rauschen. Musik! In Brand oder auf irgendeiner anderen Station dieser Reise ans Meer würde sie versuchen, ein neues Radio zu kaufen; ein neues Radio von dem Geld, das sie für Pferd und Maultier von jenem Aussiedler erlöst hatte, der nun auch ihren weißen Labrador besaß.

Ein neues Radio. Vielleicht eines jener kleinen, federleichten Geräte, wie sie die Soldaten in Brand am Gürtel oder in der Jackentasche trugen und damit auf und davon liefen und dennoch tief in ihrer Musik blieben. Rock ’n’ Roll aus zierlichen Kopfhörern, so laut und übermächtig wie oben im Fliegertal. Keine knackende Kiste mehr um den Hals des Maultiers, keine Störgeräusche! Keine Blechmusik aus den Lautsprechern auf dem Appellplatz, keine Kahlköpfe, keine Brandruinen. Das war vorbei.

»Hey!« Lily stieß den Captain an, als sei ihr erst in dieser Finsternis bewußt geworden, daß sie sich mit jeder Sekunde weiter und für immer von Moor entfernte. »Hey, wir fahren. Brasilien! Wir sind unterwegs.« Über die Tunnelwände, rohen Fels, an dem Glimmerschiefer und Kristallsplitter im Scheinwerferlicht aufglänzten und wieder erloschen, rann Sickerwasser in schwarzen Adern.

Hell.

Die Kolonne tauchte in das graue Licht einer Schlucht – und verschwand im nächsten Tunnel.

Dunkel.

Bering stieß seinen Herrn sachte von sich: Ambras kämpfte gegen den Schlaf, und doch sank sein Kopf immer wieder gegen Berings Schulter. Der Fahrer des Sattelschleppers, ein Soldat, der sich um seine beiden Passagiere ebensowenig kümmerte wie um das gelegentliche Poltern und Klirren der Fracht in seinem Rücken, pfiff eine unhörbare Melodie in den Lärm der Fahrt. Dieser zweite Tunnel nahm kein Ende. Bering glaubte hinter der Wärme von Ambras' Nähe den Druck des Gebirges zu spüren, die Kälte einer ungeheuren Masse, die sich Hunderte, Tausende Meter über ihnen auftürmte. Irgendwo in der Tiefe dieses Gebirgsstocks, für immer darin eingeschlossen wie eine millionenjährige Florfliege im Bernstein oder wie die Pyritkristalle und Gaslibellen im Innern der Smaragde, die Ambras nun in einem

Lederbeutel bei sich trug, lag, schwebte der Leichnam eines Hühnerdiebs. Vielleicht fuhren sie jetzt, in diesem Augenblick, tief unter dem Grund jenes Dolinenfeldes dahin, tief unter einem im Kalkstein schwebenden Friedhof, der die Erfrorenen einer Flüchtlingskolonne und Lilys Gewehr und einen mit blutigen Federn beschneiten Kahlkopf bewahrte:

Schneelicht. Das Gebirge spuckte sie durch alle Tunnels wieder aus – in eine von Wasserstaub erfüllte Klamm, in verlassene Täler, die sich sanft gegen das Tiefland neigten. Ohne einen einzigen Halt zog die Kolonne an den Ruinen von Ställen und Sennereien vorüber, an Steinmauern am Rand verwilderter Almböden, die von bemoosten Felsen kaum noch zu unterscheiden waren. Geröllhalden flossen aus weißen Höhen herab. Die Gipfel und Grate lagen schon unter Schnee. Zwei- oder dreimal glaubte Bering dicht an der Baumgrenze den Rauch von Lagerfeuern zu sehen, zarte, verwehende Figuren ferner Rauchsäulen: Sein durchlöcherter Blick verbarg ihm die Welt nicht mehr. Blaß, lichtdurchlässig durchschwebten seine blinden Flecken die Einöde. Über Kare und felsige Lehnen glitten Wolkenschatten.

Obwohl die Tage schon winterlich kurz waren, erreichte die Kolonne die Rampen und Verschubgeleise des Bahnhofs von Brand noch vor Anbruch der Nacht. Die Stadt blieb hinter rußigen Hallen und Lagerschuppen unsichtbar, war nur eine Lichtkuppel, die in der Dämmerung wuchs. Zwischen schwach erleuchteten, von Menschen umdrängten Zügen sah Bering auch die Wracks von Waggons, aus deren zerschossenen oder bloß durchgerosteten Dächern Sträucher und dünne Birken wuchsen.

Auf einer breiten, von Peitschenlampen gesäumten Schotterpiste verlangsamte sich die Fahrt zum Schrittempo. Soldaten mit Marschgepäck und Zivilisten, die Bündel, Kisten, Koffer und Geflügelkäfige schleppten, drängten zu den Bahnsteigen und Verladerampen und ließen keine andere Geschwindigkeit mehr zu als die ihrer Schritte.

»Flüchtlinge?« fragte Bering.

»Aussiedler«, sagte Ambras. Er war unter den Hupsignalen des Sattelschleppers erwacht. »Die Armee hat ihnen Brachland versprochen.«

Der *Nordsee-Expreß* stand vor dem Prellbock eines Abstellgleises und glich einer wüsten Sammlung aller Schienenfahrzeuge, die im Frieden von Oranienburg jemals beschlagnahmt, verschrottet oder in zerbombten Endstationen dem Rost, den Plünderern und Eisensammlern überlassen worden waren: offene und geschlossene Güter- und Viehwaggons folgten auf Waggons erster Klasse mit eingeschlagenen Fenstern, Kesselwagen und Muldenkipper auf Schlaf- und Salonwagen, alle wie nach einem Zufallsprinzip aneinandergekoppelt und überladen mit Fracht, Kühen und Menschen.

In diesem Hunderte Meter langen Expreß mit seinen zwei monströsen Tenderlokomotiven erkannte Bering aber auch ein undeutliches Bild des Freiheitszuges wieder, dessen Reste von Strauchwerk überwachsen in den Ruinen des Moorer Bahnhofs verrotteten. Sein Erinnerungsvermögen reichte nicht tief genug in die eigene Geschichte hinab, um ihm zu Bewußtsein zu bringen, wie dieser Zug an einem kalten Tag seiner Kindheit unter einer Rußwolke auf ihn zugekeucht war und ihm einen Vater aus der Wüste gebracht hatte, einen Fremden mit einer feuerroten Narbe auf der Stirn. Aber als er nun hinter Lily und Ambras den ersten fahrbereiten Eisenbahnwaggon seines Lebens bestieg, einen Salonwagen, zu dem sie der Captain und zwei Militärpolizisten begleiteten, fühlte er eine Ahnung von jenem panischen Gackern in sich aufsteigen, das ihn geschüttelt hatte, als dieser Fremde ihn damals in den Himmel hob – und fallen ließ.

Der Salonwagen, Relikt einer beinah vergessenen Zeit, in der die reichsten Gäste des Grand Hotels und des Bellevue in rollenden Suiten durch das Steinerne Meer zur Sommerfrische an den Moorer See reisten, war an einen mit rohen Baumstämmen beladenen Flachwagen gekoppelt und mit Soldaten überfüllt, Heimkehrern nach Amerika, die in brüchigen, am Boden festgeschraubten Lederfauteuils saßen, auf zerschlissenen Plüschbänken schliefen oder an einem der Mahagonitische Karten spielten. Einige von ihnen johlten bei Lilys Erscheinen.

Der Captain jagte zwei Schläfer von ihren Bänken und schuf seinen Zivilisten in dem für *Marines* reservierten Wagen Platz. Lily zog eine Flasche Cognac aus ihrem Gepäck, stellte sie auf den größten der Tische und fragte lächelnd und in der Sprache der Armee, ob sie das Fenster schließen dürfe: Oder wollten die Marines bei dieser Kälte das Überleben trainieren? Vier Soldaten erhoben sich gleichzeitig, um der Freundin des Captain zu helfen.

Die und seine Freundin? flüsterte einer der Kartenspieler. *Dieser blonde Zwerg und eine so heiße Braut?* Warum küßte er sie dann nicht, als er sich von ihr und diesen zwei Bauern verabschiedete und mitsamt seinen Gorillas wieder verschwand? Blaue, löchrige Samtvorhänge blähten sich in der Zugluft. Krachend fiel die Waggontür hinter dem Captain und seiner Garde ins Schloß. Die Nacht wurde stürmisch.

Als die Moorer Eisenfracht an Kranarmen, an Ketten und Stahlseilen über der Verladerampe pendelte, wehte von Schwungrädern und Trommelsieben der Staub des Blinden Ufers über die Verschubgeleise. Stundenlang durchdrangen die Erschütterungen und das Poltern der Verladung Metallstreben, Polsterungen, Mahagoni, Knochen und Muskeln und ließen die Passagiere, die auf Plüschbänken, kalten Bretterböden oder im Stroh der Viehwaggons dem

Augenblick der Abfahrt entgegendösten, nicht schlafen. Die Abfahrt? Auf Bahnhöfen wie diesem suchte sich ein Reisender seinen Zug, erkämpfte sich darin einen Platz – und wartete dann stundenlang und manchmal vergeblich darauf, daß der Ort, den er verlassen wollte, endlich aus den Abteilfenstern verschwand.

Es war lange nach Mitternacht, als sich der Zug mit einem so plötzlichen Ruck in Bewegung setzte, daß ein Heimkehrer, der sich vom Kartentisch erhoben hatte und eben nach dem Gepäcknetz streckte, den Halt verlor und einem seiner Mitspieler fluchend in die Arme fiel.

Die Reise vom Rand des Steinernen Meeres bis in die Schwemmgebiete des Atlantischen Ozeans dauerte den Rest der Nacht und weitere zwei kalte Nächte und drei kalte Tage. Aus einem leeren Ölkanister und zwei Blecheimern, die sich in der Putzkammer des Salonwagens fanden, setzte Bering schon am ersten Reisetag einen Ofen zusammen, dessen Rauch aber nur durch Tür und Fenster abziehen konnte. In den Waggons der Aussiedler brannten offene Feuer. Der Winter kam früh in diesem Jahr.

Der Zug stampfte durch Nebel, Regen und Schneetreiben und hielt manchmal stundenlang an Zonengrenzen und Checkpoints und manchmal stundenlang ohne ersichtlichen Grund auf freiem Feld. Die fliegenden Händler, die dann wie aus dem Nichts auftauchten und mit ihren Bauchläden, Körben und zweirädrigen Karren schreiend die Waggons entlangliefen, boten aber nur Schafskäse, Brot, Kräuter, Apfelmost oder Kandiszucker an Schnüren an.

Ein neues Radio? Wo in diesen Einöden hätte Lily ein neues Radio kaufen sollen? Der Nordsee-Expreß durchzog windige Steppen, aus denen in den Reisetagen nur zweimal erleuchtete Hochhäuser auftauchten, Oasen, spiegelnde Glastürme ähnlich den Palästen von Brand. Zumeist aber rollte stundenlang nur leeres, manchmal schon dünn beschneites Brachland in flachen Wogen an den Abteilfenstern vorüber, Ruinen verlassener Dörfer und verwilderte, moosige Weiden, aus denen beim Herannahen des Zugs Hunderte Wildkaninchen aufsprangen und in Panik davonstoben. *Nürnberg* las Bering auf einem von schwarzem Gestrüpp überwucherten Stellwerk, hinter dem aber kein Bahnhof und keine Stadt, sondern wieder nur die Steppe lag.

Dort draußen, im Niemandsland zwischen den Zonen, sagte ein Bremser, den Bering auf einem seiner Streifzüge durch die Waggons auf einer Plattform traf, dort draußen habe sich die Natur einigermaßen von den Menschen erholt, dort gebe es nun wieder Vogelarten, die hier lange für ausgestorben gehalten worden waren, Würgefalken, Steppenadler, Merline, Moorschneehühner. Und erst die Blumen! Frauenschuh und andere Orchideen, deren Namen keiner mehr wußte; ein Paradies. Hamburg? Schwer zu sagen, sagte der Bremser, bevor Bering über Puffer und Kupplung zum nächsten Wagen weiterkletterte, vielleicht noch zwanzig, vielleicht auch dreißig Stunden.

Von den Waggons des Nordsee-Expreß waren nur wenige durch Stege miteinander verbunden. Wer von den beiden Tenderlokomotiven bis ans Ende des Zugs kommen wollte, mußte Strecken langsamer Fahrt nützen und klettern wie Bering oder während eines Halts abspringen und zwei, drei Wagen weiter nach Eisentreppen und Leitern suchen und hatte keine Sicherheit, daß der Expreß sich nicht während solcher Umstiege wieder in Bewegung setzte.

Manchmal, nach stundenlangen Aufenthalten auf freiem Gelände, in Nebel und Regen, schien es, als ob die Fahrt im Nirgendwo enden würde, aber der Sog, der die Passagiere dieses Zugs erfaßt hatte und sie der Meeresküste entgegentrieb, war stärker als jedes Hindernis. Sie fuhren dahin, fuhren weiter und weiter, selbst wenn sie hielten, weiter in ihren Gesprächen und Träumen, und jeder schwärmte von einem anderen Ziel: die Heimkehrer von Tanzbars und Grillparties im eigenen Garten, von Jagden und Lachsfischerei in den Wäldern Amerikas – die Aussiedler vom verheißenen Weide- und Marschland im Norden, von verlassenen Gehöften, die wieder instandgesetzt sein wollten, von im Watt verlorenen

Vogelinseln, vom besseren Leben unter einem Himmel, der nicht zwischen Gebirgen gefangen war … Von Brasilien aber schwärmte nur die Freundin des Captain. Dieses Paradies gehörte allein den drei Zivilisten aus Moor.

Während das nach Brand und in die Vergangenheit zurückrollende Land immer flacher wurde und in Schnee und Regenschleiern zerrann, breitete Lily die stockfleckige, zerrissene Landkarte (aus deren Falz noch der Kalk des Wetterturms rieselte) Breitengrad um Breitengrad über den Tisch und zeigte einigen Heimkehrern und mit ihnen auch Bering, wo an der Küste Brasiliens dieser Steinbruch lag, dieses Kaff, dieses *Pantano.* Der Name war nicht auf der Karte verzeichnet, aber Lily hatte mit Bleistift einen Kreis in das tiefe Grün einer Küste gezogen, die keine Zeichen von Straßen und Eisenbahnlinien trug. Dort, irgendwo. Aber Pantano war nicht ihr Ziel. Der Steinbruch, in dem selbst der Granit von der Farbe des Regenwaldes war, lag auf dem Weg nach Santos. Lilys Mutter hatte vor ihrer Staffelei, vor dem Porträt ihres Mannes, vor Ölbildern von Segelbooten und glühenden Sonnenuntergängen von Santos geträumt, von einem Küstengebirge, das sich über einer weitläufigen Bai in die Wolken erhob. Nach Santos waren die Auswanderer weitergezogen, die damals einen der ihren vom Sprungturm des Moorer Strandbads hatten pendeln sehen. Santos. Jetzt, endlich, setzte

Lily eine auf den Uferwiesen von Moor unterbrochene Flucht fort.

Wenn sie an einem der Tische des Salonwagens mit Ambras über Brasilien sprach und ihm dabei Vokabeln aus einem abgegriffenen Wörterbuch vorlas, stellte auch Bering manchmal kurze, unvermittelte Fragen, und dann schwieg sie nicht und übersah ihn nicht wie stets, wenn sie ihm allein gegenübersaß, sondern sagte ihm die portugiesischen Worte für Brot, Durst oder Schlaf, und der Leibwächter ahmte sie mühelos nach.

»Pantano«, las Lily an einem Nachmittag, an dem der Zug Stunde um Stunde vor der Stahlbrücke einer Zonengrenze hielt, und reichte Ambras das Buch. »Pantano. Hier stehts doch; bedeutet: Sumpf, sumpfige Wildnis, Feuchtgebiet.«

Ambras nahm das aufgeschlagene Buch aus ihren Händen, ohne auch nur einen Blick auf die Zeile zu werfen, die sie ihm zeigen wollte, sah an Lily vorbei, hinaus in das winterliche Land, und sagte: »Moor.«

32 Muyra oder die Heimkehr

Das Meer? Der Atlantische Ozean? Das einzige Meer, das Bering kannte, war aus Kalk und Granit und trug auf seinen höchsten Wogen und versteinerten Brechern Gletscher und Schnee. Die neunzehn Tage an Bord der *Monte Neblina*, eines brasilianischen Stückgutfrachters auf Linienfahrt von Hamburg nach Rio de Janeiro, waren keine Schiffsreise, sondern ein Flug aus dem eisigen Nebel Europas in die sommerliche Glut über der Bucht von Guanabara; ein Schweben und Dahingleiten über submarinen Gebirgen, Wüsten, Tiefebenen und tintenblauen Hügeln.

Auch wenn Bering die Gipfel, die aus der Tiefsee emporragten und sich doch nie über den Wasserspiegel erhoben, nur als haarfeine Strichzeichnungen auf dem Echographen des Schiffes sah oder sie in den taumelnden Schatten unter der Dünung bloß erahnte, empfand er doch jede Welle wie einen Windstoß, als thermischen Auftrieb, der ihn hoch über den Bergen des Meeresgrundes davontrug. Von den Brechern und Kreuzseen der Biscaya bis zu den von Passatwinden geglätteten Wogen des Guineastromes und der südlichen Äquatorialdrift wurde ihm jede

Bewegung des Schiffes zur Figur eines Flugs. Die Monte Neblina stampfte, krängte und rollte, aber Bering flog auf, schraubte sich in Spiralen empor, ließ sich in den Sturzflug zurückfallen und trudelte und segelte über dem blauen Abgrund. Die Täler des Iberischen und des Kapverdischen Beckens glitten tief unter ihm dahin, die korallenbewachsenen Felswände der Azorenschwelle, die kahlen Schroffen des Mittelatlantischen Rückens, schließlich die Schlammfelder und Tonwüsten des Brasilianischen Bassins, in dem ein Lot, ein über die Reling ins Wasser geworfenes Messer, sechstausend Meter und tiefer hinabsinken und sinken und sinken konnte.

Bering flog. Oft saß er stundenlang auf einer Eisentreppe im Maschinenraum, in einem dröhnenden Saal, in dem die Temperatur bis auf fünfzig Grad der Celsiusskala stieg, saß versunken in den Anblick der kolossalsten Maschine seines Lebens – ein Dieselmotor groß wie ein Haus, ein Zweitakter, neun Zylinder, zwölftausend Pferdestärken, vierzig Tonnen Öl Tagesverbrauch, ein schwarzes Haus – saß an das Treppengeländer gelehnt und flog und segelte doch: schwebte mit geschlossenen Augen wie damals, in der Finsternis seines ersten Jahres, pendelte in einer warmen Geborgenheit, bis ihn die Schiffsschraube, die im schweren Seegang manchmal heulend aus dem Kielwasser tauchte, aus seinem Traum riß. Während des einzigen Sturmes dieser Reise, an einem frühen Morgen auf der Höhe von Madeira, fiel Bering unwillkürlich in dieses Geheul ein und fühlte, wie ihn ein Brecher … wie ihn der Orkan aus dem Pendel seiner Wiege warf und in das Schwarzblau des Himmels, in das Schwarzblau der Tiefe schleuderte und davonfliegen ließ.

In manchen Nächten auf dem Meer, wenn er in der stickigen Kabine, die er mit Ambras teilen mußte, wachlag, hörte Bering den Hundekönig stöhnen und wußte nicht, ob der bloß von Schmerzen träumte oder wirklich Schmerzen litt. Aber er fragte dann nicht in die Dunkelheit, sondern lag stumm, reglos, wütend in seiner Koje und mußte an das Rudel in der Villa Flora denken, immerzu an die Hunde in einem Dickicht aus Dornen und Stacheldraht, bis er dieses Stöhnen und diese Hunde und die Nähe seines Herrn nicht mehr ertrug. Dann erhob er sich so leise er konnte und flüchtete in den Maschinenraum.

Unter den Maschinisten der Monte Neblina war es immer wieder ein gutmütiger Ingenieur aus Belém, der dem schlaflosen Passagier lange nach Mitternacht die portugiesischen Namen von Ventilen, Zylinderköpfen und Schwerölgeneratoren durch den dröhnenden Lärm zuschrie und ihm anerkennend auf die Schulter klopfte, wenn er die Worte fehlerlos nachschreien konnte.

Während einer ruhigen Nachtwache nahm der Maschinist den Passagier auf einen Kontrollgang durch den Wellentunnel mit, führte ihn die stählerne, rotierende Säule der Antriebswelle entlang, bis dicht an das Donnern der Schiffsschraube und wieder zurück in die Gluthitze, hinauf zur Zylinderkopfstation, zeigte ihm, wo die Temperaturen der Wellentraglager zu messen waren, wie Kühlwasser- und Ölstände gepeilt, die Ladeluft geregelt oder der Druck im Abgaskessel vermindert werden konnten, und sprach und schrie alles aus, was er tat, und Bering, schweißüberströmt, sprach und schrie alles nach.

Als er am Ende einer solchen Nacht wieder an Deck stieg und von der Morgensonne geblendet Atem schöpfte, gaukelten im Nachlassen der Blendung nicht nur hellgrüne und orangerote Flecken aus seinem Blick und trieben davon, sondern auch etwas Dunkleres, Schatten, schwarze Bälle. Das Blau des Himmels wurde makellos.

In den Höhlen, Gängen und Tunnels des Maschinenraumes konnten sich die Trübungen eines Blicks leicht und unbemerkt verlieren, getarnt als Schatten unter vielen Schatten. Aber hier? In diesem Blau? In diesem Licht. Morrison hatte recht behalten! Bering hob seinen Kopf und sah am wolkenlosen Himmel nur noch hauchzarte, glasige Narben schweben, aber nichts mehr, das diesem großen Licht standhalten und seinen Blick verdunkeln konnte.

Wie stets, wenn er am frühen Morgen in die

Kabine zurückkehrte, war Ambras auch diesmal schon irgendwo, an der Ankerstation im Bug, wo er oft stundenlang allein im Windschatten des Schanzkleides saß, im Speisesaal, vielleicht aber auch tief unten in den Laderäumen, bei seinem Eisen aus Moor. Durch das offene Bullauge wehte der Geruch des Meeres. Aber als Bering auch diesmal ungestört von der Gegenwart und den Schmerzen seines Herrn in seine Koje kroch und einschlief, erwachte er nicht wie sonst am späten Vormittag, sondern erst viele Stunden später, als die tropische Dämmerung so rasch herabsank, daß er, während er sich gähnend streckte und die wirren Haare aus der Stirn strich, im Bullauge die Sterne aufgehen sah.

Lily.

Berings erster Gedanke nach diesem traumlosen Tag galt Lily. Sie hatte ihn zu Morrison geführt. Sie hatte ihn zurückgestoßen und beschimpft, und vielleicht haßte sie ihn ebenso, wie auch er sie schon gehaßt hatte, dort oben, im Dolinenfeld. Aber sie hatte ihn zu Morrison geführt. Und Morrison hatte recht behalten. Ein einziges Zeichen, wenn sie ihm jetzt ein einziges Zeichen gegeben hätte: *Komm her* … Er wäre auf sie zugekommen. Er hätte jeden Weg zu ihr noch einmal gewagt.

Aber Lily war nicht in ihrer Kabine. Und im Speisesaal sang ein Akkordeonspieler ein rasendes Lied, zu dem zwei Paare tanzten und im Seegang manchmal aus dem Takt taumelten. Und ein Händler aus Pôrto Alegre, der mit Ambras an einem Tisch saß, sagte: »Schön wie eine Brasilianerin ...« Aber er meinte nicht Lily, sondern eine Madonna in Lebensgröße, die in einem Bett aus Holzwolle und Papier im Frachtraum lag: Siebenundvierzig Kisten, sagte der Händler, siebenundvierzig Kisten voller Engel und Heiligenfiguren, Fürsten, Märtyrern, Feldherren, Gekreuzigten und Erlösern aus den Ruinen Mitteleuropas, günstig eingekauft und an reiche Fazendeiros, Sammler und Fabrikanten weitergeliefert, von Rio Grande do Sul bis nach Minas Gerais, ja bis hinauf in den Norden, nach Bahia und Pernambuco! Das Geschäft der Zukunft. In den Zonen und Niemandsländern an Donau und Rhein könnten diese Helden und Heiligen nur noch mit dem Erlös helfen, den der Markt für sie zahlte. Auswandern, sagte der Händler, auswandern ... viel mehr sei dort nicht mehr zu machen; in seiner Familie, zum Beispiel, hätten es nur die Auswanderer zu etwas gebracht.

Lily?

Weder Ambras noch der Händler hatten Lily seit dem Morgen gesehen. Die erschien an manchen Tagen nicht einmal zu den Mahlzeiten, aß in ihrer Kabine oder sonstwo und saß, wenn sie doch in den Speisesaal oder in den Rauchsalon kam, selten am Tisch der Männer aus Moor, sondern öfter bei brasilianischen Reisenden, Touristen auf der Heimfahrt, die in den Kriegswüsten Europas Abenteuer erlebt hatten – oder bei Geschäftsleuten und Kopfjägern, die in den Zonen nach Arbeitskräften, neuen Märkten und brauchbaren Resten suchten. Ihr Wörterbuch und die Karte Brasiliens stets griffbereit, hatte sich Lily nach und nach an fast allen Tischen der kleinen Passagiergesellschaft der Monte Neblina unterhalten und längst begonnen, auch mit dem Händler aus Pôrto Alegre, der doch selbst den Moorer Dialekt verstanden hätte, portugiesisch zu reden.

Aber als Bering sie an diesem Abend endlich auf dem Peildeck fand und ihr sagen wollte, daß sich die Löcher in seinem Blick geschlossen hatten, geschlossen, wie ihr Doc Morrison es vorhergesagt hatte, da sah sie so heiter und abwesend und wie durch ihn hindurch auf die weiße, erlöschende Spur des Kielwassers, daß er kein Wort hervorbrachte. Er sah Lilys Gesichtszüge klar und doch tief im Schatten vor sich, als rauchte die Dunkelheit, die aus seinen Augen gewichen war, nun aus seinem Innersten wieder empor und verfinsterte ihm mit dem Gesicht einer verlorenen Geliebten auch das Meer, den Himmel, die Welt.

Er wandte sich um und verließ sie ohne einen Gruß und stieg in den Maschinenraum hinab und hockte dort auf der Eisentreppe, stundenlang, und wollte nur das Stampfen der Kolben hören, und der Maschinist aus Belém verstand, daß mit dem Passagier in dieser Nacht nicht zu reden war. Bering saß und horchte in das symphonische Dröhnen und unterschied darin tiefste und schrillste metallische Stimmen, ohne daß ihn eine einzige davon in den Ohren geschmerzt hätte. Und als das Schiff in den Ausläufern eines Tropengewitters zu rollen begann, hielt er sich nicht fest, sondern unterschied die Donnerschläge, die manchmal bis zu ihm hinabdrangen, von den Kolbenschlägen der Maschine und schwankte dabei wie ein Pendel, wie ein Schlafender zwischen Treppengeländer und der Stahlwand des Aufgangs. Aber er schlief nicht. Er saß mit offenen Augen da, bis das Meer wieder ruhiger wurde. Oben mußte es kurz vor Sonnenaufgang sein.

Jetzt erst erhob er sich, als hätte er im Maschinenlärm endlich seinen Namen gehört, und stieg aus der Hitze der Zylinderkopfstation hinauf in den nur um einen Hauch kühleren Morgen und stand tief atmend am Schanzkleid, im Licht, und glaubte doch in einen Traum zurückzufallen: Ein Gebirge! Ein schwarzes Gebirge wuchs aus dem Ozean empor, aus dem Rauch perlmuttfarbener Nebelbänke: Granittürme, Felswände, so dunkel und mächtig wie die Abstürze des Steinernen Meers. Von der Erosion glattgeschliffene Kuppen, die wie Quallen über den Wolken schwebten, verwandelten sich im Nebelreißen in die Rücken ungeheurer Tiere, die sich allmählich mit Bäumen behaarten, mit blühenden Pelzen in der Fessel von Lianen und Kletterpflanzen, mit wolkigem Buschwerk, Palmen.

So nah und so entrückt wie nur ein Traumbild, erhoben sich die Berge gegen die anstürmende Brandung und schleuderten dem Träumer und seinem Schiff von Urwald bedeckte Inseln entgegen, schwimmende Gärten, und drehten sich dann träge im Wind, zeigten Buchten und Kaps, die Sicheln heller Strände. Und zwischen Wasser, Felsen und Himmel, am Saum von Gebirge und Meer, glänzten jetzt Fassaden, Hochhäuser, Promenaden, über Landzungen, Steilhänge und Buchten hingestreute Villen, Kirchen, ein weißes Fort, das mit seinen Geschütztürmen und Flaggenmasten zweimal in den Nebel zurücksank und daraus zweimal strahlend und wie beschlagen mit Spiegeln oder Mündungsblitzen wieder hervorbrach. Und irgendwo hoch oben über diesem Gewoge aus Wolken, Brandung, Mauern und Gestein träumte der Passagier eine turmhohe Gestalt auf einem der Gipfel: Sie breitete ihre Arme aus – und er flog ihr entgegen, als ihn plötzlich eine Faust an der Schulter traf und in die Tiefe zurückschlug. Dann hörte er Lachen. Die Sonne war aufgegangen. Jetzt mußte er erwachen. Der Maschinist stand hinter ihm. Klopfte ihm auf die Schulter. Lachte.

Aber das Gebirge, die Buchten, die ausgebreiteten Arme verschwanden nicht. Das Buschwerk auf den Kuppen, der Urwald, begann tiefgrün zu leuchten.

Die Felsen blieben schwarz. Und auch der Maschinist blieb, wo er war und hörte nicht auf, einen einzigen Namen triumphierend auszurufen, immer wieder, bis Bering endlich begriff, daß diese Stadt, diese Promenaden und Strände und alles, worauf er zuflog, nicht zu seinem Traum gehörten, sondern zur Stimme des Maschinisten, der immer wieder *Rio* rief und lachte und ihm die Silben auf die Schulter trommelte: *Rio de Janeiro!*

In den Docks von Rio de Janeiro warteten keine Soldaten und kein General, sondern eine dunkelhäutige Frau, und mit ihr an der Gangway warteten auch zwei Diener oder Gepäckträger in roter Livree. Die Frau hieß Muyra, und Bering glaubte an einen Gruß in der Landessprache, als sie ihren Namen sagte.

Muyra?

Ein Wort der Tupi, sagte sie. Es bedeute *Schöner Baum.*

»Tupi?« fragte Lily.

»Waldmenschen«, sagte Muyra. »Sie haben an dieser Küste gelebt.«

»Haben?« fragte Lily. »Und jetzt?«

»Jetzt tragen wir nur noch ihre Namen«, sagte Muyra.

An Muyra war alles dunkel; ihre Haut, ihre Augen, ihre Haare, selbst der Klang ihrer Stimme. Sie war kaum älter als Bering, und er vergaß, ihre Hand wieder loszulassen und behielt sie in der seinen, bis

Muyra sich ihm entzog, weil sie ihren livrierten Begleitern Traglasten zuweisen mußte.

»Willkommen, auch im Namen von Senhor Plínio de Nacar«, sagte sie dann. Der Patron habe in Belo Horizonte zu tun und werde erst in einer oder zwei Wochen nach Pantano zurückkehren. Er habe versprochen, auch eine neue Maschine mitzubringen, eine Schubraupe. Im größten Steinbruch der *Fazenda Auricana* sei jahrelang alles stillgestanden und verrottet und die Straße dorthin bei Regen noch immer unpassierbar.

Muyra verstand die Sprache der Ankömmlinge, ohne von der Zone, in der Moor lag, mehr zu wissen, als daß auch einer aus ihrer Verwandtschaft von irgendwo dort gekommen war – aus Brandenburg, war das nicht in der Nähe? Brückenbauer war er gewesen; hatte in Salvador Viadukte gebaut und war niemals nach Europa zurückgekehrt. Und von Europa wußte sie, daß es dort eng war, zu eng, und daß Kriege dort rascher ausbrachen und aufeinanderfolgten als in einem Land, das sich trotz seiner Millionenstädte und Wolkenkratzer in der Wildnis verlor, in den Regenwäldern Amazoniens, in den Sümpfen des Mato Grosso.

»Monte Neblina«, sagte Muyra auf der Fahrt aus den Docks: »Mein Schiff. Ihr seid mit meinem Schiff gekommen …« Die Ankömmlinge aus Moor saßen gedrängt zwischen Gepäckstücken in einem Geländewagen, den einer der beiden Livrierten fuhr, und sahen, wie das Schiff in einem Wald aus Kränen, Schwergutbäumen, Ladegeschirren, Hubbrükken und Funkmasten versank. Das Eisen aus Moor sollte erst gegen Ende der Woche, nach den Weihnachtsfeiertagen, gelöscht werden und würde ihnen auf Tiefladern nach Pantano folgen.

Brasilien sei so groß, sagte Muyra, daß der höchste Berg des Landes erst in diesen Jahren entdeckt und vermessen worden sei, ein Berg im Dschungel an der Grenze zu Venezuela, der *Pico da Neblina*, mehr als dreitausend Meter hoch. Und nicht allein Gipfel von solcher Höhe könnten in Brasilien bis in die Gegenwart verborgen bleiben, sondern ganze Völker. Von einigen Stämmen Amazoniens zum Beispiel seien bis heute nicht mehr als die Rauchsäulen ihrer Lagerfeuer bekannt, verwehende Lebenszeichen auf den Luftbildern der Vermessungsfotografen. »Pico da Neblina!« rief Muyra, »das ist mein Berg.« Dorthin werde sie eines Tages reisen, nach Manaus und den Rio Negro aufwärts und weiter in die Wildnis, immer den Rauchsäulen nach, bis ans Ende Brasiliens, bis ans Ende der Welt.

Träge entrollte sich die Küstenlinie Rio de Janeiros unter den auf dem heißen Asphalt singenden Reifen. Langsam! Muyra legte ihre Hand besänftigend auf den Arm des Fahrers. Jedesmal, wenn sich eine neue Strandsichel vor ihnen öffnete, neue, flirrende Promenaden, wandte sich Muyra nach den Ankömmlingen um und sagte ihnen die Namen der Strände und Buchten, und manchmal formte Bering dabei seinen Mund lautlos dem schönen Mund dieser Brasilianerin nach: *Praia do Flamengo, Enseada de Botafogo, Praia de Copacabana, … de Ipanema, … Leblon, … São Conrado, Barra da Tijuca …* Die Stadt blieb hinter ihnen zurück. Nach einer weitläufigen, fast menschenleeren Bai, die Muyra als *Grumari* ausrief und in der die Brandung das Geräusch von Motor und Reifen fast unhörbar werden ließ, tauchte der Wagen dröhnend in den Glast und in die Stille von Mangrovenwäldern ein, aus denen Reiherschwärme aufflogen.

Senhor Plínio ein General? Der Patron ein General? Muyra lachte und schüttelte den Kopf, als Ambras sie nach dem neuen Besitzer des Moorer Eisens fragte. Der Patron sei zwar immer stolz darauf gewesen, als *Tenente* im Korps des Marechal Mascarenhas de Moraes gekämpft zu haben, sagte Muyra, im Korps des großen Helden Brasiliens, der an der Seite Amerikas und seiner Verbündeten den Weltkrieg gewonnen hatte …, vom Triumphzug durch Rios Straßen, vom Siegeskarneval, schwärmte der Patron noch jetzt … aber Senhor Plínio de Nacar ein General?

Während die Fahrt nach Pantano den Küstenverlauf nachzeichnete, tief eingeschnittene oder sanft geschwungene Sand- und Felsenbuchten, den Saum eines Urwalds, der aus der Höhe der Wolken in dunklen Kaskaden zum Meer abfiel und sich manchmal unvermutet öffnete und den Blick auf einen Wasserfall freigab, aufbrausende Schleier, die der Brandung entgegenstürzten und schon im Flug der Gischt und den Wellenkämmen in der Tiefe ähnlich wurden ... während Küstendörfer an den Ankömmlingen vorüberdröhnten, mit Bananenbüscheln behängte Bretterbuden, Tankstellen im Schatten blühender Felsen, Lehmhütten, verloren im Busch ... erzählte Muyra von den geometrisch angelegten Eukalyptuswäldern ihres Patrons, von den Zuckerrohrplantagen, Maniokfeldern, Viehweiden und Steinbrüchen, die zur Fazenda Auricana gehörten, dem großen Besitz des Patrons; erzählte von Senhor Plínios Liebe zu Amerika, von seiner tiefen Verehrung für den Marechal Mascarenhas und von seinem Plan, dem Helden Brasiliens auf einer Klippe bei Pantano ein Denkmal aus dem grünen Granit seiner Steinbrüche zu errichten, einen Obelisken, der die Freude über den Triumph – und die Trauer über die Gefallenen Brasiliens für immer wachhalten sollte ...

Ambras nickte manchmal zu Muyras Erzählungen. Hatte er die Geschichte des Patrons schon einmal gehört? Bering sah nur, daß sein Herr Schmerzen litt und vergeblich versuchte, die Schläge der Fahrt abzuwehren: Mit vor der Brust verschränkten

Armen saß er da und preßte seine Handflächen gegen die Schultergelenke, so, als umarmte er sich selbst. Nein, der hörte schon lange nicht mehr zu, der war weit fort. Und Lily, versunken in den Anblick der Küste, in die Kronen anrollender Brecher: Die war auf dem Weg nach Santos. Der Wagenzug, der das Moorer Eisen nach Pantano bringen und dann weiter die Küste entlang nach Süden fahren würde, das war ihr Zug. Sie war angekommen. Sie war beinahe in Santos.

Nur Bering, er allein, so müde und erschöpft er auch war, er versäumte kein Wort dieser Brasilianerin und beugte sich manchmal wie in gespanntester Aufmerksamkeit vor und tauchte in ihre Augen hinab und spürte auf seiner Stirn ihr dunkles, im Fahrtwind peitschendes Haar: Er war ganz allein mit dieser Frau. Was sie sagte, sagte sie ihm. Und unter so vielen neuen Namen und Worten hörte er jetzt auch die Namen europäischer Schlachtfelder, die sie wie einen Auszählreim *sang*, bevor sie ihm lachend erzählte, daß die Kinder im Schulhaus der Fazenda Auricana diese Namen nach dem Willen des Patrons lernen und vorsingen mußten, im Chor und allein: *Monte Castello, Montese, Fornovo, Zocca, Collechio, Castelnuovo, Camaiore, Monte Prano …*

Wer die acht *vitorias* in einem Atemzug und aus dem Gedächtnis wiederholen konnte, wurde vom Patron mit Kleingeld oder Erdnüssen in Karamel belohnt, denn auf allen diesen Schlachtfeldern, die irgendwo in Italien lagen, hatte Brasilien unter dem Schlangenbanner des Marechal João Baptista Mascarenhas de Morais gegen die Feinde der Welt gesiegt.

33 Auricana

Das Herrenhaus der Fazenda Auricana stand auf einer von vielen Terrassen, die der Patron Plínio de Nacar nach seiner glücklichen Heimkehr aus Europa und aus dem Krieg in den Urwald an der Bai von Pantano hatte graben, sprengen, brennen und schlagen lassen.

Als große, von Feldern, Weiden und hängenden Gärten überwachsene Treppe führten die Stufen seines Besitzes über die Abhänge der *Serra do Mar* zu breiten Stränden hinab, von denen das besänftigende Rauschen der Brandung zu den Veranden der Fazenda emporstieg. Selbst die Viehtreiber, die inmitten einer Herde panischer Zebus den zur Schlachtung bestimmten Tieren den Zerrstrick anlegten oder einem Zuchtstier die Maden der Dasselfliege aus offenen Beulen drückten und die Schwären dann mit einer stinkenden Salbe bestrichen, sahen, wenn sie in ihrer Arbeit innehielten und aufblickten, über die Zinnen von Termitenhügeln hinab auf das Meer.

Senhor Plínio de Nacar hatte an der Seite Amerikas und unter dem Banner seines geliebten Marechal die europäischen Barbaren besiegt und später die

Wildnis selbst: Geschmückt mit den höchsten Kriegsorden Brasiliens, hatte er noch im Jahr seiner Heimkehr ein Erbe angetreten und in der Bucht von Pantano mit einer Armee von Landarbeitern gerodet, Maniok, Kaffee und Bananen gepflanzt und Steinbrüche eröffnet – und hatte schließlich in Volieren und Käfigen, die nun um das Herrenhaus verstreut im Schatten von Aurelien, Fächerpalmen und Bougainvillea standen, alles gefangengesetzt, was er auf erschöpfenden Reisen durch die Dschungelgebiete seiner Heimat in Fallen erjagte: Mähnenwölfe aus Salvador, schwarze Jaguare aus der Serra do Jatapu, Amazonasalligatoren, Faultiere, einen Tapir, Königsurubus und Tukane, mehr als ein Dutzend verschiedener Affen- und Papageienarten, zinnoberrote Korallenschlangen und eine baumlange Anakonda.

Über die Jahre waren die rostenden Eisenstäbe und Bambusgitter mancher Käfige und Volieren aber wieder so sehr mit dem nachdrängenden Busch verwachsen, daß ein fremder Besucher der Fazenda nicht mehr zu sagen vermochte, wo der Tiergarten des Patrons endete und wo die Wildnis begann: Starrten die Augen des Jaguars zwischen grün umrankten Gitterstäben oder bloß aus dem biegsamen, windbewegten Unterholz? Und die bahianischen Aras mit ihren himmelblauen und grellroten Schwanzfedern so lang wie ein Schilfrohr, saßen sie in unsichtbaren Volieren oder frei im dichten Geäst? So unstillbar die Sammelleidenschaft des Patrons auch war – die Zahl der Wildtiere, die sein Reich ungehindert durchstreiften, überwog die Zahl der Gefangenen seines Zoos bei weitem: Muyra zeigte Bering, dem sonderbaren Europäer, der sie mit seiner Fähigkeit, Vogelstimmen nachzuahmen, manchmal erheiterte und verblüffte, Gürteltiere in der Dämmerung, Leguane – und auch eine Reihe von Spiritusgläsern, in denen der Patron jene Korallenschlangen konservieren ließ, die von den Stallknechten in der Jungviehkoppel erschlagen wurden.

Sieben verschiedene Arten von Kolibris unterschied Bering schon in den ersten Tagen nach der Ankunft auf der Fazenda, in feuchtheißen Nachmittagsstunden, in denen er in einer Hängematte auf der Veranda des Gästehauses schaukelte, während die winzigen Vögel mit Zuckerwasser gefüllte und von den Deckenbalken pendelnde Glasflöten umschwirrten. Manchmal standen die Kolibris in der Luft wie Libellen, schlossen sich zu einem Kreis, einer schwebenden Federkrone zusammen, tauchten ihre Bogenschnäbel und fadendünnen Zungen in künstliche Blüten, die an den Flöten prangten und schienen sich mit den im Glas funkelnden Wassersäulen zu rätselhaften Zeichen zu verbinden, Totems aus schillernden Federn, Schnäbeln, Plastikblüten, Wasser und Licht.

Aber der Herrscher, dessen Allgegenwart diese Vogelzeichen bezeugten, blieb unsichtbar. Denn die Wolkenbrüche, die in den Tagen um Weihnachten und Neujahr die Küste durchtränkten und in manchen Buchten Muren und Steinlawinen über die Strände ins Meer donnern ließen, setzten selbst den mächtigen Patron Plínio de Nacar in einem Kaff kaum hundert Kilometer nördlich seiner Fazenda gefangen.

Die Unwetter von Pantano waren mit keinem Sommergewitter vergleichbar, das die Ankömmlinge aus Moor kannten: Diese tosenden Wolkenbrüche mit ihren wie Kettenexplosionen aufeinanderfolgenden Blitzen und Donnerschlägen wehten manchmal als bloße Regenschleier getarnt unter einem tief ziehenden Himmel heran und verdichteten sich erst in nächster Nähe zu einer Wand aus Wasser, gebrochenen Zweigen, blendendem Licht und Laub. Ein solches Unwetter konnte minuten- oder stundenlang toben, den Tag verfinstern und die Nacht erhellen. Erdstraßen und Hohlwege verwandelten sich dann in grundlose, wütende Sturzbäche, die ungedeckten Auffahrten und Treppen zwischen den Terrassen und Gärten der Fazenda in brodelnde Katarakte.

Die Bergstraßen der Serra und auch manche Verbindungen an der Küste, sagte eine Stimme aus dem Radio, seien an mehreren Stellen von Erdrutschen unterbrochen, und eine andere Stimme, die der aus dem Radio ähnlich war, fluchte aus dem Lautsprecher der Funkstation auf der Fazenda und lachte dann doch, es war ein kurzes, heftiges Lachen, und Muyra übersetzte: Das kann noch Tage dauern. Wir sitzen fest. Es war die Stimme ihres Patrons.

Der große Transport? Die Eisenkolonne aus Rio? An solche Transporte war jetzt nicht zu denken.

Wenn die Sonne zwischen Wolkenbarrieren hervorbrach, eine stechende, weiße Sonne, unter der jede Arbeit schwer und erschöpfend wurde, rauchten aus dem Küstenwald leuchtende Nebelschwaden auf, und mit ihnen erhob sich ein solches Zikadengeschrei, als verdampfte nicht bloß das Regenwasser in einem Aroma von Blüten und moderndem Laub, sondern die Erde selbst. Dann verschwanden am anderen Ende der Bucht die über einen Steilhang gewürfelten Häuser und Lehmhütten von Pantano, der Glockenturm der Kirche der Adventisten, das Blechdach des Dorfkinos und das von schwarzen Feuchtigkeitsflecken gemusterte Kühlhaus, in dem Fische und der Samen zur Befruchtung der schönsten Kühe des Patrons auf Eis lagen.

»Auf dieser Straße?« fragte Bering, als er am letzten Tag des Jahres mit Ambras, Muyra und einem Mineur des Patrons den schlammverkrusteten Geländewagen zurücklassen und den Weg zum entlegensten der drei Steinbrüche der Fazenda Auricana zu Fuß fortsetzen mußte. »Hier sollen Sattelschlepper fahren? Wie soll das gehen?«

»Ich weiß es nicht«, sagte Ambras.

Der Karrenweg, auf dem sie auch zu Fuß nur langsam vorankamen, glich eher einem wasserlosen, immer wieder von Geröll und Schwemmholz gedämmten Bachbett als einer Piste für Schwertransporte: Er führte zwischen haushohen Granitblöcken und stets unter den Kuppeln miteinander verwachsener Baumkronen in einen breiten Kessel, in dem Hitze und Stechfliegen beinahe unerträglich wurden. Der Mineur lachte. »Er sagt, der Patron wird eine Straße bauen«, übersetzte Muyra. »Er sagt, der Patron hat schon viele Straßen gebaut.«

Der Steinbruch *Santa Fé da Pedra Dura* lag in jenem Talschluß, in dem die Hauptquellen von Pantano entsprangen. Hier war aus allen Felsrinnen und Klammen Wasserrauschen, aber nichts mehr von der Brandung zu hören. Der Mineur watete den Gästen des Patrons durch einen Bach voran, in dem die Trümmer einer eingestürzten Brücke als struppige, von Fliegenwolken umschwärmte Inseln lagen. Bering sah im Zitronengras dieser Inseln bunt bemalte Figuren … und Dutzende brennender Kerzen! Madonnen und Christusgestalten aus Ton und Porzellan, denen die Köpfe abgeschlagen und Kerzen in die Hälse gesteckt worden waren: Umgeben von gefüllten Schnapsflaschen, Tellern mit faulenden Früchten, Mais und Getreide, standen sie als verstümmelte Leuchter im Gras. Einigen der kopflosen Madonnen lagen auch Brautschleier zu Füßen, verrottende Kleider und blutige Binden.

»Neujahrsgeschenke für die Geister«, sagte Muyra. »Opfergaben.« Der Mineur bekreuzigte sich.

Ein Steinbruch? Nichts in diesem Felsenkessel glich den Abbauterrassen und der staubigen Geschäftigkeit am Blinden Ufer. In diesem Steinbruch gab es keine Terrassen, keine Halden, kein Schotterwerk, sondern nur einen einzigen, ungeheuren Kegel aus Granit, der so hoch und noch über den Rand des Kessels hinaus in den Himmel ragte, daß Bering trotz der Hitzewellen, die mit jedem Lufthauch über sein Gesicht strichen, fröstelte. Der Monolith war mit Flechten und Kletterpflanzen bewachsen, und nur dort, wo er wie angenagt schien, ganz unten, an seinem Fuß, wo ein filigran wirkendes Bambusgerüst neben einem eingesunkenen Holzschuppen am Fels lehnte, war das wunderbare Grün dieses Gesteins zu sehen.

In keinem Steinbruch der Fazenda Auricana, sagte Muyra, sei der Granit so makellos und schön gezeichnet wie hier. Daß der Patron diesen Reichtum erst jetzt nützen wollte, habe mit seinen Geschäften in São Paulo, mit der schwierigen Anfahrt – und wohl auch mit den *Macumbaleuten* zu tun, die ihre Geister in diesem Tal ungestört beschwören wollten.

Aber die Geduld des Patrons sei nun erschöpft: In São Paulo würden die höchsten Wolkenkratzer mit Mänteln aus solchem Urgestein umhüllt.

Auf dem Rückweg ans Meer schimmerte die Bucht von Pantano mit ihren wolkenverhüllten Höhenzügen schön wie der Moorer See in der Tiefe, und Bering erzählte Muyra vom Schnee, der in Moor jetzt gewiß hoch lag. Als sie die Küste erreichten, wurde es dunkel. An den Stränden flammten Feuer auf, auch ein erster Strauß Leuchtraketen. So endete das Jahr.

In den Stunden vor Mitternacht verließen überall in Pantano weißgekleidete Menschen ihre Häuser und Veranden. Auch die Weißgekleideten an der Festtafel vor dem Herrenhaus der Fazenda erhoben sich und liefen mit Fackeln und Kerzen zum Strand hinab und wateten mit den Weißgekleideten aus dem Dorf hinaus ins finstere Meer. Bis an die Hüften und bis zur Brust im Wasser stehend, erwarteten sie die heranrollenden Wogen und setzten weiße Blumenkränze, weiße Blütengirlanden und auf Holz- und Korkbojen gesteckte Fackeln aus, wünschten sich Glück, fielen sich in die Arme.

In sieben Wellen, rief Muyra Bering durch das Brandungsrauschen zu, in sieben Brecher müsse sich ein Mensch in dieser Nacht stürzen, um das vergangene Jahr von sich abzuwaschen und frei und leicht zu werden für alles Neue. Und Bering, der das weiße Hemd eines Sekretärs der Fazenda trug und schon tief im schäumenden Wasser stand, spürte, wie ihm die erste Welle den weichen, sandigen Grund unter den Füßen entzog. Und dann war Muyra bei ihm und ließ nicht zu, daß seine Füße wieder Grund fanden. Sie streckte ihre Arme nach ihm aus, hielt ihn in der warmen Flut, hielt ihn in der Schwebe – und zog ihn dann an sich und umarmte ihn und küßte ihn lachend auf beide Wangen, küßte ihn, während die zweite Welle heranrauschte, ein mächtiger Brecher, der auf seinem Kamm den Widerschein treibender Fackeln trug.

In den ersten Tagen des neuen Jahrs ließ die Heftigkeit der Gewitter nach, aber Hitze und Feuchtigkeit nahmen zu und waren nur durch Ventilatoren und Fächer – und Untätigkeit zu lindern. Das Eisen und alle Maschinen aus Moor blieben, wo sie waren, und der Patron nützte die erstbeste geräumte Straße, kehrte nach Rio de Janeiro zurück, gab seine Anweisungen nun aus einem Garten am Strand von Leblon und ließ auch seine Gäste von dort grüßen: Er werde bald kommen.

In Santa Fé da Pedra Dura blieb alles still.

Bering erwachte an diesen Tagen schweißnaß, erhob sich schweißnaß von seinem Lager, lag schweißnaß in den Hängematten auf den Veranden und saß schweißnaß bei Tisch. Ein Wollhemd aus Moor und was sonst noch an mitgebrachten Kleidern unbenützt in seinem Zimmer lag, begann in der Feuchtigkeit zu schimmeln. Selbst auf den Schuhen, die er längst gegen Sandalen getauscht hatte, und auf der Fotografie, die ihn mit seinen verschwundenen Brüdern zeigte, wuchs der Schimmel in zarten Kolonien. Zum erstenmal, seit Ambras ihn bewaffnet hatte, trug er seine Pistole nicht mehr bei sich: Seine schweißnasse Haut war nach einer Wanderung über die Strände bei Pantano so sonnenverbrannt, daß er sich an der Waffe wundrieb. Der, den er mit dieser Waffe hätte beschützen sollen, hielt sich ohnedies verborgen. Der lag ganze Nachmittage lang in seinem verdunkelten Zimmer und litt an seinen Schultergelenken. Die Fazenda Auricana war ein sicherer Ort: Also legte Bering die Pistole in ein Öltuch gewickelt zu seiner Kralle in den schimmelnden Pappkoffer – und riß sie doch schon am nächsten Morgen, es war lange vor Sonnenaufgang, wieder aus ihrem Versteck und rannte über die Veranda zum Zimmer seines Herrn:

Dort schrie jemand. Dort stöhnte jemand wie in einem erbitterten Kampf. Dort hatte jemand geschrien. Und der Leibwächter, selber noch schlaftrunken und verstrickt in einen Traum, war für einige Schritte, einige Augenblicke, wieder dort, wo er herkam, hörte das Keuchen des Kahlkopfs, der ihn verfolgte, hörte den Schmerzensschrei einer Frau, die an ihren Haaren in den frühen Morgen hinausgezerrt wurde.

Aber als er die zur Veranda offenstehende Tür von Ambras Zimmer erreichte und dort einen Vorhang beiseite riß und das Dämmerlicht auf ein Moskitonetz fiel, das wie ein seidenes Zelt über einem Bett aus Bambus glänzte, sah er Lily. Sie saß aufrecht in diesem hauchdünnen Zelt, und Ambras, von einem Bettuch oder einem weißen Hemd bedeckt, lag in ihrem Schatten.

Seltsam, daß Bering jetzt, wo er Lily endlich nackt und in einem Wirbel weißer Tücher vor sich sah … so schön, wie er sie in vielen, oft quälenden Phantasien erträumt hatte … daß er jetzt vor allem das Strahlende an ihren Augen wahrnahm. Ambras und Lily. Der Hundekönig und die Brasilianerin. Er sah nur ihre Augen. Denn ihre helle Haut, das Mal ihres Nabels … diesen schlanken, hellen Körper, hatte er in seinen Träumen schon ausgetauscht gegen etwas Dunkleres, Geheimnisvolleres, gegen Muyras Weichheit und Wärme, die er in der Gischt der Neujahrsnacht gespürt hatte. Nur diese Augen, diese strahlenden Augen blickten ihn auch aus dem neuen Bildnis wieder an. Lily sollte ihn nicht ansehen! Sie sollte ihn nicht anstarren! Sie sollte verschwinden! Aber sie blieb. Saß stumm, aufrecht, nackt in diesem glänzenden Zelt. Er ließ die Pistole sinken und wandte sich ab, wandte sich von ihr und seinem Herrn ab und trat, ohne den Vorhang hinter sich wieder zu schließen, auf die Veranda hinaus, ins Freie.

Todmüde. Gab es das: Todmüdigkeit? Ambras hatte über dem tobenden Schmerz in seinen Schultern und in der Betäubung, die ihm der Zuckerrohrschnaps manchmal verschaffte, so viele Worte vergessen. Und in der Flut neuer Worte und Namen, die an den Nachmittagen aus den Höfen und Gärten der Fazenda in sein verdunkeltes Zimmer drangen, erschien ihm selbst die eigene Sprache manchmal unverständlich und fremd. Todmüde. Er war selbst im Lager niemals so erschöpft gewesen wie in diesen ersten Tagen des neuen Jahrs.

Geh, sagte er zu Lily, als sie irgendwann in der Dunkelheit in sein Zimmer kam und ihm von freien Straßen und einer Nachricht aus Rio erzählte und nach seinen Schmerzen fragte. Er wußte ja, daß sie begonnen hatte, Abschied zu nehmen. Sie würde in wenigen Tagen in Santos sein. *Geh jetzt, ich bin todmüde.*

Aber sie legte ihm die Hände auf seine glühenden Schultern. Und was dann geschah, zeigte ihm nur, wie lange er schon nicht mehr zu den Lebenden gehörte. Es waren nicht ihre Lippen, die er auf seiner Stirn, auf seinen Wangen, auf seinem Mund spürte. Es war nicht ihr Haar, das in der Finsternis durch seine Hände floß. Und was ihm an Worten ins Bewußtsein drang und unaussprechlich blieb, schloß sich zu den immergleichen Sätzen, die sich in ihm wie von selbst, monoton und mechanisch und Hunderte Male in dieser Nacht wiederholten, ohne daß er auch nur ein einziges Wort aussprach: *Ich bin gesund. Es geht mir gut. Wo warst du, mein Lieber. Vergiß mich nicht.*

Gab es das tiefverschneite Seeufer noch, an dem der nächste Tag, ein Sonntag im Januar, Dreikönigstag hieß? Und die vom Eis verglasten, klirrenden Schilffelder von Moor, die meterhohen Schneewächten über den Ruinen des Barackenlagers am Schotterwerk – war das Erinnerung oder Illusion?

In der Bucht von Pantano wurde es zu Dreikönig so heiß, daß sich über einer der vielen Inseln, die wie die Köpfe einer schwimmenden Herde im fernen und fernsten Meeresblau lagen, eine Rauchsäule erhob. Muyra stand mit den Gästen des Patrons vor einem der Jaguarkäfige der Fazenda und zeigte auf den Rauch, der jenseits rostiger Gitterstäbe, weit draußen im Ozean, verwehte: »Buschfeuer«, sagte sie und warf dem Schwarzen Jaguar Amazoniens einen Fleischfetzen zu. Unter der Januarsonne werde selbst das feuchte, modernde Laub und abgestorbenes oder im Sturm gebrochenes Strauchwerk innerhalb weniger Stunden zu fauligem Zunder.

Der Jaguar schritt in einem verstörten, unablässigen Hin und Her über die Schatten des Gitters hinweg, über eine schiefe Leiter auf dem Lehmboden seines Zwingers. Von Wundschorf und offenen Schwären gefleckt, kümmerte er sich nicht um die

Fliegen, die ihn verfolgten, und nicht um das Fleisch. »Er hat die Räude«, sagte Muyra. »Senhor Plínio wird ihn erschießen.«

Aber die Gäste des Patrons schienen plötzlich von dem entstellten Tier weniger gebannt als von der dünnen, im Blau verwehenden Rauchsäule: Wie war das? *Wie* hieß die Insel dort draußen? Und Muyra, überrascht von diesem jähen Wechsel der Aufmerksamkeit, wiederholte jenen Namen, der ihr so geläufig war, daß seine Übersetzung wie ein vulgäres Schimpfwort klang: *Ilha do Cão.* Hundsinsel.

Buschfeuer im Januar waren träge und zäh und irrten, von Gewittern und Wolkenbrüchen immer wieder zurückgeschlagen, manchmal tagelang durch die Wildnis, verbargen sich in Glutnestern, krochen aus dem Hinterhalt zu neuen Angriffen hervor und erloschen schließlich, vom Regen und einer unbesiegbaren Feuchtigkeit entkräftet, in der grünen Dämmerung wegloser Wälder. Größer als die Gefahr, in einem dieser konfusen Brände umzukommen, war für einen Jäger oder Waldläufer in der Feuerzone die Bedrohung, die von panisch fliehenden Tieren ausging: von Schlangen, die mit ihrem Gift jeden Feind schlugen, der ihrer Rettung ahnungslos im Weg stand, und auf der Ilha do Cão auch von jenen Wildhunden, denen die Insel ihren Namen verdankte.

Muyra konnte den Gästen des Patrons nicht sagen, über wie viele Jahre die Hundsinsel ein Gefängnis gewesen war, ein von Bluthunden bewachter, verbotener Ort. Die Hunde, so hieß es in Pantano, hätten sich auf Eindringlinge mit der gleichen Wut wie auf Flüchtende gestürzt. Muyra hatte im Schulhaus der Fazenda noch die *vitorias* der brasilianischen Armee auswendig gelernt, als ein Senat in São Paulo beschloß, das Gefängnis auf das Festland zu verlegen und dort zu vergrößern. Vier Reihen vergitterter Steinhäuser, ein Leuchtturm, die Mole und ein befestigter Strand fielen damals an die Wildnis zurück. Die Gefangenen und ihre Wärter waren schon längst auf kettenklirrenden Schiffen verschwunden, als Fischer immer noch Hundegebell von der Insel hörten: Einige Bestien aus dem Rudel mußten wohl zurückgeblieben sein – ausgesetzt, davongejagt oder einfach vergessen. Wer konnte das heute noch sagen. Tatsache blieb, daß die mit jeder Generation weiter verwildernden Abkömmlinge dieser Bluthunde so menschenscheu waren wie ihre Beute: Sie liebten den Schatten, hielten sich tagsüber im Unterholz verborgen, kamen selten bis an den Strand und wurden von Fischern und Vogelfängern, die manchmal in den Ruinen des Gefängnisses übernachteten, mit Schrotflinten und auch mit Harpunen gejagt.

Gefährlich? War es gefährlich, in einem Kajütboot der Fazenda Auricana zur rauchenden Ilha do Cão zu fahren und dort in der Gewißheit an Land zu gehen, jederzeit auf das in einer sicheren Bucht ankernde Schiff zurückkehren zu können? Wozu Wildhunde in ihrer Angst vor dem Feuer imstande waren, konnte auch Muyra nicht sagen, aber wer aus Europa kam, war gewiß Schlimmeres gewöhnt. »Wahrscheinlich sind auch Harpunenfischer dort.« In den

Unterwassergrotten der Ilha do Cão suchten die schönsten Fische Zuflucht. Keine Gefahr.

In der brütenden Mittagshitze zu Dreikönig schafften Küchengehilfen aus dem Herrenhaus Proviant und Ausrüstung für zwei bis drei Tage und Dieselöl in Kanistern für mindestens hundert Seemeilen an Bord des Kajütbootes. Am frühen Nachmittag lief Muyra mit den Gästen des Patrons bei schwachem Wind aus. Der Bootsmann der Fazenda mußte an diesem Tag die Fahne einer Prozession nach Santa Fé da Pedra Dura tragen, aber Muyra brauchte keinen Mann für das Boot. Und sie wollte das Steuerruder der *Rainha do Mar* auch nicht dem Vogelmenschen überlassen. Selbst wenn er viel von Dieselmotoren verstand – die Riffe in diesem Insellabyrinth waren trügerisch. Nicht über allen Untiefen schlugen warnende Gischtfontänen hoch. Auch im glattesten, blauesten Wasser drohten die Gipfel versunkener Berge.

Unter Muyras Händen dreht sich das Steuerrad wie im Spiel. Eine Seekarte? Sie braucht keine Seekarte, um sicheres Fahrwasser zu finden. Von einem Sonnensegel beschattet, hält sie einen verwirrenden Kurs auf das Feuer im Ozean. Die Rauchfahne zieht jetzt so dicht über dem Horizont dahin, daß sie manchmal in der Dünung verschwindet. Vielleicht ist der Brand schon am Erlöschen.

Als hätten ihn allein der Name und die Geschichte

einer Insel aus seinem verdunkelten Zimmer in die Welt zurückgerufen, sitzt der Hundekönig in der gleichen Haltung in einem Deckstuhl, in der Bering ihn während so vieler Stunden auf der Veranda der Villa Flora gesehen hat: die Arme vor der Brust verschränkt, den Kopf zur Seite geneigt, den Blick auf dem Wasser. Hört er, was Lily zu ihm sagt? Sie sucht Strand um Strand des Archipels mit dem Fernglas ab und findet doch nur selten Häuser, Lehmhütten, Dächer wie schwebend im Flimmern jenseits der Brandung. Die meisten dieser Inseln sind unbewohnt. Unbewohnt wie die eine, die allmählich, schroff und groß wie ein Berg, vor ihnen aus dem Meer steigt. Vom Rauch ist jetzt nichts mehr zu sehen.

Auf diesem Meer, unter diesen grellweißen Wolkentürmen, wäre Bering gerne mit Muyra allein. Die stumme Nähe seines Herrn und Lilys Schauen und Suchen und Reden und alles, was gegen dieses Alleinsein steht, machten ihn rastlos. Machten ihn wütend. Einmal starrt er über das im Kielwasser tanzende Beiboot nach der gebirgigen Küste zurück, steht dann wieder vorne im Bug, wie gebannt von der höher und höher emporwachsenden Insel, und lange bevor das Wasser einer lichtgrünen, spiegelglatten Bucht unter dem Anker der Rainha do Mar zerspringt, steigt er zu der unter Deck gehäuften Ausrüstung hinab. Dort liegen Zeltplanen, Hängematten und ein sorgfältig zusammengeschlagenes

Seil, Moskitonetze, handgeschmiedete Beile und auf einer Blechkiste voller Flaschen und gehacktem Eis auch ein Karabiner aus dem Arsenal des Patrons. Muyra hat an alles, auch an toll gewordene Hunde gedacht: Wahrscheinlich würde aber auch diesmal vom Rudel auf der Hundeinsel nicht mehr zu sehen sein, als sie schon bei früheren Besuchen gesehen und gehört hat, Pfotenspuren, Kot, in der Nacht vielleicht fernes Gekläff und ein klagendes Heulen ähnlich dem von Schakalen.

»Wer nimmt das Gewehr?« fragt Muyra, als das Beiboot für eine Landung am Strand beladen werden soll. An der von armdicken Wurzeln gesprengten und von Brechern zerschlagenen Mole wird schon lange kein Schiff mehr vertäut.

»Das Gewehr? Der da«, sagt Lily wie eine, die etwas zu befehlen hat. Aber die hat gar nichts zu sagen. Jetzt nicht mehr und nicht hier. Aus Muyras Händen nimmt Bering das Gewehr dann aber doch.

Ambras steht bis zu den Knien und mit hängenden Armen im Wasser und sieht den Frauen und seinem Leibwächter zu, wie sie das Beiboot in einer Bresche der verfallenen Strandbefestigung auf den Sand ziehen. Er kann ihnen nicht helfen. Noch haben sie nicht entschieden, wie lange sie bleiben wollen. Vielleicht bis zum Abend. Vielleicht eine Nacht. Vielleicht fahren sie auch weiter, bis zum Cabo do Bom Jesus und darüber hinaus. Muyra zeigt auf das einzige der im

Dickicht versunkenen Gefangenenhäuser, das noch ein Dach trägt. Dort liegen die Feuerstellen der Fischer. Dort könnten auch sie lagern.

Aber dann, im Schatten einer Felswand, die das weitläufige Ruinengelände wie eine ungeheure hohle Hand umschließt, ist plötzlich jeder allein. Benommen wie vom ersten Anblick eines neu entdeckten Landes, steigen die Ankömmlinge zwischen Trümmern und Mauerresten umher, bücken sich hier nach Scherben, dort nach einer rostzerfressenen, in einen Baumstamm eingewachsenen Kette, brechen durch das Dickicht, verlieren sich in einer Wildnis, die hier nicht so behutsam und zögernd wie in Moor nach menschenverlassenen Orten greift, sondern über alles Aufgegebene herfällt, durch Fenster und Mauerrisse ins Innere der Häuser springt und über morsche Böden, eingestürzte Treppen und durch geborstene Dächer wieder hinaustobt und dabei alles, was ihr im Weg ist, umschnürt, an sich reißt, zersprengt und frißt, bevor sie selber vom Moder oder einem umherirrenden Buschfeuer gefressen wird.

Das Feuer. Sie können es überall riechen. Noch durch den Blütenduft und den Geruch faulender Balken und Stämme können die Ankömmlinge das Buschfeuer riechen. Es ist so verborgen, wie jetzt jeder von ihnen den anderen verborgen ist. Aber es ist da. Es frißt irgendwo. Es wartet. Aber sie sehen keine einzige Flammenzunge. Keinen Rauch.

Ambras reißt sich die Hände an einer von Hibiskus durchwachsenen Stacheldrahtspirale wund. Er riecht die Öfen. Die Toten. Dieses kaum zu durchdringende Dickicht hier, das muß der Appellplatz gewesen sein. Auf der Lagerstraße, zwischen den steinernen Wachtürmen, in den Baracken – überall ist das Feuer gegenwärtig und doch lautlos und unsichtbar. Wer beim Morgenappell seine Zahl nicht laut genug schreit, kann am Abend schon brennen – und verraucht und verfliegt in der Nacht und rieselt in der nächsten Morgenkälte doch wieder ins Lager zurück, sinkt als Ruß, schwarzer Staub, auf die zum Steinbruch wandernden Arbeitskolonnen herab, dringt ihnen als Gestank in die Nase, kriecht in ihre Lungen, in ihre Augen, Ohren und Träume.

Wo ist das Tor? Wo der Zaun? Irgendwo hier, zwischen diesen beiden eingesunkenen Baracken, muß doch das Lagertor sein. Und links und rechts davon der Wall, und auf dem Wall der elektrische Zaun. Himmelhoch ragt die Felswand vor ihm auf, behängt mit dem Strickwerk blühender Lianen, drahtigen Luftwurzeln, Farnen. Die Drähte laufen durch weiße Blüten, Isolatoren aus weißem Porzellan. Dort ist auch die Treppe, die zum Wall und zum Wachturm hinaufführt, von dem herab kreisende Lichtkeulen in jede Nacht fallen. Wer diese Treppe erreicht, wandert schon lange im Schußfeld. Stufe um Stufe steigt Ambras hoch. Er ist so erschöpft. Er muß schon dicht unter der Wallkrone sein. Gedämpft durch die Vorhänge der Lianen, leuchtet tief unter ihm das Meer. Jetzt erfaßt ihn ein Lichtkegel. Er muß innehalten, Atem schöpfen. *Ich bin gesund. Es geht mir gut.* Schießen sie schon? Der Schuß, den er hört – gilt dieser Schuß ihm? Er fürchtet sich nicht. Denn er sucht seine Liebe und alles, was ihm schon lange fehlt, dort, wo sich so viel Verlorenes fängt. Er geht in den Zaun.

Daß Eisen so spröde werden kann: Mit bloßen Händen zerbricht Bering Gitterstäbe, die der Rost Schicht um Schicht geschält und dünn gemacht hat. Auch ein eisernes Treppengeländer, das in einen Keller zeigt, zerbricht ihm in der Faust. Dort unten, im Schutt und unter nassem Laub, das durch Lichtschächte und eingebrochene Fußböden gefallen ist, findet er eiserne Riegel und Bänder, die Reste eiserner Bettgestelle und Eisenroste, deren Zweck er nicht kennt, findet an Zellenwände geschlagene Eisenringe, die er mühelos aus dem Mauerwerk ziehen kann. Der Holzgriff eines Bajonetts, das auf dem morastigen Boden eines Steingewölbes liegt, ist nur noch eine Handvoll Moder, über eine zerfressene Klinge gestreut.

Diesem Eisengarten hilft keine Feile mehr, kein Ölbad, kein Feuer. Und auch der Brand, dessen Geruch bis in diese Keller hinabdringt, hat nichts mit der hellroten Glut in der Schmiede zu tun, die mit einem einzigen Fauchen des Blasebalgs zum Leuchten zu bringen war. Still ist es hier. So still wie im Keller des Forts auf dem Reifpaß, und wie damals hört Bering auch jetzt wieder das Klingen seines Blutes im Kopf. Aber hinter diesem Klingen ist noch etwas, ein sanftes, gleichmäßiges Rauschen. Das ist nicht sein Blut. Das ist der Regen. Wie lange durchwandert er diese unterirdischen Zellenfluchten schon?

Über eine steile Schuttbahn steigt Bering wieder hinauf, ins Gestrüpp, und sieht lange, schmale Regenschleier vom Ozean heranwehen, auf dem Wolkenschatten und sonnenbeschienene Flecken einander bedrängen, unruhige, glitzernde Inseln aus Licht.

Regen! Jetzt ist es Lily, die wütend wird. Wohin hat sie sich verschleppen lassen. Was ist das hier? Das Strandbad von Moor? Sie steht inmitten dieser Zuchthausruinen, im Regen, in den Ruinen des Strandbads, in den Schutthalden des Bellevue. Sie will nach Santos und steht mitten in Moor! Die Küstenstraßen sind längst geräumt, aber sie steht in Moor, in einer nach kalter Asche stinkenden, tropfenden Wildnis. Wo sind die anderen? Sie muß fort von hier. Sie muß zurück. Sie wird auch nicht länger auf die Kolonne aus Rio warten. Ihr Abschied dauert schon Tage. Jeden Morgen, hat Muyra gesagt, der Bus nach Santos. Jeden Morgen.

Im Lichtgrün der Bucht schaukelt ein fremdes Boot. Fischer aus Pantano. Harpunenfischer. Muyra steht im Wasser, hält sich mit einer Hand an der

Bordwand fest und nimmt mit der anderen zwei an den Kiemen zusammengebundene Fische entgegen, die sie lachend hochhält, als Lily zu ihnen hinauswatet: »Ich habe Fische gekauft! Garopas.«

»Ich will zurück«, sagt Lily. *Fahrt ihr nach Pantano. Nehmt ihr mich mit?* will sie die beiden Fischer in der neuen Sprache fragen, aber Muyra muß ihr beim Fragen helfen. Die Bootsleute strecken der Fremden, die beim Patron zu Gast ist, schon die Arme entgegen, aber jetzt muß sie noch einmal an den Strand. Dort liegt das Beiboot der Rainha do Mar, aus dem sie einen Tornister holt, ihr Gepäck. Und während sie hastig zu ihnen zurückkommt, sucht und kramt sie in diesem Armeesack nach einem Geschenk. Das Beste, was sie findet, ist ein Regenmantel aus den Beständen der amerikanischen Armee, eine weitgeschnittene Pelerine mit Kapuze, gefleckt in den Tarnfarben der Marines. Lily hat diese Pelerine auf vielen Wegen durch das Steinerne Meer getragen. Unter diesem Mantel war es immer trocken und warm.

Einer der Fischer klatscht in die Hände: Dieser Mantel würde ihm auch gefallen. Aber Lily umarmt Muyra, legt ihr den Mantel um die Schultern und steckt ihr das Haar in die Kapuze wie einem Kind, das nicht naß werden soll. Dann deutet sie auf den Strand, zurück in die Ruinen, in denen der Hundekönig und sein Leibwächter verschwunden sind, und sagt: »Ich kann nicht mehr bleiben. Sag ihnen, daß ich nicht mehr bleiben kann. Sag ihnen, ich bin nach Santos gegangen.«

Muyra bleibt zurück. Ihr Mantelsaum tanzt im Auf und Ab kleinerer Wellen. Sie schwenkt die glitzernden Fische, winkt dem rasch kleiner werdenden Boot nach. Santos. Dorthin will sie auch irgendwann, aber nicht, um eine Reise zu beenden, sondern um die größte Reise ihres Lebens zu beginnen: aus dem Hafen von Santos nach Salvador, Fortaleza und São Luís, nach Belém und Manaus und von dort weiter, immer weiter.

Muyra läuft durch den Regen, über den warmen Sand, ein Stück strandaufwärts, bis zu einer Barriere aus glattgeschliffenen Felsblöcken, zwischen denen ein Süßwasserrinnsal dem Meer entgegenfließt. Dort, unter Luftwurzeln und schaukelnden Trieben, kniet sie am Wasser, das kühler, viel kühler als der Ozean ist, und öffnet den Fischen mit einem Messer die Bäuche, kratzt Schuppen ab, die so groß wie Münzen aus Perlmutt sind, und schwemmt die leeren Bauchhöhlen aus, als sie ein krachender Schlag in den Rücken trifft und ihr den neuen Mantel, die Haut, das Herz zerreißt. Gebückt, wie sie war, fällt sie ins Wasser. Es ist nichts geschehen. Aber als sie sich aufrichten will, sieht sie, wie aus einer Quelle in ihrer Brust das Blut hervorkocht und sich über einen der Fische ergießt. Nein, das sieht sie schon nicht mehr.

Der Fisch liegt blutüberströmt noch eine Zeitlang im sandigen Bett des Rinnsals, bis ihn ein Wasserschwall, der sich vor der Toten gestaut hat, ein zweites Mal wäscht und zurückspült ins Meer.

Muyra. Bering will nach ihr rufen. Der Strand ist leer. Aus dem Ruinenfeld kein Zeichen, kein Laut. Er müßte laut schreien, gegen das Rauschen des Regens anschreien, und dann würden auch der Hundekönig und Lily hören, daß er die Brasilianerin sucht. Das will er nicht.

Daß Muyra das Beiboot, die Ausrüstung, so offen im Regen läßt, die Hängematten, das Seil, das Gewehr. Sie haben doch Planen. Hat Muyra sich ebenso in den Ruinen verloren wie die anderen? Nein, Lily ist schon zurück. Sie kauert dort vorne, in ihre Armeepelerine gehüllt, an einem Bach. Die Tarnflekken der Pelerine machen sie unter den hängenden Zweigen fast unsichtbar. Sie wendet ihm den Rücken zu, schöpft Wasser. Oder sucht sie nach Steinen? Muyra hat ihm an einer Flußmündung bei Pantano auch schon Goldwäscher gezeigt. Aber wenn er jetzt Muyras Namen in die Ruinen schreit, ist Lily die erste, die ihn hört und sich umdreht nach ihm. Sie ist immer dort, wo Muyra sein soll. Warum ist sie nicht längst in Santos. Warum wartet sie auf eine Eisenkolonne, auf Lastwagen!, wenn sie doch nur einen einzigen Platz in einem der Überlandbusse braucht. Sie soll endlich verschwinden.

An die Bordwand des Beiboots gelehnt, sitzt Bering im Sand und wartet auf Muyra. Das Gewehr hier, ist es leichter oder schwerer als jenes, das Lily in die Doline geworfen hat? Er wiegt den Karabiner in seinen Händen, schätzt die Entfernung zu der kauernden Gestalt. Fünfzig Meter? Das sind keine fünfzig Meter. Nicht, daß er auf die getarnte Gestalt zielt. Er schätzt nur die Entfernung im Visier. Sieht die Tarnflecken auf der Pelerine über der Kimme tanzen. Flecken. Wo Lily ist, sind immer Flecken. Tarnflekken, blinde Flecken, immer ist da etwas, das ihn an Moor und an das erinnert, was er überstanden hat. Fünfzig Meter. Er könnte niemals auf einen Menschen schießen, der so wehrlos ist. Doch. Dort oben, im Dolinenfeld, dort war es ganz leicht. Und auch dort war *sie* und hat ihn an den Haaren hochgezerrt. Nein, er zielt nicht auf Lily. Er betrachtet nur diese verfluchten Flecken im Visier. Und daß der Karabiner in seinen Händen plötzlich hochschlägt, ja, richtig nach ihm schlägt … und daß dieses Krachen, das ihn schon einmal und wieder und wieder taub gemacht hat, aus den Ruinen und von der Felswand zurückhallt … das alles gehört nicht zu ihm. Das hat mit ihm nichts zu tun. Er hat nicht abgedrückt. Das Gewehr hat nach ihm geschlagen und ihn an der Stirn verletzt. Er muß die Waffe nicht einmal fallen lassen. Sie springt ihm aus den Händen. Er hat nichts getan.

Aber die gefleckte Gestalt dort, keine fünfzig Meter von ihm entfernt, ist noch kleiner geworden. Irgend etwas ist aus den Zweigen auf sie herabgefallen und hat sie ganz krumm und klein gemacht. Vollkommen still, ein getarntes Bündel, liegt sie im seichten, unruhigen Wasser.

Er sagt jetzt nicht: *Heilige Maria. Gottesmutter. Hilf. Ich habe sie umgebracht.* Er sagt auch nicht: *Du Trösterin der Betrübten. Du Heil der Kranken. Du Zuflucht der Sünder;* das alles sagt sich in ihm. Eine ganze Litanei muß sich in ihm selber aufsagen, bis er endlich tut, was er sich eben noch versagt hat: *Muyra!* schreit er. *Muyra!* Er brüllt ihren Namen so laut und in einem solchen Entsetzen, daß ein Reiherschwarm, der nach dem Schrecken des Schusses wieder in die Baumkronen gesunken ist, noch einmal auffliegt.

Was hat er getan. Er hat Lily getötet. Er hat Lily getötet. Was soll er jetzt tun.

Muyra muß ihm helfen. Sie ist die einzige, die ihm jetzt helfen kann. Er darf nicht zu diesem Bündel dort hingehen. Dort darf er nicht hingehen. Ihm ist kalt. Muyra muß hingehen mit ihm und muß ihm sagen, daß er nichts getan hat.

Der Strand ist leer. Die Ruinen, leer. Das Boot liegt unberührt im Sand. Jetzt bleibt nur noch ein Weg, der in die Felswand. Durch diese Wand muß Muyra gegangen sein. Von dort oben, bei klarem Wetter, hat sie gesagt; es gibt keinen schöneren Blick auf das

Festland, auf das Küstengebirge. Wir werden das Seil brauchen, hat sie gesagt. Er tut nur, was sie gesagt hat. Er schlägt sich das Seil über die Schulter.

Die Eisenleitern, die durch die Wand bis hinauf zum Leuchtturm führen, der schon lange ohne Licht und ohne Dach ist, sind verrostet, die Treppen verfallen. Keuchend, schluchzend steigt Bering höher. Er hat doch immer alles getan. Und wenn Muyra ihm jetzt sagen würde, zum Monte Neblina, durch den Nebelwald, stromaufwärts, immer den Rauchsäulen nach und weiter, bis in eine Welt ohne Menschen, dann geht er mit ihr, dann tut er auch das. Aber zuvor, nur dieses eine Mal, muß Muyra ihn begleiten. Nur bis zu diesem Bach dort unten soll sie ihn begleiten, bis zu dem Bündel, das unter den Zweigen schon nicht mehr zu sehen ist.

Hilf mir. Die Litanei sagt sich wieder auf. Sei still, keucht er, sei endlich still: *still, still*, immer wieder, bis er vor sich den Hundekönig sieht. Den hat er schon vergessen. Jetzt steht er ihm plötzlich im Weg. Der soll ihm aus dem Weg gehen. Er muß Muyra finden. *Geh weg!* schreit er ihn an, *verschwinde!* Er ist bereit, jeden zu töten, der ihm den Weg zu Muyra verstellt. *Verschwinde!*

Und dann begreift er, daß der Hundekönig ihn nicht mehr hören und nicht verstehen kann. Ambras starrt ihn so betrunken, nein, so taub, so hilflos und aus einer solchen Ferne an, daß Bering aus seiner eigenen Hilflosigkeit, seinem Entsetzen erwacht: Der Hundekönig steht nicht einfach da, der kann nicht mehr weiter. Das Wegstück vor ihm, eine an den Felsen gemauerte Treppe, muß schon vor langer Zeit in die Tiefe gebrochen sein. Geblieben sind nur ein schmales Stufenband und in die Wand geschlagene Halterungen eines Eisengeländers, das der Rost gefressen hat.

Wir werden das Seil brauchen. Bering tut nur, was Muyra gesagt hat. Er nimmt das Seil von der Schulter und bindet sich ein Ende um die Hüften, um die Hände frei zu haben für dieses Felsband. Muyra muß hier ohne Seil gegangen sein. Er will ihr einen Halt schaffen für den Rückweg ans Meer.

Kann Ambras ihn verstehen? Bering drückt sich an dem Stummen vorbei. Ambras muß ihn nicht sichern und nicht halten, solche Wege ist Bering im Steinernen Meer schon oft alleine gegangen. Ambras soll nur das Seil durch seine Hände laufen lassen und darauf achten, daß die Schlingen sich nicht verknoten, wenn sein Leibwächter Schritt für Schritt über das Band geht und einen neuen Halt, ein neues Geländer über den Felsen zieht. Der Hundekönig nimmt das Seil. Starrt ihn an. Sagt kein Wort.

Bering ist jetzt ganz ruhig und beginnt, seinen Herrn schon wieder zu vergessen. Die Hälfte des Weges bis zum nächsten sicheren Stand hat er schon hinter sich, als er an einigen zerbrochenen, von

Möwen hier herauf verschleppten Muscheln eine Spur Muyras zu entdecken glaubt. Dann reißt plötzlich etwas an ihm, reißt mit einer solchen Wucht an ihm, daß er schon stürzt, noch bevor er an Festhalten auch nur denken kann. Eine Handvoll Blätter und weißer Blüten, das ist alles, was er im Flug noch zu fassen bekommt, dann ist auch der Lianenvorhang, aus dem Vögel flüchten, zerrissen. Sind das Möwen? Schwingen, Federn streifen ihn. Und dieses tiefe Blau – ist das der Himmel oder das Meer? Die Wellenkämme sind ganz nah. Oder sind das Wolken? Dochdoch, das sind Wolken. Das müssen Wolken sein. Also stürzt er, ein Fliegender unter Vögeln, auf einen wirbelnden Himmel zu.

Lily ist weit draußen im Meer, als sie einen Schuß von der Insel hört. Kommen die Hunde also doch bis an den Strand? Die beiden Fischer nicken und lachen. Hunde, gewiß. Hunde. Dann bleibt es lange Zeit still. Lily hockt zwischen Körben und Blechkisten voller Fische und sieht, wie die Insel schrumpft, klein wird, wie ein fernes Schiff. Ein Dampfer. Auch der Rauch steigt jetzt wieder auf. Eine schwarze Fahne über einem steinernen Schlot. Dort fährt die Schlafende Griechin, ein Ausflugsdampfer an einem bewölkten, fast heiteren Sommernachmittag.

Die Rauchfahne. Jetzt endlich sieht Ambras das Feuer, das so lange im Verborgenen gebrannt hat. Er hat sich nach einem Verfolger umgewandt, der ihm auf dem steilen Weg zur Wallkrone nachkommt: Ach, es ist nur einer von denen, die im Steinbruch mit Stahlruten zuschlagen. Der macht ihm keine Angst mehr. Aber im Abgrund, der hinter seinem Verfolger klafft, in der Tiefe, schon ganz unbedeutend und grau, sieht er das Lager – und zwischen den Baracken das Feuer. Langsam und unbeirrbar kriecht es auf den Appellplatz zu. So lange hat es im Verborgenen gebrannt, in den Öfen hinter dem Krankenrevier. Jetzt ist es frei. Sein Verfolger kann das Feuer nicht sehen. Der sieht nur ihn. Der schreit ihn an. Der hat einen Strick. Will er ihn zurückholen ins Lager? Will er ihn mit diesem Strick noch einmal fesseln und hochziehen, damit alle ihn noch einmal pendeln sehen? Und dann hat ihn der Verfolger erreicht. Seltsam, der schlägt nicht zu. Der schießt nicht. Der fesselt ihn nicht. Der drängt sich so nahe an ihn heran, daß er seinen Atem auf seinem Gesicht spürt, und schenkt ihm den Strick. Dann geht er weiter, geht einfach an ihm vorbei. Läßt ihn zurück. Läßt ihm seinen Willen, das Leben.

Und Ambras steht endlich am Zaun, am Stacheldraht, vor dem weißen Porzellan der Starkstromisolatoren. Und doch spürt er nach dem einen Schritt, den er jetzt tut, keinen Schlag, keinen Schmerz. Auch der Funkenregen bleibt aus. Er tritt einfach ins Leere.

Wie leicht alles wird in der Leere. Wunderbar leicht. Die glühenden Schultern, die Arme, so leicht, daß er sie endlich wieder über seinen Kopf erheben kann, hoch über den Kopf. Und während dieser Strick, dieses Seil, diese Schnur Kreise in die Luft schlägt, Schlingen, Spiralen, verliert alles, was ihn beschwert und gequält hat, an Gewicht. Eine Felswand schwebt an ihm vorüber. Und dann, von allen Blöcken und Steinen befreit, wird die ganze Welt leicht und leichter, beginnt aufzusteigen, immer höher, zieht ihm sachte die Schnur aus der Hand und treibt mit den Rauchwolken davon.

Christoph Ransmayr

Der Fallmeister

Eine kurze Geschichte vom Töten

Ein Langboot stürzt im Wildwasser des Weißen Flusses den Großen Fall hinab. Fünf Menschen ertrinken. Der Schleusenwärter, als 'Fallmeister' ein Herr über Leben und Tod, hätte dieses Unglück verhindern müssen. Sein Sohn glaubt nicht an einen Unfall: Ist sein jähzorniger, von der Vergangenheit besessener Vater zum Mörder geworden?

Virtuos und packend erzählt Christoph Ransmayr von einer bedrohten Welt, von menschlicher Schuld und Vergebung.

224 Seiten, gebunden

Weitere Informationen finden Sie auf
www.fischerverlage.de

Christoph Ransmayr
Arznei gegen die Sterblichkeit
Drei Geschichten zum Dank

Christoph Ransmayr verwandelt Erinnerungen in Erzählungen und bedankt sich mit diesen Geschichten für die Auszeichnungen nach seinem großen Erfolg »Cox oder Der Lauf der Zeit«. Wir erleben den Schriftsteller in drei Reden sehr persönlich, fast privat. Zugleich bezieht er vehement Stellung gegen Barbarei, Populismus und Ignoranz.
Im vorliegenden Band schlägt ein Junge den Fußball aus dem Morast eines Spielfeldes und schießt ein fatales Eigentor. Ein Mädchen im gelben Kleid schleppt einen schweren Wasserkanister durch eine afrikanische Einöde. Ein Vater kämpft verzweifelt um die Wiederherstellung seiner Ehre.

64 Seiten, gebunden

Weitere Informationen finden Sie auf
www.fischerverlage.de

Christoph Ransmayr
Bericht am Feuer
Gespräche, E-Mails und Telefonate zum Werk von Christoph Ransmayr
Herausgegeben von Insa Wilke
320 Seiten. Broschur

Das Geheimnis des Erzählens –
Zum Werk von Christoph Ransmayr.

Christoph Ransmayr erzählt in einem langen Gespräch von den Wegen seines Schreibens. Ins Innere seiner Geschichten folgen ihm drei seiner Übersetzer und zwei Wissenschaftler, die mit der Herausgeberin Insa Wilke über sein Werk gesprochen haben. Sie erzählen davon, welche eigenen Vorstellungswelten sich auf den imaginären Reisen geöffnet haben. So entsteht in den mündlichen und schriftlichen Korrespondenzen ein Buch über die Rätselhaftigkeit der Materie und die Erkundung der Welt im Schreiben, gewidmet einem der bedeutendsten Künstler der Gegenwartsliteratur. Eine Einladung, sich auf den Weg zu machen ins Unbekannte.

»Schreiben gleicht manchmal dem Weg
in die Wildnis: Da wie dort öffnen sich scheinbar
grenzenlose, menschenleere Räume, in denen es aber
nur wenige gangbare Wege gibt.«
Christoph Ransmayr